本教材系教育部哲学社会科学研究重大课题攻关项目
“中国特色自由贸易港建设理论与方法研究”（20JZD016）的研究成果

21世纪经济与管理规划教材·国际经济与贸易系列

中国对外贸易

（第二版）

陆　菁　顾国达　主编

图书在版编目(CIP)数据

中国对外贸易/陆菁,顾国达主编.—2版.—北京:北京大学出版社,2022.9
21世纪经济与管理规划教材.国际经济与贸易系列
ISBN 978-7-301-32880-4

Ⅰ.①中… Ⅱ.①陆… ②顾… Ⅲ.①对外贸易—中国—高等学校—教材 Ⅳ.①F752

中国版本图书馆CIP数据核字(2022)第032501号

书　　名	中国对外贸易(第二版) ZHONGGUO DUIWAI MAOYI(DI-ER BAN)
著作责任者	陆　菁　顾国达主编
策划编辑	李　娟
责任编辑	张俊仪　徐　冰
标准书号	ISBN 978-7-301-32880-4
出版发行	北京大学出版社
地　　址	北京市海淀区成府路205号　100871
网　　址	http://www.pup.cn
微信公众号	北京大学经管书苑(pupembook)
电子信箱	编辑部:em@pup.cn　总编室:zpup@pup.cn.
电　　话	邮购部010-62752015　发行部010-62750672　编辑部010-62752926
印 刷 者	河北文福旺印刷有限公司
经 销 者	新华书店
	787毫米×1092毫米　16开本　21.75印张　494千字
	2015年6月第1版
	2022年9月第2版　2023年9月第2次印刷
定　　价	59.00元

本书资源

数字资源

➢ 课程介绍

➢ 知识点讲解

◇ 读者关注“博雅学与练”微信公众号后扫描右上方二维码即可获取上述资源，之后通过菜单栏“我的书架”—“本书封面”可随时观看相关视频。

◇ 一书一码，相关资源仅供一人使用。为避免不必要的损失，请您第一时间绑定。

◇ 读者在使用过程中如遇到技术问题，可发邮件至 lij@pup. cn。

教辅资源

➢ 教学课件

➢ 教学大纲

◇ 教辅资源仅供任课教师申请。任课教师如需要，可关注“北京大学经管书苑”微信公众号，通过菜单栏“在线申请”—“教辅申请”索取。

丛书出版说明

教材作为人才培养重要的一环，一直都是高等院校与大学出版社工作的重中之重。“21世纪经济与管理规划教材”是我社组织在经济与管理各领域颇具影响力的专家学者编写而成的，面向在校学生或有自学需求的社会读者；不仅涵盖经济与管理领域传统课程，还涵盖学科发展衍生的新兴课程；在吸收国内外同类最新教材优点的基础上，注重思想性、科学性、系统性，以及学生综合素质的培养，以帮助学生打下扎实的专业基础和掌握最新的学科前沿知识，满足高等院校培养高质量人才的需要。自出版以来，本系列教材被众多高等院校选用，得到了授课教师的广泛好评。

随着信息技术的飞速进步，在线学习、翻转课堂等新的教学/学习模式不断涌现并日渐流行，终身学习的理念深入人心；而在教材以外，学生们还能从各种渠道获取纷繁复杂的信息。如何引导他们树立正确的世界观、人生观、价值观，是新时代给高等教育带来的一个重大挑战。为了适应这些变化，我们特对“21世纪经济与管理规划教材”进行了改版升级。

首先，为深入贯彻落实习近平总书记关于教育的重要论述、全国教育大会精神以及中共中央办公厅、国务院办公厅《关于深化新时代学校思想政治理论课改革创新的若干意见》，我们按照国家教材委员会《全国大中小学教材建设规划(2019—2022年)》《习近平新时代中国特色社会主义思想进课程教材指南》《关于做好党的二十大精神进教材工作的通知》和教育部《普通高等学校教材管理办法》《高等学校课程思政建设指导纲要》等文件精神，将课程思政内容尤其是党的二十大精神融入教材，以坚持正确导向，强化价值引领，落实立德树人根本任务，立足中国实践，形成具有中国特色的教材体系。

其次，响应国家积极组织构建信息技术与教育教学深度融合、多种介质综合运用、表现力丰富的高质量数字化教材体系的要求，本系列教材在形式上将不再局限于传统纸质教材，而是会根据学科特点，添加讲解重点难点的视频音频、检测学习效果的在线测评、扩展学习内容的延伸阅读、展示运算过程及结果的软件应用等数字资源，以增强教材的表现力和吸引力，有效服务线上教学、混合式教学等新型教学模式。

为了使本系列教材具有持续的生命力，我们将积极与作者沟通，争取按学制周期对教材进行修订。您在使用本系列教材的过程中，如果发现任何问题或者有任何意见或建议,欢迎随时与我们联系(请发邮件至 em@pup.cn)。我们会将您的宝贵意见或建议及时反馈给作者,以便修订再版时进一步完善教材内容,更好地满足教师教学和学生学习的需要。

最后,感谢所有参与编写和为我们出谋划策提供帮助的专家学者,以及广大使用本系列教材的师生。希望本系列教材能够为我国高等院校经管专业教育贡献绵薄之力!

北京大学出版社
经济与管理图书事业部

前　言

中国波澜壮阔的改革与全面推进高质量开放是相辅相成的。2021年12月11日是中国加入世界贸易组织(WTO)20周年,从1980年开始启动的对《关税与贸易总协定》(GATT)的研究以及其后艰难的复关和入世的漫长谈判,国内稳步推进的体制改革为中国融入世界奠定了基础。中国政府履行入世开放市场的承诺,对标高标准国际经贸规则,进而不断完善国内系统性经济治理制度建设。入世二十多年来,中国不但全面融入世界经济,而且主动加入国际分工、参与全球价值链,在全球价值链技术外溢的过程中通过"干中学",成功实现中国产业的快速升级。二十多年来,全球货物贸易总额翻了将近一番,而中国货物进口额增长了近六倍,中国与世界分享了经济飞速发展的繁荣,同样地,全球贸易伙伴也从中国贸易量提升、进口额增长中获益颇丰。

"中国对外贸易"是高等学校国际经济与贸易专业的必修课程,具有历史性与综合性、政策性与时效性的特点。对外贸易及投资活动是长期对外贸易实践的产物,其悠久的历史积淀与演化历程是当今中国外向型经济发展的基础与前提,学生要依据经济学原理和国际经济学前沿理论,综合理解和分析对外贸易发展态势。随着经济全球化和区域经济一体化的深入发展,中国对外贸易迅猛发展;随着"一带一路"倡议、国际国内双循环相互促进、高水平对外开放等的实施以及数字贸易的蓬勃发展,国际贸易新业态新模式不断涌现,中国对外贸易及投资结构不断演化,相应的外经外贸外资管理政策工具与时俱进、不断调整,因此本教材内容需要不断充实与更新。第二版教材充分体现了近年来在国际政治经济环境日趋严峻的背景下中国对外贸易政策的演化和政策工具组合的变化趋势。第二版教材嵌入思政映射与融入点,帮助学生深刻理解中国外向型经济发展的历史规律,提升对中国新型贸易政策体系变化的认同感,全面了解外经贸法律法规体系,顺利融入新时代商务环境。

本教材是教育部一流本科专业建设、高等学校特色专业建设——

国际经济与贸易专业的核心课程配套教材，同时是浙江省普通高校“十三五”新形态教材重点建设项目、浙江大学优势本科专业（群）“国际经济与数字贸易”系列教材之一，由陆菁和顾国达教授主编。本教材基于课程特点，从提高学生的综合素质和掌握中国外经贸相关国家战略与政策体系的角度出发，共安排了四篇十五章内容。第一篇为综合篇，由中国对外贸易的起源与发展简史、新中国对外贸易的发展历程和中国外经贸发展规划与战略三章构成。第二篇为国际经济合作篇，由中国与世界多边贸易体系、中国双（多）边区域贸易协定的发展和中国利用外资与对外直接投资三章构成。第三篇为贸易篇，由中国货物贸易、中国服务贸易 、中国知识产权保护与技术贸易以及中国数字贸易四章构成。第四篇为政策篇，由中国对外贸易管理法规、中国外汇管理与外贸金融政策、海关管理与外贸税收政策、中国对外贸易救济和中国对外贸易促进五章构成。第二版教材相对于第一版有更为丰富的教学辅助资源，为广大教师授课和学生学习提供更加全面的支持。

第二版教材在编写过程中充分体现了主编把关、团队合作的精神。主编陆菁和顾国达教授对教材提纲进行了多次研讨与调整，并组织浙江大学 2018—2021 级世界经济、国际贸易学和国际商务专业的硕士、博士研究生参与了相关章节的文献资料收集整理、数据案例更新、文字组织等工作，他们是王韬璇、杜顺帆、高宇峰、徐杰、潘修扬、冯天娇、黄晓蔓、卢佳颖、毛秦涛、孟瑜瑾、阮一也、单熙哲、汪婉莹、吴赛男、肖庆兰、徐舒蕙、鄢云、叶裘志、蔡丹炎、张春媛、周子寒。其中，杜顺帆、高宇峰、毛秦涛、潘修扬、阮一也、汪婉莹、吴赛男、徐杰、鄢云、孟瑜瑾、蔡丹炎、张春媛参与了第二版教材第一轮初稿的编写工作；王韬璇、卢佳颖、冯天娇、黄晓蔓、单熙哲、肖庆兰、徐舒蕙、叶裘志、周子寒参与了第二版教材第二轮初稿的编写工作。另外，王韬璇还参与了第二版教材终稿二校及相关图文资料的补充。2018 级、2019 级国际经济与贸易专业本科生课堂试用了第二版教材初稿版本的文稿，并提出了修改建议。

2022 年 10 月 16 日，中国共产党第二十次全国代表大会召开。习近平总书记在党的二十大报告中指出：“推动货物贸易优化升级，创新服务贸易发展机制，发展数字贸易，加快建设贸易强国。”这是以习近平同志为核心的党中央站在新的历史起点上，统筹中华民族伟大复兴战略全局和世界百年未有之大变局作出的重大战略安排，为新时代新征程贸易强国建设指明了前进方向，提供了根本遵循。二十大召开后，党中央在对外贸易方面做出了新的部署。基于此，我们对教材相关内容进行了增补与更新。

北京大学出版社李娟编辑和张俊仪编辑为第二版教材的出版倾注了大量的心血，在此特别向她们表达衷心的感谢。在编写过程中，编写团队参考了国内外大量著作、教材、论文以及相关组织的网站，并引用了部分数据、材料和观点，在此谨向各位同行作者表达诚挚的感谢。由于国际经济贸易形势变化太快，编者的水平和精力有限，本教材难免有疏漏与错误之处，恳请大家批评指正。

陆菁　顾国达

于浙江大学紫金港校区启真湖畔

2022 年 5 月

2023 年 9 月重印时修改

目　录

综 合 篇

第一章　中国对外贸易的起源与发展简史 …… 3
第一节　中国对外贸易的起源 …… 4
第二节　封建社会的对外贸易发展 …… 6
第三节　半殖民地半封建社会的中国对外贸易 …… 14
第二章　新中国对外贸易的发展历程 …… 18
第一节　改革开放前中国对外贸易的发展 …… 21
第二节　改革开放后中国对外贸易的发展 …… 25
第三节　加入WTO后中国对外贸易的发展 …… 28
第三章　中国外经贸发展规划与战略 …… 31
第一节　外经贸发展规划与战略概述 …… 32
第二节　“一带一路”倡议 …… 34
第三节　全面开放新格局和对外贸易高质量发展 …… 39
第四节　制度型开放 …… 42

国际经济合作篇

第四章　中国与世界多边贸易体系 …… 47
第一节　中国与世界贸易组织 …… 48
第二节　中国与世界银行集团 …… 55
第三节　中国与国际货币基金组织 …… 60
第五章　中国双(多)边区域贸易协定的发展 …… 65
第一节　区域贸易协定的种类与国际发展趋势 …… 66
第二节　中国自由贸易区建设 …… 71

第六章　中国利用外资与对外直接投资 …… 98
第一节　国际直接投资的发展与趋势 …… 99
第二节　中国利用外资概述 …… 101
第三节　中国利用外资的政策 …… 110
第四节　中国对外直接投资 …… 115

贸　易　篇

第七章　中国货物贸易 …… 123
第一节　国际货物贸易概述 …… 124
第二节　中国货物贸易发展概况 …… 128
第三节　中国主要商品贸易概况 …… 139
第四节　中国现行货物贸易政策 …… 150
第八章　中国服务贸易 …… 154
第一节　国际服务贸易的发展 …… 156
第二节　《服务贸易总协定》 …… 162
第三节　服务贸易协定谈判 …… 165
第四节　中国服务贸易的发展 …… 168
第五节　多双边贸易协定与中国服务贸易政策改革 …… 178
第九章　中国知识产权保护与技术贸易 …… 182
第一节　知识产权保护制度及其发展 …… 183
第二节　《与贸易有关的知识产权协定》 …… 189
第三节　国际贸易中的技术性贸易壁垒 …… 191
第四节　中国技术贸易的发展与现状 …… 193
第十章　中国数字贸易 …… 199
第一节　数字贸易和电子商务 …… 200
第二节　全球数字贸易的发展 …… 202
第三节　全球数字贸易规则 …… 206
第四节　中国数字贸易的发展 …… 210

政　策　篇

第十一章　中国对外贸易管理法规 …… 223
第一节　中国对外贸易法规的演变 …… 224
第二节　《中华人民共和国对外贸易法》 …… 225
第三节　中国对外贸易管理法规简介 …… 228

第四节 其他国内法规制度 …… 235
第十二章 中国外汇管理与外贸金融政策 …… 241
第一节 外汇与外汇管理 …… 242
第二节 中国外汇管理制度的演进 …… 246
第三节 中国人民币汇率政策及外汇市场 …… 250
第四节 人民币国际化进程 …… 257
第十三章 海关管理与外贸税收政策 …… 265
第一节 海关制度与海关管理 …… 266
第二节 关税政策 …… 268
第三节 原产地规则 …… 276
第四节 海关程序与贸易便利化 …… 281
第十四章 中国对外贸易救济 …… 285
第一节 贸易救济 …… 286
第二节 贸易救济与公平贸易 …… 288
第三节 市场环境、贸易秩序与贸易摩擦 …… 291
第四节 贸易摩擦与中国商品贸易的发展 …… 296
第五节 对外贸易救济案例 …… 301
第十五章 中国对外贸易促进 …… 306
第一节 营商环境便利化与投资促进服务体系 …… 307
第二节 中国高水平平台建设与贸易促进 …… 311
第三节 中国出口退税政策 …… 321
第四节 出口信贷和出口信用保险 …… 325
第五节 进出口商会和贸易促进机构 …… 329

参考文献 …… 333

综　合　篇

第一章　中国对外贸易的起源与发展简史
第二章　新中国对外贸易的发展历程
第三章　中国外经贸发展规划与战略

第一章　中国对外贸易的起源与发展简史

【学习目标】

通过本章的学习，学生应了解我国对外贸易活动的起源，以及封建社会和半殖民地半封建社会我国对外贸易的发展历程和特点。

【素养目标】

本章通过介绍不同时期中国对外贸易的发展历程与时代特征，阐述中国对外贸易的起源、蓬勃鼎盛与衰落，详尽地展现我国对外贸易波澜壮阔的历史画卷，在帮助学生了解国家经济发展脉络的同时，强调我国在历史上的经济大国地位和近年来重回世界中心的雄心与决心。

引导案例

海上丝绸之路

“连天浪静长鲸息，映日帆多宝舶来。”早在汉唐时期，连接东西方的古代海上交通大动脉——海上丝绸之路便已形成。这条凝结着东方民族智慧与勇气的航路，长期承担着东西方文化和贸易交流的重任。进入21世纪以来，我国与海上丝绸之路沿线国家和地区之间的文化及贸易往来频繁，在此背景下，我国提出建设“21世纪海上丝绸之路”的构想。

自古以来，海上丝绸之路便是一条和平友谊之路。中国、大食（阿拉伯）、波斯（伊朗）和身毒（印度）等沿途国家的商人船主穿梭其间，和平共处。明代郑和七下西洋，以200多艘海船、2.7万多人的庞大规模，在西太平洋和印度洋之间往返多次，拜访了30多个国家，这是对和平友谊的生动解读。与此形成鲜明对比的是，欧洲人开辟新航线之后，随即对沿途各地人民展开了血与火、刀与剑的暴力殖民掠夺，海地岛的印第安土著居民一度从6万人减少至500余人，殖民者给当地人民带来了毁灭性的灾难。按照西方殖民者的强权逻辑，郑和船队凭借其实力完全能够在海外开疆拓土，但是他们并没有占据海上丝绸之路沿线国家的一寸土地！这也是郑和“船队”而不是“舰队”的根本所在。在人类发展进入21世纪的今天，海上丝绸之路更应是一条和平之路。

海上丝绸之路历来是一条互惠之路。早在一千多年前，古代中国就与海外诸国建立起平等友好的贸易往来关系。《初刻拍案惊奇》记载“转运汉巧遇洞庭红”，其中写到一枚中国南方的橘子，经过海上丝绸之路，漂洋过海在西欧安家，一度挽救了17世纪成千上万名欧洲海员的性命，迄今仍被荷兰人和德国人称为“中国苹果”；再看15世纪末，西方新航路开辟成功，由此揭开了西方殖民者海上掠夺的序幕，16—19世纪，西班牙仅从美洲就获得了250万千克黄金和1亿千克白银。

海上丝绸之路还是一条创新之路。古代海上丝绸之路曾经给人类带来了很多影响深远的创造发明：四大发明之一的指南针，直接推动了人类航海文明和海洋文明的发展；行驶在海上丝绸之路的中国商船所使用的水密隔舱技术，直到600多年后才逐渐被其他国家采用。

海上丝绸之路更是一条文明之路。古代海路上籍籍无名的商人船主国别不同，信仰各异，通过海上丝绸之路传递着东西方文明的火种，不同的价值观和文明得以交汇并容。元代摩洛哥大旅行家伊本·白图泰航海来华，《伊本·白图泰游记》震惊了伊斯兰世界；意大利旅行家马可·波罗带领元朝使团船队护送蒙古公主至波斯完婚，《马可·波罗游记》震惊了基督教世界。

资料来源：王杰．以史为鉴，可知兴替[N]．光明日报，2014-12-27(7).

第一节　中国对外贸易的起源

一、贸易与国际贸易的起源

贸易就是商品的交换，它是社会生产力发展的产物。国际贸易亦称世界贸易，泛指国际商品和劳务的交换，是世界各国对外贸易的总和，是世界各国经济在国际分工基础上相互依存、相互联系的主要表现形式之一。

随着人类文明的发展，劳动分工不断深化，社会生产力提高，剩余产品出现，人类产生了互通有无的需要，贸易活动随之产生。但是，这种一般意义上互通有无的贸易活动，要发展成为不同国家和地区之间的对外贸易，必须具备两个基本条件：一是有剩余的产品（物质条件）作为商品进行交换；二是商品交换要在各自为政的社会实体（社会条件）之间进行。恩格斯在《家庭、私有制和国家的起源》中指出：“随着生产分为农业和手工业这两大主要部门，便出现了直接以交换为目的的生产，即商品生产；随之而来的是贸易，不仅有部落内部和部落边境的贸易，而且海外贸易也有了。”①社会分工是商品交换的基础，而生产力的发展又是社会分工深化发展的前提。因此，生产力的发展、社会分工和国家的形成是国际贸易产生的前提。

在原始社会初期，社会生产力水平极其低下，人们依靠集体劳动取得生活资料，实行平均分配，这只能满足人们自身的需要，没有剩余产品，也不存在交换。到原始社会末期，随着社会生产力的发展和社会分工的产生，交换才逐渐产生。人类社会的第一次大分工是畜牧业和农业的分工，当时生产有了一定的发展，出现了剩余产品和社会分工，从而产生了交换，这种交换是不定时的物物交换。人类社会的第二次大分工是手工业从农

---

① 恩格斯．家庭、私有制和国家的起源[M]．北京：人民出版社，2008：182.

业中分离出来。两次社会大分工进一步提高了劳动生产率，人们的劳动产品除维持生存以外还有了剩余，于是产品交换日益频繁。交换的发展又反过来推动了社会生产的进一步发展。但当时没有货币和专门从事交换的商人。

奴隶社会初期，随着生产力的继续发展，商品交换的规模和范围不断扩大，货币开始出现，商品交换从物物交换演变成以货币为媒介的商品流通，出现了专职从事贸易的商人，这是第三次社会大分工，也就是在此前后，国家形成，商品交换跨出国界，演变为国际贸易。

从世界史的角度来看，国际贸易的历史几乎同人类的历史一样古老。早在公元前2000年，以地中海为中心的欧洲国家就广泛开展了国家之间的贸易活动，并形成了一个联结欧洲、北非和中东地区的贸易网，因此，西方学者认为国际贸易已有4 000多年的历史。中国由于文明开化较早，社会生产力发展较快，至少在3 000多年前的周代就有了对外贸易。

二、中国对外贸易的起源

我国是世界文明古国，具有悠久和辉煌的贸易史。早在3 000多年前，我国的贸易活动就已经十分发达，我国与中亚、西亚和南亚间已有交通往来。殷商时期，我国已经有具体的贸易活动的记录，春秋战国时期已有较规范的贸易体制。

“相土作乘马，王亥作服牛”(《世本・作篇》)，“相土烈烈，海外有截”(《诗经・商颂・长发》)，这些都说明商人的祖先很早就开始使用车马，并且到很远的地区进行贸易。[①]“殷人之王，立帛牢，服牛马，以为民利，而天下化之”(《管子・轻重戊》)，帛是当时对丝绸的总称，牢是指仓库，这说明在商代后期，已经设有专门储存丝绸的仓库，并用丝绸作为媒介在各部落之间经营商业。另外，在考古出土的周孝王时代的有名器物——曶鼎上刻有铭文“我既买汝五〔夫效〕父，用匹马束丝”，说明当时一匹马加一束丝就能交换到五个奴隶。《礼记・月令》中有“是月也，易关市，来商旅，纳货贿，以便民事”的记载，说明当时的贸易已经十分普遍了。

在河南安阳的殷墟遗址中曾出土大量玉器和贝，还有鲟鱼鳞片、鲸鱼骨、海蚌和占卜用的大龟。这些东西显然不是地处中原的安阳所产，而是来自远方，说明当时商业活动的范围很大。而在新疆地区也发现有来自我国东南沿海或印度洋沿岸的海贝。另据考证，殷商文化与远在西伯利亚以及欧洲的青铜文化都有直接或间接的联系，如在叶尼塞河和鄂毕河上游的卡拉苏克文化(公元前13世纪—公元前8世纪)出土的文物中，发现了30多件具有商代风格的陶鼎、陶鬲以及为数众多的青铜器(如青铜小刀)和两头弯曲中间平直的弓形器，都极似安阳发掘物。该地出土的青铜矛亦与安阳商代同类物品相似。这说明早在殷商时代从中原到新疆再到中亚已经有路可通了。此外，《穆天子传》描述了西周第五代君主周穆王西游的事件。据考证，周穆王西行的大致路线为：自陕西出发，入河南，经山西至内蒙古，溯黄河过宁夏至甘肃，经青海越过昆仑山进入新疆，翻越帕米尔高原，最后到达西亚伊朗高原。这在一定程度上反映了远古时代中国中原地区与西

---

① 复旦大学，上海财经学院. 中国古代经济简史[M]. 上海：上海人民出版社，1982：19.

北及中亚地区之间的交通及贸易情况。

随着商品交换的扩大,货币也出现了。当时作为货币使用的是海贝,后来由于交换的需要,又出现了骨贝和铜贝。铜贝可能是世界上最早的金属货币。春秋初期,作为商品交换的主要是奢侈品。到了春秋末年,商品的种类进一步扩大到生活必需品。这一时期,虽然贝仍然作为货币被使用,但由于交换的发展也出现了镈状的金铸货币。考古工作者曾在侯马晋国都城的铸铜遗址发现了铜币——空首布。这说明至少在春秋时期,晋国已经使用了铸币。《国语·周语》中有关于周景王二十一年(公元前 524 年)"铸大钱"的记载。春秋时期独立商人的出现,改变了过去商业、手工业全都由官方垄断,即所谓"工商食官""工商在官"的情况。

在我国古代已有较规范的贸易体制。"日中为市,致天下之民,聚天下之货,交易而退,各得其所"(《周易》),这说明当时已经有较规范的贸易活动。

第二节　封建社会的对外贸易发展

中国奴隶制与封建制的分界约在春秋和战国之交。中国封建社会所经历的时间比欧洲长,从公元前 475 年战国时期开始,到 1840 年鸦片战争前夕止,共持续了 2 300 多年。封建经济贸易持续时间长,是我国封建社会对外贸易的一大特点。

一、封建社会中国对外贸易的发展历程

(一) 秦汉时期的对外贸易

秦汉时期(公元前 221—公元 220 年),随着国家的统一和经济文化的发展,对外贸易有了十分明显的发展,特别是汉朝张骞和班固通商西域,不仅促进了中国同西方诸国的政治文化交流,而且在经济和贸易往来方面起了巨大的推动作用。

《史记·货殖列传》记载:"乌氏倮畜牧,及众,斥卖,求奇缯物,间献遗戎王。戎王什倍其偿,与之畜,畜至用谷量马牛。秦始皇帝令倮比封君,以时与列臣朝请。"这说明中国丝绸贸易在秦始皇时期得到进一步的发展。

丝绸华丽富贵,而且质地轻、体积小,便于携带,当时只有中国生产。所以,汉初桑弘羊曾提出以丝绸作为国家战略物资,通过丝绸对外贸易来强国损敌的看法。《盐铁论·力耕》记载:"善为国者,天下之下我高,天下之轻我重。以末易其本,以虚荡其实。……汝、汉之金,纤微之贡,所以诱外国而钓胡、羌之宝也。夫中国一端之缦,得匈奴累金之物,而损敌国之用。"

中国古代对外关系的正式文字记载始于张骞出使西域。汉武帝建元三年(公元前 138 年),张骞率领 100 余人离开长安第一次向西域进发。汉元狩四年(公元前 119 年),张骞率众第二次出使西域。《汉书·张骞传》记载:"拜骞为中郎将,将三百人,马各二匹,牛羊以万数,赍金币帛直数千钜万。"张骞在出使西域时,有目的地携带大量丝绸,具有官方贸易的性质。张骞出使西域扩大了汉朝对西域的了解,建立了中西方外交关系的同时,使中西方经济贸易往来空前活跃,陆上"丝绸之路"得以畅通,大大促进了中西方经济文化的交流,揭开了中国对外贸易的新纪元。1877 年德国地理学家费迪南·冯·李希霍

芬(Ferdinand Von Richthofen)，在其著作《中国》中，把起自中国西安(长安)至意大利罗马等地区的以丝绸贸易为特色的贸易商路称为丝绸之路。

汉代中国对外贸易已十分活跃，有北方、西方、西南方和海上四条途径。北方主要是赠予和边贸互市，赠予有定时与临时之分，定时赠予是无偿赠予，临时赠予有时是有偿的，主要是为了统治。西方、西南方主要是赠予贸易，派使者(商人)进行，海上曾达斯里兰卡。

汉代时，中国经丝绸之路输出的商品种类繁多，除丝绸以外，还有同样被西方人视为奢侈消费品的铁器等生产工具，以及中国特有的植物品种，如肉桂、生姜、谷子、高粱等。不过其中最为重要的还是丝绸和铁器。汉代中国铁制品以精良的品质享誉世界。公元前 2 世纪，大宛人学会了中国铸铁技术，此后再由其传入安息。到 1 世纪，中国铁器大量涌入罗马。此外，铁及铸铁技术也沿着海路传入东南亚，近代在印尼爪哇岛曾出土过汉代铁器。随着对外贸易的开展，汉都长安逐渐成为国际大都会，国外的商品及技术也不断传入中国。史载长安“明珠、文甲、通犀、翠羽之珍盈与后宫，蒲梢、龙文、鱼目、汗血之马充于黄门，巨象、狮子、猛犬、大雀之群食于外囿。殊方异物，四面而至”。东西方各国物品源源不断流入中国。[①]

中国的丝绸到达今阿富汗、伊朗和叙利亚一带之后，又顺着这条路源源不断地运往地中海东部以及欧洲各国。历史上著名的“丝绸之路”就是在这一时期逐渐形成的。当时地中海东岸一带是商业十分发达的古罗马帝国的疆域，中国同古罗马帝国的贸易就是通过这条“丝绸之路”进行的。

中国与日本地域接近，在秦代已有交往，出土的铜剑等文物都说明了这一点。日本西南海岸还曾出土不少汉代墓葬和铜镜、璧、玉之类的汉代物品。特别是在丝岛郡小富士村的海边遗址中发现了王莽时代的货币——货泉，这说明当时中国和日本有通商贸易关系。在张骞出使西域之后，中国与周边国家(包括朝鲜、印度)的贸易活动蓬勃发展。

(二) 魏晋和南北朝时期的对外贸易

从东汉末年到隋朝初期，是中国历史上动荡不定的时期，尽管发生了连续不断的战争，但是对外贸易仍有进展。魏晋和南北朝时期(220—581 年)的对外贸易主要是通过朝贡贸易和赠予贸易的形式进行的。例如，从三国时的东吴到晋朝、南北朝，都与柬埔寨互派使节，进行朝贡贸易。曹魏同日本也有朝贡贸易，中国的锦绣等织物以及养蚕技术均传入日本。直到隋朝，中日两国的朝贡贸易仍在继续。

1. 对日本的丝绸贸易

对日本的丝绸贸易主要通过相互赠予的形式进行。魏明帝景初二年(238 年)倭女王卑弥呼派遣难升米、都市牛利等人使魏，向明帝献上男子四人、女子六人、斑布二匹二丈。魏明帝深受感动，下诏封卑弥呼为亲魏倭王，作为返礼赠“绛地交龙绵五匹、绛地绉粟罽十张、蒨绛五十匹、绀青五十匹”，另又赠“绀地句文锦三匹、细斑华罽五张、白绢五十匹、金八两、五尺刀二口、铜镜百枚、真珠铅丹各五十斤”(《魏志・倭人传》)。

---

① 孙玉琴. 中国对外贸易史教程[M]. 北京：对外经济贸易大学出版社，2005：36.

2. 对朝鲜的丝绸贸易

《后汉书·东夷列传》高句骊条下载："明年(建光二年，122 年)……自今已后，不与县官战斗而自以亲附送生口者，皆与赎直，缣人四十匹，小口半之……"这说明当时以丝绸交换战俘等。

3. 与其他国家的丝绸贸易

《三国志·魏书·乌丸鲜卑东夷传》注引《魏略·西戎传》载："(大秦国)又常利得中国丝，解以为胡绫，故数与安息诸国交市于海中。"大秦国位于今叙利亚、土耳其一带，也就是东罗马帝国，安息为今天的伊朗。这说明当时中国丝绸出口至伊朗，又通过海路传至更远。

在中国丝绸向外输出的同时，缫丝织绸技术也传入外国。与此同时，外国丝绸也开始传入中国。《高昌章和十三年孝姿随葬衣物疏》中同时记载了"波斯锦十张""魏锦十匹"两个不同产地、不同规格的丝绸品名，证实了当时中西方之间存在丝绸贸易。

在中国输出的商品中，除了传统的丝织品、漆器之外，又新添了牲畜和钱币等。输入的商品则五花八门，包括珍禽异兽、奇珍异宝(日本的白珠，南海诸国的象牙、檀香等)、香料、玳瑁、琉璃、火布、吉贝(棉布)等。此外，来自大秦国的海西布(呢绒)，由羊毛和亚麻混纺而成，美观实用，深受中国消费者喜爱。

（三）隋唐、五代时期的对外贸易

至唐朝，全国出现了统一安定的局面，经济、文化都达到了前所未有的水平，中国成为当时世界上最强盛的国家之一。唐代经济繁荣、文化发达，吸引了周边各国前来进行贸易，使得唐代的对外贸易比汉代有了进一步发展。唐代的丝织业、陶瓷业和金属铸造业都很发达。这些手工业产品，尤其是丝织品，成为出口的主要产品。在唐代，中国南方经济迅速发展，造船业和航海技术也有很大的进步，全国对外贸易逐渐转向南方的三大港口——广州、泉州和扬州。由于唐代实行开明的对外开放政策，许多国家的商人纷纷来中国经商，其中不少人长期居住在中国内陆城市长安、洛阳、兰州以及沿海港口广州、泉州、宁波等地。在中国经商和居住的外国商人中，伊朗和阿拉伯商人最多。

该时期中国对外贸易与以前一样，主要通过赠予和边贸互市输出国外。赠予贸易又分为朝贡贸易、和亲聘赐贸易、安抚奖赐贸易等三大类。

1. 赠予贸易

(1) 朝贡贸易。日本在本时期共派遣隋使 4 次、遣唐使 16 次，唐王朝亦派使节回访 6 次，遣唐使常常带大量贡物来朝。据日本《延喜式》记载，每次日方带来水织絁、美浓絁各 200 匹，细絁、黄絁各 300 匹，黄丝 500 絇，等等。而唐王朝回赠更多，如贞元二十一年(805 年)遣唐使入长安者共 270 人，得绢共 1 350 匹，每人 5 匹。日本正仓院和法隆寺等寺院还保留大量唐代丝绸，其中包括蜀江锦、鸳鸯纹锦、七条织成树皮袈裟等，这些就是很好的例证。

(2) 和亲聘赐贸易。隋义成公主与突厥启民可汗结婚时，突厥前后献聘 3 000 匹马，隋炀帝回赠绢彩 12 000 段。《新唐书·吐蕃传》记载："明年(中宗景龙三年，709 年)，吐蕃更遣使者纳贡，祖母可敦又遣宗俄请昏。帝以雍王守礼女为金城公主妻之……赐锦缯别数万，杂伎诸工悉从，给龟兹乐……"

(3) 安抚奖赐贸易。这一时期是中国国力比较强大的时期，这确保了中国在对外关系上的主动权，周边诸国臣服于中国，中国则常对其进行安抚奖赐，一则促进睦邻友好，安定边境，二则互通有无，发展贸易。《新唐书·南蛮传》记载："诏封苴那时为顺政郡王，苴梦冲为怀化郡王，丰琶部落大鬼主骠傍为和义郡王，给印章、袍带，三王皆入朝，宴麟德殿，赏赉加等，岁给其部禄盐衣彩……"

2. 边贸互市贸易

中国对外输出的主要商品有丝绸、漆器、瓷器、茶叶、铜、铁、麝香、大黄、葛布、书籍、纸张等。其中，除丝绸、漆器等传统输出品以外，新增加了瓷器出口。与传统外销的丝绸和漆器不同，瓷器是唐代对外贸易的新产品，销量巨大。唐代瓷器分为青瓷和白瓷，所谓"南青北白"。白瓷通过陆上丝绸之路出口，青瓷主要经由海上丝绸之路外运。输入中国的商品种类繁多，主要包括一些珍奇动物，如大象、狮子、犀牛、汗血马等，以及特殊的动物制品，如象牙、犀角、珍珠、牛黄等。此外，还有人参、胡椒、各类香药、玻璃器皿、玛瑙、金、银等。值得注意的是各类香药的输入，即早期的天然香料，其用途广泛，故民间需求大，进口量与日俱增，在输入产品中占比最大。

为适应对外贸易的发展，在陆路方面，唐代政府设置了两个特别行政机构管理对外贸易，一是安西都护府，二是北庭都护府。在海路方面，政府在广州、明州、交州和扬州设置了市舶使（又称结好使、押蕃舶使），以管理对外贸易。

唐代市舶使的职能有：对进口货物进行登记与分类；征税；禁止奢侈品自由交易；设置栈房，保管外商货物；管理外商在华贸易。《旧唐书·王锷传》记载："榷其利，可得与两税相埒。"对外贸易的税收给唐政权带来丰厚的收入

（四）两宋时期的对外贸易

由于北方战乱和宋室南迁，中国的经济重心南移。指南针自北宋开始应用于航海技术。《萍洲可谈》记载："夜则观星，昼则观日，阴晦则观指南针。"这些为宋代海路贸易奠定了基础。在宋代，海上贸易获得迅速发展，大大超过陆路贸易。

宋代发达的手工业为对外贸易提供了坚实的物质基础。丝织业获得很大发展，陶瓷业的发展更为迅速，丝织品和瓷器是宋代最主要的两种出口商品。据《宋史·食货志》《诸蕃志》等记载，宋代出口商品以金银、缗钱、丝织品和瓷器为主，进口商品以香药和其他奢侈品为主。当时商品流通的特点是品种多样化。以三佛齐为例，《诸蕃志》记载："土地所产，玳瑁、脑子、沉速暂香、粗熟香、降真香、丁香、檀香、豆蔻。外有真珠、乳香、蔷薇水、栀子花、腽肭脐、没药、芦荟、阿魏、木香、苏合油、象牙、珊瑚树、猫儿睛、琥珀、番布、番剑等，皆大食诸蕃所产，萃于本国。番商兴贩用金、银、瓷器、锦、绫、缬、绢、糖、铁、酒、米、干良姜、大黄、樟脑等物博易。"当时，与中国有贸易关系的国家东至日本、朝鲜，南至南洋各国，西至印度、阿拉伯、波斯等，共有50多个国家。

在宋代，管理对外贸易的专职官员发展为专职机构——市舶司。唐代在广州等四地设置市舶使，而宋代有广州、泉州、杭州、明州、温州、秀州（今浙江嘉兴）、江阴、密州（今山东诸城）等八处市舶司。《宋史》记载："提举市舶司，掌蕃货、海舶、征榷、贸易之事，以来远人，通远物。"市舶司集外交与外贸于一身，其主要职能有：第一，接待外商，并通过颁发"公凭"来监督和管理中外商人的贸易活动和船舶的进出港口。"公凭"实际上是一种许

可证。第二,对进口货物征税,一般是根据进口货物的种类分别征收实物税。征收税率因时间和商品的不同而异。一般税率为十征其一,即10%。第三,处置舶货。进口货物中很大一部分由政府专卖;非专卖部分,允许中外商人自由买卖。从其职能可以看出,市舶司不仅具有海关的某些性质,还直接经营进出口业务。市舶司对进口货物所征的税和专卖所得均上交国库。

(五)元朝的对外贸易

1271年,元世祖定国号为元,1279年灭南宋,改都大都(今北京),并建立横跨欧亚两大洲的大帝国,通往西方的陆路和海上交通都比较畅通,对促进国内外经济交流起了积极作用。至元十四年(1277年)元军占领浙、闽等地后,元政府沿袭南宋旧制,在泉州、庆元(温州)、上海、澉浦四地设市舶司。至元三十年(1293年)又增加温州、杭州和广州三处,共达七处;设立海北海南博易提举司,管理广西沿海和海南岛的海外贸易;正式制定并颁布《市舶抽分则例》22条,这是我国历史上第一部外贸法规。该法规详细规定了船舶出海手续、禁运物资的项目、市舶抽税的办法、市舶司的职责以及对外国商船的管理办法,使对外贸易的管理比宋代更加有条理。《市舶抽分则例》规定对一切舶船货物均须抽分,对细货(如珍宝、香料等商品)十分抽一,粗货(一般商品)十五分抽一。到延祐元年(1314年)又重颁《市舶抽分则例》22条,对细货改为十分抽二,粗货改为十五分抽二,舶税为三十抽一。在元代开设的七处市舶司中,以泉州、广州和庆元三处最为重要。

元代以出口丝和缎为主,并规定只许官营不准私贩下海,“诸市舶金银铜钱铁货、男女人口、丝绵缎匹、销金绫罗、米粮军器等,不得私贩下海,违者舶商、船主、纲首、事头、火长各杖一百七,船物没官”,但私商仍在建德一带收丝运往海外(欧洲),甚至有海外商人径直闯入丝绸产区收购,然后泛海自销。元代建德曾出现“蚕乡丝熟海商来”的繁忙景象。

从贸易对象来看,元代所涉及的国家比宋代要多,中国商人经海路与东南亚、南亚、西亚、东非有贸易关系的国家和地区达98个(汪大渊《岛夷志略》)。

这一时期中国出口货物除了丝、缎以外,还有花绢、金锦、麻布、棉布等纺织品,青花碗、花瓶、瓦盘、瓦罐等陶瓷器,金、银、铁器、漆盘、席、伞等日用品,水银、硫黄等矿产品,白芷、麝香等药材。其中,尤以丝绸、瓷器为主。进口的商品有奇珍异宝(珍珠、象牙、犀角、玳瑁等),铝土、木材等原材料,豆蔻、檀香等香料,番布、铜器等日用品。值得注意的是,胡椒已成为元代最重要的进口香料,日用调料占进口香料的比重最大,这在中国对外贸易交往中尚属首次。

(六)明朝的对外贸易

1368年,朱元璋在南京称帝,建立了明朝。明朝初期,中国社会生产力进一步发展,特别是江南地区,在农业、手工业发展的基础上,商品经济日趋活跃,某些地区甚至出现了稀疏的资本主义萌芽。中国传统出口产品的商品化程度进一步提高,开展海外贸易的物质基础更加雄厚。

然而,明朝初期,由于政权尚不稳定,社会经济没有恢复,不但北方陆路贸易衰落,而且东南沿海的对外贸易也因倭寇骚扰和海禁政策而陷入停滞状态。随着政权的稳定,海禁逐渐放宽。

当时的贸易方式有朝贡贸易、互市贸易、走私贸易和三角贸易。郑和下西洋就是在这样的历史条件下出现的。郑和下西洋对中国对外贸易的发展有很大的促进作用。由明政府组织、郑和率领的庞大船队在1405—1433年间七次下西洋，足迹遍布东南亚、南洋诸岛、阿拉伯半岛和东非一带，同36个国家建立和发展了贸易及外交关系。由于郑和下西洋的巨大影响，许多国家纷纷与中国建立贸易关系，中国成为当时最大的海上贸易强国。

《东西洋考》记载："隆庆改元，福建巡抚都御史涂泽民请开海禁，准贩东西二洋。"同时，社会经济的发展，特别是纺织业、陶瓷业、漆器业、冶炼业、铸造业的发展，促进了商品经济的迅速发展和市场的扩大，客观上要求对外贸易必须有相应的发展。于是，明朝在1405年恢复了宁波、泉州、广州的市舶司，还在云南等地设立了新的市舶司。隆庆元年(1567年)宣布开放海禁，允许民间商人从福建漳州月港出海贸易，从而结束了明代近两百年的海禁，朝贡贸易的独占地位丧失，私营海外贸易合法化。

在明代前期，市舶司管理朝贡贸易，查禁民间商人的海外贸易，征税及管理中外互市贸易。在明代后期，民间商人海外贸易由海防馆(后改为督饷馆)负责管理；外商来华由市舶司管理；中外商人的交易由牙行负责。至此，海外贸易的行政管理和经营管理出现了分离。在明代末期，牙行逐渐由专营进出口货物的广东三十六行代替，市舶司的海外贸易经营管理权逐渐丧失。

1. 朝贡贸易

明初大规模征伐北方、招抚南洋，使得向明政府朝贡的周边国家甚多。明政府对朝贡贸易严格管理，具体办法是：对于朝贡诸国给予金牌信符的勘合符，凭此作为入国许可，至北京后下榻会同馆(专事接待贡使)，配备通事，听候天子等的召见。

明政府根据贡品的质和量确定回赐品的质和量，对于朝贡的国王、贡使与随员也按级赠赐。回赐品大体上是丝、缎、锦、绢、罗等，也有钱钞、银这样的货币。这样，朝贡者以本国的珍宝奇货经朝贡贸易获得明朝的丝绸及货币。

2. 互市贸易

来朝贡的使团在朝贡完毕后，明政府还允许他们进行第二次贸易，即在会同馆开市。《大明会典》记载："各处夷人朝贡领赏之后，许于会同馆开市三日或五日，惟朝鲜、琉球不拘期限。俱主客司出给告示，于馆门首张挂……各铺行人等，将物入馆，两平交易。"

朝贡使臣把一部分赏赐得到的丝绸，以及朝贡自带的私货拿出来交易。《大明会典》记载："正贡外附来货物，官抽五分，买五分。""正贡外，使臣自进并官收买附来货物，俱给价。不勘者，令自贸易。"

由于地理位置接近，很多中国海商特别是闽南商人会到菲律宾进行贸易，中国商品在菲律宾深受欢迎，史载：中国商船一到，当地商人立即"将货尽数取去"，"携入彼国深处售之，或别贩旁国，归乃以夷货偿我"。而当地人往往"以珠与华人市易，大者利数十倍"。

3. 走私贸易

日本的丝织业在明代后期有了较大发展，丝绸已有花素之分，但养蚕业与丝织业脱节，原料生产满足不了丝织业的需要，因此不得不从中国进口。明律严禁走私贸易，规定"凡将马、牛、军需……绸绢、丝绵私出外境货卖及下海者，杖一百"。隆庆元年部分开海，

准贩东西二洋，但因倭患关系，仍禁止与日本开展贸易。因此，民间只能以走私形式与日本进行丝绸贸易。

4. 三角贸易

西班牙派哥伦布航海，哥伦布于1492年（明孝宗弘治五年）发现美洲新大陆，西班牙于1519年征服墨西哥，于1565年攻占菲律宾。前面所讲的丝绸朝贡贸易和丝绸互市贸易大部分是直接贸易，也有以通过丝绸贸易获取利润为目的的中介贸易，但至明代，随着地理大发现和太平洋航路的开通，欧洲一些国家如西班牙、葡萄牙和荷兰的商人来到东方，开始了以中国丝绸为主要贸易品，贩运至第三国，赚取超额利润的大规模的三角贸易。他们把欧洲的工业品作为资本，到南洋换成当地的土产，再送至中国换成丝绸，再贩运丝绸到日本换取金银，再把中国的丝绸等物品在澳门装上船运回欧洲。

（七）清朝前中期的对外贸易

清朝初年，清政府于1656年颁布了“禁海令”，规定任何人不准下海，违者处以死刑。因此，14世纪、15世纪发展起来的对外贸易便大大衰落了。直到康熙年间，社会经济有了发展，“海禁”才有所放松。收复台湾后，1684年清政府颁布开海贸易令。康熙二十四年（1685年），清政府宣布限定广州、漳州、宁波和云台山四处为对外通商口岸，同时设粤海关、闽海关、浙海关和江海关，对进出口商品进行检查，并征收关税。

清朝前期的对外贸易活动主要由海关及十三行负责管理。1685年，江苏云台山、浙江宁波、福建漳州和广东广州四大海关的设立标志着中国海关制度的确立，自唐代以来中国实行的海外贸易管理制度——市舶制度终结。海关制度更接近现代管理制度，从此中国对外贸易管理开启了新的篇章。

四大海关作为沿海各省总关统一管理本省各口岸的对外贸易，乾隆二十二年职权收归广州一家。清代海关的主要职能有：(1)监管进出口商人、商船及货物。清政府对进出口船舶大小、随船携带物品、商人出港程序、进出口商品种类等均有明确规定，海关依例进行监管。(2)征收关税。各口岸关税制度不尽统一，关税分船舶税、货税和附加税三种。

二、鸦片战争前中国对外贸易的特点

鸦片战争前，中国对外贸易在长期的历史发展过程中形成了自己独特的特点。

（一）国家垄断对外贸易，服务于政治和外交的需要

这种垄断主要表现在官方经营和官方的对外贸易管理措施上。汉代曾规定，私商未得政府许可而与外商私市者处以重刑。自唐代至清代前期，延续千余年的市舶制度集中体现了国家对对外贸易的垄断和集中管理。在市舶制度下，国家直接垄断了进出口经营以及进口商品的买卖权。在宋代三百多种进口商品中，政府实行专卖的占一半以上。

（二）朝贡贸易占有十分重要的地位

朝贡贸易是两国国王之间以“贡礼”“酬谢”的形式进行的商品交换。它是一种外贸与外交合一的官方贸易形式。据史料记载，早在公元前11世纪，西域各国就开始和周王朝有了朝贡往来。由于中国历代王朝均以“天朝”自居，在朝贡贸易中，对方的物品被称为“贡”，而给予对方用于交换的物品称为“赐”。同时，入贡的时间也是定期的，如琉球两

年一次，安南、占城、高丽三年一次，日本十年一次。由于中国封建王朝长期处于强盛状态，这种朝贡贸易维持了千年之久。朝贡贸易虽然属于一种维持和发展臣属关系的方式，但中国封建王朝与邻近王朝的贸易长期以来大都是以这种方式进行的，因而朝贡贸易在中国对外贸易中占有很突出的地位。但朝贡贸易的种种限制严重妨碍了中国古代对外贸易的进一步发展。

（三）丝绸和陶瓷是长期占优势的外贸商品

中国的手工业，尤其是丝织业和陶瓷业曾长期领先于世界。而中国古代对外贸易正是建立在发达的手工业基础上的。早在秦汉时期，中国的丝绸就已通过河西走廊源源不断地运往中亚各国，甚至远销欧洲。明代中期以后，由于东南地区种桑业和植棉业的发展及民间纺织业的普及，纺织品的出口大量增加，各种物美价廉、色彩鲜艳的丝绸及其他纺织品畅销世界多个国家和地区。中国陶瓷业也历来居世界首位，精美的瓷器早就成为重要的出口商品。中国的丝绸、瓷器长期在世界上享有盛誉，并且至今仍是中国重要的出口商品。

（四）自然经济限制了对外贸易的发展规模

鸦片战争以前中国对外贸易虽然有所发展和扩大，但是由于受到自然经济的限制，发展并不快，规模也比较小。这是因为在自然经济占统治地位的背景下，生产主要是为了满足自身的消费需求，而不是为了交换。这也是中国封建社会对外贸易发展缓慢的重要原因之一。

（五）海关管理制度萌芽产生

我国在唐朝就有管理对外贸易的行政机构。陆路方面，设有安西都护府和北庭都护府；海路方面，在广州设置了市舶使。元代至元三十年（1293 年）正式制定颁布了《市舶抽分则例》22 条，这是我国历史上的第一部外贸法规。

明末清初，不仅是中国对外贸易的转折时期，即从实行“海禁”到开放“海禁”，而且也是海关管理的变化时期。随着官方海上贸易的衰落和私人海上贸易的繁荣与发展，原来的市舶制度已经越来越不能适应需要。于是明隆庆年间开放“海禁”以后，一种新型的海商管理制度应运而生。这种新型的海商管理制度与市舶制度相比，灵活性比较大：第一，它取消了朝贡贸易制度下对朝贡国家入贡时间、贡使人数的限制；第二，它对进口商品一律课以水饷和陆饷（类似关税），之后才可上岸交易；第三，它规定，凡是纳过税的商品均可自由交易；第四，它从抽分实物改为征收货币的饷银制，这无疑是关税制度的重大变化。新型海商管理制度的出现，标志着新的海关管理制度的萌芽产生了。

（六）贸易对象具有鲜明的时代特征

从 7 世纪的隋唐，到 16 世纪初明朝中后期，中国的主要贸易伙伴一直是阿拉伯国家。当时阿拉伯国家的海上贸易地位十分重要，几乎独占了西自摩洛哥，东至朝鲜、日本的海上贸易。在唐、宋、元三个朝代长达 700 多年的时间内，大量阿拉伯人移居中国，由此可见阿拉伯人在当时中国对外贸易中的地位较高。从 16 世纪中叶开始，阿拉伯人在东方贸易中的优势地位逐渐被葡萄牙人以及后来的西班牙人和荷兰人取代。自此以后，中国的主要贸易对象就变成了西方近代资本主义国家。

第三节　半殖民地半封建社会的中国对外贸易

一、半殖民地半封建社会的中国对外贸易概况

在鸦片战争前50年间,英国是对华贸易总额(进出口额之和)最多的国家。在最初的中英贸易交往中,中国货物出口多于进口,处于出超地位,形势喜人。英国于1834年主动废除了东印度公司对华贸易的特许权;1840年,为逼清政府开放中国市场,英国悍然发动了第一次鸦片战争,清政府败北。鸦片战争以后,清政府被迫同英国签订了中国历史上第一个不平等条约——中英《南京条约》,除割让香港岛、付2 100万银圆战争赔款、废除实行多年的公行制度外,还开放广州、上海、厦门、福州、宁波五港,并同意设立租界,承认货物自由进出口和"从价五分"的税率。此后,一直到20世纪初,欧美列强通过战争及其他手段强迫清政府签订了一系列不平等条约。清政府被迫割让领土、开埠通商,给予列强种种特权,最后甚至连关税自主权也丧失了。中国的大门不仅被打开了,而且还处于一种毫无防御的状态。从此,在列强的控制和压迫下,中国的对外贸易一直处于被动状态。

从1840年鸦片战争至1949年为止的百余年时间内,中国对外贸易的发展状况可以划分为两个具有不同特点的时期。

第一个时期是从鸦片战争之后中国开始对外通商起,至1931年抗日战争爆发止。这是一个中国被迫开埠通商的消极、被动的发展时期。西方资本主义列强用炮舰打开中国大门,利用许多不平等条约,取得条约口岸、协定关税、片面最惠国待遇、租界及治外法权等特权,从政治、经济上控制了中国。中国各地被划分为列强的势力范围,中国对外贸易的发展方向和进程深深受到与列强关系的影响。与列强侵入中国的时间顺序相一致,1858—1880年,中国被迫开放华北和长江沿岸的主要港口;1880—1900年,中国西南地区也成为国际贸易的场所;20世纪初,东北又开始开放对外贸易(见表1-1)。但是,由于中国自给自足经济的顽强抵抗,虽然外国迫使中国开放市场,但中国的对外贸易仍未有显著的增长,仅是其特点、性质发生了一些变化。

表1-1　不平等条约下的口岸开放

年份	不平等条约名称	开放口岸
1842	《南京条约》	广州、厦门、福州、宁波、上海
1858	《天津条约》	台湾(台南)、琼州、牛庄(营口)、登州(烟台)、潮州、镇江、淡水、南京、汉口、九江
1860	《北京条约》	天津
1876	《烟台条约》	宜昌、芜湖、温州、北海
1887	《续议商务专条》	龙州、蒙自、蛮耗
1887	《里斯本草约》	澳门(拱北)
1890	《新订烟台条约续增专条》	重庆
1893	《藏印续约》	亚东

鸦片战争以后到19世纪70年代以前，鸦片贸易泛滥，将报关进口量与走私进口估算数量合计，1860—1862年，中国年均鸦片进口数量为64 916箱，1869—1871年达90 285箱。19世纪以后，仅从海关统计表上所列进口商品来看，70年代中期上海口岸进口洋货有180多种，到1894年已达580多种；其他口岸在同一时期进口商品品种也都有较大幅度的增加。

鸦片、棉布和棉纱占19世纪中国进口商品的绝大部分，在进口总额中所占比重高达50%～75%。19世纪90年代以后，过去长期作为中国大宗出口商品的茶叶在英国市场上已处于竞争劣势。在美国市场上，中国茶也受到日本绿茶和印度、锡兰茶叶的排挤。中国茶出口量自1886年达到顶峰后即螺旋下降。随着西方资本主义国家对中国农产品原料需求的增加，以及中国对外开放的口岸越来越多，中国农牧矿产新品种出口贸易不断扩张，中国日益成为外国资本主义榨取农牧产品和原料的基地。

甲午战争以后中国进出口贸易增长可分为第一次世界大战前、大战期间、战后三个阶段来考察。甲午战争到1914年前的20年间，中国出口年均增长率为5.9%，比甲午战争以前增长三倍多；进口方面增长3倍多，年均增长率为7.4%。第一次世界大战期间，来自欧洲的洋货进口额大幅降低，日货进口不断增长；而由于欧洲战争对中国棉花、皮毛等原材料的需求增加，全国土货出口比战前有了大幅增长，年均增长率为6.1%。第一次世界大战后西方列强卷土重来，日、美也力图保持和扩大其在中国的贸易份额，中国进出口贸易大幅增长，1917—1927年，进口增长7.0%，出口增长6.4%。这一时期进口商品品种大大增加。仅从海关统计表上所列的进口商品品种来看，1874年上海进口洋货约180种，天津口岸进口洋货约100种，而到了1911年，上海进口洋货品种已达850多种，天津进口洋货也达到800多种。19世纪末20世纪初，中国传统出口商品如生丝、茶叶等，生产发展迟缓，技术水平低下，在国际市场竞争中越来越处于不利地位；同时，世界资本主义生产加快发展，对中国的豆类、棉花、芝麻、植物油、牛皮、羊毛、猪鬃等农产品及原料的需求大大增加，导致中国出口商品结构发生相当大的变化，呈现出进口以直接消费资料为主，出口以农产品原料及手工制品、半成品为主的状况。

第二个时期是从1931年起至1949年止。这是整个世界和中国都经历了剧烈动荡、战争和巨大变化的时期。这一时期可以分为1931—1945年抗日战争时期和1946—1949年解放战争时期两个阶段。在前一个阶段，中国对外贸易与工业发展在战争期间受到了极大的破坏并遭受了巨大损失。日本完全控制了占领区内的经济，肆无忌惮地对占领区进行经济掠夺。同时，日本还完全控制了占领区的对外经济关系，并对国民党政府实行外贸封锁，使中国无法从外国进口必需的物资。1937—1941年，中国(包括沦陷区和国统区)的进口总额增加1倍以上，从1937年的27 990万美元增至1941年的60 550万美元；而出口总额从1937年的24 580万美元降至1941年的15 430万美元。贸易入超从1937年的3 410万美元上升到1941年的45 120万美元。这一时期国统区对外贸易受战争影响下降幅度很大。1937—1941年，沦陷区对外贸易约占中国对外贸易总额的82.8%，国统区仅占7.2%。[①] 在后一个阶段，中国与美国的传统贸易联系得到了恢复和发展。自抗

① 丁长清．中外经济关系史纲要[M]．北京：科学出版社，2003.

战结束到 1949 年,美国已取代日本成为中国最大的贸易伙伴。进口贸易中,美国取得的优势最为显著,1946 年美国商品占中国进口总额的 57.2%,1947 年占 50.2%,1948 年占 48.4%。而日本和欧洲的德国、法国、意大利诸国在中国进口贸易中的地位下降很多,战后日本商品仅占中国进口总额的 1%左右。英国和东南亚国家虽然仍是中国进口商品的主要来源国,但与战前相比,都有不同程度的降低。受到战争的影响,中国这一时期的对外贸易总额急剧下降。抗日战争结束后,由于国民党政府发动内战,中国经济非但没有复苏,反而处于一种更加混乱的局面,通货膨胀严重,工业恢复迟缓,财政赤字巨大,外贸逆差打破了历史纪录,国民党政府的外汇和黄金储备迅速耗尽。随着国民党军事上的失败和经济上的瘫痪,中国对外贸易急剧萎缩,整个经济体系趋于瓦解。

二、半殖民地半封建社会中国对外贸易的特点

从 1840 年鸦片战争至 1949 年新中国成立这段时期,中国的对外贸易丧失了独立自主的地位,完全依附于帝国主义,成为半殖民地半封建性质的对外贸易。

(一) 对外贸易被帝国主义和官僚买办资产阶级控制和垄断

帝国主义列强于 1843 年在中国取得了协定关税的特权,从 1845 年起又霸占了中国海关的行政管理权,英、美两国相继窃取了税务司的职位,这为它们的经济侵略大开方便之门。外国资本大量涌入中国,1882—1913 年,外国洋行由 440 家猛增到 3 805 家,它们向商品流通领域的各个环节和其他领域迅速扩张,从而完全控制了中国的对外贸易以及外汇、金融、航运、保险、商检等行业。同期,官僚资产阶级也开办了各种垄断性的进出口贸易公司,垄断了丝、茶、桐油、猪鬃、钨、锑等重要物资的出口和钢铁、粮食、棉花、原油等重要物资的进口,它们实际是外国垄断资本在中国的代理机构。

(二) 进出口商品结构不平等

这一时期中国出口的主要商品是丝、茶、桐油、猪鬃、大豆、花生、钨、锑等工业原料和农副产品,进口的主要商品是棉织品、毛织品、煤油、汽油、罐头、化妆品等消费品和奢侈品。这种进出口商品结构完全服务于帝国主义在中国掠夺资源、倾销商品的需要。据统计,1873—1946 年,中国每年进口的机器设备从未超过进口总额的 10%。而洋纱、洋布、洋油等充斥中国市场,严重打击了中国民族经济的发展。

(三) 对外贸易长期逆差和不等价交换

据 1868 年以后的海关统计,我国除 1872—1876 年、1941 年和 1948 年少数年份外,其余年份的对外贸易均为逆差。据统计,中国的对外贸易 1877—1949 年逆差总额达 64 亿美元,大量金银外流,财政陷入困境,中国不得不举借外债,进而出卖国家主权,从而加深了对帝国主义国家的屈从和依赖。帝国主义还凭借其对中国对外贸易的控制权,肆意扩大中国进口制成品和出口原料产品之间的价格剪刀差,通过不等价交换,对中国人民进行残酷的剥削和掠夺。

(四) 贸易对象集中于少数西方国家

这一时期,中国的贸易对象主要集中于英国、日本、德国、美国、法国、俄国等少数国家,它们在中国对外贸易中的地位随着其经济、政治势力的消长而变化。据统计,自鸦片

战争到甲午战争期间，中英贸易在中国的对外贸易中占80%以上，几乎处于垄断地位。第一次世界大战期间，日本和美国趁欧洲各国混战的机会，进一步扩大了与中国的贸易，在中国对外贸易中的比重一跃而居第一和第二位。第二次世界大战结束后，美国在华势力进一步扩张，中美贸易在中国对外贸易中逐渐居于垄断地位。据统计，1946年，中国从美国进口的商品占中国进口总额的51.2%，中国对美国出口的商品占中国出口总额的57.2%。

本章小结

具有五千多年悠久文明史的中国是世界上最早开展国际经贸活动的国家之一，中国的对外贸易活动已有三千多年的历史，以“丝绸之路”为载体的中国对外贸易活动促进了世界文化交流和文明的进步。中国是世界上较早对对外贸易活动进行管理的国家，早在唐朝就有管理对外贸易活动的机构——市舶使，元朝制定了海关条例的前身——《市舶抽分则例》，明朝郑和“七下西洋”和兴盛的“三角贸易”是中国参与经济全球化的早期表现。自鸦片战争至1949年的百余年是外国列强瓜分中国市场、掠夺中国资源，经贸关系不平等的时期。不同历史阶段中国对外贸易关系具有不同的特点，这是当时生产力和经济社会发展水平、统治阶级的治国思想以及国际经贸关系等影响因素的综合体现。

思考题

1. 简述国际贸易与中国对外贸易的起源年代。
2. 简述历史上中国管理对外贸易机构的演变。
3. 简述封建社会中国对外贸易的特点。
4. 简述半殖民地半封建社会中国对外贸易的特征。

第二章　新中国对外贸易的发展历程

【学习目标】

通过本章的学习，学生应了解改革开放前我国开展对外贸易的国内外宏观环境与特点、改革开放以来我国全方位对外开放的发展过程与对外贸易发展的概况及特点，以及加入 WTO 以后我国对外贸易的发展历程。

【素养目标】

本章通过介绍改革开放前后我国对外贸易的时代特征，向学生细致地展示了新中国成立以来我国对外贸易的发展历程，强调中国加入 WTO 对全球贸易产生的巨大影响，证明改革开放的重要性与必要性；通过阐述改革开放四十多年来付出的努力与取得的成果，体现我国坚持高质量开放发展的开拓创新与坚韧不拔。

引导案例

中国国际贸易长成参天大树　65 年货物贸易变身全球"擂主"

从"世界头号出口大国"到"世界第二大经济体"，近年来中国荣获的重量级经济头衔不断增加。如今，中国头上又多了另一顶金光闪闪的"帽子"——"世界第一货物贸易大国"。2013 年，中国超过美国成为世界第一货物贸易大国。经济领域"世界第一"的"交棒"往往折射出世界经济版图的微妙嬗变，这次亦不例外。英国和美国分别是过去两个世纪的全球贸易"擂主"，而今"擂主"头衔再度易位，于中国、世界都意味深长。

新中国成立后，我国确立了独立自主的社会主义对外贸易方针。改革开放前 30 年，中国对外贸易在曲折中前进，为国民经济的恢复和发展作出了贡献，并为发展社会主义对外贸易积累了正反两方面的经验。1950 年，中国对外贸易总额 11.35 亿美元，其中出口 5.52 亿美元，进口 5.83 亿美元。到 1978 年，对外贸易总额扩大到 206.38 亿美元，其中出口 97.45 亿美元，进口 108.93 亿美元，分别增长 16.7 倍和 17.7 倍。

新中国成立 65 年，特别是改革开放 30 多年来，我国实现了从封闭半封闭经济到全方位开放的伟大历史转折，对外贸易取得了辉煌的成就。对外贸易领域从货物贸易到服务贸易不断拓展，规模从小到大不断扩大，质量从低到高不断提升。经过 65 年的艰苦奋斗，今天的中国以更加开放的心态、更加自信的步伐融入世界经济的大潮之中，以贸易大国的英姿屹立于世界经济舞台。

1978 年，中国货物进出口总额只有 206.38 亿美元，世界排名第 29 位，占全球贸易份额不到 1%。改革开放让中国对外贸易进入新纪元，2001 年加入 WTO 更是“助推器”，中国对外贸易呈现一年一个台阶、三五年大变样的蓬勃发展局面。2013 年，中国货物贸易总额突破 4 万亿美元，占世界市场份额的 11%以上。

从全球视角看，中国从相对隔绝到融入全球市场，从贸易“小虾”华丽转身成为全球贸易大国，不到半个世纪。中国对外贸易的发展为世界经济作出了重要贡献，全世界民众都在不知不觉中分享对华贸易带来的便利与红利。

中国作为全球第二大进口国，扮演着全球产品购买者和世界需求支撑者的角色。如今，中国已经是 120 多个国家和地区的最大贸易伙伴，每年进口近 2 万亿美元的商品，为全球贸易伙伴创造了大量就业岗位和投资机会。未来五年，中国进口需求将达 10 万亿美元。所以，世界应该为中国这个新擂主“点赞”。

虽然中国已经是当仁不让的贸易大国，但与“贸易强国”还有差距。当前，中国企业总体仍处于全球产业链的中低端，普遍缺少核心技术、核心产品与自主品牌，产品附加值低，资源环境和人力代价大，贸易规模和盈利能力并不协调。我国要实现从以“量”取胜到以“质”取胜的贸易发展模式的飞跃，还有很长的路要走。更重要的是，中国高增值环节集中的服务部门发展滞后。2013 年中国服务贸易总额 5 396.4 亿美元，仅为美国的一半左右，是服务贸易逆差最大的国家。

资料来源：中国国际贸易长成参天大树 65 年货物贸易变身全球“擂主”[EB/OL].(2014-10-03)[2021-04-20]. http://biz.zjol.com.cn/system/2014/10/03/020286511.shtml.

新中国成立以后，中国人民摆脱了一个多世纪以来帝国主义列强的侵略、剥削和奴役，中国社会摆脱了半殖民地半封建的状况，中国对外贸易史翻开了新的一页，崭新的社会主义对外贸易得以确立。中国人民在中国共产党的领导下一方面积极进行国内经济建设，一方面遵循独立自主、完全平等、互惠互利的原则，积极开展与世界各国的经贸关系，极大地推动了对外贸易的发展。特别是改革开放四十多年来，我国对外贸易迅猛发展，规模不断扩大，质量和水平不断提高，成为国民经济的重要组成部分，在社会主义现代化建设中发挥着十分重要的作用。

新中国对外贸易的发展可以分为如下三个时期：

第一个时期是从新中国成立到 1978 年改革开放之前。在这个阶段，我国确立了社会主义独立自主的对外贸易，结束了旧中国不平等、受剥削的对外贸易历史。我国完成了对工业、手工业的社会主义改造，主要依靠自己的力量初步建立了健全的工业体系，在对外贸易方面主要是基于社会主义阵营以及外交和政治关系来发展对外贸易和对外援助，其间对外贸易有了一定发展。虽然历经曲折，但总体上，进出口贸易仍然在国家的集中安排下按计划的要求进行。

第二个时期是从 1978 年改革开放到 2001 年我国加入 WTO 之前。在这个阶段，我国从改革开放初期的指令性计划经济，发展到以计划经济为主、市场调节为辅，之后又逐步建立起社会主义市场经济制度，并逐步完善。与之对应，我国对外贸易的发展也从沿海向内地逐步推进。在这个时期，对外贸易经历了探索、推进、攻坚、深化四个阶段，逐步

形成了一个良好的态势。

第三个时期是从 2001 年我国加入 WTO 至今。自 2001 年我国加入 WTO 以来,对外贸易的发展突飞猛进,加工贸易和一般贸易都飞速增长,产品结构发生变化,高科技产品的比例逐渐提高,对我国经济的高速发展作出了巨大贡献。①

目前中国已是世界贸易大国。如图 2-1 和图 2-2 所示,中国出口贸易从 1978 年在世界出口贸易中占比不到 2%到 2009 年成为世界第一大货物贸易出口国,2013 年在世界出口贸易中占比达到 11%以上,中国重新回到世界贸易中心。但在辉煌的数据背后,贸易结构不完善、出口产品附加值低等诸多顽疾,依然是中国成为贸易强国之前亟待解决的问题。

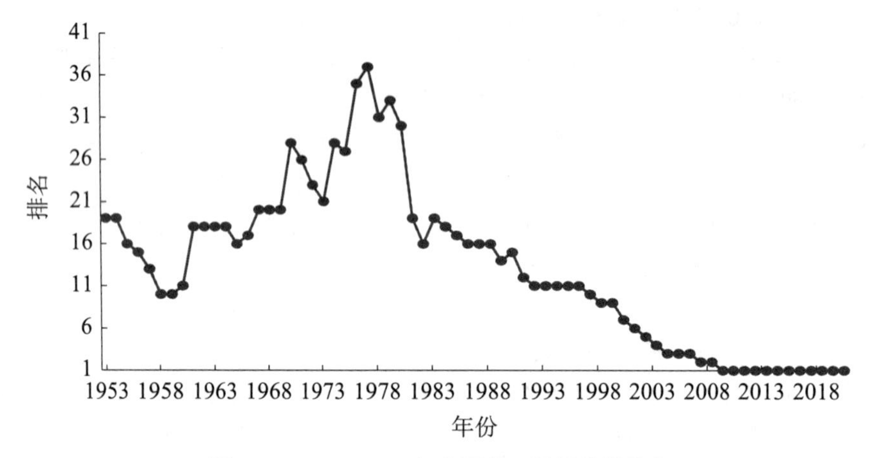

图 2-1　1953—2020 年中国出口贸易世界排名

资料来源:联合国贸易和发展会议。

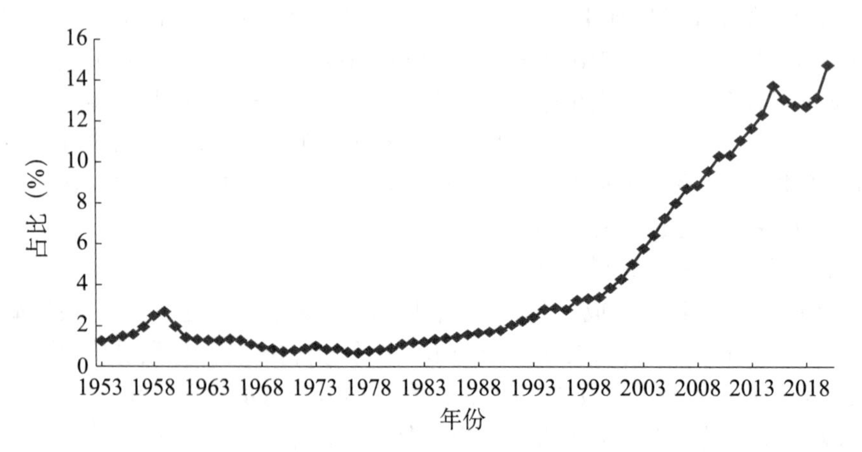

图 2-2　1953—2020 年中国出口贸易占世界比重

资料来源:联合国贸易和发展会议。

① 国家统计局综合司.系列报告之九:对外贸易飞速发展[R/OL].(2009-09-16)[2021-03-22].http://www.stats.gov.cn/ztjc/ztfx/qzxzgcl60zn/200909/t20090916_68641.html.

第一节　改革开放前中国对外贸易的发展

新中国成立至改革开放前，我国对外贸易的发展可分为以下几个阶段。

一、1949—1952年

基于1949年3月召开的党的七届二中全会确立的“对内节制资本和对外统制贸易”的基本政策，1949年9月通过的《中国人民政治协商会议共同纲领》中“实行对外贸易的管制，并采取保护贸易政策”的规定，我国确定了独立自主、集中统一的外贸工作原则和方针。新中国成立后，在解放区已经开展的对外贸易的基础上，政府进一步采取了一系列重大措施，废除了帝国主义在华的各种特权，没收了国民党政府和官僚资本的外贸企业，并逐步改造私营外贸企业等，建立了新中国的社会主义对外贸易体系。

1949年11月，中央人民政府政务院设立贸易部，下设国外贸易司。1949年10月25日，海关总署在北京成立。1952年8月，成立对外贸易部，对外贸易按照业务类型进行调整。

1950年3月，颁布了《关于统一全国国营贸易实施办法的决定》。1949年12月，颁布了《对外贸易管理暂行条例》及《对外贸易管理暂行条例实施细则》，奠定了中国社会主义对外贸易基础。1951年，先后颁布了《暂行海关法》《海关进出口税则》和《海关进出口税则暂行实施条例》等一系列法律法规以及具体规定和实施办法，把全国的对外贸易置于国家集中领导和统一管理之下。

这一时期，我国坚持在平等互利原则基础上按照“互通有无，调剂余缺”的原则与一切国家开展贸易。中央政府通过垄断对外贸易来控制贸易流动，12家国有进出口公司垄断了进出口贸易，只有授权商品才能通过这道控制体系；通过官方控制的外汇体系来控制资金流动，非经严格批准，个人无权将人民币兑换为外币。当时对对外贸易的严格控制措施是由这一阶段我国经济水平和发展战略共同决定的。

新中国成立初期，由于大规模经济建设并未展开以及帝国主义对中国的经济封锁与贸易禁运，中国对外贸易占世界贸易的比重虽稍有增加，但变化不大。1950—1952年，中国对外贸易占世界贸易的比重分别为0.9%、1.14%和、1.14%；中国贸易依存度分别为6.53%、9.7%、8.1%，处于较低水平。其中，出口依存度分别为3.18%、3.76%、3.43%；进口依存度分别为3.35%、5.94%、4.69%，出口依存度始终小于进口依存度。

新中国成立后，国家按照国内生产和消费需要，有计划地组织进出口，大力推销农副产品及国内滞销产品，大量进口国内急需的生产资料、工业原料及部分生活必需品。经济恢复时期，中国进口商品主要有：机床、船舶、汽车及零件、农用机械、运输工具、器材仪器、燃料、农药、西药以及医疗器械等。出口商品主要是农副产品及加工品，以及国内生产有余的物品，如大豆、大米、食用油、桐油、煤、矿产品、猪鬃、肠衣、皮毛、羊绒、蛋品、丝绸、茶叶、手工艺品、盐、肉等。化工产品在1950年、1951年两年中居进口第一位，成套设备和技术进口在1952年居第一位。同期，中国对国内紧缺的五金矿产的进口一直高达10%以上。

二、1953—1965年

这一时期，由于中国经济、政治和外交关系的变化，中国对外贸易额、主要贸易伙伴

和贸易结构也相应地发生了变动。

对私营进出口企业的社会主义改造基本完成以后,我国的进出口业务全部由国营外贸专业公司垄断经营,结束了不同所有制企业并存经营的对外贸易格局,建立起高度集中统一、政企合一的外贸体制。进出口严格按照国家计划进行,出口实行收购制,进口实行拨交制,盈亏由国家统负。

1953—1965 年,中国对外贸易总额保持较快增长,但是规模不大,年均进出口总额为 106.8 亿元人民币,其中出口额占世界出口总额的比重年均仅达 1.27%。从贸易差额来看,从 1956 年开始,中国除 1960 年贸易轻微逆差外一直保持顺差状态。受多方面因素的影响,我国这一阶段进出口额增长速度波动很大(见图 2-3)。

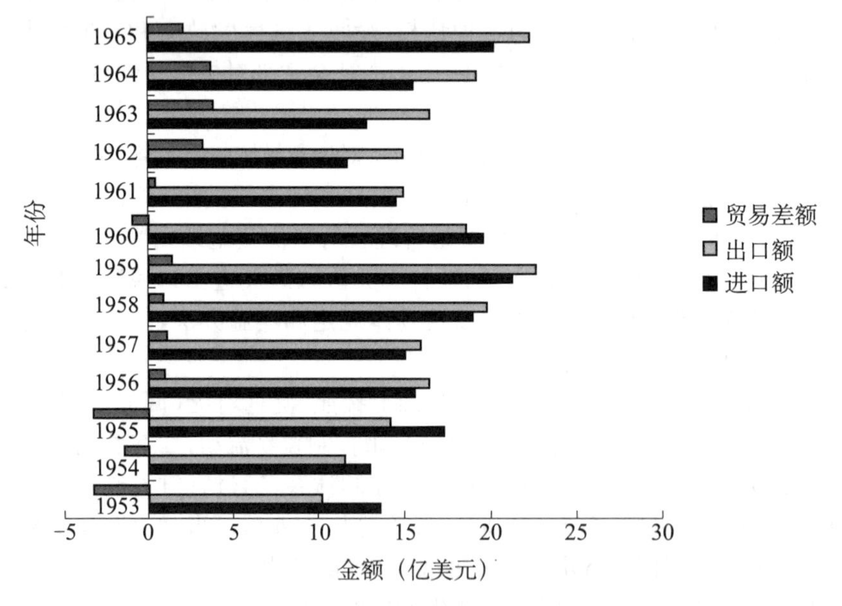

图 2-3　中国对外贸易发展:1953—1965 年

资料来源:国家统计局国民经济综合统计司.新中国五十年统计资料汇编[M].北京:中国统计出版社,1999.

20 世纪 50 年代,我国对外贸易的主要国际市场是苏联和东欧社会主义国家。我国继 1950 年同瑞典、丹麦、瑞士、芬兰建立外交和贸易关系后,又利用各种机会和途径,争取和团结其他西方国家工商界及开明人士,以民促官,推动了我国同日本、西欧等西方国家的民间贸易和官方贸易。1955 年召开的万隆会议,为中国向社会主义阵营之外的亚非国家开拓经贸关系提供了一个良好的机会,为国内经济建设和社会主义改造创造了良好的国际环境。

从 1953—1960 年进出口总额的数据来看,中苏贸易额居第一,占中国进出口总额的 50%。进入 20 世纪 60 年代以后,我国同苏联关系恶化,与苏联和东欧国家的贸易额大幅下降,同日本、西欧等资本主义国家的经贸关系有所恢复。到 1965 年,同我国有经贸关系的国家和地区发展到 118 个,我国对西方国家的贸易额占全国对外贸易总额的比重也由 1957 年的 17.9%上升到 52.8%。中国对外贸易在世界贸易中的地位在 1959 年以前处于上升趋势，此后逐年下降，至 1962 年后又逐年回升，中国对外贸易仅占世界贸易的 1%～1.5%。

在这一阶段，我国的对外贸易方式主要是一般贸易和加工贸易。在“一五”期间，一般贸易占据我国对外贸易的主体，达到 90%以上。1961—1965 年，我国对外贸易方式以加工贸易中的进料加工为主导，其间国家政策给予大力支持。

三、1966—1976 年

1966 年开始的持续十年的“文化大革命”，不但在文化方面给新中国造成了十年浩劫，也打乱了我国社会主义建设的进程，将国民经济推到了濒临崩溃的边缘，我国对外贸易也受到了严重的干扰和破坏。自 1967 年起，对外贸易连续 3 年停滞和下降，遭遇了 1949 年以后的第二次重大曲折。20 世纪 70 年代前期，国际环境发生了有利于我国的变化。1971 年联合国恢复了我国的合法席位，1972 年美国总统尼克松访华，中美发表《中美联合公报》，并在正式建交前先恢复了贸易关系。之后，我国对外关系取得了重大进展，西方国家纷纷同我国建立外交关系或使外交关系升级，我国对外贸易的国际环境明显改善。

“文化大革命”期间，我国对外贸易虽然没有出现明显的滑坡趋势，但与世界其他地区相比陷入了低潮期。如图 2-4 所示，1966—1976 年，中国对外贸易进出口总额从 46.2 亿美元增加到 134.3 亿美元，年均增速达到 11.3%，明显快于此前十年，即 1956—1966 年 3.9% 的增速。其中，出口额从 1966 年的 23.7 亿美元增加到 1976 年的 68.5 亿美元，年均增速为 11.3%；进口额从 1966 年的 22.5 亿美元增加到 1976 年的 65.8 亿美元，年均增速为 11.2%。1973 年，中国的进出口总额达到 109.7 亿美元。1975 年，我国的进出口总额达到 147.51 亿美元，比 1969 年的 40.29 亿美元增长了 2.7 倍，平均每年增长 24.1%。

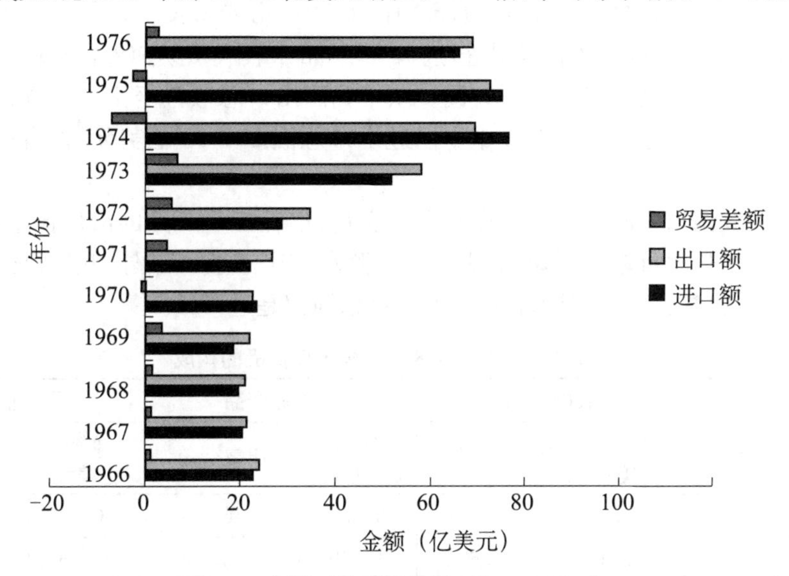

图 2-4　中国对外贸易发展：1966—1976 年

资料来源：国家统计局国民经济综合统计司．新中国五十年统计资料汇编[M]．北京：中国统计出版社，1999.

1966—1976 年，全世界商品贸易出口总额年均增速为 17.1%，而中国比世界平均增速慢了 5.8 个百分点，中国在国际贸易中的地位明显下降。1966 年，中国出口额占世界出口总额的比例为 1.2%，1976 年下降到 0.69%。从国别排序来看，1966 年中国进口额、出口额分列世界第 20 位和第 16 位，1976 年分别下降到第 33 位和第 35 位。

在这一时期，中国的进出口产品结构落后，出口多以农副产品和纺织品为主，进口则以机械设备、五金矿产为主，表现出典型的农业国家贸易结构。粮油食品几乎一直占据中国第一大类出口产品的地位，纺织品位居其后，甚至在 1976 年超过粮油食品成为中国第一大类出口商品，土产畜产稳居第三位，这三类出口商品合计占到中国出口商品的 50%以上。化工、轻工和工艺品类商品出口比重呈现明显上升的趋势，其中化工类产品出口比重已经从 1966 年的 3.6%稳步增加到 1976 年的 15%以上。进口方面，粮油食品、五金矿产、化工、机械类产品一直占据中国进口商品 70%以上的比重，其中 1969—1970 年，这一比重一度上升至近 90%。

四、1977—1978 年

1977—1978 年是中国对外开放的酝酿与起步阶段，中国以前所未有的姿态开展了国际经济交往活动，中国的对外贸易活动也进入了一个新的发展阶段。“文化大革命”结束之后，我国对外贸易实现了全面恢复和持续、快速发展。伴随大庆油田的开发，石油供给快速增长，国家通过部分石油出口来换取紧缺的外汇。同时，中国尝试从西方和日本购买技术，化肥和钢铁技术是中国最迫切需要的技术，1977—1978 年中国的技术进口项目成倍增加。

剔除国际市场物价上涨和汇率变动因素，1977—1978 年，我国出口贸易量比 1970 年分别增长 53.1%和 82.2%，而进口贸易量则比 1970 年分别增长 93.1%和 164.4%，特别是 1978 年由于急于求成导致盲目引进，进口大增，带来较大贸易逆差，出现了所谓的“洋跃进”现象，加剧了国民经济的比例失调。该年我国出口总额甚至不及日本该年汽车一项的出口额(156.3 亿美元)。1978 年中国进出口总额 206.38 亿美元，仅占世界贸易总额的 0.78%。

这一时期我国出口商品的结构逐步发生变化，如轻工业产品的出口比重有所上升，重工业产品的出口比重略有下降(见表 2-1)。除传统轻工业产品外，我国已经能够出口部分化工产品、拖拉机等机械设备，而这些商品以前都是进口品。

表 2-1　1977—1978 年中国出口商品的构成

年份	出口总额（亿美元）	农副产品		轻工业产品		重工业产品	
		金额（亿美元）	比重(%)	金额（亿美元）	比重(%)	金额（亿美元）	比重(%)
1977	75.90	20.96	27.6	34.92	46.0	20.02	26.4
1978	97.45	26.91	27.6	45.69	46.9	24.85	25.5

资料来源:《中国对外经济贸易年鉴》编辑委员会. 中国对外经济贸易年鉴[M]. 北京:中国对外经济贸易出版社，1986.

从进口商品的构成来看，生产资料的进口占绝大部分比重(见表 2-2)。这一时期我国主要进口工业制成品，特别是技术含量高的机械和运输设备等生产资料以及其他重要物质资料。在进口的生产资料中，以机械设备和工业原料为主，所占比重在90%以上，农业生产用物资所占比重不足10%。

表2-2　1977—1978年中国进口商品的构成

年份	进口总额（亿美元）	生产资料		生活资料	
		金额（亿美元）	比重(%)	金额（亿美元）	比重(%)
1977	72.14	54.92	76.1	17.22	23.9
1978	108.93	88.64	81.4	20.29	18.6

资料来源：《中国对外经济贸易年鉴》编辑委员会. 中国对外经济贸易年鉴[M]. 北京：中国对外经济贸易出版社，1986.

注：表中生产资料包括机械设备和生产原料，其中生产原料又包括工业原料和农业生产用物资。

这一时期，一般贸易是我国主要的贸易方式，其他贸易方式所占比重很小。除恢复定牌、寄售、展销、中性包装、进料加工、以进养出等贸易做法外，还积极采用国际贸易中早已通行的来料加工、补偿贸易、延期付款、分期付款等方式。

第二节　改革开放后中国对外贸易的发展

1978年12月召开的党的十一届三中全会，全面纠正了“文化大革命”的错误和“左”的指导思想，决定把工作重点转移到社会主义现代化建设上来，制定了调整国民经济、改革经济体制、实行对外开放、对内搞活经济的政策。党的十一届三中全会的正确决策，使国家全面振兴，走向繁荣，也开创了对外贸易发展的新局面。

一、1979—1984年改革开放初期

改革开放政策确立之初，我国积极发展对外贸易，中央政府对外贸管理体制进行了初步改革，各级政府努力发展出口、积极组织进口，与改革开放前相比，地方贸易自主权得到扩大，我国进出口贸易获得较大发展。

改革开放使中国更广泛地融入世界经济，对外贸易步伐加快。中国与世界的贸易往来不断加强，进出口额均大幅上升。

改革开放以后，中国采纳并推行了进口替代与出口导向战略，工业制成品出口有了长足发展，中国出口产品结构呈现不断优化的趋势。1981年，我国打破了新中国成立以来初级产品的出口比重长期超过工业制成品的传统，工业制成品的出口比重首次超过初级产品，实现了中国出口产品结构里程碑式的跨越。

根据要素禀赋理论与比较优势理论，中国大力发展劳动密集型加工贸易。这一时期轻纺品、橡胶制品、矿冶产品及其制品的出口比重多在20%左右，在工业制成品的出口份额中居第一位；而机械及运输设备的出口比重虽然不大，但增长趋势明显；初级产品的出口比重出现趋势性下降，且幅度较大。

二、1985—1989 年商品经济时期

1985—1989 年,外贸企业处于经营责任制改革阶段,财政对外贸企业的补贴尚未取得,外贸经营主体尚未确立真正的市场主体地位,外商投资企业的出口导向特征初具雏形。从表 2-3 可以看出,这一阶段对外贸易虽有很大增长,特别是 1988 年对外贸易总额迈上了千亿美元台阶,但外资企业出口占比还是较低;我国外贸依存度逐年上升,从 1985 年的 24.18%上升到 1989 年的 26.09%。

表 2-3 1985—1989 年中国对外贸易情况

年份	进出口总额(亿美元)	增长(%)	外贸依存度(%)	出口额(亿美元)	进口额(亿美元)	贸易差额(亿美元)	外资企业出口额(亿美元)	外资企业出口占比(%)
1985	696.0	29.98	24.18	273.5	422.5	−149.0	2.97	1.09
1986	738.4	6.10	26.66	309.4	429.0	−119.6	5.82	1.88
1987	826.6	11.93	27.31	394.4	432.2	−37.8	12.10	3.07
1988	1 027.9	24.36	27.34	475.2	552.7	−77.5	24.61	5.18
1989	1 116.9	8.65	26.09	525.4	591.5	−66.1	49.14	9.35

资料来源:根据各年的《海关统计》《中国统计年鉴》整理。

在贸易额增长的同时,我国的进出口商品结构也发生了可喜的变化:工业制成品的出口比重由 1978 年的 46.5%上升到 1989 年的 65.3%,初级产品的出口比重则由 53.5%下降到 34.7%。外贸收支平衡状况逐步好转,顺差逐年增加。

三、1990—1991 年解困与转型时期

20 世纪 80 年代末 90 年代初,国际形势错综复杂,变化巨大。东西方冷战结束,各国开始重视经济发展,将注意力从政治对抗转向经贸竞争。

这一时期,我国对外贸易方式发生了重大变化,随着国内经济的迅速发展和对外开放的逐步扩大,加工贸易(包括进料加工、来料加工和出料加工等)在外贸中的地位不断上升,成为我国主要的贸易方式;而租赁贸易、补偿贸易等贸易方式也有一定程度的发展(见图 2-5)。

四、1992—2001 年市场经济建立时期

1992—2001 年是我国经济发展的一个重要时期,进一步深化改革开放的政策确保了中国对外贸易的稳定增长,社会各界关于贸易改革的方向及贸易策略的辩论十分激烈,同时我国"复关"谈判进入双边市场准入谈判的重要阶段。

1989 年以后,我国确立了改革开放不动摇的国策和建立社会主义市场经济的改革目标,进一步加强我国同世界的联系,大力发展进出口贸易。1992 年邓小平南方谈话给国内外投资者以巨大的信心,对外经贸领域出现了一次规模较大的投资和贸易热潮。1994 年是中国对外贸易飞速发展的重要转折点,这一年中国颁布实施了《对外贸易法》,外汇汇率并轨,各项对外贸易相关的法律法规陆续出台,一方面是入世谈判倒逼的全方位政

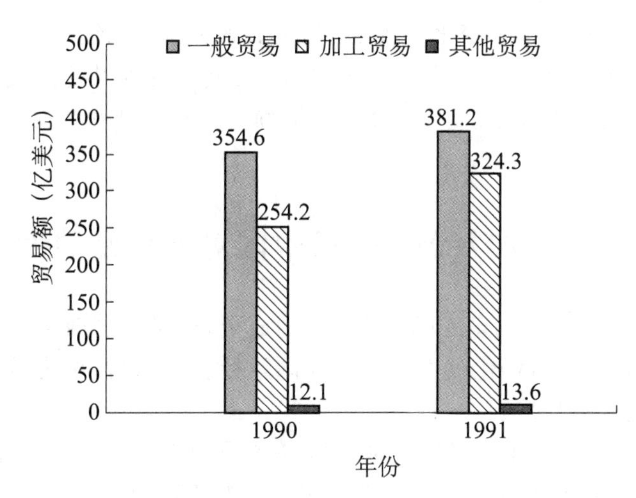

图 2-5　中国出口贸易方式统计:1990—1991 年

资料来源:国家统计局国民经济综合统计司.新中国五十年统计资料汇编[M].北京:中国统计出版社,1999.

策体制改革,另一方面是逐渐发展的中国制造业寻求国际市场机遇的要求。20 世纪 90 年代后,外资利用数额越来越高,加工贸易产业迅速发展。1996—1999 年,加工贸易额超过一般贸易额。1999 年之后,对外贸易处于一般贸易与加工贸易"比翼齐飞"的阶段。至 2001 年入世时,中国进出口额增加至 5 098 亿美元,其中一般贸易额达 2 683 亿美元,占比为 53%;加工贸易额达 2 415 亿美元,占比为 47%(见图 2-6)。

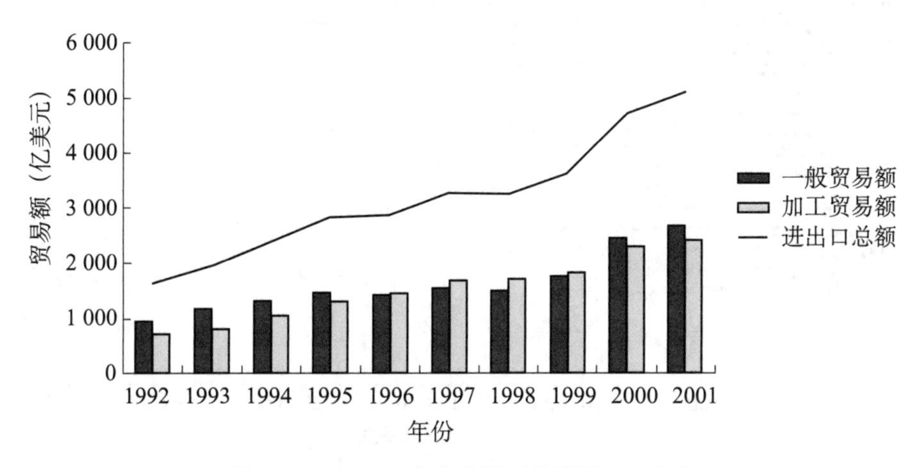

图 2-6　1992—2001 年中国对外贸易方式变化

资料来源:根据各年的《海关统计》《中国统计年鉴》整理。

在此阶段,我国经济的发展速度超过了世界经济的平均发展速度,我国为加入 WTO 付出了不懈努力,对外贸易取得了良好发展,对外贸易额也逐年提高,占世界进出口总额的比重逐年上升,世界排名由 1992 年的第 11 位跃升至 2001 年的第 6 位。

随着中国经济的发展,对外贸易在 GDP 中的比重越来越高,出口对我国经济增长所起的作用愈加明显。中国出口商品的结构除了初级产品与工业制成品比重发生变化外,

工业制成品内部结构也发生了变化,以轻纺产品、橡胶制品、矿冶产品及其制品为代表的劳动密集型产品所占比重逐年下降,以化工产品、机械和运输设备为代表的资本技术密集型产品所占比重逐年上升,改变了以往主要依赖资源密集型和劳动密集型产品扩大出口的局面。

第三节　加入 WTO 后中国对外贸易的发展

2001 年 12 月 11 日,中国正式成为 WTO 的成员,这是中国改革开放历史上的里程碑,表明中国经济发展与市场化改革的成果为国际社会所认可,标志着国际通行的经贸规则在中国市场的确立与发展。

随着我国改革开放的不断推进,对外贸易突飞猛进。2020 年,中国进出口总额 46 462.6 亿美元,其中出口额 25 906.5 亿美元,进口额 20 556.1 亿美元,贸易顺差 5 350.4 亿美元。可以说,中国贸易大国的地位进一步巩固,外贸发展不仅推动了国内经济社会的发展,对全球贸易增长和经济复苏也作出了积极贡献。[①]

2001 年加入 WTO 至今是中国贸易迅速发展的时期,中国进出口贸易迅猛发展。2008 年全球金融危机使得我国进出口出现负增长,即便如此,中国的进出口贸易仍然保持了较大的贸易顺差。受欧债危机以及世界市场低迷的影响,我国贸易顺差额下降,进出口贸易额增速大幅放缓,但在 2011 年之后逐步回升(见图 2-7)。

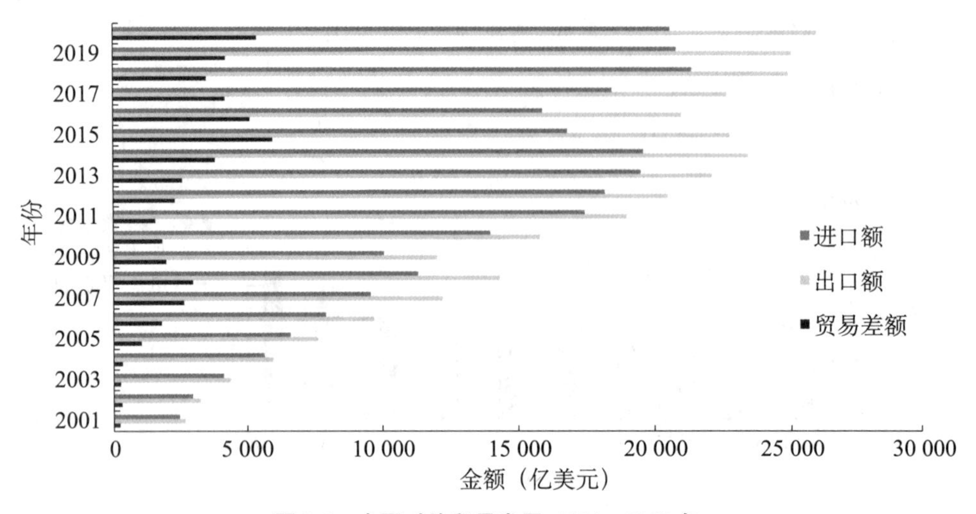

图 2-7　中国对外贸易发展:2001—2020 年

资料来源:国家统计局。

加入 WTO 使得外国投资者在我国投资更加便利。从图 2-8 可见,我国实际利用外资金额出现了新一轮增长,从 2001 年的 469 亿美元增长到 2008 年的 924 亿美元。受 2008 年世界金融危机的影响,2009 年我国实际利用外资金额有所减少,为 900 亿美元。

---

① 数据来源于商务部综合司。

此后，为了缓解经济危机的压力，稳定经济发展，我国加大了对外商投资的吸引力度。据统计，2019 年，我国新批设立外商投资企业 4.1 万家，到 2020 年年底，我国实际利用外资金额增长到 1 444 亿美元，创历史新高。

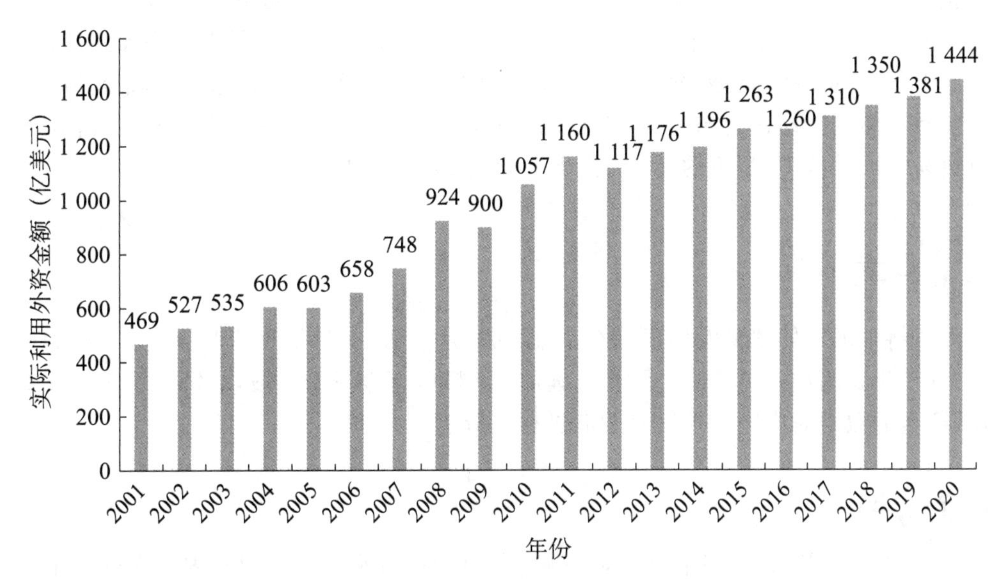

图 2-8 中国实际利用外资情况：2001—2020 年

资料来源：国家统计局。

加入 WTO 以来，我国对外贸易结构处在不断变化的过程中。从贸易主体结构来看，2002—2020 年，各主体进出口额占进出口总额的比重发生了显著变化，外资企业进出口额占比总体较高，但经历了先升后降的过程，整体呈现缩小的趋势，国有企业进出口额占比持续下降，民营企业进出口额占比后来居上。2002 年，外商投资企业进出口额为 3 302.1亿美元，占进出口总额的 53.2%；国有企业进出口额为 2 373.5 亿美元，占进出口总额的 38.2%；其他类型企业进出口额为 531.4 亿美元，占进出口总额的 8.6%。2006 年外商投资企业进出口额占比达到 58.9%，之后持续回落，2009 年民营企业进出口额占比超过国有企业，此后比重持续上升。2020 年，外商投资企业进出口额为 17 976 亿美元，所占比重回落到 38.7%；国有企业进出口额有所下降，总额为 6 644.2 亿美元，占进出口总额的 14.3%；民营企业表现活跃，进出口额达到 21 651.6 亿美元，占进出口总额的 46.6%。

从贸易商品结构来看，首先，货物贸易与服务贸易进出口额比例基本稳定。2002 年以来，货物贸易进出口额占总进出口额的比重平均为 89.3%，服务贸易进出口额占总进出口额的比重平均为 10.6%。其次，货物贸易进出口以工业制成品为主，但初级产品进出口稳中有升，工业制成品进出口小幅下降。最后，从工业制成品内部结构来看，高新技术产品的贸易规模保持扩大趋势，由 2001 年的 1 105.6 亿美元增加到 2019 年的 13 685.1亿美元，增长了十多倍，但其增速在波动中呈放缓趋势。高新技术产品进出口占货物贸易的比重呈阶段性变化趋势，2002—2006 年，其份额稳步上升，从 2002 年的

24.3%增加到 2006 年的 30.0%；随后虽一直处于波动状态，但总体保持稳定，到 2019 年，所占比重为 29.9%。

自加入 WTO 以来，加工贸易优势地位明显，但其占比呈下降趋势，而一般贸易在波动中表现为上升趋势，两者之间的差距不断缩小。2002 年加工贸易占比为 48.7%，一般贸易占比为 42.7%。2008 年加工贸易占比缩小到 41.1%，一般贸易占比增加到 48.2%，取代加工贸易占据我国对外贸易的主导地位，此后一直延续其发展态势。截至 2020 年，一般贸易和加工贸易占比分别为 59.9%和 23.8%。其他贸易方式稳步发展，占我国进出口贸易的比重从 2002 年的 8.6%稳步上升到 2020 年的 16.3%。

本章小结

本章将中国对外贸易发展历程分为新中国成立到 1978 年改革开放之前、改革开放后到 2001 年我国加入 WTO 之前和我国加入 WTO 至今三个阶段，在每一阶段通过图表展示、翔实的数据对中国对外贸易发展进行了分析。

思考题

1. 改革开放以来，我国主要的对外贸易模式有哪几种？分别对其内容进行阐述。

2. 谈谈新中国成立以来，我国外经贸体制改革与我国对外贸易的发展是如何互相影响、互相制约、共生发展的。

3. 结合当前我国对外贸易发展的现状，对未来我国对外贸易的健康良性发展提出自己的意见。

第三章　中国外经贸发展规划与战略

【学习目标】

通过本章的学习，学生应明确外经贸发展规划与战略的概念，我国制定外经贸发展规划与战略的原则与指导思想，以及新常态下“一带一路”倡议的调整思路，最终实现中国由贸易大国转变为贸易强国的目标。

【素养目标】

本章通过介绍我国外经贸发展规划与战略如何随着现实情况与经济发展态势不断发生适应国际经济格局与我国战略要求的变化，促使学生明确我国外经贸发展战略的内涵与目标、措施与成效，了解下一阶段对外贸易的发展趋势及可以使用的政策工具。

引导案例

“一带一路”五周年：从愿景到现实，“一带一路”这样改变世界

2013 年 9 月，中国国家主席习近平在访问哈萨克斯坦期间首次提出了建设“丝绸之路经济带”的倡议；同年 10 月，在访问印度尼西亚时又提出了建设“21 世纪海上丝绸之路”的构想。“一带一路”倡议是中国为促进人类共同发展所提出的中国方案。

如今，“一带一路”作为中国国内发展愿景规划和国际合作倡议，已提出五周年。五年来，从被误解、质疑到被了解、接纳，从理念到实际行动，从愿景到现实，“一带一路”建设成果显著。

“一带一路”倡议五年来取得了五项主要成就。

国际合作：已有 103 个国家和国际组织同中国签署 118 份“一带一路”方面的合作协议。2017 年首届“一带一路”国际合作高峰论坛 279 项成果中，有 265 项已经完成或转为常态工作，剩下的 14 项正在督办推进，落实率达 95%。

项目合作：蒙内铁路竣工通车，亚吉铁路开通运营，中泰铁路、匈塞铁路等开工建设，雅万高铁部分路段已经开工建设，汉班托塔港二期竣工，巴基斯坦瓜达尔港恢复运营，中老铁路和中巴经济走廊项下交通基础设施建设等项目也在稳步向前推进。8 月 26 日，中欧班列累计开行数量突破 1 万列，到达欧洲 15 个国家 43 个城市，已达到“去三回二”（去程班列与回程班列比重达到 3∶2），重箱率达 85%。

经贸合作:截至2018年6月,与沿线国家货物贸易累计超过5万亿美元,年均增长1.1%,中国已经成为25个沿线国家最大的贸易伙伴。

对外直接投资超过700亿美元,年均增长7.2%,在沿线国家新签对外承包工程合同额超过5 000亿美元,年均增长19.2%。

中国企业在沿线国家建设境外经贸合作区共82个,累计投资289亿美元,入区企业3 995家,上缴东道国税费累计20.1亿美元,为当地创造24.4万个就业岗位。目前,中国企业已探索开展"一带一路"建设领域第三方市场合作。中国还不断扩大外资准入领域,营造高标准的营商环境,吸引沿线国家来华投资。

中国加快与沿线国家建设自由贸易区,已与13个沿线国家签署或升级了5个自由贸易协定,立足周边、覆盖"一带一路"、面向全球的高标准自由贸易网络正在加快形成。中国还与欧亚经济联盟签署经贸合作协定,与俄罗斯完成欧亚经济伙伴关系协定的联合可行性研究。

金融服务:中国与17个国家核准《"一带一路"融资指导原则》,已有11家中资银行设立71家一级机构;与非洲开发银行、泛美开发银行、欧洲复兴开发银行等多边开发银行开展联合融资合作;启动建立"一带一路"国际商事争端解决机制和机构。

文化交流:制定印发了教育、科技、金融、能源、农业、检验检疫、标准联通等多个领域的专项合作规划;实施"丝绸之路"奖学金计划,在境外设立办学机构。2017年,来自沿线国家留学生达30多万人,赴沿线国家留学的人数6万多人;预计到2020年,与沿线国家双向旅游人数将超过8 500万人次,旅游消费约1 100亿美元。

资料来源:一带一路五周年:从愿景到现实,"一带一路"这样改变世界[EB/OL].(2018-08-02)[2021-04-10]. https://www.yidaiyilu.gov.cn.

第一节　外经贸发展规划与战略概述

外经贸发展战略是指一个国家或地区经济发展战略在外经贸方面的内容,是在该国国民经济总体发展战略的指导下有关外经贸发展的全局性决策和长期规划。

一、中国制定外经贸发展规划与战略的原则

外经贸发展规划与战略应具有国际交换和国际分工的合理性、时效性和竞争性,使之符合客观规律,强调战略实施并增强综合国力。

外经贸发展规划与战略应符合我国国情,既要考虑国际环境因素,又要考虑国内对外依存度,在客观、可能的前提下,起到解放和发展生产力的作用。

外经贸发展规划与战略应具有战略实施的统一性、阶段性和可调性,并将三者有机结合,增强内在的科学性,强调外在的严肃性,减少人为的随意性。①

外经贸发展规划与战略应为国民经济整体的发展服务,应有利于国内产业结构的调整和升级,有利于进出口总体平衡,有利于发挥我国的比较优势,有利于增强我国的国际

① 黄汉民. 中国对外贸易[M]. 北京:中国财政经济出版社,2006:100.

竞争力，有利于促进就业和缓解国内结构性矛盾。

二、制定外经贸发展规划与战略的指导思想

要使外经贸发展规划与战略切实可行，具有现实性和科学性，就必须要有正确的指导思想。

（一）要以国内外经济发展环境为依托

制定外经贸发展规划与战略要立足于本国国情，从我国经济发展的需要和可能出发。同时，在全球化背景下，还必须从世界经济发展的客观实际出发，了解和考虑世界经济发展的新情况、新趋势，考虑国内外经济发展环境。

（二）要坚持对外开放的战略方针

制定外经贸发展规划与战略，必须坚持对外开放的战略方针。党的十一届三中全会以来，对外开放是我国的基本国策，必须坚定不移地贯彻执行，要摆脱基本封闭型的民族经济自我循环的状态，建立以国内资源和市场为主，与国外资源和市场有机结合的良性经济循环。

（三）要以提高经济效益为中心，坚持可持续发展战略

以提高经济效益为中心是我国外经贸工作的基本出发点。制定外经贸发展规划与战略就必须紧紧围绕这个中心，正确地处理外经贸发展中效益和速度的关系，合理安排最佳经济效益的发展规模和速度，实现外经贸的可持续发展。

（四）要坚持自力更生的方针

独立自主、自力更生是我国进行社会主义建设的根本指导方针。在一个拥有14亿人口的社会主义大国进行现代化经济建设，必须主要依靠本国人民的劳动和智慧，本国的资源、资金和市场，同时通过对外开放，引进技术、资金，充分利用两种资源和两个市场。但这绝不意味着放弃自力更生的方针。在制定外经贸发展规划与战略时，我们既要反对闭关自守、忽视国外市场的思想和做法，又要反对完全依靠国外市场的思想和做法；要在和平共处五项原则的基础上，充分利用国内外两个市场、两种资源。

（五）要以科学发展观为统领

制定外经贸发展规划与战略必须坚持以科学发展观统领经济社会发展全局。

（六）要以竞争优势理论为指导

为了最大限度地获得贸易发展的动态利益，提高我国贸易商品的国际竞争力，更好地通过国际贸易发展战略来促进我国产业结构的良性调整，促进我国经济长期稳定、持续发展，在制定我国的外经贸发展规划与战略时，应以竞争优势理论作为指导思想。一个国家之所以能够兴旺发达，其根本原因是这个国家在国际市场上具有竞争优势，这种竞争优势源于该国的主导产业具有竞争优势，而主导产业的竞争优势又源于企业的创新机制提高了生产效率。[①]

---

① 徐复，刘文华. 中国对外贸易概论[M]. 2版. 天津：南开大学出版社，2002：142.

第二节 “一带一路”倡议

随着经济全球化的深入发展和区域经济一体化的加快推进,全球经济增长和贸易、投资格局正在经历深刻调整,亚欧国家都处于经济转型升级的关键阶段,需要进一步激发区域内发展活力与合作潜力。中国“一带一路”倡议的提出,契合现阶段中国和“一带一路”沿线国家的共同需求,将推动我国与沿线国家进入优势互补、开放发展、国际合作的新阶段,促进区域经济融合与共同繁荣。

一、“一带一路”倡议的提出

(一)“一带一路”倡议思路的逐步形成

“一带一路”是“丝绸之路经济带”和“21 世纪海上丝绸之路”的简称,贯穿欧亚大陆,东边连接亚太经济圈,西边进入欧洲经济圈。2013 年,习近平主席在访问中亚和东盟期间先后提出共建“丝绸之路经济带”和“21 世纪海上丝绸之路”的构想(简称“一带一路”),为古丝绸之路赋予了新时代的内涵,为泛亚和亚欧区域合作注入了新的活力,在国际社会得到广泛关注和积极反响。

“一带一路”倡议的提出经过了一段时间的思考与探索。

2013 年 9 月 7 日,习近平主席在哈萨克斯坦纳扎尔巴耶夫大学发表演讲时表示,为了使欧亚各国经济联系更加紧密、相互合作更加深入、发展空间更加广阔,我们可以用创新的合作模式,共同建设“丝绸之路经济带”,以点带面、从线到片、逐步形成区域大合作。

2013 年 10 月 3 日,习近平主席在印度尼西亚国会发表演讲时表示,中国愿同东盟国家加强海上合作,使用好中国政府设立的中国—东盟海上合作基金,发展好海洋合作伙伴关系,共同建设“21 世纪海上丝绸之路”。中国致力于加强同东盟国家互联互通建设,倡议筹建亚洲基础设施投资银行。

2013 年 12 月,习近平总书记在中央经济工作会议上提出,推进“丝绸之路经济带”建设,抓紧制定战略规划,加强基础设施互联互通建设。建设“21 世纪海上丝绸之路”,加强海上通道互联互通建设,拉紧相互利益纽带。

2014 年 5 月 21 日,习近平主席在亚信峰会上做主旨发言时指出,中国将同各国一道,加快推进“丝绸之路经济带”和“21 世纪海上丝绸之路”建设,尽早启动亚洲基础设施投资银行,更加深入参与区域合作进程,推动亚洲发展和安全相互促进、相得益彰。

2014 年 11 月 8 日,习近平主席在加强互联互通伙伴关系对话会上指出,“一带一路”与互联互通是相融相近、相辅相成的。如果将“一带一路”比喻为亚洲腾飞的两只翅膀,那么互联互通就是两只翅膀的血脉经络。他在《联通引领发展 伙伴聚焦合作》讲话中指出,第一,以亚洲国家为重点方向,率先实现亚洲互联互通。“一带一路”源于亚洲、依托亚洲、造福亚洲。中国愿意通过互联互通为亚洲邻国提供更多公共产品,欢迎大家搭乘中国发展的列车。第二,以经济走廊为依托,建立亚洲互联互通的基本框架。“一带一路”兼顾各国需求,统筹陆海两大方向,涵盖面宽,包容性强,辐射作用大。第三,以交通基础设施为突破,实现亚洲互联互通的早期收获,优先部署中国同邻国的铁路、公路项目。第四，以建设融资平台为抓手，打破亚洲互联互通的瓶颈。中国将出资 400 亿美元成立丝路基金。丝路基金是开放的，欢迎亚洲域内外的投资者积极参与。第五，以人文交流为纽带，夯实亚洲互联互通的社会根基。未来 5 年，中国将为周边国家提供 2 万个互联互通领域培训名额。

2023 年是"一带一路"倡议提出 10 周年，也是全面贯彻落实二十大精神的开局之年。二十大报告两次提及"一带一路"：一是对过去 10 年的"一带一路"建设给予了充分肯定，指出"共建'一带一路'成为深受欢迎的国际公共产品和国际合作平台"；二是在部署我国迈上全面建设社会主义现代化国家新征程、向第二个百年奋斗目标进军过程中的重要工作时，提出要"推动共建'一带一路'高质量发展"。

（二）"一带一路"倡议的意义①

1."一带一路"倡议有利于我国构建全方位开放新格局

改革开放四十多年来，我国对外开放取得了举世瞩目的伟大成就，但受地理区位、资源禀赋、发展基础等因素影响，对外开放总体呈现东快西慢、海强陆弱的特点。"一带一路"倡议将构筑新一轮对外开放的"一体两翼"，在提升向东开放水平的同时加快向西开放步伐，助推内陆沿边地区由对外开放的边缘转向前沿。"一带一路"沿线大多是新兴经济体和发展中国家，这些国家普遍处于经济发展的上升期，开展互利合作的前景广阔。深挖我国与沿线国家的合作潜力，必将提升新兴经济体和发展中国家在我国对外开放格局中的地位，促进我国中西部地区和沿边地区对外开放，推动东部沿海地区开放型经济率先转型升级，进而形成海陆统筹、东西互济、面向全球的开放新格局。

2."一带一路"倡议有利于沿线国家优势互补和互利共赢

"一带一路"沿线国家要素禀赋各异，发展水平不一，比较优势差异明显，互补性很强。我国市场规模居全球第二，外汇储备居全球第一，具备技术优势的产业越来越多，交通运输装备制造业快速发展，基础设施建设经验丰富，对外投资合作进入快速发展阶段。建设"一带一路"有利于我国与沿线国家进一步发挥各自的比较优势，创造新的比较优势和竞争优势，促进区域内要素有序自由流动、资源高效配置、市场深度融合，把经济互补性转化为发展推动力，产生"1＋1＞2"的叠加效应，做大共同利益的蛋糕，形成互补互利互惠的良好局面。

3."一带一路"倡议有利于打造区域利益共同体和命运共同体

"一带一路"贯通中亚、南亚、东南亚、西亚等区域，连接亚太和欧洲两大经济圈，是世界上跨度最大、最具发展潜力的经济合作带。沿线国家面临转变发展模式、增强发展动力的共同任务，具有密切经贸联系、扩大经贸合作的共同愿望。"一带一路"倡议将促进区域内基础设施更加完善，贸易投资自由化、便利化水平进一步提高，供应链、产业链、价值链深度融合，人文交流更加顺畅，使泛亚和亚欧区域合作迈上一个新台阶。"一带一路"倡议还将促进沿线国家各界交流沟通，增进理解互信，拉紧友谊纽带，为各国各方携手应对各种传统和非传统安全威胁创造有利条件，促进沿线国家和平发展、区域和谐稳定。

---

① 高虎城. 深化经贸合作，共创新的辉煌[N]. 人民日报，2014-07-02(1).

(三)"一带一路"倡议的主要线路范围

"一带一路"是互利共赢之路,将带动各国经济更加紧密结合,推动各国基础设施建设和体制机制创新,创造新的经济和就业增长点,增强各国经济内生动力和抗风险能力。"一带一路"倡议具体包括以下几条线路:

中蒙俄经济带:主要通过环渤海、东北地区与俄罗斯、蒙古国等国家建立交通与能源通道,并向东连接日本和韩国,向西通过俄罗斯连接欧洲。

新亚欧大陆桥经济带:经原来的亚欧大陆桥向西通过新疆连接哈萨克斯坦及其他中亚、西亚、中东欧等国家。

中国—南亚—西亚经济带:通过云南、广西连接巴基斯坦、印度、缅甸、泰国、老挝、柬埔寨、马来西亚、越南、新加坡等国家;通过亚欧大陆桥的南线分支连接巴基斯坦、阿富汗、伊朗、土耳其等国家。

海上战略堡垒:分别由环渤海、长三角、海峡西岸、珠三角、北部湾等地区的港口、滨海地带和岛屿共同连接太平洋、印度洋等沿岸国家或地区。

共建"一带一路"搭建了包容、务实的广泛国际合作平台,其和平合作、互利共赢的理念吸引了众多国家和国际组织的加入。目前,同中国签署"一带一路"合作文件的伙伴国家数量已超过世界国家总数的70%,其中非洲超过95%、亚洲和大洋洲近80%、拉丁美洲超过60%、欧洲超过55%。相关国家(包括中国在内)的人口和国土面积均占世界总量的65%左右,GDP则占世界总量的近40%。从国际视角来看,共建"一带一路"国际合作平台对于我国今后相当长时期推进对外开放和对外合作十分重要。

二、"一带一路"倡议在外经贸领域的主要内容①

"一带一路"建设的主要内容是政策沟通、道路联通、贸易畅通、货币流通、民心相通,"五通"之间紧密联系、相互促进,关联性和耦合性强。通过消除贸易和投资壁垒,扩大贸易投资规模,提高贸易投资水平,沿线国家在贸易投资领域的合作潜力被充分释放,促进其政策对接和人文交流,政府和民间往来更加密切,促进"五通"最终实现。

(一)挖掘区域贸易新增长点

中国与"一带一路"沿线国家相互扩大市场开放,深化海关、质检、电子商务、过境运输等全方位合作,提高沿线国家贸易便利化水平;积极开展面向沿线国家的贸易促进活动,优化会展布局,搭建更多更有效的贸易促进平台;保证劳动密集型产品等优势产品对沿线国家出口,扩大机电产品和高新技术产品出口,通过对外投资和工程承包带动大型成套设备出口;在增加自沿线国家进口能源资源和农产品的同时,加大非资源类产品进口力度,促进贸易平衡发展;大力发展国际营销和跨境电子商务,推动企业在沿线交通枢纽和节点建立仓储物流基地和分拨中心,完善区域营销网络;坚持货物贸易和服务贸易协同发展,扩大运输、建筑等传统服务贸易,培育具有丝绸之路特色的国际精品旅游线路和旅游产品,积极推进特色服务贸易,发展现代服务贸易。

---

① 高虎城.深化经贸合作,共创新的辉煌[N].人民日报,2014-07-02(1).

（二）扩大双向投资合作

推动沿线国家经贸合作由简单商品贸易向更高级的相互投资转变，形成贸易与投资良性互动、齐头并进的良好局面；引导我国轻工、纺织、建材等传统优势产业和装备制造业“走出去”投资设厂，在更加贴近市场加工制造的同时，带动沿线国家产业的升级和工业化水平的提升；加强与沿线国家能源资源开发合作，鼓励重化工产业，加大对矿产资源富集和基础设施建设需求较旺的沿线国家投资，实现开采、冶炼、加工一体化发展，推动上下游产业链融合；深化与农业资源丰富的沿线国家在农业种植和畜牧业养殖方面的合作；鼓励企业扩大沿线国家对外工程承包业务，积极参与沿线国家基础设施建设；在“一带一路”主要交通节点和港口共建一批经贸合作园区，吸引各国企业入园投资，形成产业示范区和特色产业园，带动沿线国家增加就业、改善民生；同时，提升国家级经济技术开发区发展水平，推进中外合作产业园区建设，稳步推进边境经济合作区和跨境经济合作区建设，改善投资环境，吸引沿线国家企业来华投资兴业。

（三）推进区域基础设施互联互通

抓住关键通道、关键节点和重点工程，加快构建紧密衔接、畅通便捷、安全高效的互联互通网络；统筹谋划陆、海、空基础设施互联互通，积极推进亚欧大陆桥、新亚欧大陆桥、孟中印缅经济走廊、中巴经济走廊等骨干通道建设，努力打通缺失路段、畅通瓶颈路段，加强海上港口建设及运营管理，增加海上航线和班次，畅通陆水联运通道，拓展建立民航全面合作的平台和机制；加强各国各方之间交通规划、技术标准体系的对接，推进建立统一的全程运输协调机制，降低国际货物运输成本，提高运输效率。

（四）提高区域经济一体化水平

推进中国-巴基斯坦第二阶段自由贸易谈判，尽快实现亚太贸易协定第四轮关税减让成果，推动重启中国-海湾合作委员会自由贸易区谈判，打造中国-东盟自由贸易区升级版，推进与斯里兰卡等国家的自由贸易进程，积极与沿线国家发展新的自由贸易关系，逐步形成立足周边、辐射“一带一路”、面向全球的高标准自由贸易区网络。

注重发挥现有区域次区域合作组织及双边磋商机制作用，加强政策沟通，及时协商解决项目执行过程中遇到的问题，积极推动将“一带一路”建设相关内容和重大合作项目纳入现有的多双边合作机制。

三、“一带一路”倡议的实现途径①

“一带一路”倡议沿线各国要团结互信、合作共赢，将政治关系优势、地缘毗邻优势、经济互补优势转化为务实合作优势，努力打造亚欧利益共同体和命运共同体，增进沿线各国人民福祉，共创丝绸之路新辉煌。

中国和中亚、南亚国家及俄罗斯、欧盟国家共同建设“一带一路”，形成亚欧区域经济一体化发展大格局。中国和中亚、南亚国家是山水相连的友好邻邦，应以创新的合作模式，共同建设“一带一路”。坚持世代友好，做和谐和睦的好邻居；坚定相互支持，做真诚

① 袁新涛.“一带一路”建设的国家战略分析[J].理论月刊，2014(11)：5-9.

互信的好朋友;加强务实合作,做互利共赢的好伙伴。中国和俄罗斯要加强在联合国、20国集团、上海合作组织、亚太经合组织、金砖国家、东亚峰会、亚信峰会等框架内的合作,推动国际政治经济秩序朝着更加公正、合理的方向发展;要积极寻找丝绸之路经济带项目和欧亚经济联盟之间可行的契合点,推进油气、核能、电力、高铁、航空、通信、金融等领域的合作,加强全方位基础设施与互联互通建设。中国和欧盟国家"要从战略高度看待中欧关系,将中欧两大力量、两大市场、两大文明结合起来,共同打造中欧和平、增长、改革、文明四大伙伴关系,为中欧合作注入新动力,为世界发展繁荣作出更大贡献"。中国和欧盟国家要做和平伙伴,带头走和平发展道路;做增长伙伴,相互提供发展机遇;做改革伙伴,相互借鉴、相互支持;做文明伙伴,为彼此进步提供更多营养。

中国和东盟国家共同建设"一带一路",打造中国-东盟命运共同体。中国和东盟国家要使双方成为兴衰相伴、安危与共、同舟共济的好邻居、好朋友、好伙伴。一是坚持讲信修睦。双方应真诚相待、友好相处,不断巩固政治和战略互信,在对方重大关切问题上相互支持。二是坚持合作共赢。双方应树立双赢、多赢、共赢的新理念,进一步提高中国-东盟自由贸易区合作水平,努力发展好中国-东盟海洋合作伙伴关系。三是坚持守望相助。双方应树立综合安全、共同安全、合作安全、可持续安全的新理念,对中国和一些东南亚国家在领土主权和海洋权益方面存在的分歧和争议,坚持通过对话协商以和平方式解决。四是坚持心心相印。双方要促进青年、智库、议会、非政府组织、新闻媒体等的友好交流,夯实双方合作的民意基础,增进人民了解和友谊。

中国和阿拉伯国家共同建设"一带一路",不断深化中阿战略合作关系。目前,中阿都面临着实现民族振兴的共同使命和挑战,需要双方以"一带一路"倡议为引领,规划中阿关系未来发展,不断深化全面合作。一是要坚持共商、共建、共享原则。共商,就是集思广益,好事大家商量着办,使"一带一路"建设兼顾双方利益和关切,体现双方智慧和创意。共建,就是各施所长,各尽所能,把双方优势和潜能充分发挥出来,聚沙成塔,积水成渊,持之以恒加以推进。共享,就是让建设成果更多更公平地惠及中阿人民,打造中阿利益共同体和命运共同体。二是要做好顶层设计。要以能源合作为主轴,以基础设施建设、贸易和投资便利化为两翼,以核能、航天卫星、新能源三大高新领域为突破口,促进资源要素在中阿之间有序流动和优化配置。三是要深化合作论坛建设。依托合作论坛支点,增进中阿传统友谊,加强政策沟通,深化务实合作,不断开拓创新。

中国国内各地区各部门共同建设"一带一路",形成全方位开放新格局。"一带一路"建设需要各地区各部门共同建设、共同发展、共同繁荣。一是要加强顶层设计。国家相关领导部门要尽快制定整体规划和具体实施蓝图,明晰沿线各省区市的功能定位、产业布局、资源整合等重大事项,加快形成区域产业协同融合、资源互补共享的良好发展格局。二是要加强道路互联互通。内陆城市要增开国际客货运航线,发展多式联运,形成横贯东中西、联结南北方的对外经济走廊,同时要加快同周边国家和地区基础设施互联互通建设。三是要加强产业对接合作。西部地区要抓住全球产业重新布局机遇,把扩大向西开放与承接东中部产业转移结合起来,同时要坚持"引进来"与"走出去"相结合,推动国内产业与国外产业对接合作。

四、"一带一路"实施成果及展望

作为我国对外开放的重大举措,"一带一路"建设在推动形成全面开放新格局的过程中发挥着重要作用。首先,"一带一路"建设为我国积极扩大对外投资合作、在全球价值链重构中实现开放型经济转型升级注入强大动力。一方面,在发达国家主导的既有全球价值链体系中,我国总体上仍处于科技含量与增加值较低的环节,真正成为全球性企业的本土跨国公司数量还比较少。另一方面,经过多年的发展,我国已在基础设施、电力、工程装备、电信等行业积累了强大的产能、技术与经验。通过与"一带一路"沿线国家进行国际产能合作,中国企业可以更好地利用全球资源,进一步培育核心竞争力,提升其在全球价值链中的地位。

其次,"一带一路"建设不仅联通中国与"一带一路"沿线国家,也为我国中西部与沿边地区的对外开放提供了联通的物质条件与政策条件,对中西部对外开放与区域经济发展起到显著的促进作用,形成陆海内外联动、东西双向互济的开放格局。未来,随着"一带一路"建设的加快推进,中西部地区将逐步从开放末梢走向开放前沿,开放型经济发展空间广阔。

最后,"一带一路"建设为我国扩大同发展中国家的经贸联系,形成更为多元化的全球伙伴关系,推动经济全球化向更为普惠平衡、公正共赢的方向发展,提供有力保障。积极通过"一带一路"建设扩大同发展中国家的开放合作,扩大总体市场规模,整合各国优势资源。在共商共建共享原则的指引下,我国将与沿线国家实现共同发展与繁荣,经济全球化将向更为普惠平衡、公正共赢的方向发展。

二十大报告提出要"推动共建'一带一路'高质量发展"。切实推动共建"一带一路"高质量发展,要做好三方面工作:一是把握好新的发展方向,重点抓住新的机遇,大力促进"一带一路"绿色发展、数字发展、健康事业和减贫事业发展;二是重视风险防范,切实做好"五个统筹"(统筹发展和安全、国内和国际、合作和斗争、存量与增量、整体和重点),管控好共建"一带一路"的各种风险;三是综合考虑国家战略需要和现实市场需求,选择好重点地区、重点国家、重点行业、重点项目推进建设,力求取得良好的经济社会环境效果。

第三节 全面开放新格局和对外贸易高质量发展

一、加快形成全面开放新格局[①]

推动形成全面开放新格局,是以习近平同志为核心的党中央适应经济全球化新趋势、准确判断国际形势新变化、深刻把握国内改革发展新要求作出的重大战略部署,既包括开放范围扩大、领域拓宽、层次加深,也包括开放方式创新、布局优化、质量提升。全面开放新格局推动更高水平开放,应抓住以下重点:

---

① 权衡.加快形成全面开放新格局[N].人民日报,2018-11-12(16).

1. 以新发展理念为引领

新发展理念顺应我国经济深度融入世界经济的趋势，揭示出新时代推动更高水平开放、形成全面开放新格局的根本要求：坚持主动开放、双向开放、全面开放、公平开放、共赢开放及包容开放，秉持共商共建共享原则，共建创新包容的开放型世界经济，推动各国携手构建人类命运共同体。

2. 坚持“引进来”与“走出去”并重

这是推动形成全面开放新格局的有效途径。要适应高质量发展要求，着力提高引资质量，优化引资结构；鼓励有实力的企业走出去积极参与国际市场竞争，进一步挖掘双向投资潜力，深化双向投资合作，促进贸易双向平衡，为发展开放型世界经济注入新动能。

3. 营造国际一流营商环境

这是推动形成全面开放新格局的重要标志。要通过加强同国际经贸规则对接、加强产权保护等措施，形成法治化、国际化、便利化的营商环境和公平开放、统一高效的市场环境，一视同仁、平等对待包括外资企业在内的所有市场主体。持续放宽市场准入，全面实行准入前国民待遇加负面清单管理制度，继续精简负面清单，抓紧完善外资相关法律。稳步扩大金融业开放，持续推进服务业开放，深化农业、采矿业、制造业开放，加快电信、教育、医疗、文化等领域的开放进程，在外国投资者关注、国内市场缺口较大的教育和医疗等领域放宽外资股比限制。

4. 构建开放型经济新体制

这是推动形成全面开放新格局的制度保障。应优化市场配置资源机制，促进国际国内要素有序自由流动、资源全球高效配置、国际国内市场深度融合；形成经济运行管理新模式，按照国际化、法治化的要求营造良好的法治环境，依法管理开放，建立与国际高标准投资和贸易规则相适应的管理方式，形成参与国际宏观经济政策协调的机制；打造对外开放新高地，支持自由贸易试验区深化改革创新，加快探索建设中国特色自由贸易港进程，发挥自由贸易试验区、自由贸易港改革开放试验田作用；营造有利的外部环境，坚定维护开放型世界经济和多边贸易体制，推动自由贸易区建设，促进贸易和投资自由化便利化。

5. 优化区域开放布局

这是推动形成全面开放新格局的内在要求。推动形成全面开放新格局，要求改变东快西慢、沿海强内陆弱的开放状况，拓展和优化区域开放的空间布局，推动形成陆海内外联动、东西双向互济的开放格局。

6. 加快建设贸易强国

这是推动形成全面开放新格局的有力抓手。要加快从贸易大国向贸易强国转变，积极培育贸易新业态、新模式、新技术，加快转变贸易发展方式，优化贸易结构，从以货物贸易为主向货物贸易和服务贸易协调发展转变。深入实施创新驱动发展战略，加快培育以技术、标准、品牌、质量、服务为核心的对外经济新优势，推动我国对外贸易质量变革、效率变革、动力变革，不断提高国际竞争能力与水平。

7. 推动共建“一带一路”走深走实、造福人民

这是推动形成全面开放新格局的重大举措，是我国参与全球开放合作、改善全球经济治理体系、促进全球共同发展繁荣、推动构建人类命运共同体的中国方案。要坚持稳中求

进工作总基调,贯彻新发展理念,集中力量、整合资源,以基础设施等重大项目建设和产能合作为重点,推动共建"一带一路"向高质量发展转变。坚持对话协商、共建共享、合作共赢、交流互鉴,同沿线国家谋求合作的最大公约数,推动各国加强政治互信、经济互融、人文互通,推动共建"一带一路"走深走实,造福沿线国家人民,推动构建人类命运共同体。

二、推动对外贸易高质量发展①

对外贸易是我国开放型经济体系的重要组成部分和国民经济发展的重要推动力量。为了推动我国对外贸易在国际形势不断变化的背景下持续提升发展质量,进一步增强国际竞争力,中共中央、国务院于 2019 年 11 月 19 日印发了《关于推进贸易高质量发展的指导意见》(以下简称《意见》)。

《意见》强调要以习近平新时代中国特色社会主义思想为指导,全面贯彻党的十九大和十九届二中、三中、四中全会精神,坚持新发展理念,坚持推动高质量发展,以供给侧结构性改革为主线,加快推动由商品和要素流动型开放向规则等制度型开放转变,建设更高水平开放型经济新体制,完善涉外经贸法律和规则体系,深化外贸领域改革,坚持市场化原则和商业规则,强化科技创新、制度创新、模式和业态创新,以共建"一带一路"为重点,大力优化贸易结构,推动进口与出口、货物贸易与服务贸易、贸易与双向投资、贸易与产业协调发展,促进国际国内要素有序自由流动、资源高效配置、市场深度融合,促进国际收支基本平衡,实现贸易高质量发展,开创开放合作、包容普惠、共享共赢的国际贸易新局面,为推动我国经济社会发展和构建人类命运共同体作出更大贡献。

《意见》明确,到 2022 年,实现贸易结构更加优化,贸易效益显著提升,贸易实力进一步增强,并建立贸易高质量发展的指标、政策、统计、绩效评价体系。实现这一目标并持续推动对外贸易的高质量发展需要多个方面的协同作用。

(1) 加快创新驱动,通过夯实贸易发展的产业基础、增强贸易创新能力、提高产品质量及加快品牌培育,催生贸易竞争的新优势。

(2) 优化贸易结构,通过优化国际市场布局、国内区域布局、经营主体、商品结构及贸易方式,进一步提高贸易发展质量和效益。

(3) 促进均衡协调,通过积极扩大进口、大力发展服务贸易、推动贸易与双向投资有效互动及推进贸易与环境协调发展来推动贸易的可持续发展。

(4) 培育新业态,通过促进贸易新业态发展、提升贸易数字化水平及加快服务外包转型升级,为贸易发展增添新动能。

(5) 建设平台体系,通过加快培育各类外贸集聚区、推进贸易促进平台建设、推进国际营销体系建设、完善外贸公共服务平台建设及构建高效跨境物流体系,更好地支撑对外贸易的发展。

(6) 深化改革开放,通过深化管理体制改革、充分发挥自由贸易试验区示范引领作用及加强知识产权保护和信用体系建设,营造法治化、国际化、便利化的贸易环境。

---

① 中共中央国务院.关于推进贸易高质量发展的指导意见[R/OL].(2019-11-19)[2021-04-19].http://www.gov.cn/zhengce/2019-11/28/content_5456796.htm.

(7) 坚持共商共建共享,通过深化贸易合作、创新投资合作及促进贸易投资自由化便利化,进一步深化“一带一路”经贸合作。

(8) 坚持互利共赢,通过建设性参与全球经济治理,推动区域、次区域合作及加快高标准自由贸易区建设,拓展贸易发展新空间。

(9) 加强组织实施,通过加强党对推进贸易高质量发展工作的全面领导,健全法律法规体系,加大政策支持力度,加强贸易领域风险防范及完善中介组织和智力支撑体系,从而进一步健全保障体系。

三、高水平对外开放与“双循环”战略

2022 年 10 月 16 日,习近平总书记在二十大报告下一阶段开放的战略中指出,坚持高水平对外开放,加快构建以国内大循环为主体、国内国际双循环相互促进的新发展格局。推进高水平对外开放,稳步扩大规则、规制、管理、标准等制度型开放,加快建设贸易强国,推动共建“一带一路”高质量发展,维护多元稳定的国际经济格局和经贸关系。

“双循环”战略的提出,是以更深层次改革、更高水平开放加快形成内外良性循环的战略抉择,是中国迈向经济高质量发展关键阶段的强国方略。

第四节 制度型开放

一、制度型开放概述

(一) 制度型开放的提出

2018 年 12 月,中央经济工作会议首次提出要推动由商品和要素流动型开放向规则等制度型开放转变,标志着中国步入制度型开放的新阶段。二十大报告也提出,加快构建新发展格局,着力推动高质量发展,必须推进高水平对外开放。同时强调,要稳步扩大规则、规制、管理、标准等制度型开放。推动制度型开放已经成为中国更高水平开放的重要战略举措。

尽管中国于 2018 年才首次提出“制度型开放”的概念,但实际上,不论是入世前的改革开放起步,还是入世后多方面引入、遵守并学习国际通行规则,均是中国制度型开放的早期探索与实践。2013 年之后,伴随经济的快速发展,中国逐渐拥有了制度供给的能力,中国的制度型开放有了更丰富的内涵。

(二) 制度型开放的发展历程

中国制度型开放的发展历程可划分为以下三个阶段:

第一阶段,加入 WTO 之前的 1978—2001 年。1978 年后中国进入了改革开放的历史新阶段。中国通过主动开放逐渐融入国际经济关系,渐进实施了一系列贸易投资自由化举措。在商品贸易领域,出台《对外贸易法》,促进了中国贸易政策取向开始向“贸易中性”逐步转变;同时,主动减让关税,加速推进贸易自由化。在外贸经营权方面,取消进口清单等指令性出口计划和出口补贴,并逐步放开外贸经营权,允许各类企业参与进出口业务。在外资准入和服务业对外开放方面,自 1979 年起相继出台《中外合资经营企业

法》《外资企业法》《中外合作经营企业法》(统称“外资三法”)和《外汇管理暂行条例》等，不断加强对外资企业合法权益的保护。

第二阶段，加入WTO之后的2001—2012年。自入世以来，中国以自由贸易理念为指引，全面学习和执行全球多边贸易规则，切实履行入世承诺，扩大市场准入。首先，大规模清理或修订法律法规。入世后，为了使国内经贸法律制度契合全球多边贸易规则，分别在中央和地方两个层面清理了众多法律法规、部门规章和地方性政策法规，涉及对外贸易、国际投资、知识产权保护和内外资企业管理等多个方面。其次，切实履行货物贸易开放承诺，大幅削减进口关税并减少非关税壁垒。最后，切实履行服务贸易开放承诺。不断扩大服务业开放范围，同时逐步降低服务业的外资准入门槛。

第三阶段，2012年以来的后WTO时代。在对外开放进程中，中国逐渐认识到完全代表西方价值观念和利益诉求的全球治理模式的不足，开始转向开放即是改革、改革亦是开放的制度型开放。中国积极贡献“中国方案”，提出“人类命运共同体”理念和“一带一路”倡议。在国内，持续推进“放管服”改革，推出行之有效的惠企政策，以清单形式不断明确政府行为边界，优化市场营商环境。同时，积极对接国际市场规则体系，开始进行自由贸易试验区探索。

二、自由贸易试验区与自由贸易港

(一) 自由贸易试验区、自由贸易港与制度型开放

建设自由贸易港和自由贸易试验区，是十八大以来我国为推进制度型开放而实施的一项重大举措，自由贸易港、自由贸易试验区肩负“把握国际通行规则，加快形成与国际投资、贸易通行规则相衔接的基本制度体系和监管模式”的重任。2013年至今，我国先后批准成立6批21个自由贸易港、自由贸易试验区，形成了覆盖东、西、南、北、中的试点格局。各自由贸易试验区结合本地经济发展实际，面向与新一代国际经贸规则存在不兼容的领域，包括贸易投资自由化便利化、服务业开放、投资者权益保障、公平竞争、知识产权、信息公开、跨境电子商务、环境标准、中小企业、人员入境、争端解决等多个重点领域积极推进制度创新。作为改革开放的“试验田”，自由贸易港、自由贸易试验区从要素开放上升到国际贸易投资规则开放，是新时期我国在投资、贸易、金融、外商投资服务和管理等方面不断进行制度创新和扩大开放的高地，更是推动我国实现制度型开放的重要途径。

(二) 自由贸易试验区与自由贸易港制度型开放实践成就

贸易便利化是自由贸易港、自由贸易试验区制度创新的重点领域。国际贸易“单一窗口”的普遍推行，大大提升了企业通关效率，大幅降低了交易成本。

外资管理体制方面，各自由贸易试验区按照国际通行规则实行准入前国民待遇加负面清单管理模式。其中，最体现国民待遇的《市场准入负面清单》于2018—2022年经历了数轮修改和完善，《市场准入负面清单(2022年版)》列有禁止准入事项6项、许可准入事项111项，共计117项，与2020年版(共123项)和2018年版(共151项)相比，分别减少了6项和34项。

外资审核机制方面，除将原先的外资核准制改为备案制外，还采用各种灵活措施提

升外资便利化水平。上海、天津、福建等9个自由贸易试验区允许符合条件的外国投资者自由转移其投资收益;海南自由贸易港直接引用高标准国际经贸规则,对外商直接投资权益保障作出承诺。

知识产权保护方面,各自由贸易试验区都将知识产权作为改革创新的重点领域,涉及知识产权处置和收益管理、知识产权执法的跨部门合作及区域协同、知识产权跨境交易、知识产权纠纷调解及援助解决机制等方面。例如,四川自由贸易试验区创新以"集约化管理、专业化分工"为特点的知识产权类案件的快审机制。

信息公开方面,上海、广东、天津、福建等13个自由贸易试验区均明确将信息公开作为体制机制创新重点,并出台提高行政透明度、完善网上行政审批系统等改革举措。如在行政审批透明度方面,各自由贸易试验区摸索出包括审批告知承诺、市场主体自我信用承诺及第三方信用评价三项信用信息公示制度等可复制推广的经验。

我国在贸易便利化、外商投资、知识产权保护、信息公开等领域的制度型开放已取得重大突破。与此同时,在部分领域国内体制机制与高标准国际经贸规则仍存在冲突。因此,我国仍需充分发挥各地自由贸易试验区的改革"试验田"功能,继续巩固、复制推广已有的制度创新成果,在此基础上,加大对服务业开放、环境标准、争端解决、中小企业、跨境电子商务等重点领域的改革力度。在有条件的自由贸易试验区和自由贸易港聚焦若干重点领域试点对接高标准国际经贸规则,统筹开放和安全,构建与高水平制度型开放相衔接的制度体系和监管模式。推动货物贸易创新发展,推进服务贸易自由便利,便利商务人员临时入境,促进数字贸易健康发展,加大优化营商环境力度,健全完善风险防控制度。通过不断深化改革进一步缩小与高标准国际经贸规则的差距,以高质量自由贸易试验区建设加快我国制度型开放。

本章小结

外经贸发展战略是指一个国家或地区经济发展战略在外经贸方面的内容,是在该国国民经济总体发展战略的指导下,在一个较长时期内有关外经贸发展的全局性决策和长期规划。

我国改革开放以来对外贸易的发展取得了巨大成就,这是成功实施外经贸发展规划和战略的结果。"一带一路"倡议的提出,适应2008年全球金融危机后世界经济发展缓慢的外部环境,契合我国及"一带一路"沿线国家的共同需求,将推动我国与"一带一路"沿线国家进入优势互补、开放发展、国际合作的新阶段,促进区域经济融合和共同繁荣。

? 思考题

1. 什么是外经贸发展战略?我国制定外经贸发展规划与战略的原则和指导思想是什么?

2. "一带一路"倡议对中国企业拓展国际市场的影响有哪些?

3. 推动中国对外贸易高质量发展需要哪些方面的协同作用?

国际经济合作篇

第四章　中国与世界多边贸易体系

第五章　中国双(多)边区域贸易协定的发展

第六章　中国利用外资与对外直接投资

第四章　中国与世界多边贸易体系

【学习目标】

通过本章的学习，学生应了解我国与国际货币基金组织、世界银行集团和世界贸易组织等国际组织关系发展的历程、我国在各国际组织中的作用，以及我国与各国际组织关系的现状。

【素养目标】

本章通过介绍中国与世界贸易组织、世界银行集团和国际货币基金组织的关系，帮助学生了解我国在各国际组织中发挥的作用，以及我国应如何与各国际组织展开合作、积极参与全球经济治理。

引导案例

20国集团、中美“休战”与紧缩的国际体系

2018年的20国集团阿根廷峰会可能是最不具有多边性的一次聚会了，几乎没有人关注20国集团峰会之后达成的联合公报，因为焦点都集中在中美元首的晚餐会上，而中美两国领导人达成的贸易“休战”协议也让这次20国集团峰会不会显得没有什么成果。20国集团峰会的本来功能是协调全球经济政策，然而，没有一个相对稳定的地缘政治格局，经济合作是非常困难的，WTO的改革甚至生存，在这个日渐紧缩的国际体系之下都成了一个问题。

20国集团阿根廷峰会的地缘政治色彩应该是最浓烈的一次了，地缘政治压倒了地缘经济。在20国集团成员国之间发生的地缘政治龃龉，根本不可能在多边场合得到讨论，更不要说解决。卡舒吉之死不仅让沙特这样一个全球最重要的产油国在国际舞台上处于非常尴尬的境地，而且对美国和沙特的双边同盟关系造成极大冲击。另外，20国集团峰会之前，俄乌在刻赤海峡的激烈对抗，让普京总统也感受到了很大的压力。

在20国集团峰会上，全球政治经济体系的逻辑凸显出来。脱钩已经成为不争的事实，不仅国家之间的关系脱钩，地缘政治与全球经济也在脱钩，世界朝着“零国集团”方向滑落。

第一，大国协调与合作的意愿下降，摩擦甚至冲突变得越来越平常。当代世界秩序在某种程度上是欧洲秩序的全球化和世界化，大国治理是秩序的基石，大国之间需要协

调，大国对世界和平与发展负有责任，同时大国也对小国负有义务。20国集团无疑是大国政治的产物，是全球主要经济体组成的一个超级俱乐部。在经济危机期间，20国集团为各国的沟通理解提供了渠道，也为世界经济走出困局提供了助力。到了如今所谓的“后危机时代”，大萧条时期的水晶球不在了，大国合作遇到了越来越多的障碍。

第二，不平衡发展改变了治理格局，随之而来的是责任与权力的重新分配。新兴经济体的崛起还没有得到确证，但是中国实力的提升是不争的事实。特朗普“退出主义”的核心原因就是不愿意再承担全球治理的成本，更加关注美国的相对收益。20国集团峰会之前，特朗普在接受《华尔街日报》采访时认定，世界很多国家都在占美国的便宜，他对“发展中国家”也失去了耐心，要的是对等贸易。不是美国遇到了挑战，而是美国已经厌倦了现有的体系。可以说，美国才是真正的“修正主义国家”。

第三，源于20世纪70年代，并在冷战后不断强化的全球化浪潮出现了分岔，甚至是逆转。过去40年，全球化如同潮水一样涌动，全球商品、资金、技术和人员的交流掩盖了诸多矛盾。40年后，全球化的负面效应开始释放，对本土利益的强调压倒了全球化话语，仅仅两年时间，全球政治话语已经出现了180度的转折。

第四，支撑全球化的地缘政治结构正在裂解，多元权力中心时代来临。“冷战”后美国一枝独秀，也可以说是单极世界。2001年后，全球反恐战争在很大程度上塑造了全球安全话语和安全态势。美国从2009年开始进行战略调整，结束了伊拉克战争，2014年从阿富汗撤退。特朗普上台之后，试图塑造一个“有性价比”的安全结构，无论是双边军事同盟，还是北约，都需要盟友承担更多费用。

中美关系是当下世界最重要的双边关系，没有之一。在20国集团峰会上，中美关系的重要性得以凸显。两国元首抓住2018年最后一次重要机会实现了会晤，就贸易问题进行了坦率的磋商。但是，美日印三方领导人会晤也越来越呈现出印太战略具有的“阵营属性”。

在20国集团峰会上，我们看到一个日渐消失的昨日世界，但明日世界如何，还不得而知。

资料来源：孙兴杰. G20、中美“休战”与紧缩的国际体系[EB/OL]. (2018-12-04)[2021-04-20]. http://comment.cfisnet.com/2018/1204/1314545.html.

第一节　中国与世界贸易组织

一、世界贸易组织概述

世界贸易组织，英文全称为 World Trade Organization，简称 WTO，其前身为1947年创立的《关税与贸易总协定》（简称 GATT）。

（一）GATT 与 WTO

为适应世界经济与贸易的发展，建立一套大多数国家都能接受的国际贸易规范，1947年诞生了 GATT。根据 GATT 乌拉圭回合达成的《马拉喀什建立世界贸易组织协定》（以下简称《WTO 协定》），WTO 于1995年1月1日正式成立，至1996年1月1日彻底取代 GATT 成为国际多边贸易体制运转的基础和法律体系。

GATT 是国际上唯一用来调整大多数经济体之间经济贸易关系中有关关税和贸易政策的政府间多边贸易协定，也是世界各经济体进行国际贸易的准则及法则，同时还是世界各经济体进行多边贸易谈判和磋商调解的场所。GATT 从 1948 年成立到 1995 年年底被 WTO 替代，其缔约方由 23 个发展到 123 个，相互间的贸易额占世界贸易总额的 90%左右。

GATT 的宗旨是追求全球贸易自由化，反对贸易障碍、贸易歧视和贸易壁垒。其基本目标是通过多边贸易谈判，在公平贸易的原则下逐步建立一个完全自由的全球统一大市场，并提高生活水平、保证充分就业、保证实际收入和有效需求的巨大增长，扩大世界资源的充分利用以及发展生产和交换，并期望通过达成互惠互利的贸易协议，促进进口关税和其他贸易壁垒的大幅削减，取消国际贸易中的歧视待遇。

（二）WTO 的宗旨及其基本原则

根据《WTO 协定》的前言部分可知，WTO 的宗旨是提高生活水平，保证充分就业以及大幅、稳步提高真实收入和有效需求量，扩大货物和服务的生产与贸易，促进对世界资源的最优运用，保护和维持环境，努力确保发展中成员，尤其是最不发达成员在国际贸易增长中获得与其经济发展水平相适应的份额和利益，通过实质性削减关税等措施，逐步降低关税与非关税贸易壁垒，并消除国际贸易上的歧视待遇。其工作目标是建立一个完整的，包括货物、服务、与贸易有关的投资及知识产权等内容的，更为适用和持久的，体现 GATT 四十余年来贸易自由化成果的多边贸易体制。其维护现有多边贸易制度的基本原则，是多边主义、最惠国待遇、国民待遇、非歧视、对发展中成员的特殊和差别待遇、市场考虑和透明度以及通知与审议义务等。

WTO 的职能是促进《WTO 协定》和多边贸易协议的执行、管理和运作，为成员提供谈判的场所和执行谈判成果的机构；管理贸易政策的评审机制以及争端解决的规定和谅解的程序；为达到全球经济政策的一致性，以适当的方式与国际货币基金组织及世界银行进行合作。

（三）WTO 与 GATT 的区别

WTO 是在 GATT 的基础上产生的，但它并不是 1947 年 GATT 的简单扩大，而是完全替代了 GATT，并具有完全不同的特征和更强有力的实施职能。WTO 和 GATT 的不同之处主要有以下几点：

(1) GATT 是一套规则、一个多边协议，没有自己的组织基础，仅有一个规模很小的、原来旨在建立国际贸易组织的秘书处，是建立在临时性基础上的；而 WTO 则是正式的具有法人资格的多边国际组织，拥有自己完备的组织机构，其承诺是完整和永久的。

(2) GATT 的规则范围局限在货物贸易方面；而 WTO 涉及的范围为 GATT 乌拉圭回合多边贸易谈判达成的协议以及历次谈判达成的协议，不仅涉及货物贸易，还将其覆盖领域扩大到服务贸易、与贸易有关的知识产权和投资措施等。

(3) GATT 在 1979 年以后达成的协议是选择性的，即这些协议可由 GATT 各缔约方自行选择签署参加，如果不参加便无须履行该协议的义务；而 WTO 则要求各成员必须无条件、无选择地以“一揽子”方式签署参加乌拉圭回合达成的所有协议，加强了各成员权利和义务的统一性与约束性，维护了多边贸易体制的权威性和完整性。

(4) WTO的争端解决机制更有效、更有自动性，与GATT的争端解决机制相比较，不易受到争端当事方的影响，争端解决裁决的实施更容易得到保证。

二、中国加入WTO的历程与承诺

（一）中国加入WTO的历程

中国原本就是GATT的创始缔约国。1947年，当时的南京国民政府派代表出席了在日内瓦举行的联合国贸易与就业大会筹备会议，参加了《国际贸易组织宪章》的起草，并与18个国家进行了关税谈判，还参加了1949年的GATT第二轮多边贸易谈判。但是1949年新中国成立以后，国民党政权非法退出了GATT，自此中国中断了和GATT的关系。改革开放以后，我国决定尽快恢复在GATT中的缔约国地位。1986年7月10日，我国常驻日内瓦联合国代表团大使向GATT总干事正式提交了中国政府关于恢复GATT缔约国地位的申请照会。

中国复关和入世大体分为两个阶段，即从1986年7月到1995年为恢复中国在GATT缔约国地位的谈判阶段，从1996年到2001年11月为申请加入WTO阶段。在这两个过程中，中国政府一再强调复关和入世都必须以维护国家利益为最高原则，为此分别提出复关和入世的基本原则。中国复关必须坚持的基本原则是：在大幅削减非关税壁垒的前提下，以关税减让作为复关的入门条件，以发展中国家地位恢复在GATT中的缔约国地位。由于GATT被WTO替代，1996年中国政府又明确提出加入WTO的基本原则，即中国的发展中国家地位是入世的前提，以乌拉圭回合协议为基础，承担与自己经济发展水平相适应的义务。本着上述原则，中国始终采取灵活、务实的态度与WTO各成员进行长期而艰难的谈判。

（二）中国加入WTO的国家地位

无论是复关还是入世谈判时期，坚持以发展中国家地位加入WTO都是中国政府始终坚持的一个不可更改的基本原则，其原因是：

第一，中国客观上是一个发展中国家。根据世界银行1993年的《世界发展报告》，人均国民生产总值在636美元以下为低收入国家，在1995年之前，中国人均国民生产总值不足400美元，因此在复关阶段，中国是低收入的发展中国家；根据WTO的标准，人均国民生产总值在1 000美元以下的国家为发展中国家，中国1995年的人均国民生产总值只有400美元，2000年虽接近800美元，但仍低于上述标准，因此在入世阶段，中国仍然是发展中国家。与其他发展中国家一样，中国也在以下两个方面面临严重的问题，一是技术引进，二是为引进技术所需筹集的资金。除此以外，中国和其他发展中国家相比，还有更多的困难和问题。例如，中国人口多，就业压力大；教育水平低，人口素质不高；发展经济所需的主要资源人均占有水平低；人均出口贸易额2001年仅达200美元，低于发展中国家人均252美元的水平；服务贸易长期滞后，制约着改革开放和经济发展的水平。

第二，我国只有以发展中国家地位加入WTO，才可以在这一多边贸易体制中享受更多特殊优惠待遇，从而在今后的国际竞争中处于有利地位。这些优惠待遇主要有：允许发展中成员关税制度有更大的弹性，不必对发达成员给予对等的贸易壁垒的减少，允许最不发达成员在一定限度内实行出口补贴，允许发展中成员相互实行关税减让而不必同时对发达成员减让，发展中成员可以享受普遍优惠制，发展中成员为保护其幼稚工业，经全体缔约方批准后可以实行高关税保护，允许发展中成员在收支困难、外汇储备大幅减少时实行数量限制。此外，GATT“东京回合”中的“授权条款”规定缔约方可以给予发展中缔约方差别和更为优惠的待遇，而无须按照最惠国待遇原则将这种待遇给予其他缔约方，也无须得到GATT批准。授权的范围一般包括：普遍优惠制，多边贸易谈判达成的有关关税措施的协议，发展中成员之间区域性或全球性的优惠关税安排，对最不发达成员的特殊待遇。这些规定在一定程度上体现了对发展中成员的差别待遇与优惠待遇。坚持以发展中国家地位加入WTO，是我国应该得到的权利。

（三）中国加入WTO进程中的主要障碍

回顾从复关到入世的谈判进程可以看到，中国加入WTO障碍重重、阻力很大。这些障碍和阻力有客观的，也有主观的，有经济因素，也有政治因素，大体包括如下几个方面：

第一，以美国为代表的西方发达国家对中国加入WTO要价过高，这是中国入世长期拖延的主要原因。这些发达国家为了维护本国利益，提出过高的苛刻条件，大大超出中国所能接受的程度。例如，要求中国接受高于一般发展中国家，甚至高于发达国家的关税减让和知识产权保护条件，要求中国以发达国家地位加入WTO。

第二，美国等西方国家在中国入世问题上的“政治化”也使中国的复关和入世复杂化。以美国为主的一些西方国家仍旧按照东西方冷战的思维处理中国入世问题，例如，一些美国政界人士公开表示要通过与中国进行入世谈判来削弱中国共产党对经济和贸易体制的支配，通过改变中国的对外贸易体制进而改变中国的所有制制度。美国的“中国威胁论”也是阻碍中国加入WTO的因素之一。

第三，中国未能尽早加入WTO的主要因素还有内部因素，即中国经济运行机制和WTO的市场机制有较大的差距，需要一定时间与其吻合。中国从复关到入世的十余年进程就是不断进行经济贸易体制改革以缩小这种差距并与之接轨的过程。其中，经济体制的差距主要包括传统的计划经济体制和WTO市场经济体制的差异，传统的保护关税政策与非关税政策和WTO自由贸易体制的差异，传统的出口补贴政策和WTO公平贸易原则的差异，传统的严格外汇管制政策和WTO市场供求决定汇率机制的差异，传统的服务贸易国家垄断经营制度和WTO服务贸易自由化的差异，等等。

（四）中国为加入WTO进行的改革措施

中国政府为尽快复关和入世，十几年来对中国的经济贸易体制作出了重大改革，并提出了建立一个既适应社会主义市场经济又适应国际通行规则的经济体制的改革目标。这些改革举措主要包括：

1. 计划经济体制向市场经济体制转轨

改革开放以前中国一直坚持实行传统的计划经济体制，这在新中国成立初期对于恢复发展国民经济和集中力量建设一些大的项目发挥了很大的作用。但是改革开放以后，这种体制已不适应新形势的需要，甚至严重束缚了生产力的发展。从 GATT 到 WTO，其一系列规则都是为市场经济国家设计的，计划经济国家很难适应和加入这一多边贸易体制。中国为加快由计划经济向市场经济转轨付出了巨大的努力，并于 1992 年 10 月中国共产党第十四次全国代表大会上明确宣布，中国经济体制改革的目标是建立社会主义市场经济体制。

2. 大幅降低进口关税，不断提高市场准入程度

为了保护国内工业，中国长期实行以防范为目的的保护关税政策。在 1986 年中国申请复关初期，进口关税算术平均值为 44.2%，这种高关税严重违背了 GATT 的自由贸易和市场开放原则。为了加快复关的进程，中国于 1992 年将保护关税政策改革为促进关税政策，即关税的目的是促进生产力的发展、促进对外贸易的发展和促进科学技术的发展。为此，中国加快了降低关税的步伐。

3. 大幅削减和取消各种非关税措施，进一步开放国内市场

关税并非主要的和唯一的限制进口的手段，各种各样的行政干预手段即非关税措施，如指令性进口计划、进口替代政策、进口许可证制度、进口配额制度、数量性外汇管制政策、进出口经营权制度等，在限制外国商品进口方面发挥了更大的贸易壁垒作用。在加入 WTO 的进程中，中国政府根据 WTO 的国际规则对上述非关税措施逐步作出了重大的改革。自 1992 年以来，彻底取消了指令性进口计划和进口替代政策，53 大类进口许可证管辖商品削减到 2003 年的 4 大类商品，分别是光盘生产设备、监控化学品、易制毒化学品和消耗臭氧层物质，至 2003 年，仍暂时实行进口许可证制度的商品共 8 种，并在之后逐步削减商品范围；进口配额商品范围逐步缩小，数量适当增加，并将最终取消配额；数量性外汇管制在 1994 年 1 月 1 日已经取消，改革为银行结售汇制度，即进口用汇不再需要国家审批，进口商品只需凭进口商业单据直接到银行购买外汇；自 2001 年 7 月起进出口经营权国家审批制逐步被企业自动登记制替代，国内符合条件的企业均可到政府指定机关申请登记，从而自动获得进出口经营权，直接参与国际贸易和国际竞争。

4. 改革出口补贴制度，实行出口退税

中国曾长期实行出口补贴政策，1987 年以前实行的是“统收统支、统负盈亏”政策，1988—1990 年则实行外贸企业承包经营责任制，由国家对出口企业实行现金补贴。这既给中央财政增加了沉重的负担，又违背了 WTO 关于限制出口补贴的公平贸易原则，给中国加入 WTO 增加了障碍和难度。为此，中国政府于 1994 年 1 月 1 日起对外贸企业实行自负盈亏政策，取消一切出口补贴，对农产品的出口补贴在若干年内也逐步取消。中国在外贸企业自负盈亏后又对其实行全额出口退税，对企业出口起了一定的促进作用，以通过 WTO 规范的方式推动中国的出口发展，改善出口企业的经济效益。

5. 逐步开放服务贸易市场，实行服务贸易自由化

服务贸易市场开放并逐步实现自由化既是 WTO 的原则之一，也是国际大潮流，大势所趋。但由于中国是一个发展中国家，服务贸易整体水平仍然很低，因此考虑到不同行业的对外竞争能力差异，中国在服务贸易市场的开放上坚持采取循序渐进、逐步开放和适度保护的原则，即有一定竞争能力的先行一步，竞争能力较差的待有条件后再开放。自 20 世纪 90 年代以来，中国政府先后在金融、保险、旅游、海运、零售、租赁、法律事务、

工程承包、石油开发、土地开发、机场建设、高速公路、对外贸易等领域适度先行开放，其他行业如航空、铁路、电信、信息、环保、娱乐、教育、医疗等领域在入世后逐步开放。

6. 改革外汇管理体制，实现人民币经常项目下可自由兑换

改革开放前中国长期实行严格的外汇管制政策，并在一个很长的时期实行复汇率制，但这不符合 WTO 的市场开放原则。为了适应社会主义市场经济体制的需要，同时也为了符合国际货币基金组织和 WTO 对成员汇兑安排的规定，1994 年 1 月 1 日，中国决定改革原有的汇率制度，实现汇率并轨，即改变过去官方汇率和市场调剂汇率并存的不合理状况，建立以市场供求为基础的、单一的、有管理的浮动汇率制度。

1996 年 12 月 1 日，中国政府承诺履行国际货币基金组织的有关条款，实现人民币经常项目下可自由兑换。这意味着国家将取消对企业商品进口和劳务支出、归还外债利息和外商投资收益等经常性国际交易支付和转移的所有限制，并且不实行歧视性货币安排和复汇率制度。

上述改革与并轨的举措仍是初步的。中国加入 WTO 后，贸易体制已经转向多边国际规则，贸易自由化程度和投资自由化程度大大提升，中国在入世五周年和十周年时均得到 WTO 的高度评价，被誉为“最有建设性的 WTO 成员”。

（五）中国加入 WTO 的承诺

为加入 WTO，中国作出了入世承诺表，包含了非关税壁垒、关税减让、贸易权、流通领域、特许经营、交通、仓储等共 21 项承诺。其中，进口许可证要求及招标要求于 2005 年取消，所有的进口配额在 2005 年以前逐步取消；工业产品的平均关税在 2004 年降至 8.9%；农业产品的平均关税将降至 15%，其进口和销售无须通过国有企业和中介机构；国内农业补贴上限为 8.5%，并取消大麦、大豆、油菜籽、花生油、葵花籽油、玉米油和棉花籽油的进口配额制度；信息技术产品关税最迟于 2005 年取消；入世后第一年，外资占少数股权的合资企业将全部获得进出口经营权，入世后头两年内进一步扩展至外资占多数股权的合资企业，入世三年后所有境内企业都将获得对外贸易经营权；交通、仓储等行业将陆续允许外资占合资企业多数股份。

三、中国在 WTO 中的角色和未来发展①

加入 WTO 以来，中国切实履行承诺，认真行使权利，积极参与 WTO 各项活动，发挥了建设性作用，多边贸易体制所倡导的理念已逐渐为国人所了解，全球视野、创新眼光、竞争意识、发展意识、法治观念、知识产权观念正在深入人心，透明度和非歧视等 WTO 原则已成为中国立法的原则依据，中国逐步建立了现代企业制度和会计制度，企业素质与国民素质有了更深层次和更具普遍意义的提升。

至 2010 年，中国加入 WTO 的所有承诺已全部履行完毕，中国建立了符合 WTO 规则要求的经济贸易体制和法律体制，成为全球最开放的市场之一。在货物贸易领域，中国按照承诺逐步削减关税水平，从加入 WTO 前的 15.3%降到 2009 年的 9.8%，再到

① 中国加入 WTO 所有承诺全部履行完毕[EB/OL].（2010-07-22）[2021-04-20]. http://finance.sina.com.cn/roll/20100722/14388345906.shtml.

2019年的7.5%,并全部取消了进口配额和进口许可证等非关税措施,彻底放开对外贸易经营权。在服务贸易领域,中国已经开放了100多个服务贸易部门,涉及银行、保险、电信、分销、会计、教育等重要服务部门,为外国服务提供者提供了广阔的市场准入机会。在知识产权领域,中国高度重视知识产权保护工作,完成了相关法律法规的修改,使其与WTO《与贸易有关的知识产权协定》(简称《TRIPS协定》)以及其他保护知识产权的国际规则相一致,不断加大知识产权保护力度,提高全社会的知识产权保护意识。

中国全面参与各个领域的谈判,提交了100多份提案,在技术层面为推动谈判作出了实质性贡献。中国积极推动多哈回合谈判,与WTO所有成员密切合作,推动谈判取得公平、公正的结果,从而实现发展目标。中国积极参与WTO部长级和高官级的谈判及磋商,举办了2005年大连WTO小型部长级会议,并在同年12月在香港举行的WTO第六届部长级会议上发挥了桥梁作用。2008年7月,中国受邀参与"七方"(G7)部长小范围磋商,首次进入多边贸易谈判核心决策圈,并从大局出发,努力弥合各方分歧,始终不放弃推动谈判达成共识。虽然谈判最终破裂,但中国发挥的作用有目共睹。2009年,中国及时提出"尊重授权,锁定成果,多边谈判为基础"的三项谈判原则,得到了大多数成员的认可和支持,并体现在20国集团峰会宣言中;在同年年底的WTO第七届部长级会议上,中国呼吁改善和加强以WTO为代表的多边贸易体制,推动各成员共同向世界发出"开放、前行、改革"的积极信号。中国积极响应WTO"促贸援助"的倡议,多次向促贸援助框架下的多哈发展议程全球信托基金进行捐助,帮助其他发展中成员,特别是最不发达成员,从多边贸易体制中全面获益,并更好地融入世界经济。

加入WTO以来,中国分别于2006年、2008年、2010年、2012年、2014年、2016年和2018年七次接受了WTO极为频繁的贸易政策审议,审议证实了中国坚定实行开放经贸政策、积极参与WTO多边贸易体制。

中国有效利用WTO这个多边舞台,抓住经济全球化的历史机遇,成为发展中国家积极融入全球化进程的一个典范。在美国等发达国家将注意力转向《跨太平洋伙伴关系协定》(TPP)、《跨大西洋贸易与投资伙伴协定》(TTIP)等区域经济合作时,中国依然坚定地坚持多边贸易体制,维护自由贸易原则,积极推动多哈回合谈判,不断推动WTO这一多边贸易体制向更加民主、更加高效和更加公正平衡的方向发展。

随着中国对外经济贸易在全球经济贸易中的比重持续稳步上升,中国在WTO这一多边贸易体系中逐渐从追随者转变为引领者,通过积极参与和引领国际经济贸易规则谈判,掌握主动权,着重从完善国内改革和明确自身利益要求两个方面作出努力,从而在纷繁复杂的国际博弈中实现国家利益和产业发展。①

党的二十大报告指出,"推动建设开放型世界经济,更好惠及各国人民",要以更大的开放拥抱发展机遇,以更好的合作谋求互利共赢,引导经济全球化朝正确方向发展,维护以WTO为核心的多边贸易体制,消除贸易、投资、技术壁垒,推动构建开放型世界经济。这要求我国坚持经济全球化正确方向,推动贸易和投资自由化便利化,支持多边贸易体

---

① WTO成立20周年:中国应从跟随者转变为引领者[EB/OL].(2014-12-30)[2021-04-22]. http://world.people.com.cn/n/2014/1230/c1002-26299107.html.

制，推进双边、区域和多边合作，共同营造有利于发展的国际环境。

第二节　中国与世界银行集团

一、世界银行集团概述

世界银行集团是全球最大的多边开发机构，其宗旨是帮助发展中国家消除贫困、促进可持续发展，其总部设在美国首都华盛顿，包括五个成员组织：国际复兴开发银行、国际开发协会、国际金融公司、多边投资担保机构和解决投资争端国际中心。世界银行集团的优势来自它与国家合作的深度和全球业务的广度、对公共和私营部门工具的使用以及与两方面的密切关系、多部门知识以及动员和撬动融资的能力。国际复兴开发银行、国际开发协会、国际金融公司和多边投资担保机构之间的协作与日俱增，并且贯穿了各个地区、国别、部门和主题下的业务活动。

（一）国际复兴开发银行

国际复兴开发银行是归 189 个成员国所有的全球发展合作机构。作为全球最大的多边开发银行，它向中等收入国家和信用良好的低收入国家提供贷款、担保、风险管理产品和咨询服务，并协调各方对地区性和全球性挑战作出响应。2018 财年，国际复兴开发银行新增贷款承诺 230.02 亿美元，涉及 124 个项目，其中两个为国际复兴开发银行与国际开发协会混合贷款项目。按照贷款承诺额计算，中国是世界银行第四大借款国，排在印度、埃及、印度尼西亚之后，借款额为 17.88 亿美元。

国际复兴开发银行执行董事会由 26 名执行董事组成，其中 6 名由掌握股份最多的国家美国、日本、中国、德国、法国、英国直接派任，不参加选举。其余 20 名执行董事由其他成员国的理事按地区组成 20 个选区，每两年选举一次，其中沙特阿拉伯、俄罗斯为单独选区。

（二）国际开发协会

国际开发协会成立于 1960 年，现有 173 个成员国。国际开发协会的资金来源包括捐款国捐款、净收入转移和借款国对国际开发协会的还款。截至 2018 年，国际开发协会向 113 个国家投资超过 3 690 亿美元。2018 年，共有 75 个国家有资格获得国际开发协会援助，另外有三个国家（玻利维亚、斯里兰卡和越南）虽然在 2017 年增资期结束时已丧失援助资格，但当前仍接受转型期特殊支持。2018 财年，国际开发协会为 207 个项目新承诺资金 240.1 亿美元，其中两个项目为国际复兴开发银行与国际开发协会混合贷款项目。

（三）国际金融公司

国际金融公司成立于 1956 年，现有 184 个成员国。2018 财年，国际金融公司全球长期投资承诺达 233 亿美元，其中超过 68 亿美元投资到国际开发协会国家，超过 37 亿美元投资到冲突暴力频发国家。

国际金融公司联合商业伙伴对发展中国家的私营企业提供贷款和进行投资，通过支持私营部门发展来推动经济增长。截至2018年，按投票权比例计算，排名前5位的国家分别为美国(22.19%)、日本(6.33%)、德国(5.02%)、法国(4.72%)、英国(4.72%)。中国位列第10，占比2.41%。

（四）多边投资担保机构

多边投资担保机构成立于1988年，现有181个成员国。2018财年，多边投资担保机构签发了52.51亿美元的担保。除了为发展中国家的外国直接投资提供政治风险担保，多边投资担保机构还帮助解决投资者和东道国政府之间的纠纷。

（五）解决投资争端国际中心

解决投资争端国际中心成立于1966年，现有153个成员国。2018财年，登记案例新增57个，单年登记案例数达279个，为历年最高。解决投资争端国际中心为外国投资者和东道国之间的国际投资纠纷提供各种调解和仲裁服务。

二、世界银行概述

（一）世界银行的成立

1944年7月在美国布雷顿森林举行的联合国货币金融会议上通过了《国际复兴开发银行协定》，1945年12月27日，29个国家政府的代表签署了这一协定，并宣布国际复兴开发银行正式成立，并于1946年6月25日开始营业，1947年11月5日起成为联合国专门机构之一，也是世界上最大的政府间金融机构之一。其总部设在美国华盛顿，并在巴黎、纽约、伦敦、东京、日内瓦等地以及20多个发展中成员国设立了办事处。国际复兴开发银行和国际开发协会共同组成世界银行。

按照《国际复兴开发银行协定》的规定，世界银行的宗旨是：通过对生产事业的投资，协助成员国复兴与建设经济，鼓励不发达国家开发资源；通过担保或参加私人贷款及其他私人投资的方式，促进私人对外投资；鼓励国际投资，协助成员国提高生产能力，促进成员国国际贸易的平衡发展和国际收支状况的改善；在提供贷款保证时，应与其他方面的国际贷款相配合。

世界银行成立初期致力于第二次世界大战后的欧洲复兴。1948年后，欧洲各国主要依赖美国的“马歇尔计划”来恢复战后经济，世界银行转向世界性的经济援助，通过向生产性项目提供贷款和对改革计划提供指导，帮助欠发达国家，促进发展中国家经济和社会发展。

1994年7月，世界银行在一份题为“学习过去，拥抱未来”的报告中为其未来发展确定了下述六项原则：一是提高向发展项目提供贷款的选择性；二是加强与各类发展机构的伙伴关系；三是认真适应借款国的需求，促进它们参与世界银行相关项目的设计和执行；四是扩大贷款项目对经济发展的总体影响；五是消除官僚主义，讲究实效；六是完善世界银行自身的财务管理。

（二）世界银行的主要职能

世界银行是向全世界发展中国家提供金融和技术援助的重要机构，其使命是以热情和专业精神实现持久减贫，通过提供资源、共享知识、建立能力以及培育公共和私营部门合作,帮助人们实现自助。它并不是一家常规意义上的银行,而是由归189个成员国所有的两个独特机构(即国际复兴开发银行和国际开发协会)构成。在推进具有包容性和可持续性的全球化方面,两个机构相互协作,发挥着不同作用。国际复兴开发银行旨在减少中等收入国家和信誉良好的较贫困国家的贫困人口,而国际开发协会则注重支持世界最贫困国家。

两个机构的工作以国际金融公司、多边投资担保机构和解决投资争端国际中心的工作为补充,向发展中国家提供低息贷款、无息贷款和赠款,用于包括教育、卫生、公共管理、基础设施、金融和私营部门发展、农业以及环境和自然资源管理投资在内的多重目的。

(三)世界银行的构成

世界银行仅指国际复兴开发银行和国际开发协会。世界银行集团则包括国际复兴开发银行、国际开发协会、国际金融公司、多边投资担保机构和解决投资争端国际中心。

世界银行主要下设机构为最高权力机构理事会,由成员国的财政部长、中央银行行长或级别相当的官员担任理事。世界银行历届行长一般由美国总统提名,均为美国人。行长同时兼任国际开发协会会长、国际金融公司主席、多边投资担保机构主席等职。

(四)世界银行的主要业务

目前世界银行最主要的业务是向成员国尤其是发展中国家提供贷款,帮助它们建设教育、农业和工业设施,同时向借款国提出一定的要求,比如减少贪污或建立民主等。世界银行的资金来源于各成员国缴纳的股金、向国际金融市场借款及发行债券取得的资金和收取的贷款利息。

世界银行贷款从项目的确定到贷款的归还,都有一套严格的条件和程序。

世界银行只向成员国政府,或经成员国政府、中央银行担保的公共和私营部门提供贷款。贷款一般用于世界银行审定、批准的特定项目,重点是交通、公用工程、农业建设和教育建设等基础设施项目。只有在特殊情况下,世界银行才考虑发放非项目贷款。当成员国确实不能以合理的条件从其他方面取得资金时,世界银行才考虑提供贷款,而且只发放给有偿还能力且能有效运用资金的成员国,并且必须专款专用,同时接受世界银行的监督。世界银行不仅可以在使用款项方面进行监督,在工程进度、物资保管、工程管理等方面也可以进行监督。

世界银行的贷款特点是期限较长,一般为15~20年不等,宽限期为5年左右,贷款利率参照资本市场利率确定,一般低于市场利率,现采用浮动利率计息,每半年调整一次,且汇率变动的风险由借款国承担。贷款必须如期归还,不得拖欠或改变还款日期,但贷款手续严密,从提出项目、选定、评定到取得贷款,一般要一年半到两年时间。

贷款的程序一般是:首先,借款成员国提出项目融资设想,世界银行与借款国洽商,并进行实际考察;其次,双方共同选定具体贷款项目,并对贷款项目进行审查、评估以及谈判、签约;再次,进行贷款项目的执行与监督;最后,世界银行对贷款项目进行总结评价。

三、中国与世界银行集团的合作

中国是世界银行的创始国之一,但中华人民共和国成立后,中国在世界银行的席位

长期为台湾当局所占据。1980 年 5 月 15 日,中国在世界银行及国际金融公司的合法席位得到恢复。1980 年 9 月 3 日,世界银行理事会通过投票,同意将中国在该行的股份从 7 500股增加到 12 000 股,从而中国在世界银行拥有投票权,并在世界银行的执行董事会中可单独派一名执行董事。自 1980 年 5 月恢复在世界银行的合法席位以来,中国一直与世界银行集团保持着良好的合作关系,在项目中长期贷款、知识领域和国际发展三个方面有着密切深入的合作。

(一) 金融领域中长期贷款合作

1. 国际复兴开发银行贷款和国际开发协会中长期贷款

金融领域中长期贷款合作是我国与世界银行集团合作的重要内容之一,也是开展其他合作的基础。

1980 年 5 月 15 日,中国在国际开发协会的席位得到恢复,在协会中享有投票权。国际开发协会主要向我国提供长期低息贷款,用于我国基础设施的建设与完善。我国从 1999 年 7 月 1 日开始不再向国际开发协会借款。

世界银行对中国的项目贷款遍及内地除西藏外的省、自治区、直辖市,主要集中在交通、农业、城建和环境、能源、工业、教育、卫生等领域。

1980—2020 年,世界银行贷款不仅弥补了我国经济建设和社会发展所需的资金,而且在推动我国制度创新、技术创新等方面发挥了明显作用。例如,通过世界银行贷款引进的竞争性招标机制、工程师监理制度、业主负责制已成为我国重大工程项目的标准做法;通过世界银行项目引进的供水、污水收费制度已在全国推行,为我国水资源的可持续发展提供了基础;通过世界银行项目率先试点的区域卫生资源规划、医疗扶贫基金等为我国卫生体制改革与发展提供了宝贵的经验。

2. 国际金融公司贷款合作

1980 年 5 月 15 日,我国在国际金融公司的席位得到恢复。我国按规定认缴股金并享有投票权。目前,我国与国际金融公司的业务往来日益密切。从 1987 年国际金融公司向我国中外合资企业提供融资开始,援助的范围不断扩大,现已涉及中外合资企业、集体企业(含乡镇)、民营企业及股份制企业等,提高了这些企业的竞争能力,促进了我国多种所有制经济成分的发展。

从 1985 年批准第一个项目起,截至 2010 年 6 月 30 日,国际金融公司共支持了我国 193 个私营部门项目,主要涉及农业、金融、能源、环境、基础设施等领域,贷款和投资额约 47.3 亿美元,其中贷款 20.5 亿美元,股本投资 16.8 亿美元,银团贷款 7.5 亿美元,担保 2.5 亿美元。按贷款和投资总额计算,中国是国际金融公司第四大投资国,排在印度、巴西和俄罗斯之后。

国际金融危机爆发后,国际金融公司倡议建立全球贸易融资计划,以增强全球贸易往来。该提议得到中国的积极支持,时任国家主席胡锦涛 2008 年 11 月于 20 国集团华盛顿峰会上宣布,中国愿积极参与国际金融公司全球贸易融资计划,2009 年 4 月,我国购买了国际金融公司在华发行的 15 亿美元私募债券,用以支持发展中国家的贸易融资。

2011 年,全球微型金融领域的先驱兼领导者ACCION® International(安信永国际)与国际金融公司签署了一份协议。根据协议,只着重关注私营部门的国际金融公司将向

ACCION 的中国机构 ACCION Microfinance China(AMC)投资约 100 万美元。这项投资将使 ACCION 加强 AMC 的业务。AMC 于 2009 年 12 月在内蒙古赤峰开始营业,为该地区的低收入劳动人口提供金融服务。2022 年,国际金融公司为我国青岛银行安排了 1.5 亿美元的蓝色银团贷款,该贷款将帮助撬动 4.5 亿美元融资,在未来三年为 50 个蓝色金融项目提供资金支持。这也是国际金融公司在中国的首笔蓝色金融投资。此次 1.5 亿美元融资方案包括来自国际金融公司自有账户的 0.4 亿美元和来自亚洲开发银行、德国投资与开发有限公司和法国开发署经合投资公司的 1.1 亿美元平行贷款。

3. 中国与多边投资担保机构的合作

截至 2010 年 6 月 30 日,多边投资担保机构共支持了中国的 38 个担保项目,主要涉及制造业和基础设施两个领域,累计担保金额 5.348 6 亿美元。

(二) 知识领域的合作

在开展贷款合作的同时,我国还积极与世界银行开展知识领域的深入合作。世界银行对华知识援助主要包括技术援助、经济分析、政策咨询等。截至 2005 年 10 月底,中国与世界银行合作完成了 140 多篇重要的经济研究报告,分别对中国宏观经济、农村发展、财政金融等领域的诸多课题进行专门研究,为中国不断深化改革、扩大开放、促进发展提出了许多富有建设性的意见。

与世界银行合作以来,世界银行针对我国财政金融、社会保障、企业改革、投资环境、知识经济、农村发展、扶贫开发、教育卫生、交通运输、能源水利、环境保护等经济社会发展的瓶颈领域进行专门调研,为我国宏观经济管理和行业部门改革提出了许多具有参考价值的意见和建议,为推动我国进一步深化改革和重大体制创新发挥了积极作用。

2012 年,世界银行行长金墉在首次访华期间与中国财政部签署成立"世界银行一中国发展实践知识中心"备忘录。该中心的主要任务是由中外专家共同研究总结中国发展经验,吸收学习国际发展经验,并与世界银行在中国及国际上开展共享交流。随着中国经济实力不断增强,减贫与发展成果举世瞩目,中国与世界银行的关系也在悄然改变,以知识共享为特点的新型合作关系雏形已现。该中心的工作重心之一是城镇化问题。金墉说,到 2030 年,中国人口预计将有近三分之二居住在城镇地区,这意味着城镇居民每年将新增约 1 400 万人。虽然城镇化能够推动经济增长和提高生活水平,但同时也会给环境、粮食安全、医疗卫生和教育资源带来巨大挑战。世界银行与中国的合作研究将提出一个基于实证的城镇化战略模式。这不仅有助于中国,也有助于处于快速城镇化进程中的其他发展中国家。

(三) 国际发展领域的合作

随着中国经济的快速发展和国际影响的扩大,国际发展合作日益成为中国与世界银行合作的一个重要领域。

首先,世界银行是中国获得先进发展理念的重要渠道;其次,世界银行对中国的发展成就、发展经验及发展理念的宣传,客观上促进了国际社会对中国发展的理解、同情和支持;最后,中国通过发挥股东国作用,不断扩大对世界银行重大决策的影响,引导世界银行的政策和业务向着更加客观、公正的方向发展,营造有利于全球共同发展的外部环境。

长期以来,中国一直积极支持并参与南南合作,充分利用世界银行在发展援助方面所具备的独特优势,扩大了中国在发展中国家的影响。

2004 年 5 月,世界银行主办、中国协办的上海全球扶贫大会是双方开展国际发展合作的典范,大会推动了国际社会对全球扶贫理念和实践的再认识,推动了国际社会为减贫而行动的共识。2007 年 12 月,中国首次宣布向世界银行软贷款窗口国际开发协会捐款 3 000 万美元,受到国际社会的普遍好评,标志着双方合作进入新的阶段。2008 年和 2009 年,中国与世界银行成功合作举办了两届"中非共享发展经验高级研讨会"。研讨会阐释了中国在改革与发展过程中所面临的挑战、采取的措施以及取得的成就,对比了非洲国家不同的经济、历史和文化背景,促进了发展经验与模式的相互借鉴,不仅受到与会非洲国家代表的高度好评,而且被世界银行视为南南合作的成功范例。2008 年 10 月,中国政府以创始捐资国身份向世界银行南南知识合作基金捐款 30 万美元,再次向国际社会表明中国积极推动南南合作的态度。

2008 年 5 月,林毅夫教授被正式任命为世界银行首席经济学家,任期四年。这是世界银行自 1945 年成立以来第一次任命发展中国家人士担任首席经济学家,充分说明了世界银行对中国发展成就和经验的认可。

2018 年"1+6"圆桌对话会上,世界银行行长金墉呼吁,在当前世界经济面临挑战的形势下,必须坚定支持贸易自由化,加强国家之间的交流与合作。同年,金墉赴杭州考察阿里巴巴总部,并于 10 月 12 日在国际货币基金组织与世界银行年会上与阿里巴巴董事局主席马云展开对话,讨论了欠发达地区如何发展以及阿里巴巴模式能否复制到其他国家形成国际模板等问题。

世界银行执行董事会审议通过的 2020—2025 财年对华国别伙伴框架这一战略性文件,也强调世界银行将致力于推动全球知识与发展合作,促进共享中国发展经验,帮助中国提高国际发展合作的标准和质量。

第三节　中国与国际货币基金组织

一、国际货币基金组织概述

(一) 国际货币基金组织的成立

国际货币基金组织于 1945 年 12 月 27 日成立,与世界银行并列为世界两大金融机构,其职责是监察货币汇率和各国贸易情况,提供技术和资金协助,确保全球金融制度运作正常;其总部设在华盛顿。

早在 1940 年至 1941 年间,为防止各国国际收支出现重大失衡,避免各国竞相贬值货币或采取以邻为壑的贸易政策,国际社会开始酝酿建立国际货币基金组织。1944 年 7 月 1—22 日,在美国新罕布什尔州的布雷顿森林镇,45 个国家的代表召开了具有历史性意义的联合国货币金融会议,并通过了《国际货币基金组织协定》和《国际复兴开发银行协定》。1945 年 12 月 27 日,29 个国家的代表在华盛顿正式签署了上述两个协定,布雷顿森林体系宣告成立,国际货币基金组织也正式成立。

（二）宗旨及职能

国际货币基金组织旨在通过一个常设机构来促进国际货币合作，为国际货币问题的磋商和协作提供方法；通过国际贸易的扩大和平衡发展，把促进和保持成员国的就业、生产资源的发展、实际收入水平的提高作为经济政策的首要目标；稳定国际汇率，在成员国之间保持有秩序的汇价安排，避免竞争性的货币贬值；协助成员国建立经常性交易的多边支付制度，消除妨碍世界贸易的外汇管制；在有适当保证的条件下，向成员国临时提供普通资金，使其有信心利用此机会纠正国际收支的失调，而不采取危害本国或国际繁荣的措施；按照以上目的，缩短成员国国际收支不平衡的时间，减轻不平衡的程度等。

国际货币基金组织的主要职能是制定成员国间的汇率政策和经常项目的支付以及货币兑换方面的规则，并进行监督；对发生国际收支困难的成员国在必要时提供紧急资金融通，避免其他国家受其影响；为成员国提供有关国际货币合作与协商等会议场所；促进国际金融与货币领域的合作；加快国际经济一体化的步伐；维护国际汇率秩序；协助成员国之间建立经常性多边支付体系等。

国际货币基金组织与世界银行的区别在于：国际货币基金组织主要的工作是记录各国之间的贸易数字和各国间的债务，并主持制定国际货币经济政策；世界银行则主要提供长期贷款，其工作类似投资银行，向公司、个人或政府发行债券，将所得款项借予受助国。国际货币基金组织成立的目的是稳定各国的货币，以及监察外汇市场。国际货币基金组织不是银行，不会放款，但有储备金供国家借用，以在短时间内稳定货币；做法类似在往来账户中透支，所借款项必须在5年内还清。

（三）组织结构

国际货币基金组织由理事会、执行董事会、总裁和常设职能部门等组成。

1. 理事会

国际货币基金组织的最高权力机构为理事会，由各成员国派正、副理事各一名组成，一般由各国的财政部长或中央银行行长担任。每年9月举行一次会议，各理事单独行使本国的投票权（各国投票权的大小由其所缴基金份额的多少决定）。其主要职权是批准接纳新的成员国，批准国际货币基金组织的份额规模与特别提款权的分配以及成员国货币平价的普遍调查，决定成员国退出国际货币基金组织，讨论有关国际货币制度的重大问题。

2. 执行董事会

执行董事会是国际货币基金组织负责日常工作的常设机构，行使理事会委托的一切权力，每星期至少召开三次正式会议，由24名执行董事组成，其中8名由美、英、法、德、日、俄、中、沙特阿拉伯指派，其余16名执行董事由其他成员国分别组成16个选区，每两年选举一次产生。其职权主要有接受理事会委托定期处理各种政策和行政事务，向理事会提交年度报告，并随时对成员国经济方面的重大问题，特别是有关国际金融方面的问题进行全面研究。

在执行董事会与理事会之间还有两个机构：一是国际货币基金组织理事会关于国际

货币制度的临时委员会,简称临时委员会;二是世界银行和国际货币基金组织理事会关于实际资源向发展中国家转移的联合部长级委员会,简称发展委员会。这两个委员会每年开会2～4次,讨论国际货币体系与开发援助等重大问题,在制定中期战略方面发挥作用。

国际货币基金组织除理事会、执行董事会、临时委员会和发展委员会外,其内部还有两大利益集团,即"七国集团"(代表发达国家利益)和"廿四国集团"(代表发展中国家利益)。

3. 总裁

总裁是国际货币基金组织的最高行政长官,负责管理日常事务,由执行董事会推选,并兼任执行董事会主席,任期5年。总裁可以出席理事会和执行董事会,但平时没有投票权,只有在执行董事会表决双方票数相等时,才可以投决定性的一票。

4. 常设职能部门

国际货币基金组织设有16个职能部门,负责经营业务活动,以及2个永久性的海外业务机构,即欧洲办事处(设在巴黎)和日内瓦办事处。

二、中国与国际货币基金组织的关系

(一) 中国恢复在国际货币基金组织合法席位的历程

国际货币基金组织成立时,由于份额列第三位的苏联政府决定不出席会议,我国在国际货币基金组织中的份额(相当于股本金)排位居于美、英之后,名列第三。中华人民共和国成立以后,1950年,政务院总理兼外交部长周恩来致电国际货币基金组织,严正声明中华人民共和国是代表中国的唯一合法政府,要求恢复中国在国际货币基金组织的合法席位。然而,由于国际政治环境的制约,中国在国际货币基金组织的代表权问题长期得不到解决。1972年10月,联合国大会通过决议,恢复中华人民共和国的合法席位,为我国恢复在联合国下属各专门机构的席位创造了条件。1978年,党的十一届三中全会关于改革开放的决议为我国加入国际金融组织创造了有利的内部环境。1979年1月,中美建交,加入国际金融组织的外部条件趋于成熟。

1980年3月,国际货币基金组织派团来华谈判。1980年4月17日和5月15日,国际货币基金组织和世界银行的执行董事会先后通过了由中华人民共和国政府代表中国的决议,恢复了中华人民共和国在国际货币基金组织和世界银行的合法席位。由于占据中国在国际货币基金组织合法席位的台湾当局的经济实力不足,无力在1959年至1980年的几次普遍增资中增加份额,中国在国际货币基金组织中的份额从创建初期的第3位下降到第16位。1980年9月,国际货币基金组织通过决议,将中国的份额从5.5亿特别提款权增加到12亿特别提款权。同年11月,中国的份额又随国际货币基金组织的普遍增资而进一步增加到18亿特别提款权,由此中国在国际货币基金组织中份额的排名上升到第8位。在此基础上,中国在国际货币基金组织中获得了单独选区的地位,有权选举自己的执行董事。

(二) 中国与国际货币基金组织的合作

中国与国际货币基金组织的合作,是双向的、平等互利的合作,是富有成效的合作。

恢复我国在国际货币基金组织的合法席位后不久，我国先后于 1981 年和 1986 年从国际货币基金组织贷款 7.59 亿特别提款权（约合 8.8 亿美元）和 5.98 亿特别提款权（约合 7.3 亿美元），用于弥补国际收支逆差，支持经济结构调整和经济体制改革。到 20 世纪 90 年代初，上述两笔贷款已全部提前归还。此后，随着经济实力的不断增强和宏观经济管理水平的提高，我国没有再向国际货币基金组织提出新的借款要求，并已逐渐成为净债权国。目前，中国已经成为国际货币基金组织第三大份额国，仅次于美国和日本。

国际货币基金组织是我国与外界进行政策对话的一个重要窗口。1980 年后，国际货币基金组织的历任总裁、副总裁多次访华，与我国政府领导人和主要经济部门负责人就重大问题交换意见。在国际货币基金组织与世界银行一年一度的年会和春季会议上，我国政府向世界阐述本国政策立场并了解世界经济与金融形势，同时进行政策磋商，这使我国宏观经济决策更加稳健和科学，同时也加深了国际货币基金组织对我国的了解。国际货币基金组织每年出版的《世界经济展望》和《国际资本市场》，对中国经济的分析和预测从总体来讲是较为客观的，亦为国际经济和金融界了解中国以及国际投资者向中国投资提供了一个有益的指南。

国际货币基金组织向我国提供了一系列技术援助，为 20 世纪 80 年代的中央银行体制改革，以及 90 年代以来相继实施的财税体制改革、外汇管理体制改革、人民币经常项目可兑换等重大改革措施提供了有益咨询，还为我国改善货币政策和财政政策的制定与操作、修改和完善银行法规及会计与审计制度、加强金融监管以及发展金融市场工具等作出了贡献。在国际货币基金组织的援助下，我国建立了符合国际标准的货币银行统计体系和国际收支统计体系，改进了国民账户统计，建立了外债监测体系。

国际货币基金组织为我国政府机构的有关人员提供了大量的培训，每年在我国举办的培训班涉及货币政策、财税政策、银行监管、外汇市场管理、国际收支管理和宏观经济统计等不同领域，参加培训的学员累计已达数千人次。一些早期学员已经成为我国财政、金融领域的高级官员。我国每年向国际货币基金组织在华盛顿、维也纳和新加坡的学院派出数十名人员，在宏观经济和金融的各个领域进行研讨和进修。国际货币基金组织还通过奖学金计划资助中国学生赴发达国家学习。

中国同样也对国际货币基金组织的发展作出了积极的贡献。中国改革开放以来所取得的巨大成功向国际货币基金组织展示了一种新的发展模式，大大丰富了国际货币基金组织的理论与实践。2017 年 5 月，习近平总书记在首届“一带一路”国际合作高峰论坛开幕式上宣布，中国将与国际货币基金组织成立联合能力建设中心。经过一年的准备，2018 年 4 月，联合能力建设中心正式启动，将为包括中国在内的“一带一路”沿线国家提供各类培训课程，支持沿线国家的能力建设，促进交流与互鉴。①

① 中国人民银行. 中国-国际货币基金组织联合能力建设中心正式启动[R/OL]. (2018-04-12)[2021-04-30]. http://www.pbc.gov.cn/goutongjiaoliu/113456/113469/3518488/index.html.

（三）中国加入国际货币基金组织特别提款权货币篮子[①]

2016年9月30日(华盛顿时间),国际货币基金组织宣布人民币纳入特别提款权新货币篮子于10月1日正式生效。这反映了人民币在国际货币体系中的地位不断上升,有利于建立一个更强劲的国际货币金融体系。新的特别提款权货币篮子包含美元、欧元、人民币、日元和英镑五种货币,权重分别为41.73%、30.93%、10.92%、8.33%和8.09%。国际货币基金组织每周计算特别提款权利率,并于10月7日公布首次使用人民币代表性利率即3个月国债收益率计算的新特别提款权利率。

人民币纳入特别提款权是人民币国际化的里程碑,是对中国经济发展成就和金融业改革开放成果的肯定,有助于增强特别提款权的代表性、稳定性和吸引力,也有利于国际货币体系改革向前推进。中方将以人民币入篮为契机,进一步深化金融改革,扩大金融开放,为促进全球经济增长、维护全球金融稳定和完善全球经济治理作出积极贡献。

本章小结

WTO是国际多边贸易体制运转的基础和法律载体。中国入世后切实履行承诺,认真行使权利,积极参与WTO的各项活动,发挥了建设性作用。未来中国将在WTO的各项谈判中承担更为重要的角色,在WTO面临危机时,中国也将起着决定性推动作用。

中国是世界银行的创始国之一,并于1980年5月15日恢复在世界银行及国际金融公司的合法席位,与世界银行集团之间的合作关系越来越密切,推动我国的交通运输等各项基础设施建设事业的发展。

国际货币基金组织的职责是监察货币汇率和各国贸易情况,提供技术和资金协助,确保全球金融制度运作正常;其总部设在华盛顿。中国与国际货币基金组织的合作,是双向的、平等互利的合作,是富有成效的合作。国际货币基金组织是我国与外界进行政策对话的一个重要窗口,我国同样也对国际货币基金组织的发展作出了积极的贡献。

? 思考题

在当今新形势下,中国将在WTO中扮演怎样的角色以及发挥怎样的作用?

---

① 中国人民银行.人民币正式纳入特别提款权(SDR)货币篮子[EB/OL].(2016-10-01)[2021-04-30].http://www.pbc.gov.cn/goutongjiaoliu/113456/113469/3154426/index.html.

第五章　中国双(多)边区域贸易协定的发展

【学习目标】

通过本章的学习,学生应了解中国区域贸易协定的发展现状以及参与区域经济一体化的影响,深刻认识到自由贸易区是中国积极参与国际经贸规则制定、争取全球经济治理制度性权力的重要平台。

【素养目标】

本章通过介绍区域贸易协定发展与我国参与区域经济一体化的现状,促使学生深刻认识到加快实施自由贸易区战略的重要性以及我国作为国际经贸体系成员争取制定规则权力的必要性。我国有义务在国际经贸规则制定过程中发出具有中国特色的声音,维护我国合法权益的同时为国际经贸规则的完善贡献力量。

引导案例

中国始终坚定支持多边贸易体制

"中国将继续捍卫多边贸易体制""经济全球化不可逆转,中国反对单边主义"……连日来,国际舆论透过《中国与世界贸易组织》白皮书解读中国向世界传递的信号。这是中国践行承诺、遵守规则、积极参与多边贸易体制建设、坚定维护多边贸易体制的大国担当。

以 WTO 为核心的多边贸易体制是国际贸易的基石,为推动全球贸易发展、建设开放型世界经济发挥了中流砥柱作用。WTO 前总干事阿泽维多指出,如果多边贸易体制遭到破坏,世界经济将遭受重创,全球经济增长率将下降 2.4%,60%的全球贸易将消失。WTO 成员贸易总额占全球贸易总额的 98%,作为世界经济体系的三大支柱之一,WTO 对全球贸易投资自由化便利化起着非常关键的作用。

加入 WTO 二十多年来,中国始终坚定支持多边贸易体制,全面参与 WTO 各项工作,坚决反对单边主义和保护主义,维护多边贸易体制的权威性和有效性,不断为完善全球经济治理贡献中国智慧、中国方案,成为多边贸易体制的积极参与者、坚定维护者和重要贡献者。

为积极推进贸易投资自由化和便利化,中国多次发挥弥合分歧、凝聚共识的关键作用。WTO 成立以来首个全球贸易协定《巴厘一揽子协定》谈判期间,中国始终扮演促谈角色,在贸易便利化议题上率先表示放弃援助要求,在农业议题上提出中间方案,显示出最大灵活性。历时三年半的《信息技术协议》扩围谈判中,中国与各成员密切沟通,寻求共识,为WTO自1996年以来首次通过重大减免关税协议作出重要贡献。中国深度参与贸易政策审议,并为发展中国家融入多边贸易体制作出了积极贡献。

中国用实际行动坚定维护WTO规则的权威性和有效性,主张通过WTO争端解决机制妥善解决贸易争端。中国通过主动起诉,遏制了少数WTO成员的不公正做法,维护了自身贸易利益和WTO规则权威。同时,中国还积极应对被诉案件,尊重并认真执行WTO裁决,作出了符合WTO规则的调整,无一例被起诉方申请报复的情况。

"我们应该引导经济全球化朝着更加开放、包容、普惠、平衡、共赢的方向发展""各方将维护世界贸易组织规则的权威性和有效性,巩固开放、包容、透明、非歧视、以规则为基础的多边贸易体制,反对任何形式的贸易保护主义"……中国领导人在国际舞台上表明中国支持多边贸易体制、推动经济全球化发展的坚定立场,国际社会对中国的引领作用赞赏有加。中国积极构建开放型世界经济,已与24个国家和地区签署了16个自由贸易协定,与80多个国家和国际组织签署了共建"一带一路"合作协议。

中国始终倡导通过加强合作、平等对话和协商谈判来解决国际贸易中的问题,为多边贸易体制的稳定和全球贸易的健康发展注入正能量。在WTO个别主要发达成员不惜违反WTO法律、放弃承担大国责任、逆势大搞贸易保护主义和孤立主义之际,中国的作为更显弥足珍贵。

大道之行,天下为公。在新时代,中国将继续践行承诺,积极参与多边贸易体制建设,致力于推动WTO在全球经济治理中发挥更大作用,为促进世界经济贸易发展、增进全球民众福祉作出新贡献。白皮书所言"中国与多边贸易体制休戚与共"直抵要义。这是开放胸襟、拥抱世界的选择,昭示着中国和世界共同发展进步伟大历程不断延伸的壮阔前景。

资料来源:中国始终坚定支持多边贸易体制[EB/OL].(2018-07-03)[2021-10-03]. http://opinion.people.com.cn/n1/2018/0703/c1003-30106033.html.

第一节　区域贸易协定的种类与国际发展趋势

20世纪90年代以来,区域贸易协定在全世界范围内蓬勃发展,经济全球化和区域经济一体化逐渐成为当今世界经济的两个显著特征,而区域贸易协定作为区域经济一体化的重要制度保障,与WTO一起推动世界投资贸易更加自由化,对全球经济和政治进程产生了深远的影响。

一、区域贸易协定及其分类

传统的区域经济一体化是指两个及两个以上的国家之间,为实现货物、资本等要素在彼此之间的自由流动,达成逐步取消关税和非关税壁垒的协定,进而协调产业、财政和货币政策,实现经济发展中各种要素的合理配置,促进相互间经济与贸易的发展,并建立起相应的松散的超国家经济联合体或紧密的超国家的组织机构的过程,即将单独(一国或地区)的经济体整合为较大(多国或地区联合)的经济体的一种状态或过程,而各层次的区域贸易协定则是这个过程中阶段性的制度性规范。根据WTO的解释，区域贸易协定(regional trade agreements，RTA)是指政府之间为了实现区域贸易自由化或贸易便利化的目标所签署的协定，其核心内容是通过取消成员之间的贸易壁垒，创造更多的贸易机会，促进商品、服务、资本、技术和人员的自由流动，实现区域内经济的共同发展，主要采取自由贸易区和关税同盟的形式。区域贸易协定的成员组成的经济体称为区域经贸集团。在WTO这种多边贸易协定的框架下，区域贸易协定的“区域”已不再属于同一地理或相邻地域，而是指在世界各地一定的国家、单独关税区范围的“区域”，此“协定”的内容不仅包含贸易协定(包括货物贸易、服务贸易、投资、人员流动、货币金融、政府采购、知识产权保护、环境保护、标准化等更多领域的相互承诺)，也包含经济一体化的不同层次。WTO把根据GATT“授权条款”签署的特惠贸易协定、局部自由贸易协定、自由贸易协定、关税同盟、共同市场，以及根据《服务贸易总协定》(GATS)第5条“经济一体化”规定签署的服务贸易协定统称为区域贸易协定，并设立区域贸易协定委员会进行统一管理。在WTO的日常事务中，常用区域贸易协定一词来代替传统的区域经济一体化。

区域经济一体化可以根据市场融合的程度，分为以下六种形式：特惠贸易协定、自由贸易区、关税同盟、共同市场、经济同盟、完全经济一体化。

(1) 特惠贸易协定(preferential trade arrangements，PTA)。这是区域经济一体化的初级形式，这类协定规定减少成员国之间的某些商品或服务的关税或其他贸易限制，这种减少可以是双边的也可以是单边的。这里既不存在共同的内部关税削减，也不存在统一的对外关税。《洛美协定》就是一个特惠贸易协定，它是指欧洲共同体国家向其在非洲、加勒比海及太平洋地区的前殖民地国家提供的特惠援助。

(2) 自由贸易区(free trade area，FTA)。自由贸易区是指两个或两个以上国家或地区通过签署协定，在WTO最惠国待遇基础上，相互进一步开放市场，分阶段取消绝大部分货物的关税和非关税壁垒，在服务领域改善市场准入条件，从而形成的实现贸易和投资自由化、涵盖所有成员全部关税领土的“特定区域”。自由贸易区是区域经济一体化最主要的类型，占当前向WTO通报的区域贸易协定的90%以上。由于自由贸易区缺乏统一的区域外贸易政策，区域内成员一般会对区域外商品使用原产地证明或其他一些措施，以防止贸易“偏转”，即通过从进口贸易壁垒最少的国家进口区域外产品来进行套利。常见的自由贸易区有欧洲自由贸易区和北美自由贸易区。

(3) 关税同盟(customs union，CU)。这是一种比较古老的区域经济一体化形式，要求关税同盟国在消除区域内部贸易壁垒的同时，有共同的对外贸易政策，设立共同的对外关税，成员国之间的产品流动无须再附加原产地证明。这一协定较自由贸易区的一体化程度高，但不足在于这可能会导致成员国之间采用更加隐蔽的关税壁垒，成员国的国内限制措施仍然构成了相互之间自由贸易的障碍。曾经的欧洲经济共同体就属于关税同盟。

(4) 共同市场(common market，CM)。共同市场进一步消除了成员国之间的贸易限制措施，不仅要求实现区域内商品市场完全一体化，而且允许生产要素在各成员国之间自由流动。如果成员国之间也削弱由于各国政策不同而产生的其他更为隐蔽的贸易壁垒(如产品标准或税收壁垒)，共同市场就会逐渐走向统一(或内部)市场。欧盟在统一经济和货币政策之前即为共同市场。

(5) 经济同盟(economic union,EU)。共同市场或内部市场的扩展就是经济同盟。在经济同盟中,不仅商品市场、要素市场实现一体化,而且各成员国之间的经济政策也具有一致性和协调性,比如实行共同的货币政策、财政政策和汇率政策等。实际上,经济同盟是在货币同盟基础上采用的对应组织形式。所谓货币同盟,是指区域内部使用单一货币并采取统一的货币调控政策的区域经济联合体。欧盟就是经济同盟和货币同盟的一个组合形式。

(6) 完全经济一体化(complete economic integration,CEI)。当经济同盟突破原有的经济范畴,在实现经济同盟目标的基础上,进一步增进经济制度、政治制度和法律制度等方面的协调,直至逐步实现经济及其他方面制度的一体化时,完全经济一体化便产生了。完全经济一体化是经济一体化的最终阶段,将在区域内形成一个联邦国家程度的经济政治统一体。目前欧盟正在向这一方向努力。

以上六种一体化形式(表5-1对其进行了比较)是处在不同层次上的区域经济一体化组织,显示了区域经济一体化各阶段的不同目标。前一种形式一般是后一种形式的基础和核心,各种形式之间有着前后相连并且后者包含前者的关系。在区域经济一体化的过程中,各成员相互依赖,逐步让渡主权给共同体,逐步以统一的法律法规和政策对一体化组织的共同事务进行管理,最后向政治经济联盟迈进。但从目前世界上已有的区域贸易协定看,各种经济一体化均可以在不同的起点上成立和发展,所以协定的名称与上述划分的标准特征或内容不一定完全相符,也与当下实际的区域经济一体化的名称并不完全对应。区域贸易协定与传统的区域经济一体化的不同主要有两点:第一,传统的区域经济一体化成员均为国家,而WTO区域贸易协定成员既有国家,也有单独关税区和区域经贸集团,自由贸易区、关税同盟、共同市场、经济同盟的领土也不再限于国家,还包括单独关税地区和区域贸易协定成员的所有领土。第二,出现了服务贸易一体化协议。①

表5-1　区域经济一体化形式比较

特征	特惠贸易协定	自由贸易区	关税同盟	共同市场	经济同盟	完全经济一体化
商品自由流动	是	是	是	是	是	是
共同对外关税	否	否	是	是	是	是
要素自由流动	否	否	否	是	是	是
协调经济政策	否	否	否	否	是	是
统一经济政策	否	否	否	否	否	是

二、区域贸易协定的发展趋势及特点

在WTO成立之前,GATT平均每年收到的区域贸易协定通报大约为3个;自1995年WTO成立以来,年均新增区域贸易协定达到16个。据WTO统计,至2021年,每个成员至少缔结一个区域贸易协定。截至2019年,已生效的区域贸易协定覆盖了近50%的全球商品贸易,而1995年仅覆盖了超过25%的全球商品贸易。区域贸易协定贸易伙

① 刘德标.区域贸易协定的基本常识[N].国际商报,2009-11-17(8).

伴之间一半以上的货物贸易享受协定关税为零的关税税率。

区域贸易协定条款的性质也发生了变化。1996年通报的大多数区域贸易协定都包括对关税自由化的承诺,部分包括服务贸易。而目前的区域贸易协定条款已超越商品和服务的市场准入以及相关的WTO规则,包括投资、竞争、政府采购、环境、劳工、电子商务、中小企业等问题的条款。

区域贸易协定与WTO多边贸易体制一直有着密切的关系。例如,一些WTO规则是基于最初在区域贸易协定中发展起来的想法,许多区域贸易协定条款则建立在现有的WTO规则之上,并有了更高的提升。[①]

与20世纪90年代之前的区域经济合作相比,90年代中后期兴起的区域贸易协定浪潮呈现出许多新特点和新变化,其中最明显的是区域贸易协定特别是双边自由贸易协定在全球各地的大量涌现。从近年来的发展趋势看,区域贸易协定主要有以下特点:

1. 区域贸易协定的数量大幅增加

近十多年来,区域贸易协定的数量以前所未有的速度激增。1948—1995年,GATT共接到124个区域贸易协定签署通知,目前还在生效的仅剩36个,GATT时代的48年里平均每年通报不到3个区域贸易协定。根据WTO统计,截至2021年年底,已生效的区域贸易协定数量为354个,其中货物贸易协定171个,服务贸易协定2个,货物与服务贸易协定181个。根据协定类型统计,自由贸易协定316个、关税同盟18个、共同市场21个、经济一体化316个、优惠贸易安排27个。WTO平均每年通报区域贸易协定28个。[②] 图5-1按生效年份显示了1948—2021年现行有效的区域贸易协定数量。

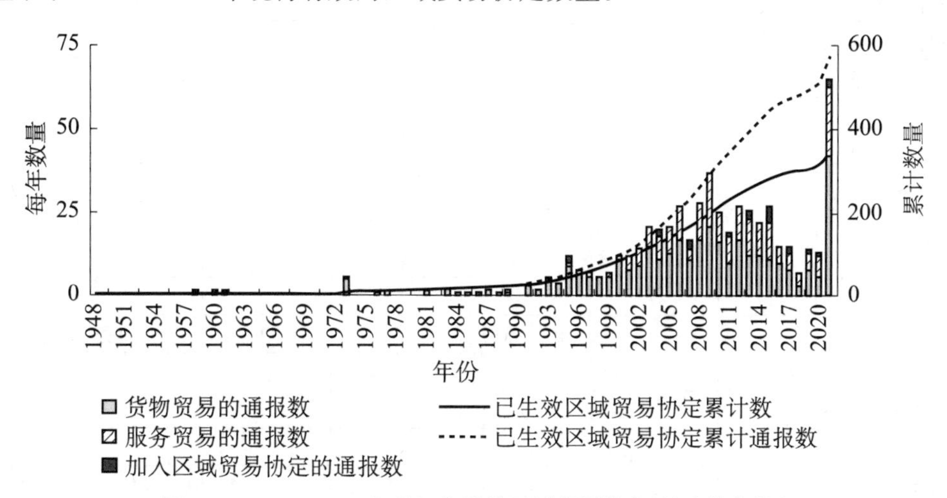

图5-1　1948—2021年现行有效的区域贸易协定(按生效年份)

资料来源:WTO秘书处。

注:WTO区域贸易协定关于货物贸易、服务贸易和加入区域贸易协定的通报数是分开计算的。累计线显示当前有效的区域贸易协定累计数或累计通报数。

---

① 相关资料来自WTO区域贸易协定委员会第100届会议总干事DG Okonjo-Iweala致辞(https://www.wto.org/english/news_e/spno_e/spno10_e.htm)。

② 相关数据来自WTO区域贸易协定网站。

2. 区域贸易协定的内容不断扩大

近年来签署的区域贸易协定突破了单纯货物贸易关税减让的传统做法,协定涵盖的内涵和外延不断加深,日益朝着贸易自由化、贸易便利化和贸易合作方向发展。除传统意义上的货物贸易、原产地规则、争端解决机制等以外,区域贸易协定还可能包括服务贸易、贸易投资便利化、投资自由化、技术性贸易壁垒、卫生与动植物检疫措施、贸易救济、透明度、知识产权、竞争政策、政府采购、环境标准、劳工标准等内容。由表5-2可以看出,目前常见的区域贸易协定的内容已经涵盖了经济领域的方方面面。

表5-2 常见区域贸易协定的内容范畴统计

协定章节	协定及签订时间					
	《美墨加协定》	《全面与进步跨太平洋伙伴关系协定》	《区域全面经济伙伴关系协定》	《欧盟-日本经济伙伴关系协定》	《美国-韩国自由贸易协定》	《美国-秘鲁自由贸易协定》
	2018	2018	2020	2018	2007	2006
关税减让	√	√	√	√	√	√
取消数量限制	√	√	√	√	√	√
安全措施	√	√	√	√	√	√
贸易救济	√	√	√	√	√	√
原产地规则和原产地程序	√	√	√	√	√	√
海关管理和贸易便利化	√	√	√	√	√	√
卫生与动植物检疫措施	√	√	√	√	√	√
技术性贸易壁垒	√	√	√	√	√	√
投资	√	√	√	√	√	√
跨境服务贸易	√	√		√	√	√
金融服务	√	√		√	√	√
商务人员临时入境	√	√	自然人临时移动			
电信	√	√				
数字贸易	√	电子商务	电子商务	电子商务	电子商务	电子商务
政府采购	√	√	√	√	√	√
竞争政策	√	√	√	√	√	
国有企业	√	√	√	√	√	√
知识产权	√	√	√	√	√	√
劳工	√	√			√	√
环境	√	√			√	√
合作能力建设	√	√	经济技术合作	√		
竞争力和商业便利化	√	√	竞争条款	√		
发展	√	√				
中小企业	√	√	√			

(续表)

协定章节	协定及签订时间					
	《美墨加协定》	《全面与进步跨太平洋伙伴关系协定》	《区域全面经济伙伴关系协定》	《欧盟-日本经济伙伴关系协定》	《美国-韩国自由贸易协定》	《美国-秘鲁自由贸易协定》
	2018	2018	2020	2018	2007	2006
监管一致性	√	√		√		
透明度	√	√		√	√	√
反腐败	√					
管理和机制条款	√	√		√	√	√
争端解决机制	√	√	√	√	√	√

3. 跨地区、跨洲双边自由贸易协定快速发展

近年来,国际社会出现了谈判和签订双边自由贸易协定热,尤其是跨地区、跨洲的双边自由贸易谈判更是如火如荼。自由贸易协定的成员国可以使用独立于第三方的贸易政策,成员国间也只需要较小的政策调整,对本国的敏感产品可以采用例外条款加以保护,因而适应了其内部发达国家成员和发展中国家成员之间经济和政策状况差别很大的特点,既避免了成员国在贸易和经济政策协调方面的困难,也避免了区域经济一体化对发展中国家成员造成严重冲击的情况。另外,自由贸易协定不受地理位置的约束,任意两个国家只要有合作的意向就可以签订自由贸易协定,如《欧盟-南非自由贸易协定》《欧盟-墨西哥自由贸易协定》《美国-新加坡自由贸易协定》《日本-墨西哥自由贸易协定》以及《中国-智利自由贸易协定》都是比较典型的跨地区、跨洲双边自由贸易协定。[①]

4. 发展中国家积极加入区域贸易协定,南南、南北合作型区域贸易协定增多

为了避免在全球化竞争中遭遇被边缘化的危机,也为了进一步开拓本国的国际市场,实现规模经济,许多发展中国家开始改变传统做法,走区域经济合作之路,来寻求更多发展机会,扩大发展空间。目前,很多发展中国家把区域贸易协定作为应对经济全球化挑战的一种选择,将其纳入本国发展战略和对外经济政策中来。发展中国家的实践表明,通过参与区域经济合作逐步融入经济全球化,是发展中国家的合理选择。

另外,区域贸易合作形式和层次正在形成由低级逐步向高级发展的金字塔阶梯式体系,但基本组织形式仍然以自由贸易区为主。区域贸易协定涉及的内容更加丰富广泛,有些已经超越了 WTO 范围,即通常所称的“WTO plus”。

第二节　中国自由贸易区建设

站在新的历史起点上,中国要实现“两个一百年”奋斗目标、实现中华民族伟大复兴的中国梦,就必须适应经济全球化新趋势、准确判断国际形势新变化、深刻把握国内改革

① 孙艳君. 世界区域贸易协定(RTA)的发展及我国的战略调整[D]. 天津:天津财经大学,2007.

发展新要求，以更加积极有为的行动推进更高水平的对外开放，加快实施自由贸易区战略，加快构建开放型经济新体制，以对外开放的主动赢得经济发展的主动、国际竞争的主动。

一、中国自由贸易区建设的战略构想①

加快实施自由贸易区战略，是我国新一轮对外开放的重要内容。党的十七大把自由贸易区建设上升为国家战略，党的十八大提出要加快实施自由贸易区战略。党的十八届三中全会提出要以周边为基础加快实施自由贸易区战略，形成面向全球的高标准自由贸易区网络。

（1）准确把握经济全球化新趋势和我国对外开放新要求。改革开放是我国经济社会发展的动力。不断扩大对外开放、提高对外开放水平，以开放促改革、促发展，是我国发展不断取得新成就的重要法宝。党的十八大以来，我国乘势而上，加快构建开放型经济新体制，正在形成更高水平的开放格局。

（2）多边贸易体制和区域贸易安排是驱动经济全球化向前发展的两个轮子。目前全球贸易体系正经历自1994年乌拉圭回合谈判以来最大的一轮重构。我国是经济全球化的积极参与者和坚定支持者，也是重要建设者和主要受益者。我国经济发展进入新常态，妥善应对我国经济社会发展中面临的困难和挑战，更加需要扩大对外开放。我们必须审时度势，努力在经济全球化中抢占先机、赢得主动。

（3）加快实施自由贸易区战略，是适应经济全球化新趋势的客观要求，是全面深化改革、构建开放型经济新体制的必然选择，也是我国积极运筹对外关系、实现对外战略目标的重要手段。加快实施自由贸易区战略，发挥自由贸易区对贸易投资的促进作用，更好地帮助我国企业开拓国际市场，为我国经济发展注入新动力、增添新活力、拓展新空间。加快实施自由贸易区战略，是我国积极参与国际经贸规则制定、争取全球经济治理制度性权力的重要平台。

（4）加快实施自由贸易区战略是一项复杂的系统工程。要加强顶层设计，逐步构筑起立足周边、辐射“一带一路”、面向全球的自由贸易区网络，积极同“一带一路”沿线国家商建自由贸易区，使我国与沿线国家合作更加紧密、往来更加便利、利益更加融合。要努力扩大数量，更要讲质量，大胆探索、与时俱进，积极扩大服务业开放，加快新议题谈判。要坚持底线思维、注重防风险，做好风险评估，努力排除风险因素，加强先行先试、科学求证，加快建立健全综合监管体系，提高监管能力，筑牢安全网。要加快市场化改革，营造法治化经营环境，加快经济结构调整，推动产业优化升级，支持企业做大做强，提高国际竞争力和抗风险能力。

（5）建立公平、开放、透明的市场规则，提高我国服务业国际竞争力。坚持引进来和走出去相结合，完善对外投资体制和政策，激发企业对外投资潜力，勇于并善于在全球范围内配置资源、开拓市场。要加快从贸易大国走向贸易强国，巩固外贸传统优势，

---

① 习近平. 加快实施自由贸易区战略，加快构建开放型经济新体制（节选）[EB/OL].（2014 - 12 - 06）[2021 - 04 - 20]. http://news.xinhuanet.com/politics/2014 - 12/06/c_1113546075.htm.

培育竞争新优势，拓展外贸发展空间，积极扩大进口。要树立战略思维和全球视野，站在国内国际两个大局相互联系的高度，审视我国和世界的发展，推动我国对外开放事业不断前进。

二、中国参与区域经济合作的基本情况

中国的自由贸易区建设是伴随着改革开放进程逐步推进的，在经历了研究酝酿、实践探索、快速发展以及提速升级四个阶段后，自由贸易区建设已成为我国深化改革、扩大开放的重要内容。从两者的关系来看，改革开放为自由贸易区建设提供了坚实的基础与良好的条件，而自由贸易区建设也为改革开放提供了新的动力和平台，因此，自由贸易区建设是全面深化改革、构建开放型经济新体制的必然选择。

2002 年，我国与东盟签订了自由贸易协定，这是我国第一个自由贸易协定，开启了我国自由贸易协定事业的新征程。截至 2021 年，我国已经达成了 19 个自由贸易协定，与 26 个国家和地区签署了自由贸易协定。

(一)自由贸易区战略的研究酝酿阶段(20 世纪 90 年代)

改革开放初期，我国对区域经济一体化持审慎观望态度，游离于机制性区域经济合作组织之外。20 世纪 80 年代中期以来，世界经济的区域集团化趋势日益明显。欧共体成员签署了《单一欧洲文件》，加速欧洲一体化进程；美国和加拿大达成美加自由贸易协定，并在此基础上建立了北美自由贸易区；亚太地区也成立了由澳大利亚、美国、加拿大、日本、韩国、新西兰和东盟 6 国(文莱、印度尼西亚、马来西亚、菲律宾、新加坡、泰国)组成的亚太经济合作组织(APEC)。在这种形势下，国务院 1991 年 9 月成立的国民经济和社会发展总体研究协调小组将“世界经济区域集团化趋势、影响及对策”作为 13 个重大课题之一，并交由当时的对外贸易经济合作部进行研究。研究发现，自由贸易区具有“贸易创造效应”和“贸易转移效应”两个特点，区内成员均可不同程度地从中受益，而非成员无法享受优惠待遇，在国际市场竞争中将处于不利境地。由此，我国也逐步改变对区域经济一体化的看法，开始尝试参与其中。1991 年 11 月 12 日，我国以主权国家身份正式加入 APEC，虽然其合作计划不具有约束性，但仍是我国参与经济合作的有益尝试。此后，我国积极参加 APEC 会议及相关活动，努力积累经验，为将来参与自由贸易区等机制性组织奠定了良好基础。1994 年 4 月，我国在联合国亚太经社会第五十届年会上，正式宣布申请加入《曼谷协定》，该协定属于优惠贸易安排，成员间相互给予关税和非关税优惠。自 1997 年年初开始，我国分别与斯里兰卡、孟加拉国、韩国和印度进行双边谈判，并相继签署谅解备忘录。1998 年亚洲金融危机爆发后，我国更加清晰地意识到与周边国家深化区域经济合作的重要性，自由贸易区建设呼之欲出。

这一时期，由于我国将主要精力和谈判资源集中在恢复 GATT 缔约国地位的问题上，对于自由贸易区建设方面仍处在酝酿和筹备之中。但是我国在积极参与 APEC 相关活动和申请加入《曼谷协定》的过程中，也逐步积累了区域经济合作的实践经验。例如，在 1993 年的 APEC 西雅图会议上，中国提出了“相互尊重、平等互利、彼此开放、共同繁荣”的区域经济合作指导原则；在 1994 年的茂物会议上，中国提出贸易自由化应该以非歧视原则为基础，同时应该立足于亚太区域多样性的特点，循序渐进，分阶段实施；在

1998年的吉隆坡会议上，中国提出应该注重既积极又稳妥的方针，在自主自愿、灵活务实的基础上，允许各成员以适合自己情况的速度和方式，按照两个时间表，实现贸易投资自由化的目标。在申请加入《曼谷协定》的过程中，中国与相关成员的双边谈判集中于关税减让领域，为日后的自由贸易区谈判积累了实践经验。

（二）自由贸易区战略的实践探索阶段（2000—2006年）

进入21世纪，随着我国成功加入WTO，自由贸易区建设也开始起步，进入实质性发展阶段。2001年3月批准的“十五”计划将“积极参与多边贸易体系和国际区域经济合作”确定为提高对外开放水平的重要途径之一。

2000年4月3—5日，《曼谷协定》第16次常委会通过了关于中国加入《曼谷协定》的决定；2001年5月23日，我国正式成为《曼谷协定》成员国。这一协定虽然只是优惠贸易安排而非真正的自由贸易协定，但这是我国参加的第一个区域性多边贸易组织，并第一次通过谈判实现关税优惠，拉开了我国自由贸易区建设的序幕。

我国第一个真正意义的自由贸易区是中国-东盟自由贸易区。2000年11月25日，时任总理朱镕基在新加坡举行的第四次中国-东盟领导人会议上首次提出建立中国-东盟自由贸易区的构想，得到东盟国家的积极回应。2001年3月，在中国-东盟经济贸易合作联合委员会框架下成立了中国-东盟经济合作专家组，围绕中国加入WTO的影响及中国与东盟建立自由贸易关系两个议题进行充分研究，认为中国和东盟建立自由贸易区对双方是双赢的决定。2001年11月6日，中国与东盟在文莱举行的第五次中国-东盟领导人会议上达成了在10年内建成中国-东盟自由贸易区的协议。2002年11月4日，在柬埔寨举行的第六次中国-东盟领导人会议上，时任总理朱镕基与东盟10国领导人签署了《中国-东盟全面经济合作框架协议》，标志着中国-东盟自由贸易区建设正式启动，正式开启了我国自由贸易区建设的进程。

随后，中国内地与香港、澳门这两个单独关税区于2003年6月29日和10月17日分别签署了《内地与香港关于建立更紧密经贸关系的安排》和《内地与澳门关于建立更紧密经贸关系的安排》，在“一国两制”原则的基础上进一步加强了与港澳地区的制度性合作，极大地促进了相互间的经济融合。与此同时，我国继续与其他有意愿的国家开展自由贸易区建设。2005年4月5日，中国和巴基斯坦签署《关于自由贸易协定早期收获计划的协定》，并于2006年11月24日正式签署《中国-巴基斯坦自由贸易协定》；2005年11月18日，中国与智利签署了《中国-智利自由贸易协定》。至此，我国初步建立了5个自由贸易区，涉及区域从亚洲周边延伸到南美地区，区域经济合作格局逐步打开。

这一时期，中国正式成为WTO成员，积极融入世界经济体系，自由贸易区建设也取得明显进展，成为多边贸易自由化的重要补充。总体来看，我国这一阶段的自由贸易区主要呈现以下特点：一是立足周边地区。这一时期建立的自由贸易区大多位于我国周边地区，地理位置相邻，交通相对便利，双方深化经贸合作的愿望也较为强烈。二是以“南南合作”为主。我国这一时期的自由贸易伙伴（港澳地区除外）大多是与我国政治和外交关系较好的发展中国家，双方发展程度相近、开放诉求相似、谈判实力相当，在扩大开放的同时照顾彼此关切。三是给予欠发达伙伴特殊差别待遇。对于经济发展水平相对落后的自由贸易伙伴，我国在平等互利的原则上给予其特殊差别待遇，缓解其开放压力，并使其尽早获得开放红利。四是循序渐进扩大开放。我国在这一时期的自由贸易区谈判和建设过程中不断摸索和总结经验,基本遵循从易到难、循序渐进的发展原则。五是分领域、分阶段开展谈判。我国在这一时期大多采取分领域、分阶段的自由贸易区谈判方式,集中精力在一个领域达成协议后再向其他领域拓展,通过"小步快走"最终完成自由贸易区建设。

(三)自由贸易区战略的快速发展阶段(2007—2011 年)

2007 年 10 月,党的十七大报告明确提出要"实施自由贸易区战略",首次将自由贸易区建设上升到国家战略高度,为打造更高水平的开放格局提供了新路径。2008 年 4 月 7 日,经过 15 轮谈判,中国与新西兰正式签署自由贸易协定,涵盖货物贸易、服务贸易、投资等领域,成为我国与其他国家签署的第一个全面的自由贸易协定,也是我国与发达国家达成的第一个自由贸易协定。由此,我国自由贸易区建设翻开了新篇章。同年 10 月 23 日,中国与新加坡签署自由贸易协定以及《关于双边劳务合作的谅解备忘录》,在中国-东盟自由贸易区的基础上,进一步加快了贸易自由化进程,拓展了双边经贸合作的深度与广度。随后,中国于 2009 年 4 月 28 日和 2010 年 4 月 8 日分别与秘鲁和哥斯达黎加签署一揽子自由贸易协定,进一步拓展了我国与拉美国家的合作空间。与此同时,中国大陆还积极与台湾地区加强自由贸易区建设。2010 年 6 月 29 日,双方按照平等互惠原则签署了《海峡两岸经济合作框架协议》,着眼于两岸经济发展的需要,达成了一个规模大、覆盖面广的涵盖货物贸易和服务贸易领域的早期收获计划。

这一时期,随着改革开放的不断深入,我国自由贸易区建设步入快车道,区域经济合作与多边贸易体制成为我国对外开放的两个"轮子"。尤其是 2008 年国际金融危机爆发后,自由贸易区成为我国改善外部环境、拓展市场空间的重要平台。总体来看,我国这一阶段的自由贸易区呈现以下特点:一是"南南合作"与"南北对话"并行推进,自由贸易区布局向全球延伸。我国在这一时期的自由贸易伙伴类型更加丰富,既包含秘鲁、哥斯达黎加等发展中国家,又包含新西兰、新加坡等发达国家,实现了"南南合作"与"南北对话"的并行推进。同时,自由贸易区网络逐步触及大洋洲、拉美等地区,向全球不断延伸扩展。二是达成内容广泛的一揽子自由贸易协定。与早期分领域分阶段的自由贸易协定不同,从《中国-新西兰自由贸易协定》开始,我国普遍采取各领域并进的谈判方式,最终达成涵盖诸多领域的一揽子自由贸易协定,货物贸易、服务贸易和投资成为协定"标配"。三是开展探索规则领域的合作。这一时期,我国达成的自由贸易协定内容更加丰富,除货物贸易、服务贸易和投资外,还涉及知识产权、环境保护、劳动合作等领域。

(四)自由贸易区战略的提速升级阶段(2012—2017 年)

2012 年以来,顺应全球范围内区域经济一体化建设提速的新形势,党的十八大提出"加快实施自由贸易区战略",2013 年十八届三中全会通过的《中共中央关于全面深化改革若干重大问题的决定》也要求"加快自由贸易区建设",明确提出"以周边为基础加快实施自由贸易区战略","改革市场准入、海关监管、检验检疫等管理体制,加快环境保护、投资保护、政府采购、电子商务等新议题谈判,形成面向全球的高标准自由贸易区网络",并

要求内地扩大与港、澳、台地区的开放合作。2014年12月5日,在中共中央政治局第十九次集体学习中,习近平总书记指出:“以开放促改革、促发展,是我国发展不断取得新成就的重要法宝”,要求“加快实施自由贸易区战略”,并首次提出“不能当旁观者、跟随者,而是要做参与者、引领者……在国际规则制定中发出更多中国声音、注入更多中国元素”。2015年12月6日,国务院正式发布《关于加快实施自由贸易区战略的若干意见》,这是我国开启自由贸易区建设进程以来的首个战略性、综合性文件,对我国自由贸易区建设作出了“顶层设计”,明确提出要逐步构筑起立足周边、辐射“一带一路”、面向全球的高标准自由贸易区网络。随着自由贸易区战略的加快实施,我国积极与有合作意向的伙伴进行谈判,不断加快自由贸易区网络布局,扩大覆盖范围,我国的自由贸易区建设由此进入提速升级阶段。

2013年4月15日和7月6日,中国分别与冰岛和瑞士签署一揽子自由贸易协定,使我国的自由贸易区网络拓展至欧洲大陆。2015年6月1日,经过4轮谈判,中国与韩国正式签署自由贸易协定,这是我国对外签署的涉及国别贸易额最大的自由贸易区,不仅包含传统的货物、服务和投资等领域,还涉及竞争政策、知识产权、环境、透明度、电子商务、经济合作等规则领域。同年6月17日,中国与澳大利亚历经十年终于达成自由贸易协定,并签署《投资便利化安排谅解备忘录》和《假日工作签证安排谅解备忘录》,这是我国首次与经济总量较大的主要发达经济体建设自由贸易区。此外,我国还于2017年5月13日和12月7日分别与格鲁吉亚和马尔代夫签署自由贸易协定,进一步丰富了“一带一路”沿线的自由贸易区布点。

这一时期,随着我国经济进入新常态,改革开放也步入深水区,自由贸易区担负起倒逼国内经济改革、打造高水平开放格局、深度参与国际规则制定、争取全球经济治理制度性权力的重要任务。总体来看,我国这一阶段的自由贸易区主要呈现以下特点:

一是以“一带一路”沿线为重点推进方向。我国与陆上丝绸之路的重要节点国家格鲁吉亚以及海上丝绸之路的重要驿站马尔代夫达成了自由贸易协定,同时积极推进与海湾合作委员会、斯里兰卡、以色列、摩尔多瓦等“一带一路”国家的自由贸易协定谈判,并与尼泊尔、孟加拉国、蒙古国等国家展开联合研究,也使得自由贸易区成为“一带一路”建设的重要平台和抓手。

二是自由贸易伙伴涉及大体量的发达经济体。与世界排名第11和第13的韩国和澳大利亚达成自由贸易协定是我国自由贸易区建设的重大突破,显著扩大了我国自由贸易区的市场辐射规模;而且通过对大体量发达经济体的市场开放,国内经济的承受能力进一步增强,也为我国与其他主要经济体开展自由贸易区建设奠定了基础。

三是着力构建高标准自由贸易区网络。随着我国自由贸易区战略由跟随转向引领,自由贸易区建设的标准也不断提高。一方面是高水平的市场开放,如中国-澳大利亚自由贸易区的自由化率达到97%以上;另一方面是涵盖更多高标准的新议题,如《中国-韩国自由贸易协定》首次将电子商务作为独立章节纳入协定,同时还包含竞争政策、知识产权、环境与贸易等章节,符合国际高水平自由贸易协定的发展趋势,也为我国高标准自由贸易区建设积累了经验。

四是积极推进巨型自由贸易区建设。我国积极推动RCEP谈判,构建以东亚为核心的巨型自由贸易区。RCEP 于 2012 年由东盟发起,历时 8 年,2020 年 11 月 15 日由中国、日本、韩国、澳大利亚、新西兰和东盟 10 国共 15 个亚太国家正式签署。

(五)自由贸易区战略的进展变化与远景期望(2018 年以来)

自由贸易区是我国深化改革、扩大对外开放、参与推动经济全球化的重要平台,也是建设开放型世界经济的重要内容。未来,自由贸易区将更多承担"以开放促改革、促发展"的重要任务,不断发展更高层次的开放型经济,推动国内形成全面开放的新格局;同时,积极参与全球经济治理,促进贸易和投资自由化便利化,为构建开放型世界经济和共同发展的对外开放格局作出更大贡献。

一是加快构建面向全球的自由贸易区网络。与谈判成员努力解决分歧、增进共识,尽快完成中日韩以及中国与海湾合作委员会、挪威、斯里兰卡、以色列、摩尔多瓦、巴拿马等自由贸易协定谈判。在可行性研究基础上,与哥伦比亚、斐济、加拿大、尼泊尔、蒙古国、孟加拉国、瑞士等国启动自由贸易区谈判。推动与欧盟、英国、欧亚联盟、墨西哥等发达国家与新兴经济体建立自由贸易区,推动形成更大范围的亚太自由贸易区,积极发展全球伙伴关系,在开放中谋求共同发展,不断扩大与世界各国的利益交汇点。

二是坚持打造开放包容、共建共享、互利共赢的自由贸易区。结合中国与自贸伙伴各自国情、合作基础和发展潜力,通过平等协商,在货物、服务、投资等传统领域提高开放水平,在知识产权、环境保护、电子商务、竞争政策、政府采购、中小企业、经济合作等领域逐步形成符合双方发展利益的经贸规则体系,力求实现优势互补、利益平衡,共同打造开放包容、共建共享的自由贸易区,在开放中分享机会和利益、实现互利共赢。坚持开放的区域主义,不搞封闭小圈子,为其他国家参与中国自由贸易区建设提供途径,使自由贸易区建设成果惠及更大区域、更多国家和更多群体。

三是稳步推进具有中国特色的高水平自由贸易区。提高自由贸易协定的货物贸易自由化便利化水平,扩大服务贸易对外开放,促进投资领域的双向开放,加强经贸规则标准等领域的协调合作,稳步建设高标准的自由贸易区,开创高水平的对外开放新格局,推动建设开放型世界经济。对已生效的自由贸易协定,推动其更新升级、提质增效,尽快完成自由贸易协定升级谈判和第二阶段谈判,不断提升中国自由贸易区建设水平。

四是促进自由贸易区的可持续发展与普惠性。重视自由贸易协定的实施工作,与自贸伙伴积极推动原产地证书的申请、核准和签发程序便利化,共同降低签证成本,不断提高原产地证书利用率,更好地发挥自由贸易区对贸易投资的促进作用。加强自由贸易区信息服务平台建设,加大对自由贸易协定的解读和宣传力度,使企业知悉相关内容并从中得到更多利益,使人民共享自由贸易协定的成果。提高地方政府与中小企业对自由贸易协定的参与度,支持地方政府发挥其特色优势与自贸伙伴开展经济合作,为中小企业利用自由贸易协定提供帮助。

五是加强与自由贸易区相适应的国内政策调整。以"负面清单"管理为核心,调整完善外商投资、安全审查、市场准入、竞争秩序、社会信用以及政府行政管理职能等领域的法律法规和政策措施,营造更加透明规范、宽松有序的营商环境。正视开放过程中的国内发展失衡以及公平公正问题,加强国内政策调整,推动经济产业转型升级,分好自由贸易区收益的"大蛋糕",在教育、医疗、就业等民生领域加大投入,增强劳动者适应产业变革的能力,推动实现共赢共享发展。加强政策协调、信息与经验分享,不断完善自由贸易区的开放风险防范机制。

表 5-3、表 5-4 和表 5-5 分别列示了我国已签订协议的优惠贸易安排、已签订的自由贸易协定以及正在谈判和研究的自由贸易区。

表 5-3　中国已签订协议的优惠贸易安排

签订时间	协议名称	生效时间
2001 年 5 月 23 日	《亚太贸易协定》	2002 年 1 月 1 日
2017 年 1 月	《亚太贸易协定第二修正案》	2018 年 7 月 1 日

表 5-4　中国已签订的自由贸易协定

序号	名称	签订时间	生效时间
1	中国-东盟全面经济合作框架协议	2002 年 11 月 4 日	2010 年 1 月 1 日
	中国-东盟自由贸易区升级议定书	2015 年 11 月 22 日	2019 年 10 月 22 日
2	内地与香港关于建立更紧密经贸关系的安排(CEPA)	2003 年 6 月 29 日	2003 年 6 月 29 日
3	内地与澳门关于建立更紧密经贸关系的安排(CEPA)	2003 年 10 月 17 日	2003 年 10 月 17 日
4	中国-智利自由贸易协定	2005 年 11 月 18 日	2006 年 10 月 1 日
	中国-智利自由贸易协定升级议定书	2017 年 11 月 11 日	2019 年 3 月 1 日
5	中国-巴基斯坦自由贸易协定	2006 年 11 月 24 日	2006 年 12 月 24 日
	中国-巴基斯坦自由贸易协定第二阶段议定书	2019 年 4 月 28 日	2019 年 12 月 1 日
6	中国-新西兰自由贸易协定	2008 年 4 月 7 日	2008 年 10 月 1 日
	中国-新西兰自由贸易协定升级议定书	2021 年 1 月 26 日	2022 年 4 月 7 日
7	中国-新加坡自由贸易协定	2008 年 10 月 23 日	2009 年 1 月 1 日
	中国-新加坡自由贸易协定升级议定书	2018 年 11 月 12 日	2019 年 10 月 16 日
8	中国-秘鲁自由贸易协定	2009 年 4 月 28 日	2010 年 3 月 1 日
9	中国-哥斯达黎加自由贸易协定	2010 年 4 月 8 日	2011 年 8 月 1 日
10	海峡两岸经济合作框架协议(ECFA)	2010 年 6 月 29 日	2010 年 9 月 12 日
11	中国-冰岛自由贸易协定	2013 年 4 月 15 日	2014 年 7 月 1 日
12	中国-瑞士自由贸易协定	2013 年 7 月 6 日	2014 年 7 月 1 日
13	中国-韩国自由贸易协定	2015 年 6 月 1 日	2015 年 12 月 20 日
14	中国-澳大利亚自由贸易协定	2015 年 6 月 17 日	2015 年 12 月 20 日
15	中国-格鲁吉亚自由贸易协定	2017 年 5 月 13 日	2018 年 1 月 1 日
16	中国-马尔代夫自由贸易协定	2017 年 12 月 7 日	2018 年 8 月 1 日
17	中国-毛里求斯自由贸易协定	2019 年 10 月 17 日	2021 年 1 月 1 日
18	中国-柬埔寨自由贸易协定	2020 年 10 月 12 日	2022 年 1 月 1 日
19	区域全面经济伙伴关系协定(RCEP)	2020 年 11 月 15 日	2022 年 1 月 1 日

表 5-5　中国正在谈判和研究的自由贸易区

正在谈判的自由贸易区		正在研究的自由贸易区	
名称	启动谈判时间	名称	启动联合可行性研究时间
中国-海湾合作委员会	2004 年 7 月 6 日	中国-哥伦比亚	2012 年 5 月 9 日
中日韩	2013 年 3 月 26 日	中国-斐济	2015 年 11 月 4 日
中国-斯里兰卡	2014 年 9 月 16 日	中国-尼泊尔	2016 年 3 月 21 日
中国-以色列	2016 年 3 月 29 日	中国-巴布亚新几内亚	2018 年
中国-挪威	2008 年 9 月 18 日	中国-加拿大	2017 年
中国-摩尔多瓦	2017 年 12 月 28 日	中国-孟加拉国	2018 年
中国-巴拿马	2018 年 6 月 12 日	中国-蒙古国	2018 年
中国-韩国第二阶段谈判	2017 年 12 月 14 日	中国-瑞士升级联合研究	2017 年
中国-巴勒斯坦	2018 年 10 月 23 日		
中国-秘鲁升级谈判	2018 年 11 月 17 日		

自由贸易协定的签署显著扩大了中国同自贸伙伴的贸易与投资关系，对于中国对外贸易和投资的促进作用显著。例如，2012 年，与自贸伙伴的贸易额占我国对外贸易总额的比重只有 12.3%；2020 年，这一比重接近 35%。2020 年，新冠肺炎疫情对全球贸易影响极大，中国与自贸伙伴的贸易额增长 3.2%，而与非自贸伙伴的贸易额仅增长 0.8%。2020 年，中国对外投资的近 70%是对自贸伙伴投资的，吸引外资的 84%来自自贸伙伴。

自由贸易协定谈判在对外开放制度建设方面起到了积极的作用。在货物贸易方面，中国最惠国税率关税平均水平是 7.5%。自由贸易协定使我国与自贸伙伴之间 90%以上的贸易实现零关税，在货物贸易领域的关税自由化水平非常高。在服务贸易方面，中国加入 WTO 时，WTO 的 12 大类服务部门的 160 个分部门中，中国仅开放了 100 个分部门。随后，在一众自由贸易协定中，中国在服务贸易方面的开放大大提高。以 RCEP 为例，中国在 WTO 100 个开放部门的基础上又增加了 22 个开放部门，原有的开放部门中有 37 个部门扩大了开放水平，服务贸易开放取得了显著成绩。在投资方面，WTO 投资开放没有独立的投资协定，而在自由贸易协定中，我国在投资开放、投资准入、投资便利化、投资保护方面都做了明确规定，制度性保障有利于促进中国与自贸伙伴之间的双向投资发展，有利于中国与自贸伙伴之间的区域一体化发展，从而形成更加稳定的产业链和供应链。

三、中国自由贸易区建设的主要成果①

20 世纪 90 年代，中国开始关注区域经济一体化，申请加入《曼谷协定》(后更名为《亚太贸易协定》)。2001 年起，中国正式启动区域经济一体化战略，首先加入《曼谷协定》，继而开启了与东盟的自由贸易区谈判。中国顺应区域经济一体化的国际趋势，积极开展与贸易伙伴的自由贸易协定谈判，并取得了很大进展。截至 2020 年年底，中国已经正式签

① 各自由贸易区介绍内容及图表参考自中国自由贸易区服务网(http://fta.mofcom.gov.cn/index.shtml)。

署了19个双(多)边自由贸易区协定。

(一)《亚太贸易协定》

《亚太贸易协定》的前身为《曼谷协定》[①],于2005年11月2日在北京更名,当时其成员国有中国、孟加拉国、印度、老挝、韩国和斯里兰卡。该协定的核心内容和目标是通过相互提供优惠关税和非关税减让来扩大相互间的贸易,促进成员国经济发展。中国于1994年4月申请加入《曼谷协定》,2001年5月正式成为《曼谷协定》成员国,这是中国参加的第一个具有实质意义的区域性优惠贸易安排。

2002年1月1日,中国开始对韩国、斯里兰卡、孟加拉国、老挝、印度等成员国实施原产地暂行规则及关税优惠措施。自2006年9月1日起,中国对其他成员国的1 717项8位税目产品提供优惠关税,平均减让幅度27%;向最不发达成员国孟加拉国和老挝的162项8位税目产品提供特别优惠,平均减让幅度77%。同时,根据2005年税则计算,我国可享受印度570项6位税目、韩国1 367项10位税目、斯里兰卡427项6位税目和孟加拉国209项8位税目产品的优惠关税。

《亚太贸易协定》是我国参加的第一个优惠贸易安排,覆盖近30亿人口,也是我国目前唯一涵盖东亚、南亚地区并在实施的优惠贸易协定。2007年10月,协定各成员国启动第四轮关税减让谈判,经过九年磋商,各成员国于2016年8月正式结束谈判,并于2017年1月在第四届部长级理事会上签署《亚太贸易协定第二修正案》,该修正案于2018年7月1日正式生效实施,6个成员国将对1万多个税目产品削减关税,平均降税幅度为33%。中国、韩国、印度、斯里兰卡四国还给予协定内最不发达国家孟加拉国共1 259个产品特惠税率安排,给予老挝1 251个产品特惠税率安排,平均降税幅度均为86%。

《亚太贸易协定第二修正案》是《亚太贸易协定》各成员国历经9年谈判完成的重要成果,是对《亚太贸易协定》的丰富、完善、补充和提升,体现了各成员国进一步深化经贸合作、实现互利共赢的现实需求与美好愿景。《亚太贸易协定第二修正案》的正式生效,将为《亚太贸易协定》各成员国的经济发展提供新助力,促进各成员国之间的贸易继续增长,进一步推动亚洲区域经济一体化和"一带一路"建设进程。

2020年10月23日,蒙古国完成《亚太贸易协定》加入程序,成为《亚太贸易协定》第七个成员国,2021年1月1日实施关税减让安排,平均降税幅度为24.2%。中国与蒙古国相互实施在《亚太贸易协定》项下的关税减让安排。蒙古国对366个税目削减关税,平均降税幅度24.2%。中国在《亚太贸易协定》项下的关税减让安排适用于蒙古国。

(二)《中国-东盟全面经济合作框架协议》

中国-东盟自由贸易区是中国同其他国家商谈的第一个自由贸易区,这一构想从2000年形成,得到了东盟各国领导人的积极响应,双方在2002年11月4日正式签署《中国-东盟全面经济合作框架协议》,于2010年建立中国-东盟自由贸易区。该自由贸易区

① 《曼谷协定》签订于1975年,是在联合国亚太经济社会委员会(简称亚太经社会)的主持下,在发展中国家之间达成的一项优惠贸易安排。

的成员包括中国和东盟10国[①]，自由贸易区建成时涵盖19亿人口、6万亿美元国民生产总值、4.5亿美元贸易额，是当时中国参与的最大自由贸易区，也是全球发展中国家建立的最大自由贸易区。

中国-东盟自由贸易区的全面建设分三步走：第一步(2002—2010年)，启动并大幅下调关税。自2002年11月双方签署以中国-东盟自由贸易区为主要内容的《中国-东盟全面经济合作框架协议》开始，至2010年1月1日中国对东盟93%产品的贸易关税降为零为止。建成由中国与东盟老成员组成的中国-东盟自由贸易区这一目标已于2010年1月1日实现，其框架协议内容涵盖货物贸易、服务贸易、投资和经济合作多个领域，其中货物贸易是自由贸易区的核心内容，除少数敏感产品外，其他产品的关税和贸易限制措施都已逐步取消，中国对东盟的平均关税从建立自由贸易区前的9.8%降至0.1%，而东盟6个老成员文莱、印度尼西亚、马来西亚、菲律宾、新加坡、泰国对中国的平均关税从12.8%降到0.6%。第二步(2011—2015年)，全面建成自由贸易区阶段，即越南、老挝、柬埔寨、缅甸四国与中国进行贸易的绝大多数产品亦实现零关税，与此同时，双方更广泛深入地开放服务贸易市场和投资市场。2015年，中国与东盟新成员建成自由贸易区，中国与东盟的绝大多数产品实行零关税，取消非关税措施。随着我国与东盟基本实现自由贸易，资金、资源、技术和人才等生产要素的流动效率会显著提高，双方经济一体化程度达到前所未有的水平。第三步(2016年之后)，自由贸易区巩固完善阶段。

《中国-东盟自由贸易区升级议定书》是中国-东盟自由贸易区升级谈判的成果文件，全称为《中华人民共和国与东南亚国家联盟关于修订〈中国-东盟全面经济合作框架协议〉及项下部分协议的议定书》，于2015年11月22日在马来西亚首都吉隆坡正式签署，于2016年7月1日率先对中国和越南生效。此后东盟其他成员陆续完成国内核准程序，2019年8月22日，所有东盟国家均完成了国内核准程序，10月22日，《中国-东盟自由贸易区升级议定书》对所有成员国全面生效。

中国-东盟自由贸易区是我国对外商谈的第一个也是最大的自由贸易区。2002年，双方启动自由贸易区建设，之后陆续签署货物贸易、服务贸易、投资等协议，至2010年全面建成。2015年双方签署的《中国-东盟自由贸易区升级议定书》是我国完成的第一个自由贸易区升级协议，是对原有中国-东盟自由贸易区系列协议的丰富、完善、补充和提升，体现了双方深化和拓展经贸合作的共同愿望。

中国-东盟自由贸易区有力地推动了双边经贸关系的长期稳定快速发展，成为发展中国家间互利互惠、合作共赢的良好范例。2002年，中国-东盟“早期收获”计划刚启动，双边贸易额为548亿美元，2003年上升到780多亿美元，2020年则高达6 851亿美元，东盟超过欧盟跃升为中国最大的贸易伙伴。双向投资从2003年的33.7亿美元增长到2018年的158亿美元，增长近4倍。目前，中国是东盟最大的贸易伙伴，东盟也是中国的

---

① 东盟是东南亚国家联盟(Association of Southeast Asian Nations，ASEAN)的简称，包括10个成员国：文莱、印度尼西亚、马来西亚、菲律宾、新加坡、泰国、柬埔寨、老挝、缅甸和越南。其中，前6个国家加入东盟的时间比较早，经济相对发达，后4个国家是东盟新成员。

第一大贸易伙伴,双方累计双向投资达到 2 233 亿美元。同时,自由贸易区的建设和实施为区内人民带来了"看得见、摸得着"的好处和便利。以农产品为例,自由贸易区的优惠政策使东盟国家的山竹、榴梿等热带水果走进了中国老百姓的生活,也让中国的温带水果在东盟各国超市全面铺开。

《中国-东盟自由贸易区升级议定书》的全面生效,将进一步释放自由贸易区的红利,让自由贸易协定的优惠政策真正惠及自由贸易区所有协定成员国的企业和人民,也必将有力地推动双方经贸合作再上新台阶,为双方经济发展提供新的助力,为实现《中国-东盟战略伙伴关系 2030 年愿景》作出积极贡献。

(三)《中国-智利自由贸易协定》

中国-智利自由贸易区谈判于 2005 年 1 月启动,双方于 2005 年 11 月 18 日签署《中国-智利自由贸易协定》,并自 2006 年 10 月 1 日起开始实施。协定纳入了与货物贸易有关的所有内容,包括市场准入、原产地规则、卫生与动植物检疫措施、技术贸易壁垒、贸易救济、争端解决机制等,并且将经济、中小企业、文化、教育、科技、环保、劳动和社会保障、知识产权、投资促进、矿产和工业领域的合作涵盖在内。经过两个阶段的关税减让,中国先后取消了 4 753 种智利产品关税,智利将中国 5 891 种产品关税降为零,主要涉及化工品、纺织品和服装、农产品、机电产品、车辆及零件、水产品、金属制品和矿产品等。

2008 年 4 月 13 日,中智双方又签署了《中国-智利自由贸易协定关于服务贸易的补充协定》。根据协定,中国的计算机、管理咨询、采矿、环境、体育、空运等 23 个部门和分部门,以及智利的法律、建筑设计、工程、计算机、研发、房地产、广告、管理咨询、采矿、制造业、租赁、分销、教育、环境、旅游、体育、空运等 37 个部门和分部门将在各自 WTO 承诺基础上向对方进一步开放。2012 年 9 月 9 日,中国与智利签署了《中国-智利自由贸易协定关于投资的补充协定》,这标志着中国-智利自由贸易区建设的全面完成。

《中国-智利自由贸易协定》实施以来,中国-智利双边贸易一路走高,中国是智利的第一大贸易伙伴、第一大出口市场和第二大进口来源地。由于两国经济具有较强的互补性,中国-智利自由贸易区的建立更有利于发挥两国各自的产业优势,促进两国间贸易的发展,服务贸易协定有助于两国进一步相互开放服务市场,为中国企业拓展拉美市场提供一个更为广阔的平台。

2016 年 11 月,中智双方启动自由贸易协定升级谈判,并于 2017 年 11 月签署《中国-智利自由贸易协定升级议定书》(2019 年 3 月 1 日正式生效实施)。《中国-智利自由贸易协定升级议定书》生效三年内,中国对智利逐步取消部分木制品关税,智利对中国立即取消纺织服装、家电、蔗糖等产品关税,双方相互实施零关税的产品占比将达到约 98%;服务贸易方面,双方在原有服务贸易补充协定的基础上,进一步扩大和提升服务贸易承诺部门的数量和水平。中国在商业法律服务、娱乐服务、分销等 20 多个部门进一步开放,智利在快递、运输、建筑等 40 多个部门作出更高水平的开放承诺。《中国-智利自由贸易协定升级议定书》还对原产地规则、经济技术合作章节进行修订和补充,并新增电子商务、竞争、环境与贸易等规则议题。

(四)《中国-巴基斯坦自由贸易协定》

中国和巴基斯坦从2003年11月签署优惠贸易安排开始[①]，逐步提高开放合作水平。2004年10月，启动自由贸易区联合可行性研究；2005年4月，签署自由贸易协定早期收获协议；2006年11月24日，签署自由贸易协定，2007年7月，《中国-巴基斯坦自由贸易协定》关税减让进程全面启动；2008年10月，签署自由贸易协定补充议定书以促进投资合作；2008年12月，服务贸易协定谈判结束，2009年2月，签署《中国-巴基斯坦自由贸易区服务贸易协定》，同年10月服务贸易协定生效。

根据《中国-巴基斯坦自由贸易区服务贸易协定》，双方在各自对WTO承诺的基础上，在全部12个主要服务部门中，巴基斯坦在11个主要服务部门的102个分部门对中国服务提供者进一步开放，包括建筑、电信、金融、分销、环境、医疗、旅游、运输、快递、研发、计算机、教育、娱乐文化和体育等众多服务部门，其中分销、教育、环境、运输、娱乐文化和体育等5个主要服务部门在内的56个分部门为新开放部门。此外，巴基斯坦将根据具体情况，在外资股比方面给予中国服务提供者更加优惠的待遇，并在人员流动方面提供更加宽松和便利的条件。中国在6个主要服务部门的28个分部门对巴基斯坦服务提供者进一步开放，具体包括采矿、研发、环保、医院、旅游、体育、交通、翻译、房地产、计算机、市场调研、管理咨询、印刷出版、建筑物清洁、人员提供和安排服务等。两国在《中国-巴基斯坦自由贸易协定》的基础上，建成一个涵盖货物贸易、服务贸易和投资等内容全面的自由贸易区。

巴基斯坦是"一带一路"沿线重要国家，也是我国在南亚地区的重要经贸合作伙伴。中国与巴基斯坦于2011年3月启动自由贸易协定第二阶段谈判，于2019年4月结束谈判，并签署《中国-巴基斯坦自由贸易协定第二阶段议定书》，该议定书已于2019年12月1日正式生效。

《中国-巴基斯坦自由贸易协定第二阶段议定书》对原自由贸易协定中的货物贸易市场准入及关税减让表、原产地规则、贸易救济、投资等内容进行了升级和修订，并新增了海关合作章节。其中，核心内容是在原自由贸易协定基础上，大幅提高货物贸易自由化水平。降税安排于2020年1月1日起正式生效，两国相互实施零关税产品的税目数比例从此前的35%逐步增加至75%，双方对占各自税目数5%的其他产品实施20%的降税。

(五)《中国-新西兰自由贸易协定》

2008年4月7日签署的《中国-新西兰自由贸易协定》是中国与发达国家签署的第一个自由贸易协定，也是中国与其他国家签署的第一个涵盖货物贸易、服务贸易、投资等多个领域的自由贸易协定。

根据协定规定，新西兰将在2016年1月1日前取消全部自中国进口产品的关税，其中63.6%的产品从协定生效时起即实现零关税；中国将在2019年1月1日前取消97.2%的自新西兰进口产品的关税，其中24.3%的产品从协定生效时起即实现零关税。

---

① 从2004年开始，中国将《曼谷协定》关税减让适用于巴基斯坦，对巴基斯坦893个税目产品实行优惠税率，整体优惠幅度为18.5%；巴基斯坦对中国提供等同于印度在《曼谷协定》中的减让，整体优惠幅度为27.7%。

在双边服务贸易领域，两国将向对方服务提供者进一步开放服务贸易市场。具体而言，新西兰在商务、建筑、教育、环境等4大部门的16个分部门作出了高于WTO的承诺，包括开放计算机等办公设备维修、计算机数据准备、摄影、复制、污水防治、垃圾处理、公共卫生、空气净化、水土保护、噪声消除、自然风景保护等服务；允许中国服务提供者提供跨境建筑咨询服务；允许在新西兰设立汉语培训机构，开展汉语语言测试，提供中小学课外辅导服务等。中国在商务、环境、体育娱乐、运输等4大部门的15个分部门作出了高于WTO的承诺，包括开放项目管理服务，允许新西兰服务提供者设立外商投资企业提供计算机、环保、体育娱乐服务，允许设立中外合资企业提供计算机订座系统服务等。此外，双方还在环境、建筑、农林、工程、整体工程、计算机、旅游等7个领域相互给予最惠国待遇，以保障对方的服务和服务提供者享受到不低于第三国同类服务和服务提供者所享受的待遇。

《中国-新西兰自由贸易协定》全面推进了两国在农牧业、林业、家电、服装等货物贸易领域的合作，并促进教育、旅游、环境、咨询等服务贸易的发展。双方企业和产品可按照协定提供的优惠条件进入对方市场，这有利于拓展两国的经贸合作空间，提高产业竞争力，实现互利共赢。

2021年1月26日，中国与新西兰签署《中国-新西兰自由贸易协定升级议定书》，该议定书实现了两国自由贸易在RCEP基础上的进一步提质增效。其主要内容包括：在货物贸易领域，中国进一步扩大对部分木材和纸制品的市场开放，双方进一步优化原产地规则、技术性贸易壁垒、海关便利化等贸易规则。在服务贸易领域，中国在RCEP的基础上，进一步扩大航空、教育、金融、养老、客运等领域的开放；新西兰在特色工种工作许可安排中，将中国公民申请量较大的汉语教师和中文导游赴新就业的配额在原有基础上增加一倍，分别提高到300名和200名。在投资领域，新西兰放宽对中国投资者的审查门槛，给予中国投资者与CPTPP(《全面与进步跨太平洋伙伴关系协定》)成员同等的审查门槛待遇；在规则领域，双方承诺在电子商务、竞争政策、政府采购、环境与贸易等领域增强合作，其中环境与贸易章节超出了RCEP，就提高环境保护水平、加强环境执法、履行多边环境公约达成了较高水平的合作条款。

（六）《中国-新加坡自由贸易协定》

中国-新加坡自由贸易区谈判于2006年8月启动，经过8轮磋商，于2008年10月结束谈判并签订《中国-新加坡自由贸易协定》。协定涵盖了货物贸易、服务贸易、人员流动、海关程序等诸多领域，使双方在中国-东盟自由贸易区的基础上进一步加快了贸易自由化进程，拓展了双边自由贸易关系及经贸合作的深度与广度。

货物贸易方面，新加坡于2009年1月1日起取消全部自中国进口产品的关税；中国在2010年1月1日已对97.1%的自新加坡进口的产品实现零关税。在服务贸易方面，两国进一步相互扩大市场准入范围：新加坡承认中国两所中医大学学历，允许中国公民或机构在新加坡设立中医大学或培训机构、开办独资医院、开展中文教育培训等；中国也将承诺新加坡企业或个人可以在中国设立股比不超过70%的外资医院，并认可新加坡两所大学的医学学历。在全球共同应对金融动荡的时刻，建立中国-新加坡自由贸易区有利于维护两国经济与贸易的稳定和增长，并对东亚经济一体化进程产生积极影响。

新加坡为自由港,出口至新加坡的大部分产品关税为零。对于我国而言,主要是出口的原产酒类产品可以享受关税优惠,《中国-新加坡自由贸易协定》的实施以享惠进口为主。自《中国-新加坡自由贸易协定》实施至2019年11月底,我国累计享惠进口1 187.3亿元人民币,税款减让104.2亿元人民币,签证金额16.1亿美元,累计签发原产地证书3.7万份。

《中国-新加坡自由贸易协定升级议定书》于2019年10月实施。该升级议定书对原产地规则、海关程序与贸易便利化、贸易救济、服务贸易、投资、经济合作等6个领域进行升级,还新增电子商务、竞争政策和环境等3个领域,首次纳入"一带一路"合作,强调"一带一路"倡议对于深化双方全方位合作、实现共同发展目标、建立和强化互联互通以及促进地区和平发展的重要意义。在海关程序与原产地规则领域,呈现更高水平的贸易便利化,降低企业的贸易成本;对部分石化产品的原产地标准进行了修订,在增值标准的基础上增加了税则改变标准和化学反应标准;在服务贸易领域,升级了包括速递、环境、空运、法律、建筑、海运等服务贸易承诺,相互提升了服务贸易自由化水平;在投资领域,双方同意给予对方投资者高水平的投资保护,相互给予准入后国民待遇和最惠国待遇,纳入了全面的投资者与东道国间争端解决机制;在自然人移动领域,两国同时签署了《关于就业准证申请透明度和便利化的谅解备忘录》。

(七)《中国-秘鲁自由贸易协定》

2007年3月1日,中国和秘鲁启动自由贸易区联合可行性研究;2007年9月,双方启动自由贸易区谈判。经过8轮谈判和一次工作组会议,2008年11月19日谈判完成。2009年4月28日,双方于北京签署《中国-秘鲁自由贸易协定》,该协定是我国与拉美国家签署的第一个一揽子自由贸易协定,于2010年3月1日起正式实施。

在货物贸易方面,双方对各自90%以上的产品分阶段实施零关税,中国轻工、电子、家电、机械、汽车、化工、蔬菜、水果等众多产品和秘鲁的鱼粉、矿产品、水果、鱼类等产品都将从降税安排中获益;在服务贸易方面,双方在各自对WTO承诺的基础上,进一步相互开放服务部门;在投资方面,双方给予对方投资者及其投资以准入后国民待遇、最惠国待遇和公平公正待遇,鼓励双边投资并为其提供便利等;与此同时,双方在知识产权、贸易救济、原产地规则、海关程序、技术性贸易壁垒、卫生与动植物检疫措施等众多领域达成了广泛共识。

(八)《中国-哥斯达黎加自由贸易协定》

中国与哥斯达黎加自由贸易区谈判始于2008年11月,经过6轮谈判,于2010年2月结束谈判。2010年4月8日,两国签署了《中国-哥斯达黎加自由贸易协定》,并于2011年8月1日起正式生效。该协定是中国与中美洲国家签署的第一个一揽子自由贸易协定。

在货物贸易领域,中国与哥斯达黎加将对各自90%以上的产品分阶段实施零关税,共同迈进"零关税时代"。中方的纺织原料及制品、轻工、机械、电器设备、蔬菜、水果、汽车、化工、生毛皮及皮革等产品和哥方的咖啡、牛肉、猪肉、菠萝汁、冷冻橙汁、果酱、鱼粉、矿产品、生皮等产品将从降税安排中获益。在服务贸易领域,在各自对WTO承诺的基础上，哥方将在电信服务、商业服务、建筑、房地产、分销、教育、环境、计算机和旅游服务等45个部门或分部门进一步对中方开放，中方则在计算机服务、房地产、市场调研、翻译和口译、体育等7个部门或分部门对哥方进一步开放。双方还在知识产权、贸易救济、原产地规则、海关程序、技术性贸易壁垒、卫生与动植物检疫措施、合作等众多领域达成广泛共识。哥斯达黎加已经成为中国在中美洲地区的重要贸易伙伴，中国也成为继美国之后哥斯达黎加的全球第二大贸易伙伴。

(九)《中国-冰岛自由贸易协定》

2005年5月，冰岛与中国就建立自由贸易区的可行性进行了积极探讨。冰岛承认中国的完全市场经济地位。2006年12月，双方启动自由贸易区谈判，谈判进行了4轮，合作主要集中在渔业、地热和造船领域。2009年，因冰岛提出申请加入欧盟，双方谈判中止。2012年4月，双方重启自由贸易区谈判，后经2轮谈判，于2013年1月结束实质性谈判，就协定内容达成一致。《中国-冰岛自由贸易协定》于2013年4月15日签署，2014年7月1日正式生效。该协定是中国与欧洲国家签署的第一个自由贸易协定，涵盖了货物贸易、服务贸易、投资等诸多领域。该协定有助于促进两国经济增长和创造就业，进一步拓展双方在能源、食品、造船等领域的合作空间。

中国-冰岛自由贸易区建成后，双方最终实现零关税的产品，按税目数衡量均接近96%，按贸易量衡量均接近100%。《中国-冰岛自由贸易协定》共12章，即总则、货物贸易(包括关税减让、贸易救济、卫生与动植物检疫措施、技术性贸易壁垒等内容)、原产地规则、海关程序、竞争政策、知识产权、服务贸易、投资、合作、机制条款、争端解决、最后条款以及包含自然人移动等在内的9个附件。

(十)《中国-瑞士自由贸易协定》

中国和瑞士自建交以来就保持着良好的经贸关系。1980年，瑞士迅达公司在中国注资成立第一家中瑞合资企业；2004年，瑞士成为15个最大的对华投资国之一，中瑞合作进一步加强；2007年，瑞士再次成为最早承认中国完全市场经济地位的欧洲国家；2009年起，两国开始进行中瑞自由贸易区可行性研究，并不断进行磋商谈判，就有关细节进行协商，两国在经贸互补性、贸易结构等方面存在广泛的合作基础。

2011年1月28日，中国-瑞士自由贸易区谈判在瑞士达沃斯正式启动。2013年5月24日，中国与瑞士在伯尔尼签署了《关于结束中国-瑞士自由贸易协定谈判的谅解备忘录》。

《中国-瑞士自由贸易协定》于2013年7月6日签订，2014年7月1日生效。这是中国与欧洲大陆国家签订的第一个自由贸易协定，也是近年来中国对外达成的水平最高、最为全面的自由贸易协定之一，货物贸易零关税比例高，在钟表等领域为双方合作建立了良好的机制，并涉及环境、知识产权等许多新规则。

(十一)《中国-韩国自由贸易协定》

中国和韩国互为重要的近邻和主要经贸合作伙伴，新中国成立以来，中韩经贸合作从无到有、从小到大，实现了飞跃发展。1992年两国建交后，双边经贸关系步入正轨并持续快速发展，两国贸易规模从1992年的50亿美元跃升到2020年的超过2 852亿美元，年均增幅超过16%。

中国-韩国自由贸易区谈判于2012年5月启动，分为模式和出要价两个阶段，双方在模式阶段达成的共识包括货物贸易自由化水平、协定范围以及各领域谈判的原则、框架及内容要素等；2013年9月，双方结束自由贸易区模式阶段谈判；2014年10月，双方结束自由贸易实质性谈判；2015年2月25日，双方完成自由贸易协定全部文本的草签，对协定内容进行了确认。

《中国-韩国自由贸易协定》于2015年6月1日签订，同年12月20日正式生效。这是中国迄今为止对外商谈的覆盖领域最广、单一国别贸易额最大的自由贸易区。根据协定，在开放水平方面，双方货物贸易自由化比例按税目均超过90%、按贸易额均超过85%。协定范围涵盖货物贸易、服务贸易、投资和规则共17个领域，包含电子商务、竞争政策、政府采购、环境等“21世纪经贸议题”。双方承诺在协定签署后将以负面清单模式继续开展服务贸易谈判，并基于准入前国民待遇和负面清单模式开展投资谈判。中韩自由贸易区谈判实现了“利益大体平衡、全面、高水平”的目标。

该协定实施以来，双方已进行六次关税削减，零关税贸易额覆盖率已达55%以上，优惠关税利用率持续提升。目前，我国是韩国的第一大贸易伙伴、进口来源国和出口对象国；韩国是我国的第三大贸易伙伴、第一大进口来源国和第三大出口对象国。

（十二）《中国-澳大利亚自由贸易协定》

《中国-澳大利亚自由贸易协定》于2015年6月17日签署，2015年12月20日正式生效。协定生效以来，中澳双边经贸关系平稳发展。双边货物贸易结构不断优化，两国优势产品出口均实现较快增长；金融、旅游、教育、医疗等领域的贸易蓬勃发展，人员往来日益密切频繁，两国商界和人民均从协定实施中获益。按照协定规定，双方将在协定生效后2～3年内对服务和投资等议题进行审议。

2017年3月24日，在两国总理的见证下，中国商务部部长钟山与澳大利亚贸易、旅游和投资部长史蒂文·乔博代表两国政府签署了《中华人民共和国政府与澳大利亚政府关于审议中国-澳大利亚自由贸易协定有关内容的意向声明》，正式宣布两国将于2017年启动《中国-澳大利亚自由贸易协定》服务章节、投资章节以及《关于投资便利化安排的谅解备忘录》的审议。

中国和澳大利亚互为重要贸易伙伴，经济互补性很强。双方选择坚持市场开放，继续推进贸易自由化，深化互利合作，为两国企业创造更为公平、公正、透明的贸易和投资环境。双方坚定支持多边贸易体制主渠道作用，愿与国际社会共同努力维护多边贸易体制的权威性和有效性，妥善解决经济全球化进程中出现的问题，引导经济全球化朝着更加包容互惠、公正合理的方向发展。

（十三）《中国-格鲁吉亚自由贸易协定》

《中国-格鲁吉亚自由贸易协定》于2015年12月启动谈判，2017年5月13日签署，2018年1月1日生效。该协定是“一带一路”倡议提出后我国启动并达成的第一个自由贸易协定。协定的实施是落实党的十九大关于“促进自由贸易区建设，推动建设开放型世界经济”的具体举措，对推进自由贸易区战略和实施“一带一路”倡议具有重要意义。

协定生效后，在货物贸易方面，格鲁吉亚对我国96.5%的产品立即实施零关税，覆盖格鲁吉亚自中国进口总额的99.6%；我国对格鲁吉亚93.9%的产品实施零关税，覆盖我国自格鲁吉亚进口总额的93.8%，其中90.9%的产品（42.7%的进口额）立即实施零关税，其余3%的产品（51.1%进口额）5年内逐步降为零关税；在服务贸易方面，双方在各自WTO承诺基础上，进一步相互开放市场；此外，双方还在环境与贸易、竞争、知识产权、投资、电子商务等众多领域达成广泛共识。

《中国-格鲁吉亚自由贸易协定》将进一步提升双边贸易自由化、便利化水平，为企业营造更加开放、透明和稳定的贸易环境，为两国人民带来更多质优价廉的产品和服务。双方将以协定实施为契机，全面提升两国务实合作水平，进而扎实推进"一带一路"建设，实现共同繁荣。

（十四）《中国-马尔代夫自由贸易协定》

中国-马尔代夫自由贸易区谈判于2015年12月启动，并于2017年9月结束。2017年12月7日，两国签署《中国-马尔代夫自由贸易协定》。该协定是我国签署的第16个自由贸易协定，也是马尔代夫对外签署的首个双边自由贸易协定。协定的签署既是党的十九大提出的"促进自由贸易区建设，推动建设开放型世界经济"的最新成果，也是双方按照领导人共识，巩固和加强两国面向未来的全面友好合作伙伴关系的重要举措，树立了规模差异巨大的国家间开展互利合作的典范，在两国经贸发展史上具有里程碑意义，将有力推动双边经贸关系取得更大发展。

协定涵盖货物贸易、服务贸易、投资、经济技术合作等内容，实现了全面、高水平和互利共赢的谈判目标，将为双方贸易投资自由化和便利化提供坚实的制度保障，有助于促进双方深化有关领域务实合作，不断增进两国企业和人民福祉。

在货物贸易领域，该协定实现了高水平关税减让，双方承诺的零关税产品税目数和贸易额比例均超过95%（由于我国是第一个与马尔代夫签署双边自由贸易协定的国家，协定实施后，我国企业将获得比其他国家更优惠的市场准入待遇，我国对马尔代夫出口的绝大部分工业品及花卉、蔬菜等农产品将从中获益，马尔代夫绝大部分鱼水产品等优势出口产品也将享受零关税待遇）；在服务贸易方面，双方将在各自WTO承诺基础上，相互进一步开放服务部门；在投资方面，双方承诺相互给予对方投资者及其投资以准入后国民待遇和最惠国待遇，鼓励双向投资并为其提供便利和有效保护。与此同时，双方还在原产地规则、海关程序与贸易便利化、贸易救济、技术性贸易壁垒和卫生与动植物检疫措施等众多领域达成广泛共识。

《中国-马尔代夫自由贸易协定》除序言外共有15个章节，分别是总则、一般适用的定义、货物贸易、原产地规则与实施程序、海关程序与贸易便利化、技术性贸易壁垒和卫生与动植物检疫措施、贸易救济、服务贸易、投资、经济技术合作、透明度、管理与机构条款、争端解决、例外、最终条款。此外，协定还包含货物贸易关税减让表、服务贸易具体承诺减让表、产品特定原产地规则等9个附件。

（十五）《中国-毛里求斯自由贸易协定》

中国-毛里求斯自由贸易区谈判于2017年12月正式启动。在两国领导人的关心和指导下,双方团队经过四轮密集谈判,于2018年9月2日正式结束谈判。2019年10月17日,中国与毛里求斯在北京签署《中国-毛里求斯自由贸易协定》,2021年1月1日协定正式生效。该协定是中国与非洲国家签署的第一个自由贸易协定,不仅为深化两国经贸关系提供了更加有力的制度保障,更赋予了中非全面战略合作伙伴关系全新的内涵,将中非经贸合作提升到了新的高度,开创了新的局面。协定涵盖货物贸易、服务贸易、投资、经济合作等内容,实现了"全面、高水平和互惠"的谈判目标。

在货物贸易领域,中国和毛里求斯最终实现零关税的产品税目比例分别达到96.3%和94.2%,占自对方进口总额的比例均为92.8%。毛里求斯剩余税目的关税也将进行大幅削减,绝大多数产品的关税最高将不再超过15%,甚至更低。我国目前对其出口的主要产品,如钢铁制品、纺织品以及其他轻工产品等将从中获益。毛里求斯生产的特种糖也将逐步进入中国市场。双方还就原产地规则、贸易救济、技术性贸易壁垒和卫生与动植物检疫措施等达成一致。

在服务贸易领域,双方承诺开放的分部门均超过100个。其中,毛里求斯将对我国开放通信、教育、金融、旅游、文化、交通、中医等重要服务领域的130多个分部门。这是毛里求斯迄今为止在服务领域开放水平最高的自由贸易协定。

在投资领域,该协定较1996年《中国-毛里求斯双边投资保护协定》在保护范围、保护水平、争端解决机制等方面有较大升级。这是我国首次与非洲国家升级原投资保护协定,不仅将为我国企业赴毛里求斯提供更加有力的法律保障,也有助于我国企业以该国为平台,进一步拓展对非洲的投资合作。此外,双方还同意进一步深化两国在农业、金融、医疗、旅游等领域的经济技术合作。

(十六)《中国-柬埔寨自由贸易协定》

中国-柬埔寨自由贸易区谈判于2020年1月启动,历经7个月3轮正式谈判,于2020年7月20日宣布完成。2020年10月12日,两国通过视频方式签署《中国-柬埔寨自由贸易协定》,这标志着双方全面战略合作伙伴关系、共建中柬命运共同体和"一带一路"合作进入新时期,推动双边经贸关系提升到新的水平。

该协定包括序言、16个章节和5个附件。在货物贸易及相关领域,包括货物贸易、原产地规则、海关程序与贸易便利化、技术性贸易壁垒、卫生与动植物检疫5章,以及关税减让表、产品特定规则、原产地证书等3个附件;在服务投资相关领域,包括服务贸易、投资合作、透明度3章,以及服务贸易具体承诺减让表1个附件;在重点合作领域,包括"一带一路"倡议合作、电子商务、经济技术合作3章。协定还包括初始条款与定义、管理和机制条款、争端解决、例外、最终条款5个常规章节,以及仲裁庭程序规则等附件。

货物贸易方面,协定实现了高水平关税减让,为两国产品提供了更好的市场准入条件。中国最终实现零关税的产品达到全部税目数的97.53%,其中97.4%的产品将在协定生效后立即实现零关税;加上部分降税产品,中国参与降税产品比例达到97.8%。在具体产品上,中国将服装、鞋类、皮革橡胶制品、机电零部件、农产品等柬埔寨重点关注产品纳入关税减让范围。柬埔寨最终实现零关税的产品达到全部税目数的90%,其中87.5%的产品将在协定生效后立即实现零关税。加上部分降税产品,柬方参与降税产品比例达到90.3%。在具体产品上,柬埔寨将纺织材料及制品、机电产品、杂项制品、金属制品、交通工具等中方重点关注产品纳入关税减让范围。

原产地规则方面，两国以《中国-东盟自由贸易协定升级议定书》原产地规则为基础，对原产地规则做了完善，重点突出通关便利，完善微小加工条款，强调实质性加工，同意接受电子签名和印章的原产地证书，建设原产地电子联网系统实时传输原产地电子数据，便利企业享受协定优惠。

海关程序与贸易便利化方面，两国同意加强海关合作，进一步公开与双边贸易相关的法律法规，运用风险管理、信息技术等手段为企业提供高效、快捷的通关服务。双方允许货物实际进境前按规定申请预裁定，采取后续缉查手段加强监管。柬埔寨还建立了经认证的经营者协调员制度。

技术性贸易壁垒方面，两国重点推动标准的协调，明确国际标准的含义，提出加强技术法规修订的透明度及信息交换要求；深化双方在认证领域的合作，便利双方交换合格评定信息、分享市场准入要求、鼓励探讨采信合格评定结果、减少重复性合格评定活动，为两国企业提供更多贸易便利。

卫生与动植物检疫方面，两国共同致力于便利双边农食产品贸易，重申在 WTO 框架下的有关权利和义务，承诺加强在等效性、区域化方面的合作。两国还对相关法律法规的透明度提出了更高要求，并通过口岸措施条款规范了口岸执法的透明性。

服务贸易规则方面，两国参照 GATS 及自由贸易协定通行规则，在该章就市场准入、国民待遇等主要义务作出承诺，还就透明度和国内规则等作出详细规定，同时纳入 GATS 项下关于自然人移动、航空运输服务、金融服务和电信的附件，总体看全面涵盖了当前国际服务贸易有关规则，将为双方服务贸易领域从业者营造公平、透明、友好的营商环境，有助于进一步便利和促进双方服务贸易和投资往来。

服务贸易市场开放方面，两国通过正面清单方式在服务贸易具体承诺减让表中列明了各自服务部门的市场开放承诺，实现了高水平的双向市场开放。两国同为 RCEP 和中国-东盟自由贸易区成员，均在已有自由贸易协定基础上进一步提升了市场开放水平。柬埔寨在实验室研发、集装箱货运等部门作出了最高水平的市场开放承诺，中国在金融、交通运输等领域给予柬埔寨高水平的市场准入待遇。同时，与入世承诺相比，中国在社会服务、医院服务、体育和娱乐、专业设计等 22 个部门和领域作出了新的市场开放，在金融、环境、计算机、广告、海运和旅游等 37 个服务部门和领域作出了改进。双方的市场开放承诺均体现了各自给予自贸伙伴的最高水平。

投资领域，两国在《中国-东盟投资协议》和《中柬双边投资促进和保护协定》的基础上，同意进一步深化投资合作。一是以加强投资合作为重点。两国同意通过务实举措，促进双向投资发展，包括加强与投资相关的法律法规以及信息的分享、加强投资机构交流、构建友好投资政策环境等。同时，强调便利双向投资，加强投资一站式安排，为工商界提供咨询和帮助，包括便利经营牌照和许可证申请等。二是倡导绿色投资。两国强调投资应该更加关注对绿色增长发挥的作用，提出投资者应当遵守相关法律法规要求，在投资发生前进行必要的环境影响评估和社会影响评估，致力于实现可持续和包容性增长。东道国也不得以放松环境措施为代价鼓励投资。三是将便利中国企业“走出去”确立为双边投资合作的重要支柱。柬埔寨十分重视来自中国的投资，并愿与中国加强在鼓励中国企业“走出去”方面的合作。两国同意努力识别并分享投资信息和开展促进活动，鼓励此类投资合作。

经济技术合作方面，两国同意开展务实经济技术合作来促进协定实施，规定了九个优先领域，包括贸易促进、服务贸易、旅游促进、产业合作、运输物流、农业、非关税措施、信息通信技术、电子商务等。双方将在自由贸易区联合委员会下制定规划，利用可用资源开展能力建设、技术援助和资金支持等工作。

电子商务方面，纳入了电子认证、电子签名和数字证书、在线个人信息保护等内容，在促进数字技术应用、鼓励新兴业态发展、提高贸易便利化水平、加强消费者权益保护、构建公平市场环境等方面提供了规则保障。

（十七）《区域全面经济伙伴关系协定》

2020年11月15日，东盟10国和中国、日本、韩国、澳大利亚、新西兰共15个亚太国家正式签署了《区域全面经济伙伴关系协定》(RCEP)。RCEP被称为全球最具潜力的区域自由贸易协定，因为RCEP将涵盖29.7%的全球人口，其经济规模占全球经济规模的比重高达28.9%，高于《美墨加协定》(USMCA)、《全面与进步跨太平洋伙伴关系协定》(CPTPP)。投资方面，RCEP吸引外国直接投资流入额将占全球总额的38.3%。

RCEP是一个全面的、现代的、高质量的和互惠的自由贸易协定。首先，它是一个全面的自由贸易协定。它有20个章节，包括自由贸易协定基本的特征，如货物贸易、服务贸易、投资准入以及相应的规则。其次，它是一个现代的自由贸易协定。电子商务在WTO协定里并未明确体现，但RCEP包括电子商务、知识产权、竞争政策、政府采购、中小企业等内容。再次，RCEP是一个高质量的自由贸易协定。在货物贸易方面，它的开放水平达到90%以上，比WTO各成员的开放水平高得多。在投资方面，它用负面清单的方式进行投资准入谈判。最后，它是一个互惠的自由贸易协定，因为它在货物贸易、服务贸易、投资和规则领域方面都实现了利益平衡，尤其是它纳入了经济技术合作等方面的规定，给予了老挝、缅甸、柬埔寨等最不发达国家一些过渡期的安排，让各国能够更好地融入区域经济一体化。

RCEP是中国和日本首次达成的双边关税减让安排，实现了历史性突破。中日关税将有大幅变化，日本出口到中国的工业品中可能有86%会取消关税，未来日本出口到中国的汽车零部件(包括传统燃油汽车关键零部件和钢铁制品等)中近90%将实现零关税。

RCEP各成员之间的关税减让以立即降至零关税、十年内降至零关税的承诺为主，使RCEP自由贸易区有望在较短时间内兑现货物贸易自由化的承诺。

RCEP于2022年1月1日正式生效实施，中国商务部第一时间出台了《关于高质量实施RCEP的指导意见》，指导和支持各地方、各行业广大企业抢抓机遇，扩大与RCEP成员的贸易投资合作，取得了积极的成效，集中体现在四个方面：

一是有力促进了贸易投资的发展。从贸易来看，2022年我国与RCEP其他成员的进出口总额达到12.95万亿元，同比增长7.5%，占我国外贸总额的30.8%。其中，我国对8个成员的进出口增速超过了两位数。从双向投资来看，2022年我国对RCEP其他成员的非金融类直接投资达到179.6亿美元，增长18.9%，吸收它们的直接投资235.3亿美元，增长23.1%，双向投资的增速都高于总体水平。

二是各地方对接协定成效初步显现。商务部全方位地指导和支持各地做好政策对接，在全国开展了十场专题培训，参训人数超过40万人次。升级自由贸易区公共服务平台，帮助地方和企业把握RCEP的降税政策，充分运用原产地区域累积规则，用好贸易投资自由化便利化的机遇，深化与RCEP其他成员的产业链供应链合作。

三是广大企业切实享受到了RCEP的红利。RCEP实施叠加此前我国和RCEP其他成员已经生效的双边自由贸易协定，为企业更好地享惠创造了良好条件。2022年我国出口企业申领RCEP项下的原产地证书和开具原产地声明一共67.3万份，享惠出口货值达到2 353亿元，估计可以享受到进口国的关税减让15.8亿元。我国企业享惠进口货值653亿元，享受税款减免15.5亿元。

四是成员共同提升实施效果。我国利用RCEP部长级会议和联合委员会等机制，积极推动更多成员批准RCEP，韩国、马来西亚和印度尼西亚等成员已经批准并生效实施RCEP；同时，我国和其他成员开展紧密对接，推动各方共同履行降税义务，共同落实好便利化措施，改善区域营商环境，提升协定的实施水平。

四、正在进行的自由贸易区谈判

中国正在进行的自由贸易区谈判包括两个既有协定的升级版谈判和八个新自由贸易区谈判。

（一）中国-海湾合作委员会自由贸易区谈判

中国与海湾合作委员会[①]成员国的经贸关系发展迅速。由于双方的经济互补性很强，进一步发展双边贸易的潜力很大。此外，双方在相互投资和能源合作等领域也有着良好的合作前景，与海湾合作委员会签订自由贸易协定有利于中国稳定石油进口来源。

2004年7月，中国与海湾合作委员会签署了《中国-海湾合作委员会经济、贸易投资和技术合作框架协议》，并共同宣布启动中国-海湾合作委员会自由贸易区谈判。迄今为止，中国与海湾合作委员会已经举行4轮自由贸易区谈判，在货物贸易的大多数领域达成了共识，并启动了服务贸易谈判。

近年来，随着中国经济转型升级和阿拉伯国家经济发展多元化，中国和阿拉伯国家，特别是海湾合作委员会国家间的贸易额及相互投资增长迅速。2020年，中国和阿拉伯国家的贸易总额达到2 398.6亿美元；其中，中国与海湾合作委员会成员国之间的贸易额为1 600亿美元，占66%。中国-海湾合作委员会自由贸易区有望成为中国与海湾地区国家深化经济合作的新热点。

（二）中日韩自由贸易区谈判

中国是日本和韩国最大的贸易伙伴，日本和韩国则分别是中国的第四大和第五大贸易伙伴。日本和韩国互为对方的第三大贸易伙伴。中日韩三国近年来在商品贸易、投资以及经济领域保持了高度密切的合作。中日韩自由贸易区在2013年3月正式进入谈判

---

① 海湾合作委员会简称海合会，是海湾地区的一个区域经济组织，包括沙特阿拉伯、阿联酋、科威特、阿曼、卡塔尔和巴林等六个成员国，地处亚、欧、非三大洲交界处，是世界主要能源生产和出口基地之一，已探明的石油、天然气储量分别占全球的45%和23%。

阶段。

中日韩自由贸易区的建立对三国而言均意义重大。对中国而言,现实意义包括以下几个方面:第一,促进我国国际贸易的发展,有利于提高经济实力和综合国力,增加就业;第二,有利于规范我国市场,促进良性竞争,优势互补;第三,能促进中日韩三国之间的文化交流,有利于在我国周围构建一个友善、和谐的发展环境。长远来讲,中日韩自由贸易区的建立对中国有重大战略意义:一是减少西方发达国家尤其是美国经济政策变动对我国以及我国周边国家可能产生的影响,为人民币国际化铺好一条康庄大道;二是捆绑三方经济,将各方冲突的可能性降到最低;三是显著提升地区影响力。

(三) 中国-斯里兰卡自由贸易区谈判

中国-斯里兰卡自由贸易区谈判于2014年9月16日启动,两国签署了《关于启动中国-斯里兰卡自由贸易协定谈判的谅解备忘录》。在此之前,两国于2013年8月至2014年3月开启了自由贸易区联合可行性研究,认为应加快谈判进程。2017年1月17—19日,中国-斯里兰卡自由贸易区第五轮谈判在斯里兰卡首都科伦坡举行,并取得积极进展。在谈判中,双方就货物贸易、服务贸易、投资、经济技术合作及货物贸易相关的原产地规则、海关程序和贸易便利化、技术性贸易壁垒、卫生与动植物检疫措施、贸易救济等议题深入交换了意见,取得了积极进展。

(四) 中国-以色列自由贸易区谈判

中国是以色列的第三大贸易伙伴,以色列是中国在中东地区和"一带一路"沿线的重要合作伙伴。2016年3月29日,中国和以色列正式宣布启动自由贸易区谈判。以色列表示愿同中国适应当今世界科技发展趋势,加强创新合作,共创两国关系未来;同时,发挥自身科技优势,在智能汽车、现代医疗、清洁能源、通信、海洋渔业、农业、节水等领域拓展对华的互利合作。两国努力加快自由贸易区谈判,扩大双向投资,积极开展第三方市场合作,深化教育合作,助推两国创新合作。

2017年11月28—30日,中国-以色列自由贸易区第三轮谈判就货物贸易、服务贸易、原产地规则及海关程序、卫生与动植物检疫措施、经济技术合作、电子商务、争端解决进行磋商;2019年1月28—31日,第五轮谈判就货物贸易、服务贸易、投资、原产地规则、海关程序及贸易便利化、贸易救济、环境、争端解决及机制条款等议题进行磋商,并取得积极进展。2019年11月18—21日,第七轮谈判就货物贸易、原产地规则、海关程序与贸易便利化、卫生与动植物检疫措施、贸易救济、环境、知识产权、竞争政策、政府采购、法律与机制条款等议题进行磋商。

(五) 中国-挪威自由贸易区谈判

挪威是中国在北欧的重要贸易伙伴,是中国在欧洲的化肥、水产品和石油主要供应国之一,主要投资领域包括能源利用、近海石油勘探、渔业、造船和环境保护等。两国在电子、机械、农业、环保、海员劳务、信息通讯和医药等领域也有合作。2007年6月19—20日,两国进行了自由贸易区联合可行性研究,并于2007年12月13日完成。2008年9月18日,中国-挪威自由贸易区谈判启动。2010年,因挪威干涉中国内政,两国关系一度非常冷淡。2017年年底,挪威外交大臣布伦德访华,两国发表"双边关系正常化声明",此后两国交往恢复正常，中国-挪威自由贸易区谈判重启。2019年9月9—12日，中国-挪威自由贸易区第六轮谈判重点就货物贸易、服务贸易、投资、原产地规则、贸易救济、环境、法律议题、争端解决、竞争政策、政府采购、电子商务、机构条款等相关议题进行了磋商。2021年3月11日，中国-挪威自由贸易区谈判围绕货物贸易、服务贸易、投资、原产地规则、海关程序及贸易便利化、卫生与动植物检疫措施、技术性贸易壁垒、争端解决等领域开展磋商。

(六) 中国-摩尔多瓦自由贸易区谈判

中国和摩尔多瓦是传统友好国家，两国始终相互尊重、相互支持。建交以来，两国互信不断加强，务实合作进展顺利，在国际事务中保持沟通协调，尊重并支持彼此主权独立、领土完整和自主选择的发展道路。中国视摩尔多瓦为共建“一带一路”的重要合作伙伴，本着共商共建共享的原则，加强发展战略对接，欢迎并支持摩尔多瓦参与中国-中东欧国家合作进程。双方要尽早完成自由贸易区谈判，扩大双边贸易投资，加强人文交流，提升人员往来便利化水平，为两国人民创造更多福祉。

摩尔多瓦东南地区与欧亚大陆交界，有非常便利的交通资源，可为欧亚国家的贸易提供天然的通道；摩尔多瓦是独联体自然贸易区，并与欧盟签订自由贸易，可作为桥梁使中国企业进入独联体和欧盟市场。

(七) 中国-巴拿马自由贸易区谈判

中国与巴拿马在2017年6月建交，两国迄今已签署约20项协议，2017年11月，习近平主席与巴拿马总统巴雷拉关于建设中国-巴拿马自由贸易区达成共识。2018年6月12日，在中国和巴拿马建交一周年之际，两国签署谅解备忘录，正式启动自由贸易区谈判。两国在第三轮谈判中就卫生与动植物检疫措施、技术性贸易壁垒、电子商务、知识产权等近半数章节内容达成一致，并在货物贸易和服务贸易市场准入、原产地规则等领域取得积极进展。第五轮谈判围绕货物贸易、服务贸易、金融服务、投资、原产地规则、海关程序及贸易便利化、经济贸易合作以及法律议题等展开深入磋商。

目前中国是巴拿马的第三大出口目的国，2017年巴拿马对华出口额超过6 200万美元，巴拿马出口商品主要有铜、铝、木材、咖啡等，巴拿马从中国进口了66亿美元商品和服务。巴拿马运河大西洋一侧的科隆自由贸易区是吸引中国投资的重要地区，其海运航线覆盖南美洲和北美洲东部地区各大港口。

(八) 中国-韩国自由贸易协定第二阶段谈判

《中国-韩国自由贸易协定》于2015年12月20日正式生效并第一次降税。目前两国已进行六次关税削减，零关税贸易额覆盖率已达55%以上，优惠关税利用率持续提升。中国是韩国的第一大贸易伙伴、进口来源国和出口目的国，韩国是中国的第三大贸易伙伴、第一大进口来源国和第三大出口目的国。

2017年12月14日，两国签署了《关于启动中韩自由贸易协定第二阶段谈判的谅解备忘录》，中韩自由贸易协定第二阶段谈判正式启动。升级版谈判就原自由贸易协定项下货物贸易、经济合作、原产地规则、海关程序及贸易便利化、卫生与动植物检疫措施、技术性贸易壁垒、知识产权、贸易救济及中国威海和韩国仁川建设地方经济合作示范区的进展进行磋商。2020 年 7 月，第八论谈判重点磋商服务贸易、投资、金融章节和市场开放。

中韩自由贸易协定第二阶段谈判是中国首次使用负面清单方式进行服务贸易和投资谈判的自由贸易协定谈判。

中韩经济贸易已达成五项共识：一是加强双边合作顶层设计。两国将继续深入推动“一带一路”倡议与“新南方”“新北方”政策对接合作，积极推进中韩自由贸易协定第二阶段谈判，加快编制《中韩经贸合作联合规划(2021—2025)》，推动双边经贸合作提质升级。二是深化贸易投资合作。两国同意要努力挖掘更多贸易领域和潜力。积极组织各类经贸促进活动，为两国企业搭建更多贸易平台。支持两国有实力、信誉好的企业开展双向投资，为对方国家企业在本国投资兴业提供公平、公正、非歧视的营商环境。三是推动产业对接合作。中国正在推进“新基建”，韩方也推出“韩国版新政”，两国加强对接，共同推动以产业合作带动各领域贸易投资合作，培育后疫情时代两国经贸合作新增长点。四是扩大地方经济合作。地方合作是中韩经贸合作最有活力和最具潜力的组成部分。两国将继续扎实推进共建中韩产业园合作，打造地方合作新高地。支持中方有关省市创新方式、拓宽领域，深入推动与韩国经贸合作取得更多务实成果。五是推进多边区域合作。继续加强在区域和多边框架下的沟通协调，推进中日韩自由贸易区谈判，维护多边贸易体制，共同推动建设开放型世界经济。

(九) 中国-巴勒斯坦自由贸易区

2017 年 11 月，中国和巴勒斯坦正式启动自由贸易协定联合可行性研究，经过半年多的时间，两国就联合可行性研究的结论等诸多内容达成一致，认为签署自由贸易协定将进一步密切双边经济与贸易关系，为两国企业和人民带来更多利益。2018 年 10 月 23 日，两国签署谅解备忘录，正式启动中国-巴勒斯坦自由贸易区谈判。近年来，两国经贸合作成果显著，双边贸易额增势明显，2018 年双边贸易额达 7 375 万美元，同比增长 6.5%。

(十) 中国-秘鲁自由贸易协定升级谈判

《中国-秘鲁自由贸易协定》于 2009 年 4 月签署，2010 年 3 月生效。该协定有效提升了两国经济与贸易合作水平，秘鲁已成为中国在拉丁美洲的第四大贸易伙伴和第二大投资对象国，中国是秘鲁的第一大贸易伙伴，也是其主要投资来源国。协定生效后，两国货物贸易进出口总额累计超过 1 200 亿美元。2018 年，双边货物贸易额达 231 亿美元，同比增长 14.7%，是协定实施前的 3.6 倍。协定充分发挥了两国经济的互补性，贸易量持续提升，秘鲁的鲜葡萄、鳄梨、鱼油、蔓越莓等产品陆续登陆中国市场，中国的手机、汽车、摩托车、工程机械等在秘鲁市场销售良好。协定还为扩大双向投资创造了更加稳定、透明的制度环境。秘鲁已成为中国企业赴拉丁美洲投资的优选目的地。

2016 年 11 月，两国就开展自由贸易协定升级联合可行性研究达成共识。2018 年 11 月，两国签署谅解备忘录，宣布启动中国-秘鲁自由贸易协定升级谈判。该升级谈判是我国开展的第五个升级谈判，服务贸易、投资、知识产权、电子商务、竞争政策、海关程序及贸易便利化、原产地规则等议题已纳入升级谈判范围。

五、中国自由贸易区建设的未来发展方向

全球区域经济一体化趋势方兴未艾,逐渐出现超越 WTO 多边贸易体系影响的趋势,尤其在欧盟东扩、美国主导 TPP 和 TTIP 谈判的压力下,中国一方面是多边贸易体系的坚定支持者,另一方面也在思考本国区域经济一体化未来的发展方向。

2014 年 11 月 11 日,在 APEC 领导人非正式会议上,国家主席习近平提出亚太自由贸易区(FTAAP)的发展设想,会议就《亚太经合组织推动实现亚太自由贸易区路线图》达成共识。作为 2014 年 APEC 会议最重要的成果之一,《亚太经合组织互联互通蓝图》将对硬件、制度、人员全方位互联互通给出明确时间表,设定 2025 年实现亚太地区"无缝联通"的目标。在硬件互联互通方面,采用公私伙伴合作关系和其他方式提高基础设施融资;将建设、维护、更新包括交通运输、信息通信技术和能源在内的基础设施。在制度互联互通方面,应解决贸易便利化、结构性和监管改革、交通物流便利化等问题。

展望未来,我国自由贸易区建设有如下五个重点方向:

第一,加快实施自由贸易区战略,构建面向全球的高标准自由贸易区网络。面对国际经济、政治、外交等复杂的国际环境,特别是国际经济格局深刻调整、全球经贸规则重构的压力,我国需要主动谋划、抢占先机,加快实施自由贸易区战略、建设高标准的自由贸易区网络。随着我国成为世界第二大经济体,经济发展进入新常态,向全球产业链价值链高端跃升,我国迫切需要进一步提高开放水平,积极构建开放型经济新体制,加快建设高水平自由贸易区。新形势下,我国需要积极发挥自由贸易区的重要和独特作用,将自由贸易区作为积极参与国际经贸规则制定、争取全球经济治理制度性权力的重要平台,将加快高水平、高标准自由贸易区建设作为新一轮对外开放的重中之重。

第二,积极与"一带一路"沿线国家和大体量经济体商建自由贸易区。在推进自由贸易区建设的进程中,要与正在推进的"一带一路"倡议相结合,相互配合,相互促进。重点推进"一带一路"沿线国家自由贸易区建设,深化与沿线国家的经贸合作,实现互利共赢。逐步构筑立足周边、辐射"一带一路"、面向全球的高标准自由贸易区网络。

第三,提升自由贸易区的开放度。在推进自由贸易区建设的过程中,进一步提高货物的降税水平,减少保护类产品的种类。扩大服务领域开放水平,尽可能地放开服务类的限制。实施准入前国民待遇和负面清单的管理模式,进一步扩大开放领域。推进规则谈判与规制合作,加快建设高水平自由贸易区,推动国际经贸规则向公平合理的方向发展,为国家实现对外战略目标、提升综合竞争力和维护发展利益发挥重要作用。

第四,东盟"10+3"合作机制和 RCEP 合作平台增强了区域合作意识和互利共赢的理念,扩大了合作空间和潜力,为"一带一路"沿线自由贸易区的推进扫除了障碍。在区域层面,积极推进加入 CPTPP,在知识产权保护、数字贸易、环境、劳工、竞争中立、国有企业等领域进行制度创新,一方面对接国际经贸规则,另一方面在国际协定谈判中努力促成体现中国版本的贸易规则。在全球层面,争取同大部分新兴经济体、发展中大国、主要区域经济集团和部分发达国家建立自由贸易区,构建金砖国家大市场、新兴经济体大市场和发展中国家大市场等。中国积极参与 20 国集团,推进其机制化进程,携手构建 20 国集团机制运行框架,提升议题设置能力,促进 20 国集团从金融危机的应急机制向促进

经济合作的有效平台转变。另外，加快推进亚太自由贸易区的建设进程。未来，为了进一步扩大对外开放，中国将积极签署更多的自由贸易协定，升级现有的自由贸易协定，加快形成一个立足周边、辐射"一带一路"、面向全球的高标准自由贸易区网络，实施自由贸易区提升战略。

第五，做好压力测试，防控风险。我国已经批准建立21个自由贸易试验区。下一步，要进一步加强自由贸易试验区的先行先试功能，对谈判拿捏不准的行业或领域、新议题等，加快在自由贸易试验区内先行先试，把控好风险底线，进而提高自由贸易区的建设水平。

本章小结

区域贸易协定是指政府之间为了达到区域贸易自由化或贸易便利化的目标所签署的协定，其核心内容是通过取消成员之间的贸易壁垒，创造更多的贸易机会，促进商品、服务、资本、技术和人员的自由流动，实现区域内经济的共同发展。主要形式有自由贸易区和关税同盟等。

区域经济一体化可根据市场融合的程度分为以下六种形式：特惠贸易协定、自由贸易区、关税同盟、共同市场、经济同盟、完全经济一体化。以上六种一体化形式是处在不同层次上的区域经济一体化组织，显示了区域经济一体化阶段的不同目标。

中国参与区域经济一体化的进程始于加入WTO之后，目前中国已签署19个自由贸易协定，涉及26个国家和地区。正在谈判的自由贸易区10个，涉及16个国家和地区。

? 思考题

1. 如何理解区域经济一体化？区域经济一体化有哪些组织形式？

2. 区域贸易协定与区域经济一体化有哪些联系，又有哪些不同之处？

3. 20世纪90年代中后期掀起的区域贸易协定热潮有哪些特点？其中双边自由贸易协定快速发展的原因是什么？

4. 试分析中国自由贸易区建设的战略布局及其未来的发展方向。

5. 试分析双边自由贸易协定兴起对多边区域经济一体化的影响。

第六章　中国利用外资与对外直接投资

【学习目标】

通过本章的学习，学生应了解国际直接投资的发展与趋势、中国利用外资和开展对外直接投资的意义，掌握中国利用外资和对外直接投资管理的基本政策。

【素养目标】

本章通过介绍我国利用外资与对外直接投资的具体情况，帮助学生理解利用外资与对外直接投资对我国开放具有的深刻含义，启发学生深入探讨应如何合理高效地利用外资以提升我国经济水平，以及如何适当地进行对外直接投资以推动我国对外贸易的高速发展。

引导案例

“中国式并购”为何偏爱德国企业?

2016年中国跨境并购投资总额超过美国达到2 180亿美元，成为跨境并购投资最大输出国。一时间中国企业跨境投资并购成为全球商界热议的焦点。

11月5—11日，以“并购专家与隐形冠军企业——德国企业家中国行”为主题的德国代表团围绕合作、投资、并购先后到佛山、深圳、太仓等城市考察走访。

受中国政府一系列“走出去”的政策激励，中国企业越来越多地关注全球市场，也逐渐意识到如果想走得更好更稳，亟需发达经济体企业的先进管理经验、技术以及国际市场知识等战略资产，而这些很难通过企业并购之外的方式获得。

偏爱德国企业

在这场中资并购大潮中，欧洲尤其是德国企业受到中国投资者的青睐。中国对德国的投资并购自2010年开始显著增长。2016年，德国吸引中国投资110亿欧元，成为中国企业对欧洲投资的最大接收国，占比31%。其中，美的以44亿欧元并购机器人制造商库卡，北控集团以14亿欧元收购德国垃圾焚烧发电最大供应商EEW能源，中国化工集团以9.25亿欧元并购注塑机生产商克劳斯-玛菲。2016年，中国对德国直接投资第一次超过德国对中国直接投资金额。

德国企业为何备受中国企业家偏爱?

除了德国制造具有高质量和严谨等优点外，与本次“德国企业家中国行”活动同时发布，由陈雷、汤拯、杨一安撰写的《企业家价值提升——中国企业在德投资并购系列报告》给出了德国企业备受中国企业家偏爱的三大理由：第一，德国拥有雄厚的制造业基础，可以为不同规模的投资者提供广泛潜在收购目标的选择；第二，德国企业在工业4.0、生物医药、电动汽车等领域有强大研发能力和大量关键专业知识，是渴望提升产业价值链的中国企业迫切需要的战略资产；第三，大量有实力的中国企业在转型升级中需要借助优质海外公司提升自身经济附加值。

中国式并购

与追求效率提升、获取资源和寻求市场为目标的海外并购不同，中国企业更多的是谋求战略资产。在中国国际投资促进中心（德国）副主任汤拯看来，中国投资者不急于短期内进行资产变现，在并购交易完成后往往采取较温和的类似"合伙人"式的管理方式，"中国投资者在很大程度上保留了被并购企业的原有管理层"。"派往被并购企业的中国管理层往往只负责财务和内部控制方面的工作，不积极参与企业的日常运营。"普华永道（德国）并购合伙人王炜告诉记者，这些人更愿意承担中德之间"桥梁"的作用。在西蒙顾和管理咨询公司中国业务部执行总监杨一安看来，与美国投资者不同，"中国式并购"不仅保留原有组织框架和核心管理层，而且赋予管理层经营重任和高度的自治权。实际上，这种并购方式是明智的。一方面，可以弥补中国投资者在国际商业管理方面欠缺经验的缺陷；另一方面，可以回击欧洲国家鼓吹中国企业"掠夺"欧洲先进技术、威胁劳动力市场的中国投资威胁论。

资料来源："中国式并购"为何偏爱德国企业？[EB/OL].（2017-11-10）[2022-04-28]. http://www.cccme.org.cn/news/en_news/content-285812.aspx.

第一节　国际直接投资的发展与趋势

一、第二次世界大战后国际直接投资的发展与特点

第二次世界大战后，世界经济一体化和区域经济一体化都有了较大的发展，发展中国家的对外开放日益深化，发达国家之间的水平投资、发达国家与发展中国家之间的投资以及发展中国家对发达国家的逆向投资都得到了极大的发展。

外国直接投资（FDI）在20世纪90年代经历了持续发展。以美元（2017年价格）计价的FDI流量从90年代初的2 049亿美元上升到2000年的13 586亿美元，10年内增长了近6倍。由于世界三大经济体——发达经济体、发展中经济体以及转型经济体都陷入衰退，在2000年达到创纪录的高水平之后，全球资金流动在2001年急剧下落。最新一轮的FDI增长趋势始于2004年，该年FDI增长了27%，2005年FDI增长了29%，2006年FDI增长了34%，2007年尽管出现金融和信贷危机，FDI依然增长了30%，高于2000年创下的历史纪录。2008年，受到金融危机的影响，全球经济出现大幅下滑，全球FDI流入量明显降低，2008年和2009年全球FDI下降到了14 852亿美元和11 791亿美元。从全球角度看，2008年金融危机使当年的FDI明显下降，2010年起随着经济回暖，FDI有所上升；2011年全球FDI基本恢复到了2006年的水平，达到了15 677亿美元，2014年略

有回落,2015 年达到短期峰值 19 213 亿美元。2016 年开始,全球 FDI 又开始下降,2018 年降到14 952亿美元,但 2019 年全球 FDI 略有回暖趋势,达到 15 398 亿美元。具体见图 6-1。

由图 6-1 和图 6-2 可以看到,1990—2020 年,全球 FDI 大部分流向了发达经济体,占比都在 50%以上,其中 2000 年超过 80%。但从 2008 年开始,全球 FDI 流向出现了发达经济体与发展中经济体平分秋色的局面,2014 年发展中经济体的总流入量更是超过了发达经济体。由于新冠肺炎疫情的暴发,全球经济运行受到严重冲击,2020 年,流入发达经济体的 FDI 大幅下降。

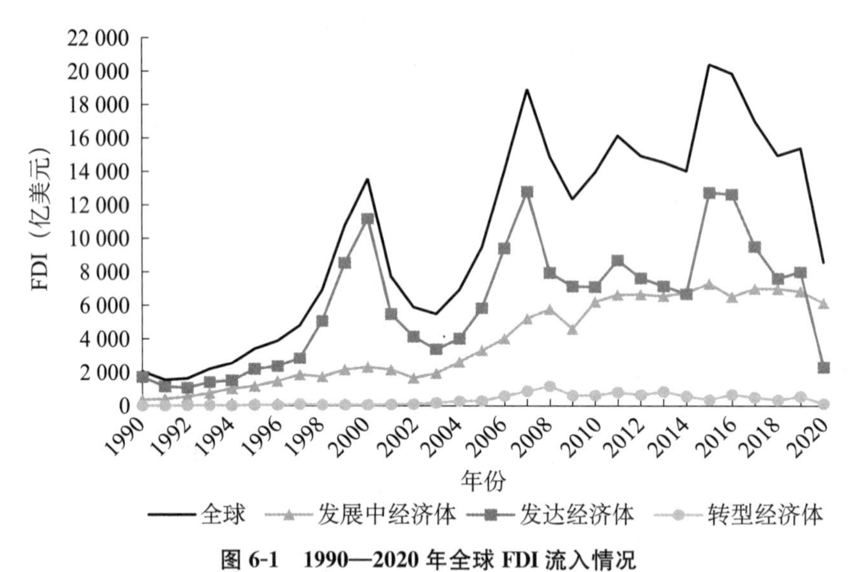

图 6-1 1990—2020 年全球 FDI 流入情况

资料来源:历年联合国贸易和发展会议《世界投资报告》。

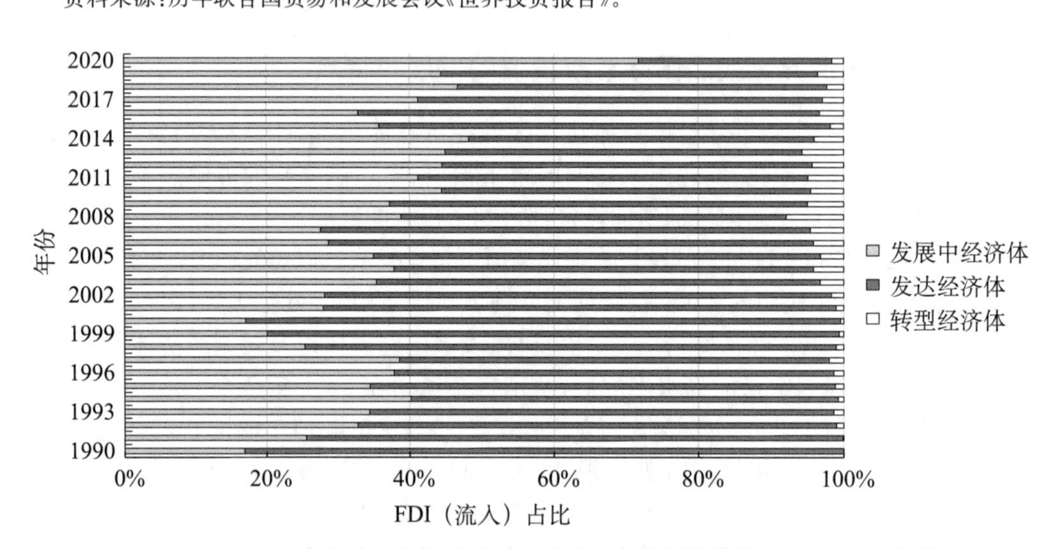

图 6-2 1990—2020 年发达经济体、发展中经济体和转型经济体的 FDI(流入)占比情况

资料来源:历年联合国贸易和发展会议《世界投资报告》。

在发达经济体中，美国、欧盟和日本的FDI占据主要地位，三者的FDI流量在世界总额中占较大比重。以美国为例，1990—2019年，美国的FDI流入量从484.22亿美元增加到2 462.15亿美元，增长了408%，虽然2009年大幅回落，下降了53%，但2010年又恢复到1 980.49亿美元，基本恢复到2007年的水平，2016年达到了4 717.92亿美元的历史新高。受新冠肺炎疫情的影响，2020年美国FDI流入量同比减少49%，降至1 340亿美元。

二、国际直接投资的发展趋势

尽管世界经济在经历2008年金融危机后有所复苏，2015年全球FDI流量超过了金融危机前的峰值，但全球投资趋势却似乎缺少继续向上的驱动力。《2018年世界投资报告》指出，2017年全球FDI流量减少了23.4%，降至1.43万亿美元。这与GDP和贸易的加速增长形成了鲜明对比。减少的部分原因是跨国并购值减少了22%。但即便不考虑导致2016年FDI激增的一次性大型交易和企业重组，2017年的降幅依然很大。作为未来趋势指标的绿地项目投资值也减少了14%。2018年上半年全球FDI流量降低41%。

全球FDI的变动趋势主要有以下两个特点：

第一，全球FDI流量上升的前景堪忧。全球FDI流量在2015年达到历史新高之后，2016年下降2.8%，2017年下降23.4%，而2018年上半年降低41%。2018年上半年大幅下降的主要原因是美国的税收改革。改革之后，美国大量的跨国公司将国外利润收回，导致FDI环比降低了3 640亿美元。2020年全球FDI流量同比下降42%，未来几年受疫情反复等因素制约，全球FDI仍将面对疲软前景。

第二，发展中经济体将会继续保持相对领先状态。2020年，流向发展中经济体的FDI达到了6 160亿美元，虽然与2015年的峰值相比有所降低，但在全球FDI锐降的背景下表现稳健。2020年流入发达经济体的FDI同比下降69%至2 290亿美元，是过去25年的最低水平，与之相比，流入发展中经济体的FDI只下降了12%。这主要是因为发展中经济体的FDI收益率依然维持较高水平，虽然全球的FDI收益率从2012年(当年为8.1%)以来一直在下降，而且所有地区的FDI收益率都呈现下降趋势，但是发展中经济体仍然保持相对较高的优势。

第二节　中国利用外资概述

一、中国利用外资的现状

加入WTO使我国市场进一步开放，吸引外商投资的政策更加符合国际投资的要求，我国吸引外资进入了一个新的发展阶段。随着投入我国的外资数量日益增多，外资的质量问题越来越引起我国各级政府的重视。引进外资的质量是指在引进利用外资过程中，外资对于引资方产生效应的优劣程度。外资的引进必须满足引资方的目的，外资满足引资方的目的越多，引进外资的质量就越高。因此，必须了解中国利用外资的现状

以及其对中国的意义才能更好地利用外资，促进中国经济的健康成长。

（一）中国利用外资的现状

改革开放之前，中国利用外资额几乎为零。改革开放之初，中国吸引外商投资尚处在试点阶段，外商投资主要以借用外国贷款的间接投资为主要方式，且外商在中国的FDI增长缓慢。1992年邓小平南方谈话以后，中国政府出台了一系列吸引外资的优惠政策，使这一时期的外商投资有了突破性的增长，此时FDI已经超越对外借款成为中国引进外资的最主要方式，之后FDI占中国利用外资总额的比例都保持在56%以上，外资开始大规模进入中国市场，中国也成为全世界最主要的FDI目的地。图6-3显示了1985—2019年中国实际利用外资的情况，图6-4显示了1985—2019年中国实际采用外资中FDI所占的比例。

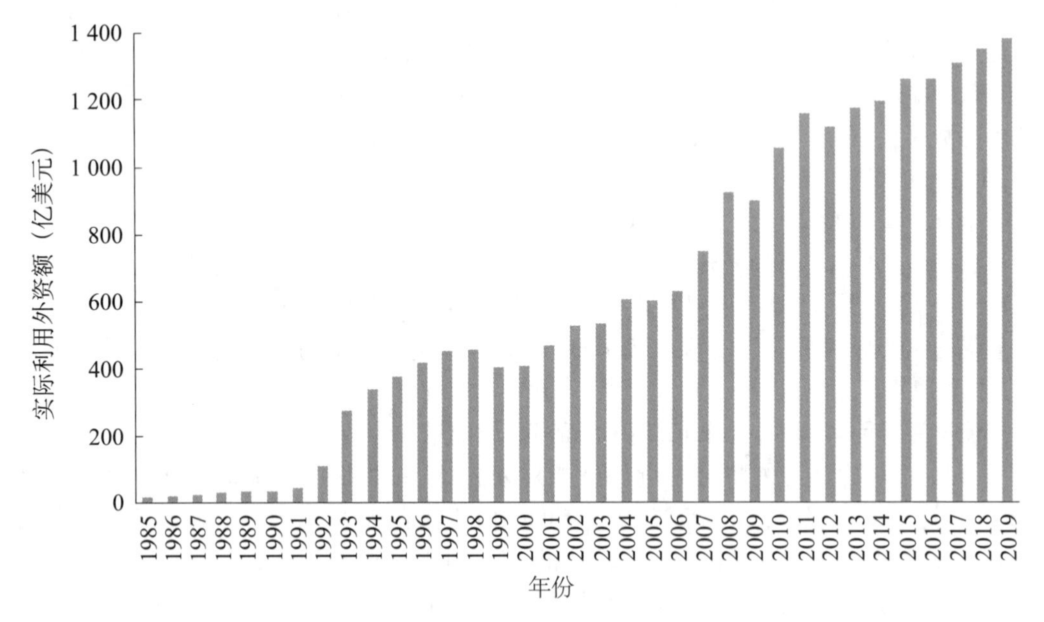

图6-3　1985—2019年中国实际利用外资额

资料来源：国家统计局. 中国统计年鉴2020[M]. 北京：中国统计出版社，2020.

从图6-4中可以看出，随着中国利用外资的发展，FDI在中国实际利用外资中所占的比例也在逐年增加，1992年以后有一个快速增长期，1997年由于亚洲金融危机的影响有所下降，2001年中国加入WTO后又迅猛发展，之后的8年，每年FDI占中国利用外资总额的比例都稳定在91%以上，可见FDI在中国利用外资方式中的重要性。

（二）中国利用外资的意义

关于外资对经济增长的具体影响，很多学者都有相关研究。澳大利亚国际经济学家马克斯·科登(Max Corden)将对外贸易与宏观经济变量联系起来进行分析，并且特别强调对外贸易对生产要素供给量的影响和对劳动生产率的作用。科登认为一国进行对外贸易，对宏观经济产生的影响包括以下五个方面：收入效应、资本积累效应、替代效应、收入分配效应和要素加权效应。美国经济学家罗伯特·格罗斯(Robert Gross)将FDI的贸

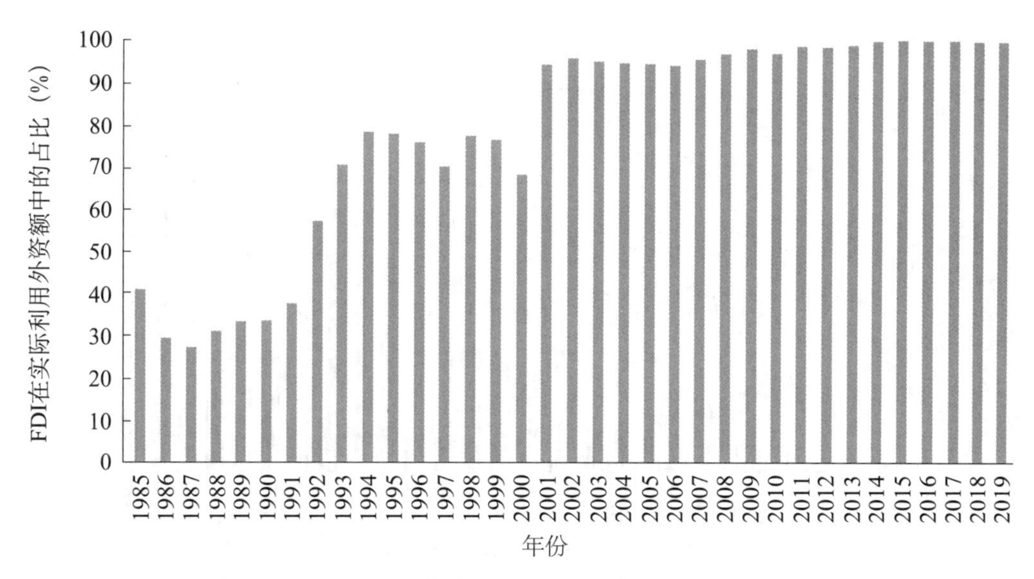

图 6-4　1985—2019 年中国实际利用外资中 FDI 所占的比例

资料来源：国家统计局. 中国统计年鉴 2020[M]. 北京：中国统计出版社，2020.

易影响归为五类：就业效应、国际收支效应、国民收入效应、技术转移效应和产业结构效应。本节主要从中国实际利用外资的情况与经验来探讨 FDI 对一国经济的影响。

1. 弥补建设资金的不足

中国尽管在经济建设上取得了一定成绩，但仍是一个人口众多、资源短缺的发展中国家，资金短缺一直是个突出问题，合理有效地利用外资可以保证中国经济建设的顺利进行。中国利用外资修建铁路、公路、机场等基础设施，开发石油、煤炭等矿产性资源，从而在交通和能源方面为经济发展奠定了基础，同时也挽救了一些因资金不足而面临停产的大型企业，为国民经济的发展作出了重要贡献。

中国经过持续四十年的开放市场、吸引外资，目前，外商投资企业的工业总产值和利润在全国的占比都稳定在 20%左右。直到中美贸易摩擦以后，这种情况才有所改变。例如 2020 年，中国国内税收为 154 310.1 亿元，与 2019 年相比下降 2.3%；而外商投资企业税收总额为 26 679.3 亿元（不含关税和船舶吨税），与 2019 年相比下降 7%；外商投资企业税收在全国税收收入中的比重由 2017 年的 19%下降至 2020 年的 17.3%（见图 6-5）。特别是在东部一些沿海开放城市，外商投资企业上缴的税费已成为地方财政税收的主要来源。外商投资企业的大规模出口贸易也使中国获得大量的外汇收入，成为弥补中国储蓄和外汇缺口的重要来源，为中国的经济建设奠定了资金基础。

2. 引进先进技术和管理经验，促进产业结构升级

FDI 是发展中国家获取技术，特别是某些先进技术的重要途径。它可以提高劳动生产率，优化产品结构，促进国内机构进行研究与开发，提高企业管理水平，引起企业组织革新，增加就业；也可以通过和国内研究与开发机构合作，向当地生产者转移技术，影响当地竞争程度并且提高生产效率。

外商投资活动不仅是资金的转移，伴随而来的还有技术、设备、管理等综合要素的转

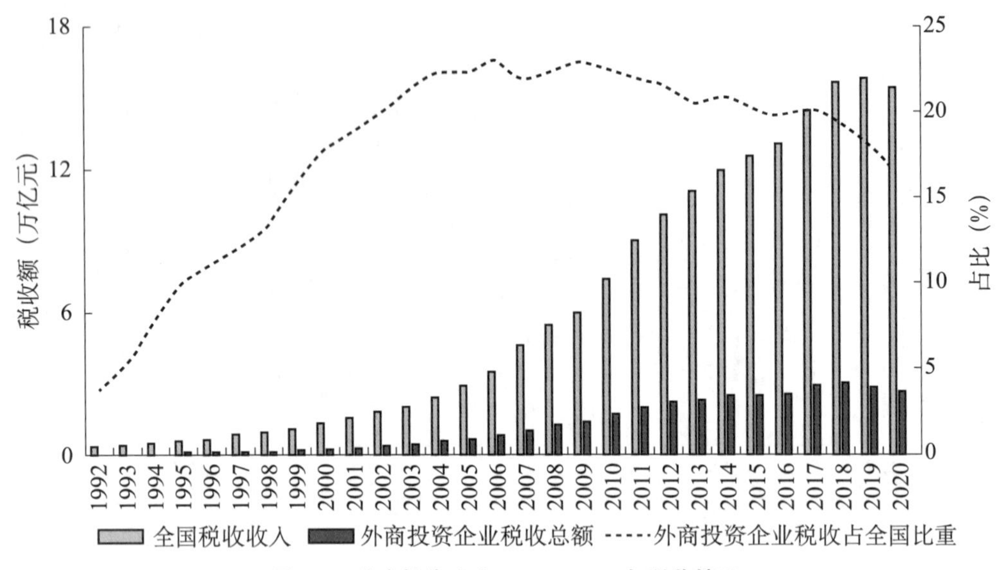

图 6-5 外商投资企业 1992—2020 年税收情况

资料来源:商务部. 中国外资统计公报 2021[R/OL]. (2021-11-25)[2021—12—27]. http://images. mofcom. gov. cn/wzs/202111/20211125164038921. pdf.

移。中国通过引进外资获得了先进技术,弥补技术空白,使大批产品更新换代,实现企业的技术改造与升级。通过引进先进管理方法,中国获得了先进的生产管理、质量管理、销售管理、人才管理、财务管理等一系列管理经验,从而大幅提高了企业的生产效率,提高了经济增长质量,明显增强了企业的自主创新能力和国际竞争力。2016 年,有 22 267 家规模以上外商投资企业有产品或工艺创新活动,占规模以上外商投资企业总数的 46.1%,其中实现产品创新活动的外商投资企业所占比重为 31.5%,实现工艺创新活动的外商投资企业所占比重为 31%。

早期外商在中国投资的主要是服装、鞋类、箱包、皮革制品等劳动密集型加工产业。但随着世界著名跨国公司在华投资,中国的产业结构快速升级,外商投资转移到汽车制造、家用电器、办公用品、制药、化工、通信设备等技术、资本密集型行业,从而促进了中国的产业升级。

3. 扩大就业,培养技术人才

2016 年,中国外商投资企业城镇就业人员合计 2 666 万人,占全国城镇就业人口的 6.4%。外商直接投资扩大就业不仅表现为直接提供就业机会,还包括通过促进前后关联产业的发展间接创造就业机会。国际劳工组织的研究显示,外商投资企业前后关联产业所提供的就业机会比其直接雇用的人数多 2~3 倍,可见外商投资为中国创造了大量就业机会。

在扩大就业的同时,FDI 也为中国培养了大批技术人才。由于外商投资企业的技术水平相对较高,需要较好的技术人才来掌握,而这些技术通过员工流动传播到其他企业,带动了全社会劳动者劳动技能的提高,从而提升了全社会劳动生产率,对中国经济产生了持久的促进作用。

4. 推动中国对外贸易的发展

促进贸易增长，扩大出口，改善国际收支状况，是中国吸引 FDI 的主要政策目标之一。中国入世前后，外商投资企业进出口总额快速增长，特别是 2001—2012 年，外商投资企业进出口总额占中国进出口总额的比重一直超过 50%；中国入世 15 年即 2016 年之后，外商投资企业进出口总额占中国进出口总额的比重缓慢下降，但仍保持高占比，如图 6-6 所示。外商投资的产品一般质量较高，适销对路，同时加上外商的信息灵通、交货快，熟悉国际市场，也有自己的销售渠道，从而能够促进中国出口规模的扩大以及出口商品结构的优化，增强中国产品的国际竞争力。2020 年，外商投资企业进出口总额达到 179 759.9 亿美元，比新冠肺炎疫情暴发前的 2019 年下降 1.4%，占中国进出口总额的比重为 38.7%，其中进口总额占比为 42.1%，出口总额占比为 36%，外商投资企业逐步由大规模出口劳动密集型产品转向进口中间品和资源品。

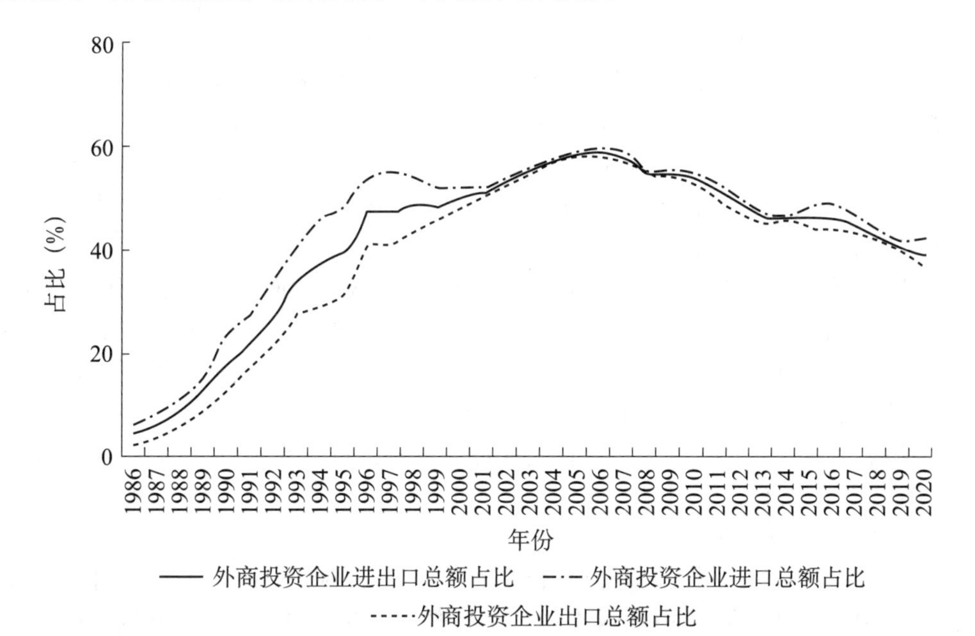

图 6-6　1986—2020 年外商投资企业进出口占比变化

资料来源：商务部. 中国外资统计公报 2021[R/OL].(2021-11-25)[2021—12—27]. http://images.mofcom.gov.cn/wzs/202111/20211125164038921.pdf.

5. 促进市场经济的建立与完善

外商投资企业的大量出现，为我国带来先进的生产组织和管理模式，并通过扩散效应和示范效应，推动了我国经济体制改革和市场化进程。一方面，外商投资企业促进了我国传统所有制结构的改变以及现代企业制度的建立。外资中“三资企业”的建立引进了竞争机制和市场机制，推动了国内企业产权的变动与重组。另一方面，外商投资企业推动了我国宏观管理体制的改革。外资流入使得国内经济结构复杂化、资源配置国际化，需要国家宏观管理部门运用各种经济和法律手段进行调控与指挥，从而促进了政府职能的转变，对市场经济的建立与完善起到了促进作用。

二、中国利用外资的渠道和形式

中国利用外资的方式主要有三种：一是外商直接投资方式，包括中外合资经营企业、中外合作经营企业、外商独资企业、中外合作开发、跨国并购等；二是国外间接投资方式，主要包括国际信贷投资和国际证券投资两种；三是外商其他投资方式，如国际租赁、补偿贸易、加工装配等。

三资企业即中外合资经营企业、中外合作经营企业、外商独资企业，这三类直接投资方式在中国外商直接投资方式中占据主要地位。外商独资企业自中国加入WTO后迅速发展，成为外商直接投资的主要方式之一。下文主要对以上几种方式进行简要介绍，并对中国目前利用外资的情况进行概述与总结。

（一）中国利用外资的主要形式

1. 中外合资经营企业

中外合资经营企业是指外国公司、企业、其他经济组织或个人与中国公司、企业或其他经济组织，依照平等互利的原则，依据《中外合资经营企业法》，在中国境内投资建立的企业。建立中外合资经营企业有利于引进先进的设备、技术和管理经验以及培养高水平技术人员。中外合资经营企业有利于中国传统企业的技术改造与升级，同时可以借助外商的销售渠道扩大企业的销售额。

中外合资经营企业的特征主要是合资各方共同投资、共同经营、共享利润、共担风险、共负盈亏；组织形式为“股权式”的有限责任公司，董事会为最高权力机构；合资各方可以用货币出资，也可以用厂房、设备、技术等形式出资，但都要以同一种货币计算各自的股权，外商投资比例一般不低于25%；中外合资经营企业具有法人资格，受中国法律的保护和管辖。在中国法律、法规和合资企业协议、合同、章程规定的范围内，中外合资经营企业有权自主地进行经营管理。

2. 中外合作经营企业

中外合作经营企业是指外国公司、企业和其他经济组织或个人根据《中外合作经营企业法》在中国境内设立的，由两国或两国以上的合作者建立在合同制基础上的合作经营企业。中外合作经营企业一般由外商提供大部分资金，中方则主要以提供土地、厂房、设备等为主。如果在合同中约定合作期满时企业的全部资产由中方所有，那么外商可在合作期内先行回收投资与利润。此法可以解决国内企业投资资金缺乏的问题，同时对那些急于回收资金的外国投资者有较大吸引力。

中外合作经营企业是一种“契约式”的合营企业。各方投资一般不折算成出资比例，利润和风险也不按出资比例分配，而是按照双方签订的合同来确定双方的权利与义务，包括合作条件、利润分配、风险承担、经营管理方式和合同终止时的财产分配等。它的组织方式主要分为法人式和非法人式两种，法人式企业一般要成立董事会，非法人式企业要成立联合管理委员会。中外合作经营企业在管理方面也较为灵活，一般以一方为主，另一方为辅，亦可委托第三方代为管理。

3. 外商独资企业

外商独资企业是指外国的公司、企业、其他经济组织或个人根据《外资企业法》，在中国境内设立的全部资本由外国投资者投资的企业。建立外商独资企业有利于引进国际先进设备、技术和管理知识，扩大就业，增加国际财政税收，扩大出口量，从而有利于中国的经济发展。

外商独资企业依法取得中国法人资格，其在中国境内的投资、利润和其他合法权益都受到中国法律的保护。它是一个独立的实体，其全部资本必须由外商投资者投资，其财产、经营管理权均归外商所有，外商独资企业享有企业全部利润，承担全部风险。

4. 中外合作开发

中外合作开发是指外国公司根据《对外合作开采海洋石油资源条例》和《对外合作开采陆上石油资源条例》，与中国的公司在中国境内合作开发石油及其他矿产资源。

中外合作开发的最大特点是高风险、高投入、高收益。在中国，合作开发的主要对象为中国的海洋石油资源和陆上石油资源。中外合作开发一般采取国际招标方式，签订风险合同，在合同(期限一般为30年以内)中约定开发期内的勘探、开发和生产三个阶段双方各自的权利与义务。中外双方仍是两个独立的法人，双方之间仅为合同关系。国家对于领土范围内的石油资源享有永久的主权，一般由国家指定和授权的国有企业作为专营机构，统一负责和管理我国对外合作开采石油的业务。

5. BOT投资方式

BOT是Build-Operate-Transfer的英文缩写，即建设—经营—转让。典型的BOT投资是指政府部门与国际项目公司签订合同，由该公司筹资、设计并承建一个基础设施或公共工程项目，项目公司在协议期内(一般为15～20年)可以运营和维护这项设施，并通过收取使用费或服务费来回收投资并取得利润，协议期满后项目公司将该项目无偿转让给东道国政府。

BOT投资方式主要是用于建设周期长、投资规模大的基础公共设施项目。该投资方式对项目的选择一般采用国际招标的方式进行，是东道国政府与外国私营机构项目公司的合作。项目公司一般以股本方式筹资，有时也以发行股票、吸收少量政府资金入股的方式筹资。其经营管理一般是在东道国政府许可的范围内，由项目公司按自己的管理模式进行。

6. 跨国并购

跨国并购一般是指跨国公司等国际投资主体，通过兼并或收购东道国企业一定数量的股权(或资产)，从而实现有权控制和经营该企业的目的。跨国公司可以通过跨国并购的方式兼并另一国的企业，从而迅速进入该国市场。通过跨国并购，跨国公司一般可以在花费相对较少的情况下，获得目标企业的各种重要生产要素与资源。在大多数情况下，跨国并购并不增加对目标企业的新投资，而只是使其全部或部分所有权从本国投资者手中转移到外国投资者手中，因此，企业所有权在不同国籍的投资者之间的转移是跨国并购投资的重要特征。

(二) 中国利用外资的特点

1. 外商直接投资总量

1992—2020年，中国利用外资总量在持续增长，从1992年的110.1亿美元上升至

2020 年的 1 443.7 亿美元,但中国实际利用外资占社会固定资产的比重却逐渐下降,如图 6-7 所示。

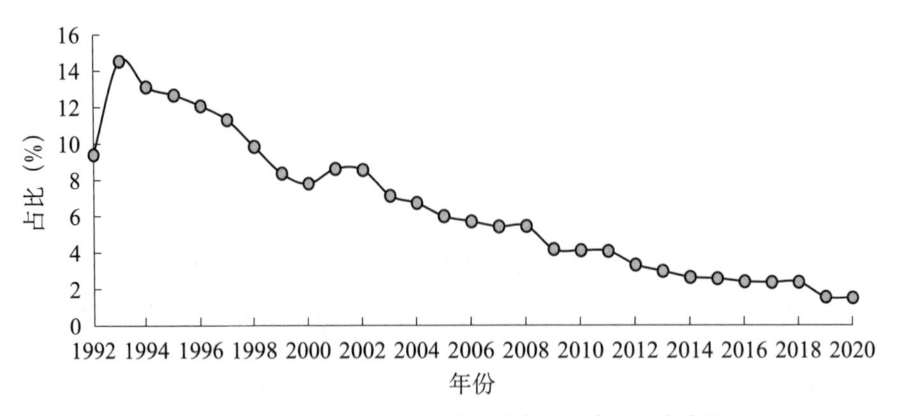

图 6-7　1992—2020 年中国实际利用外资占社会固定资产的比重

资料来源:根据国家统计局年度数据计算。

2. 外商直接投资方式的基本特点与变化趋势

中国利用外资的方式主要以外商独资企业为主,其次为中外合资经营企业、中外合作经营企业。随着对外开放的进行,外商投资股份制企业在中国的数量也越来越多。截至 2019 年 12 月,外商直接投资方式以外资企业为主。其中,外商独资企业数量 30 533 家,占全部外资企业的 74.6%,实际利用外资金额 936.1 亿美元,占全部实际利用外资金额的 66.3%;中外合资经营企业 10 077 家,占比为 24.6%,实际利用外资金额 317.8 亿美元,占比为 22.5%;中外合作经营企业 70 家,占比为 0.2%,实际利用外资金额 3.3 亿美元,占比为 0.2%;外商投资股份制企业 117 家,占比为 0.3%,实际利用外资金额 80.8 亿美元,占比为 5.7%。

外商独资企业所占比重近年来稳步升高(见表 6-1),占据主导地位,成为中国吸引外资持续增长的主要拉动因素之一。在中外合资经营企业的方式中,外方占据控股地位的情况也有所增加。此外,跨国并购日益频繁,大型跨国公司在中国的投资数额一直在稳定增长。

表 6-1　中国各类外商直接投资企业(规模以上)的占比

年份	中外合资经营企业	中外合作经营企业	外商独资企业	外商投资股份制企业
2000	59.4%	8.4%	31.2%	1.0%
2001	56.8%	7.1%	35.0%	1.1%
2002	53.9%	6.6%	38.3%	1.2%
2003	50.5%	6.4%	41.9%	1.2%
2004	44.9%	5.9%	47.9%	1.3%
2005	43.8%	5.7%	49.3%	1.2%
2006	41.8%	4.7%	52.3%	1.2%
2007	40.8%	4.3%	53.4%	1.5%

（续表）

年份	中外合资经营企业	中外合作经营企业	外商独资企业	外商投资股份制企业
2008	38.2%	3.4%	56.8%	1.6%
2009	37.7%	3.2%	57.4%	1.6%
2010	37.6%	3.1%	57.6%	1.7%
2011	37.3%	3.0%	57.7%	1.7%
2012	37.1%	2.8%	58.1%	1.6%
2013	37.1%	2.8%	58.0%	1.6%
2014	36.1%	2.4%	59.6%	1.6%
2015	35.2%	2.2%	60.2%	1.6%
2016	34.6%	2.1%	60.7%	1.7%
2017	33.6%	2.0%	61.0%	1.9%

资料来源：WIND 数据库。

3. 外商直接投资的行业结构

从外商投资行业数据来看，改革开放以来外资主要集中在制造业，2010 年服务业吸引外资超过制造业，成为吸引外资的主要领域。2016—2020 年，受国际国内环境变化和疫情对产业链冲击的影响，制造业吸引外资比重进一步下降，服务业中的租赁和商务服务业、房地产业、科学研究和技术服务业、金融业、批发和零售业以及信息传输、软件和信息技术服务等七个领域外商投资增加较快，2020 年这七个行业新增外商投资企业数量占比 86.5%，实际利用外资金额占比达 90.8%（见图 6-8）。

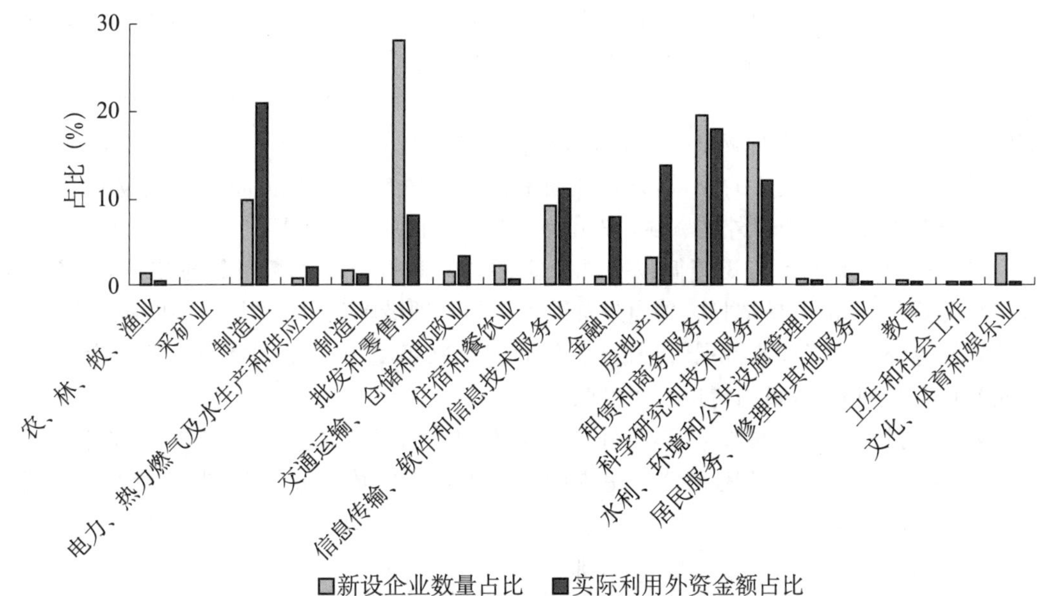

图 6-8　2020 年外商直接投资行业结构概况

资料来源：商务部. 中国外资统计公报 2021[R/OL]. (2021 - 11 - 25)[2021—12—27]. http://images. mofcom. gov. cn/wzs/202111/20211125164038921. pdf.

第三节　中国利用外资的政策

中国贯彻“积极、合理、有效”地利用外资的总方针。积极,是指今后利用外资仍是对外开放的主要内容;合理,是指各部门、各地区在引进外资时不能只追求数量的增加,更要注重质量的提高;有效,是指要充分发掘外资带来的经济效益。

一、中国的外商投资法律框架

中国鼓励外国投资者依法在中国境内投资,并依法保护外国投资者和外商投资企业的合法权益。中国的外资利用一直坚持在法治轨道上行进。改革开放初期,中国先后制定了《中外合资经营企业法》《外资企业法》《中外合作经营企业法》(统称“外资三法”),奠定了国家吸引外资的法律基础。此后,为适应利用外资的发展需要,中国不断建立健全外商投资法律制度,对稳定外国投资者信心、改善投资环境起到了十分重要的作用。

2019 年 3 月 15 日,十三届全国人大二次会议表决通过《外商投资法》,取代外资三法成为中国外商投资领域新的基础性法律。该法确立了中国新型外商投资法律制度的基本框架,明确对外商投资实行“准入前国民待遇加负面清单”的管理制度,进一步强化投资促进和投资保护。2019 年 12 月,国务院制定公布《外商投资法实施条例》,进一步细化了《外商投资法》确定的主要法律制度。该条例已经于 2020 年 1 月 1 日起施行,外商投资将拥有更加稳定、透明、可预期和公平竞争的市场环境。

(一) 外资市场准入①

按照《外商投资法》的规定,政府对外商投资实行准入前国民待遇加负面清单管理制度。准入前国民待遇,是指在投资准入阶段给予外国投资者及其投资不低于本国投资者及其投资的待遇。负面清单,是指国家规定在特定领域对外商投资实施的准入特别管理措施。外商投资准入负面清单规定禁止投资的领域,外国投资者不得投资。外商投资准入负面清单规定限制投资的领域,外国投资者进行投资应当符合负面清单规定的条件。外商投资准入负面清单以外的领域,按照内外资一致的原则实施管理。

目前外商投资准入需要遵循以下几个文件:《外商投资准入特别管理措施(负面清单)(年度版)》《自由贸易试验区外商投资准入特别管理措施(负面清单)(年度版)》《海南自由贸易港外商投资准入特别管理措施(负面清单)(年度版)》《海南自由贸易港跨境服务贸易特别管理措施(负面清单)(年度版)》。

除外商投资准入负面清单以外,外国投资者和外商投资企业还需遵循《市场准入负面清单(年度版)》②。国务院在该清单中明确列出在中国境内禁止、限制投资经营的行

---

① 商务部. 中国外商投资指引(2021 版)[R]. 北京:商务出版社,2021.

② 市场准入负面清单制度,是国务院以清单方式明确列出在中华人民共和国境内禁止和限制投资经营的行业、领域、业务等,各级政府依法采取相应管理措施的一系列制度安排。2015 年 10 月 20 日发布《国务院关于实行市场准入负面清单制度的意见》,对该制度的定位、要求、时间表等进行了阐述。从 2015 年 12 月 1 日至 2017 年 12 月 31 日,在部分地区试行市场准入负面清单制度,积累经验、逐步完善,探索形成全国统一的市场准入负面清单及相应的体制机制;从 2018 年起,正式实行全国统一的市场准入负面清单制度。

业、领域、业务等，各级政府依法采取相应管理措施。该清单包含禁止准入和限制准入两类事项。对禁止准入事项，市场主体不得进入，行政机关不予审批、核准，不得办理有关手续；对限制准入事项，或由市场主体提出申请，行政机关依法依规作出是否予以准入的决定，或由市场主体依照政府规定的准入条件和准入方式合规进入；对市场准入负面清单以外的行业、领域、业务等，各类市场主体皆可依法平等进入。依法需要办理项目核准、备案的，按照国家有关规定执行。

（二）投资促进

1. 鼓励外商投资产业目录

这是国家针对外商投资方向实施的鼓励和引导政策。

外商投资《鼓励外商投资产业目录》中的领域，符合条件的，可享受税收等优惠政策；在西部地区投资鼓励类领域的外资企业，可减征企业所得税；对于集约用地的鼓励外商投资制造业项目，可优先供应土地。

2. 平等参与竞争

对于国家支持企业发展的各项政策，包括但不限于政府资金安排、土地供应、税费减免、资质许可、标准制定、项目申报、人力资源政策等，外商投资企业和内资企业依法平等享受。外商投资企业组织形式、组织机构及其活动准则，和内资企业一样，均适用我国《公司法》《合伙企业法》等法律的规定。

保证外商投资企业平等参与中国政府采购的权利。外商投资企业可以依法公平参与中央和地方政府组织的政府采购活动；任何单位和部门不得在政府采购方面对外商投资企业在中国境内生产的产品、提供的服务与内资企业区别对待，予以任何形式的歧视或者限制，也不得阻挠和限制外商投资企业自由进入本地区和本行业的政府采购市场；任何单位和部门不得在政府采购信息发布、供应商条件确定和资格审查、评标标准等方面对外商投资企业实行差别待遇或者歧视待遇，也不得以所有制形式、组织形式、股权结构、投资者国别、产品或者服务品牌以及其他不合理的条件对供应商的资格和条件予以限定。

在各类标准制定和适用方面公平对待外商投资企业。国家保障外商投资企业依法平等参与标准制定工作，强化标准制定的信息公开和社会监督，国家制定的强制性标准平等适用于外商投资企业和内资企业，不得有差别待遇或歧视待遇，不得专门针对外商投资企业适用高于强制性标准的技术要求。外商投资企业依法和内资企业平等参与国家标准、行业标准、地方标准和团体标准的制定、修订工作。外商投资企业可以根据需要自行制定或者与其他企业联合制定企业标准。

（三）投资保护

1. 征收及补偿

《外商投资法》规定：国家对外国投资者的投资不实行征收；在特殊情况下国家为了公共利益的需要，可以依照法律规定对外国投资者的投资实行征收或征用；征收、征用应当依照法定程序进行，并及时给予公平、合理的补偿。

《外商投资法实施条例》进一步明确：国家对外国投资者的投资不实行征收。在特殊情况下,国家为了公共利益的需要依照法律规定对外国投资者的投资实行征收的,应当依照法定程序、以非歧视性的方式进行,并按照被征收投资的市场价值及时给予补偿。外国投资者对征收决定不服的,可以依法申请行政复议或者提起行政诉讼。

2. 技术合作自由

技术合作是外商投资企业投资各方的一种重要合作方式,对于发挥各自优势、实现投资目的起着重要的作用。

《外商投资法》规定,国家鼓励在外商投资过程中基于自愿原则和商业规则开展技术合作。技术合作的条件由投资各方遵循公平原则平等协商确定。行政机关及其工作人员不得利用行政手段强制转让技术。

《行政许可法》第三十一条第二款规定,行政机关及其工作人员不得以转让技术作为取得行政许可的条件;不得在实施行政许可的过程中,直接或者间接地要求转让技术。

3. 地方政府守约践诺

地方各级人民政府及其有关部门应当履行向外国投资者、外商投资企业依法作出的政策承诺(指地方各级人民政府及其有关部门在法定权限内,就外国投资者、外商投资企业在本地区投资所适用的支持政策、享受的优惠待遇和便利条件等作出的书面承诺)以及依法订立的各类合同,不得以行政区划调整、政府换届、机构或者职能调整以及相关责任人更替等为由违约毁约。如果因国家利益和社会利益需要,政府部门改变政策承诺、合同约定的,应当依照法定权限和程序进行,并依法对外国投资者、外商投资企业因此受到的损失及时予以公平、合理的补偿。

4. 外商投资企业投诉渠道畅通

《外商投资法》及其实施条例规定,国家建立外商投资企业投诉工作机制,及时处理外商投资企业或者其投资者反映的问题,协调完善相关政策措施。外商投资企业或者其投资者认为行政机关及其工作人员的行政行为侵犯其合法权益的,可以通过外商投资企业投诉工作机制申请协调解决,还可以通过其他合法途径向政府及其有关部门反映问题。

2020年出台的《外商投资企业投诉工作办法》明确规定,商务部会同国务院有关部门建立外商投资企业投诉工作部际联席会议制度,商务部负责处理涉及国务院有关部门和省、自治区、直辖市人民政府的投诉事项,以及在全国范围内或者国际上有重大影响的投诉事项,商务部设立全国外商投资企业投诉中心具体负责处理。同时,县级以上地方人民政府应当指定有关部门或者机构负责本地区投诉工作,根据分级负责原则开展工作。地方投诉机构受理以下外商投诉事项:一是认为行政机关及其工作人员的行政行为侵犯其合法权益的,可以申请投诉工作机构协调解决;二是可以向投诉工作机构反映投资环境方面存在的问题,建议完善有关政策措施。

《外商投资企业投诉工作办法》高度重视保护投诉人权益,规定投诉不影响投诉人依法提起行政复议和行政诉讼的权利;要求投诉工作机构采取有效措施保护投诉处理过程中知悉的投诉人的商业秘密、保密商务信息和个人隐私;任何单位和个人不得压制和打击报复通过外商投资企业投诉工作机制反映或者申请协调解决问题的投诉人。

投诉的提出、受理与处理相关规定详见《外商投资企业投诉工作办法》。

（四）投资管理

1. 外商投资项目管理

国家发展和改革委员会制定并实施宏观经济发展战略和计划，统筹和监督国民经济发展。如果外商投资项目涉及固定资产投资项目，则需要办理投资项目核准、备案。

2. 国家安全审查

《外商投资法》规定，在中国境内进行投资活动的外国投资者、外商投资企业应当遵守中国法律法规，不得危害中国国家安全、损害社会公共利益。国家建立外商投资安全审查制度，对影响或者可能影响国家安全的外商投资进行安全审查。依法作出的安全审查决定为最终决定。

经国务院批准，《外商投资安全审查办法》于 2020 年 12 月 19 日发布，自 2021 年 1 月 18 日起施行。

3. 信息报告制度

《外商投资法》及其实施条例规定，国家建立外商投资信息报告制度。外国投资者或者外商投资企业应当通过企业登记系统以及企业信用信息公示系统向商务主管部门报送投资信息。外国投资者或者外商投资企业报送的投资信息应当真实、准确、完整。

《外商投资信息报告办法》《关于外商投资信息报告有关事项的公告》已于 2020 年 1 月 1 日施行，外国投资者或者外商投资企业应当按照上述文件的要求，向商务主管部门报送初始、变更、注销和年度报告。

二、中国已经签署的自由贸易协定和双边投资协定的投资规则

中国和 109 个国家（地区）之间有生效的双边投资协定。截至 2018 年 12 月 2 日，中国已经签订 107 个避免双重征税协定；截至 2021 年 6 月，中国已经签订 19 个自由贸易协定。在已经签署的区域贸易协定中，投资协定有的是属于一揽子协议的下属章节，有的是独立签署。

中国与东盟、巴基斯坦、新西兰、新加坡、秘鲁和哥斯达黎加签署的自由贸易协定包括单独的投资章节。投资章节的主要条款通常包括定义、适用范围、投资待遇、投资保护和促进、征收、损失补偿、转移、代位、缔约方解决争端、某缔约方与另一缔约方投资者之间的投资争端解决。所有自由贸易协定均规定，缔约方应给予另一缔约方投资者的投资以公平和公正的待遇和充分的保护和安全。国民待遇和最惠国待遇也应相互给予。

三、自由贸易试验区外资管理模式

党的十八届三中全会提出探索建设自由贸易试验区。自由贸易试验区以新发展理念为引领，聚焦投资管理这一关键改革领域，形成了一批基础性创新和核心制度创新，率先建立同国际投资通行规则相衔接的制度体系，在塑造国际化、便利化、法治化的营商环境方面取得重大进展。

自由贸易试验区确立了负面清单管理为核心的投资管理制度，率先制定和实施外商投资负面清单，形成与国际通行规则一致的市场准入方式。对负面清单以外领域，实施

内外资一致的市场准入原则，取消外商投资项目和外商投资企业设立及变更审批，市场开放度和投资便利度大幅提升。负面清单的特别管理措施数量由2013年第一版的190条减少到2020年版的30条，开放领域覆盖按WTO划分的12个服务部门中的11个，外商准入政策透明度和可预期性大幅提升。商事登记制度改革不断深化，全面实施"证照分离"改革，采用取消审批、改为备案、告知承诺和优化准入管理的改革方式，完善市场准入管理，使企业办证更加便捷高效。

四、利用外资推进高水平对外开放

以规则、规制、管理、标准等制度型开放为牵引，以吸引外资为重点，以优化外资结构为导向，加快提升利用外资的质量和水平，是党的二十大背景下推进高水平对外开放的重要举措。

（1）综合运用产业开放政策加大引资力度。继续加大对新一代信息技术、高端装备、先进材料、新能源汽车、节能环保、生物医药等领域外资的支持力度，降低企业用地、用能、物流、融资等综合成本，鼓励地方政府加大配套力度，建立全产业链招商模式。积极建立与相关国家的投资协定框架，构建紧密区域供应链伙伴关系，吸引欧美外迁企业落户，增强与企业的供应链黏性，避免"脱钩""断链"。

（2）推动传统制造业利用外资转型升级，并向中西部转移。中西部地区承接加工贸易转移潜力大，应发挥自由贸易试验区、边境经济合作区、沿边开发开放试验区等开放平台的带动效应，形成制度创新高地和引资高地。加强口岸、交通、通信等基础设施建设，发挥西部陆海新通道、中欧班列的国际大通道作用，强化沿线铁路、公路、机场、港口等建设，降低中西部地区通往东盟和欧洲的贸易物流成本，推动加工贸易在边境口岸、交通枢纽落地。完善工业园区配套体系，促进集群发展，推动当地配套企业嵌入外资产业链。积极扩大生产性服务业开放，依托加工贸易引进跨国公司研发中心、结算中心、数据中心，推动产品升级和价值链升级，形成东、中、西部融合发展的外资产业链布局。

（3）建设高标准的市场化、法治化、国际化营商环境。把营造公平、竞争的市场环境和稳定、透明、可预期的政策环境作为优化营商环境的重中之重。全面落实准入前国民待遇加负面清单管理，取消不合理的审批和资质要求，做到既准入又准营；确保外资企业平等获取各类生产要素、享受产业政策，确保在项目招投标、政府采购、产业补贴等方面待遇平等；加快建设全国统一大市场、落实"全国一张清单"准入，消除区域要素流动限制性壁垒，加强区域政策协调。完善国际化争端解决机制，鼓励自由贸易试验区设立国际商事法庭、知识产权法庭，引进国际仲裁机构。持续深化"放管服"改革，提高政府服务效能，促进人员、资金、数据等要素跨境自由流动，为跨国公司研发、服务和运营创造有利环境。

（4）营造有利于开放创新的政策环境和法治环境。以更优惠的财税政策和知识产权激励引导外资企业扩大技术进口、增加研发投入、设立全球或区域性研发中心，推进高标准知识产权保护，为吸引全球人才、技术提供保障，尤其要顺应数字经济发展，推动数据知识产权立法，严惩侵权盗版、恶意商标注册、窃取商业机密、网络剽窃等违法行为。

第四节　中国对外直接投资

一、对外直接投资的作用

1. 投资国外自然资源产业，弥补国内资源的短缺

随着经济的发展，中国资源的供求以及结构矛盾日益凸显，国内现有资源在质量和数量上都难以满足经济稳定、持续增长的需要。现阶段中国自然资源产品的进口主要通过一般贸易来实现，这导致市场供给和价格存在不稳定性。因此，可以通过对外直接投资建立国外资源的稳定供应渠道，以改善中国资源短缺的状况。

2. 直接学习国外先进的技术与管理经验

通过在国外进行投资，中国企业可以招聘当地高技能的技术工人、引进先进的生产流水线，以更优惠的价格引进国外先进的技术、设备和重要零部件，促进技术优化与升级，提高其国际竞争力；同时，中国企业也可以通过雇用当地资深的管理人员进行管理，学习国外先进的管理经验。

3. 缓解国内竞争压力，开拓经济发展空间

中国经济已进入经济高速发展但内需相对不足的状态。国内需求不足导致传统产业出现产能过剩的情况，因此需要开拓海外市场，扩大市场容量从而增加需求，需要以积极的姿态大步“走出去”，进行对外投资，在国际市场上开拓更广阔的市场，同时也保证国内的供需平衡。

4. 增加产品销售额，扩大中国的对外贸易市场

到国外直接办厂投资可以帮助企业绕过各种关税与非关税壁垒，从“国内生产国外销售”转变为“国外生产国外销售”的经营模式，从而巩固和开拓国际市场，扩大中国的实际出口额和产品的销售渠道。例如，在国外创建零部件与产品售后维修服务，有助于扩大中国机电产品、机械设备的出口，从而巩固和扩大销售市场；同时，对于那些生产与消费必须在同一时间同一地点进行的商品来说，在国外进行实地投资是必需的。

5. 有利于充分利用国外资金

到国外投资可以直接在国外筹资，可以利用国外完善的金融机构、金融市场，更大规模地借贷资金，缓解国内企业资金短缺的状况，同时又可以开拓国外市场，取得合理的投资收益。

二、中国对外直接投资的发展现状

1979 年 8 月，国务院颁布了 15 项经济改革措施，其中第 13 项明确规定允许出国办企业。从此，中国企业开始进行对外直接投资。从图 6-9 可以看出，2018 年中国对外直接投资 1 430.4 亿美元，同比下降 9.6%；自 2003 年中国发布年度对外直接投资统计数据至 2016 年，中国对外直接投资一直处于快速增长状态，2017 年开始出现负增长趋势。

但中国对外直接投资在全球外国直接投资中仍占较高比重，连续三年超过一成，中国对外直接投资在全球外国直接投资中的影响力不断扩大。中国对外直接投资流量规

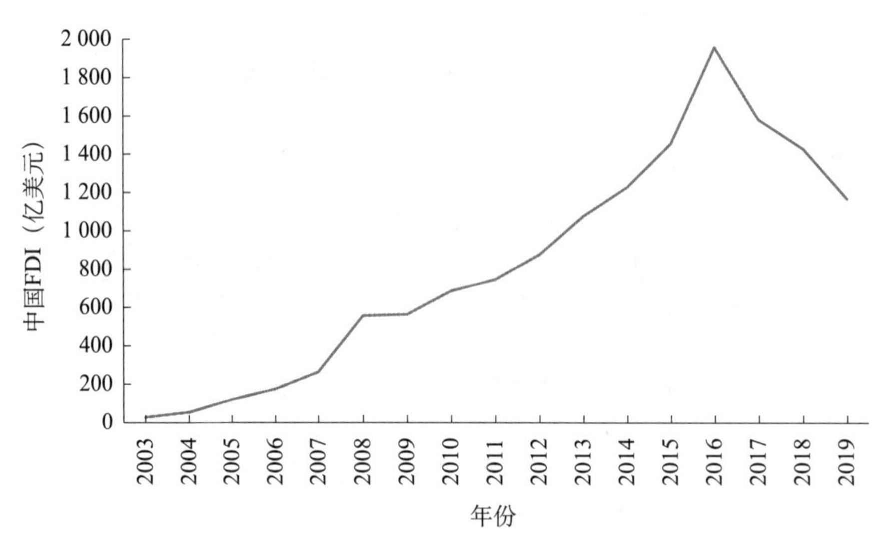

图 6-9　2003—2019 年中国对外直接投资流量情况

资料来源:联合国贸易和发展会议网站。

模仅次于日本(1 431.6 亿美元),位居全球第二。从双向投资情况看,中国对外直接投资流量已连续三年高于吸引外资。

三、对外直接投资的特点

1. 对外直接投资稳中求进,投资规模不断扩大

2018 年,中国对外直接投资存量 19 822.7 亿美元,占全球外国直接投资流出存量份额的 5.9%,分布在全球 188 个国家和地区;存量规模较上年增加 1 732.3 亿美元,在全球存量排名第 3 位,较上年下降 1 位。中国与排名第一的美国(6.5 万亿美元)存量规模差距仍然较大,仅相当于美国的 26.2%,与荷兰、英国、日本比较接近。

2. 对外直接投资的行业分布相对较集中

2018 年,中国对外直接投资涵盖国民经济的 18 个行业大类,其中商务服务、制造、批发零售、金融领域的投资超过百亿美元,占比在八成以上;存量规模超过千亿美元的行业有 6 个,分别为租赁和商务服务业,批发和零售业,信息传输、软件和信息技术服务业,金融业,采矿业,以及制造业,占到中国对外直接投资存量的 84.6%。表 6-2 列示了 2019 年年末中国对各洲直接投资存量前五位的行业。

表 6-2　2019 年年末中国对各洲直接投资存量前五位的行业

地区	行业名称	存量(万美元)	占比(%)
亚洲	租赁和商务服务业	6 059.4	41.5
	批发和零售业	2 197.5	15.0
	金融业	1 864.6	12.8
	制造业	1 200.2	8.2
	采矿业	806.7	5.5
	小计	12 128.4	83.0

（续表）

地区	行业名称	存量（万美元）	占比（%）
非洲	建筑业	135.9	30.6
	采矿业	110.2	24.8
	制造业	55.9	12.6
	金融业	52.4	11.8
	租赁和商务服务业	24.9	5.6
	小计	379.3	85.4
欧洲	制造业	378.0	33.1
	采矿业	211.8	18.5
	金融业	172.7	15.1
	租赁和商务服务业	116.6	10.2
	批发和零售业	58.3	5.1
	小计	937.4	82.0
拉丁美洲	信息传输、软件和信息技术服务业	1 561.0	35.8
	租赁和商务服务业	991.5	22.7
	批发和零售业	606.3	13.9
	金融业	266.5	6.1
	科学研究和技术服务业	257.0	5.9
	小计	3 682.3	84.4
北美洲	制造业	214.5	21.4
	采矿业	185.8	18.5
	金融业	142.3	14.2
	租赁和商务服务业	106.3	10.6
	信息传输、软件和信息技术服务业	77.9	7.8
	小计	726.8	72.5
大洋洲	采矿业	209.3	48.0
	金融业	46.8	10.7
	租赁和商务服务业	42.1	9.6
	房地产业	37.4	8.6
	制造业	25.0	5.7
	小计	360.6	82.6

资料来源：商务部对外投资和经济合作司. 2019年度中国对外直接投资统计公报[R/OL].（2020-09-16）[2021-10-21]. http://hzs.mofcom.gov.cn/article/date/202009/20200903001523.shtml.

并购方面，中国企业共实施对外投资并购431起，涉及56个国家（地区），实际交易总额742.3亿美元（剔除上年特大项目因素，规模基本持平），其中直接投资310.9美元，占并购总额的41.9%，占当年中国对外直接投资总额的21.7%；境外融资431.4亿美元，占并购总额的58.1%。并购涉及18个行业大类，其中对制造业，采矿业，电力、热力、燃气及水的生产和供应业，住宿和餐饮业，租赁和商务服务业的并购金额位列前五。

3. 对外直接投资的地区分布主要集中在亚洲

据统计，截至2018年年底，对外直接投资的地区分布主要集中在亚洲，对亚洲的直接投资为 1 055.1 亿美元，同比下降 4.1%，占到中国内地对外直接投资总流量的 73.8%，主要分布在中国香港与东盟十国。其次为拉丁美洲和北美洲，分别占到 10.2%和 6.1%。

4. 非国有企业投资存量首次超过国有企业

2018 年年末，在对外非金融类直接投资 17 643.7 亿美元存量中，国有企业占 48%，较上年下降 1.1 个百分点；非国有企业占 52%，其中，有限责任公司占 17.7%，股份有限公司占 8.8%，私营企业占 7.1%，个体经营占 5.9%，港澳台商投资企业占 5.4%，外商投资企业占 3.1%，股份合作企业占 0.5%，集体企业占 0.3%，其他占 3.2%。

5. 人民币对外投资活跃，收益再投资占比超四成

中国对外直接投资流量的两成是以人民币方式出资，涉及中国境内企业数量超过 800 家，主要形成对境外企业股权和债务工具投资。从流量构成看，2018 年新增股权投资 704 亿美元，占中国对外直接投资流量总额的 49.2%；债务工具投资（仅涉及对外非金融类企业）301.1 亿美元，占中国对外直接投资流量总额的 21.1%；收益再投资 425.3 亿美元，占中国对外直接投资流量总额的 29.7%。境外企业向投资所在国或地区缴纳的各种税金总额达 594 亿美元，雇用境外员工 187.7 万人，较上年末增加 16.7 万人，有力地推动了当地经济发展。

四、对外直接投资面临的主要问题与对策

（一）中国对外直接投资存在的主要问题

1. 非国有企业的对外直接投资规模偏小

2018 年年底，中国对外非金融类直接投资存量为 17 643.7 亿美元，其中国有企业占 48%，中国对外直接投资者为 2.71 万家，其中国有企业占 4.9%，可以计算得到平均每家企业的投资额为 6 300 万美元，国有企业的平均投资额为 6.38 亿美元，而非国有企业的平均投资额仅为 3 598 万美元。显然，国有企业的平均投资规模较大，非国有企业由于投资规模偏小，很难形成规模经济，难以与国际著名跨国公司相竞争。

2. 中国对外直接投资的地区分布不均衡

中国的对外直接投资虽然遍布在 184 个国家和地区，但大多数集中在亚洲，如 2018 年，中国对亚洲的直接投资为 1 055.1 亿美元，占到流量的 73.8%，而对大洋洲仅投资 22.2 亿美元，占流量总额的 1.5%。过分集中的地区分布状况，不利于风险的分散，并可能造成中国企业在海外的恶性竞争。

3. 海外投资决策谨慎不足

我国部分对外投资者，对东道国的政治、经济、文化等环境因素以及各种潜在风险没有进行深入的考察与分析，从而造成投资决策的失误。此外，一些海外投资者由于经验与信息方面的不足，对外方合作者的实力、能力、信誉等没有进行全面的了解，导致选择失误，造成我方的经济损失。

4. 中国企业对外直接投资需防范财务风险

中国海外投资的资金中很大一部分是海外投资企业的自有资金，企业很少在国内进行融资，在国际资本市场上的融资量则更少，从而造成中国海外投资的资金短缺问题，不

利于中国对外直接投资的扩张与发展。

一些中国企业在国内举债再到国外大力投资并购的行为，导致较高的财务杠杆，形成财务风险。原中国银行业监督管理委员会在2017年6月要求各家银行排查包括万达集团、海航集团、复星、浙江罗森内里在内的数家企业的授信情况，并安排人员现场排查相关企业可能存在的风险。这些企业大多是近年来海外投资比较凶猛、在银行业敞口较大的民营企业集团。过高的杠杆引起了各界对海外投资企业的担忧，并为企业对外直接投资的深入开展敲响了警钟。

（二）中国发展对外直接投资的对策思考

1. 区域与产业选择战略：因地制宜

(1) 在美、欧、日等发达国家和地区侧重高新技术产业和传统制造业投资。美、欧、日等发达国家和地区拥有较大的市场容量、较强的实际购买力、先进的科学技术、完善的基础设施、较高的劳动力成本、充足的资金供应、激烈的市场竞争环境和较高的行业进入壁垒，因此在这一区域内中国应偏重对高新技术产业和传统制造业的投资。对发达国家高新技术产业的投资可以帮助中国获取最前沿和最先进的技术。对传统制造业的投资主要是在发达国家建立售后服务与维修以及装配基地，建立稳定的国内国外一体化的销售网络，从而扩大产品的实际出口额。

(2) 在东亚、南亚及周边国家和地区侧重传统制造业投资。该市场人口众多，并且正在大力发展民族经济，会给予外国投资者各种程度的优惠政策，其技术水平与中国较接近，且市场不完善。中国应侧重于在该地区投资传统制造业，一方面是因为中国的制造业分类齐全、技术成熟、生产标准化，而且管理水平也较高，另一方面是因为该地区对中国的合适技术需求大，可以以设备、技术的形式进行投资。

(3) 在中东石油国家和地区侧重工程承包与劳务输出形式投资。由于中东石油国家有大量的石油收入，消费水平很高，同时其经济发展水平不高，市场规模有限，现阶段正在进行大规模的基础设施建设，因此在这些国家和地区，中国应把工程承包与劳务输出作为主要的投资目标。

(4) 在非洲地区侧重劳动和资源密集型产业投资。在该市场上，大多数国家经济发展落后、人均收入低、投资环境差，同时政府的优惠政策较多。根据这一特点，中国可以把劳动、资源密集型产业作为主要的投资目标，进行以设备、机器为投入形式的小规模投资，同时还可以利用欧盟授予非洲地区的优惠贸易条件，扩大出口到欧盟国家的消费品的贸易额。

(5) 在拉丁美洲地区侧重传统制造业、资源密集型产业投资。该市场的经济发展活跃，人均收入较高，投资环境有所改善，自然资源丰富，因此在该市场上的投资应侧重于中国的传统制造业、自然资源开发业。

(6) 在中东欧区域以轻工业投资为主。该市场的市场状况良好，经济发展稳定，因此在该市场上的投资应侧重于中东欧地区的弱势产业，如纺织、服装、玩具、食品等轻工业。

2. 融资战略：国内国际资本市场并重，多渠道、多区域融资

中国企业在对外直接投资中可以国内国际融资双管齐下，以缓解国内资金短缺的问题。在国际市场上不能盲目融资，应当注意以下几点：深入调查与研究，进行融资的可行

性分析；以债券融资为主，协调好产权融资和债券融资的比例；多渠道融资，如国际股票市场、国际债券市场等；多区域融资，避免过分集中于某一区域，以分散风险。

3. 投资方式战略：以并购为主要投资方式

企业在对外投资时一般主要有投资创建新企业和并购目标市场原有企业两种方式。通过并购目标市场的企业，中国企业可以快速进入对方市场，借助其原有的销售网络和社会关系扩大商品的销售，获得该企业的商标、品牌等无形资产，降低管理经营风险，同时又可以获得先进的技术和管理经验。因此，中国企业应以并购作为主要投资方式。

本章小结

中国利用外资发展迅速，FDI已成为中国利用外资的主要方式。利用外资可以引进先进技术和管理经验，促进产业结构升级，扩大就业，培养技术人才。为解决中国利用外资中存在的外资结构投向不合理、引资时重数量轻效益、外资的技术和管理水平不高等主要问题，中国可以采取加强外商投资的产业导向和地区导向、提高外商投资引入与利用的质量、合理制定政策、加强监控、吸引后续投资等对策。

中国企业对外直接投资可以缓解国内资源的短缺，有利于增加产品销售额，扩大中国的对外贸易市场。针对现阶段中国对外直接投资规模偏小、行业结构不合理、地区分布不均衡、资金短缺等主要问题，可以因地制宜地选择区域与产业战略，国内国际资本市场并重，多渠道、多区域地扩大海外投资市场。

？思考题

1. 利用外资对中国的经济发展有哪些促进作用？
2. 中国利用外资的方针和政策主要包括哪些内容？
3. 中国利用外资的主要形式是什么？
4. 中国在利用外资的过程中存在哪些问题？分别说出相应的对策。
5. 中国对外直接投资有哪些特点？
6. 中国在对外直接投资的过程中存在哪些问题？分别说出相应的对策。

贸 易 篇

第七章　中国货物贸易
第八章　中国服务贸易
第九章　中国知识产权保护与技术贸易
第十章　中国数字贸易

第七章　中国货物贸易

【学习目标】

通过本章的学习，学生应了解我国货物贸易发展的历程、贸易结构变迁、主要贸易部门的特征，以及我国对外贸易相关的政策体系。

【素养目标】

本章详细介绍了中国进出口货物概况、贸易结构变化、地理结构变化、进出口企业性质、产品分类结构变化，反映出我国强大的经济贸易实力，体现我国对外贸易发展的迅猛态势，彰显中国底气。

引导案例

中国外贸再创历史新高

2019年年底暴发的新冠肺炎疫情冲击了我国的出口，并通过供应链影响全球生产。2020年，我国顶住经济下行压力，外贸规模达到4.6万亿美元，占据14.7%的国际市场份额，创下历史新高，成绩喜人。但是，疫情仍在全球蔓延，世界经济深度衰退，复苏的基础尚不稳固，国际产业链、供应链格局深刻调整，不确定、不稳定因素增多。

2021年以来，外贸企业在海运物流、汇率、用工、原材料等方面面临不小的压力。具体来看，外贸企业主要面临四大突出困难：一是国际海运效率低、价格高；二是人民币汇率波动加大；三是原材料价格上涨抬高企业成本；四是部分地区招工难、用工贵。这造成部分企业出现了“有单不敢接、出口不盈利”的现象。

疫情缓解之后，外贸将面临医疗物资等疫情相关产品和“宅经济”(在家上班、在家消费)出口的衰减，以及其余商品对外部增长实际弹性的降低。未来，我国外贸发展需要应对以下潜在风险：一是出口壁垒风险。拜登政府更为关注全球贸易壁垒的新问题，强调约束机制、劳工和环境、数字贸易、农业贸易、服务贸易等问题，预计劳工和环境问题可能成为今后贸易壁垒的重点。二是政策冲击风险。世界范围大规模宽松政策的刺激会使全球通货膨胀水平提升，不利于需求恢复。三是外部宽松政策间接刺激人民币升值的风险。人民币升值不利于我国货物出口竞争力的改善，还会通过价格效应影响GDP名义增速与人民币计价的增速。

虽然2021年外贸形势依然复杂严峻，但是有党的领导的政治优势和中国特色社会主义的制度优势，有超大规模市场和完整的工业体系，我国外贸的综合竞争优势依然存在。商务部外贸司副司长张力指出，作为全球制造业第一大国和货物贸易第一大国，我国外贸连通国内国际两个市场、两种资源，是对外开放的重要组成部分，在国内国际双循环中发挥着关键枢纽和主渠道作用。中国将2021年确定为“外贸创新发展年”，围绕服务构建新发展格局，全力以赴稳住外贸外资基本盘，坚定不移推进贸易创新发展，着力从“巩固”和“提升”两个方面做好外贸工作。一方面，巩固外贸回稳向好的基础，保持政策连续性、稳定性和可持续性，坚决稳住外贸外资基本盘；另一方面，提升外贸服务构建新发展格局的能力，增强外贸综合竞争力。重点实施三大计划：一是优进优出计划。优化出口产品结构，提高出口产品质量。培育跨境电商、市场采购、保税维修等外贸新业态新模式，建设国家进口贸易促进创新示范区。二是贸易产业融合计划。新认定一批外贸转型升级基地，培育一批加工贸易产业园区。三是贸易畅通计划。继续支持出口产品转内销，与更多的贸易伙伴商建立贸易畅通工作机制，特别是“一带一路”相关国家。办好中国进出口商品交易会(广交会)，发展线上展会，扩大海外仓规模，加强国际营商体系建设，持续为我国外贸发展增加动力。

资料来源：刘亮. 商务部谈外贸：“一次性因素”消退或使明年形势严峻[EB/OL]. (2021-08-23)[2021-10-21]. http://www.chinanews.com/cj/2021/08-23/9549615.shtml；刘昕. 中国外贸“攻坚”高质量向前[N]. 国际商报，2021-07-20(3)；商务部：2021年中国外贸形势依然复杂严峻[EB/OL]. (2021-01-29)[2021-10-21]. http://finance.sina.com.cn/china/gncj/2021-01-29/doc-ikftssap1701529.shtml.

第一节　国际货物贸易概述

一、货物贸易的定义及特点

(一) 货物贸易的定义

货物贸易是指具有实物形态的并且可以看见的货物在国家间的进出口贸易活动，又称有形商品贸易。例如，纺织品服装、农产品、水产品、矿产品、机电产品(包括飞机、汽车、船舶、机床等)，都属于货物贸易的范畴。

当前中国是世界货物贸易第一出口大国。2013年，中国超过美国，首次成为全球第一货物贸易大国，2014年进出口总额4.30万亿美元，同比增长3.4%，继续保持全球第一货物贸易大国的地位。2019年，中国货物进出口总额为4.58万亿美元，其中出口额2.50万亿美元，进口额2.08万亿美元，贸易顺差0.42万亿美元。①

(二) 货物贸易的特点②

相对于服务贸易而言，货物贸易具有以下特点：

(1) 有形性。进行货物贸易的商品是具体的、有形的，是看得见、摸得着的产品，生产者和消费者可以就某一产品进行交易。相对而言，服务贸易的产品是无形的，它仅仅是一种劳务或服务。

(2) 可储存性。货物贸易的商品是可以储存的。一般是生产者先生产，然后进行一

① 数据来自中华人民共和国海关总署。

② 徐复. 中国对外贸易概论[M]. 3版. 天津：南开大学出版社，2012.

段时间的储存，再销售给消费者。而服务贸易是不能储存的，生产和消费一般同时进行。正是由于货物的可储存性，商人们可以利用货物价格的变动进行投机活动，以获取利益。

(3) 贸易的统计是有形的。货物贸易是有形的，所以其进出口都由所在国的海关进行监管，贸易规模也都由海关进行统计。服务贸易是无形的，海关对此无法进行监管和统计，所以各国对服务贸易的统计多是由外汇管理部门负责。

(4) 存在贸易壁垒。目前世界各国为了保护本国国内的工农业，设置了多种形式的、合法或不合法的贸易壁垒，以限制外国产品的进入。货物贸易的壁垒大体有两大类：一是关税壁垒，即通过对进口产品征收较高的关税，以提高其进口成本，并相应降低其竞争力，达到保护国内市场的目的；另一种是形形色色的非关税壁垒，如进口配额、外汇管制、海关估价、技术标准等，也是为了限制进口。服务贸易因为不受海关的监管和征税，所以不存在关税壁垒和非关税壁垒，它的壁垒一般是通过对外商投资进行限制和国民待遇的不平等来实施的。

二、货物贸易的统计指标

(一) 货物贸易的规模

进出口贸易规模是统计一个国家或地区在一定时期内货物和服务进口和出口的指标。在具体统计中一般有两种形式，即对外贸易额和对外贸易量。对外贸易额是一个国家或地区在一定时期内对外货物贸易和服务贸易之和。

货物贸易是由海关统计的，而服务贸易是由外汇管理部门统计的。对外贸易额是用货币金额来统计的，过去许多国家习惯用本国货币来统计，但这种统计方法对于统计分析不利，而且汇总上报到 WTO 后在综合和分析时也会出现许多困难，所以现在各国一般使用国际货币(也就是美元)来进行统计。因为美元长期来看比较稳定，而且在国际贸易中使用比例超过三分之二。WTO 每年编制和发表的各国各地区对外贸易额也是以美元为单位来表示的。

WTO 在归纳和统计全球贸易额时，对货物贸易额按出口和进口分别计算。从理论上说，一国的货物出口就是另一国的货物进口，所以全世界的货物出口额就应该等于全世界的货物进口额。但是实际上世界货物出口额总是小于货物进口额，这是因为各国在统计货物出口额时一般都是按离岸价格来进行计算的，而统计货物进口额时则是按到岸价格来统计的。到岸价格除了包含成本还包括运费和保险费，这样进口额就把属于服务贸易的一部分计算到货物贸易上，造成了重复计算，因此我们一般所说的世界货物贸易总额实际就是世界货物出口总额。

(二) 货物贸易的商品结构

国际贸易的商品结构一般按货物贸易和服务贸易分别统计和公布。货物贸易的商品结构是指一个国家或整个世界在一定时期(一般是一年)内各类商品在进出口贸易中所占的比重，可以反映出这个国家或整个世界的经济发展水平、产业结构的优化状况和科学技术的进步水平。国际贸易中的货物种类繁多，为了便于统计，联合国《国际贸易标准分类》(Standard International Trade Classification，SITC)把货物贸易分为 10 大类、63

章、233组、786个分组和1 924个基本项目。其中,0—4类是初级产品,5—9类为工业制成品。具体如下:0类为食品和主要供食用的活动物;1类为饮料及烟类;2类为燃料以外的非食用粗原料;3类为矿物燃料、润滑油及有关燃料;4类为动植物油脂及其他油脂;5类为未列名化学产品及有关产品;6类为主要按原料分类的制成品;7类为机械和运输设备;8类为杂项制品;9类为没有分类的其他产品。

从出口贸易的角度来看,如果一个国家出口的初级产品所占比重较大,则说明该国经济水平比较落后,产业结构优化度低;如果工业制成品所占比重较大,则说明该国经济比较发达,产业结构优化,科学技术也比较先进。世界上大多数国家和地区的经济贸易发展战略之一就是努力提高出口产品中工业制成品和高科技产品的比重,实现产业结构的升级。1937年世界贸易中初级产品和工业制成品的比例是63.3∶36.7,1970年这一比例达到42.6∶55.4,1987年这一比例达到28.9∶71.1,可见全球产业结构水平和工业化程度在不断提高。

中国在改革开放以前,产业结构落后,出口贸易基本上是以初级产品为主,工业制成品所占的比重不大,这一定程度上反映了中国的对外贸易水平、产业结构优化状况和科学技术水平都相对落后。改革开放以后,尤其是20世纪90年代以后,中国的出口商品结构发生了巨大变化,目前工业制成品所占比重已经接近95%,初级产品所占比重仅为5%。

(三)货物贸易的地区结构

从一个国家或地区对外贸易的角度来看,货物贸易的地区结构是指该国或该地区在一定时期内,与之进行贸易的各个国家、地区或各类国家集团在其进出口贸易中所占的比重,从中可以看出这个国家或地区的市场结构是否多元及合理。

随着中国对外开放的深入发展,中国和世界各国各地区的贸易有了突飞猛进的发展,进出口市场逐步多元化。中国目前已经与世界多个国家和地区建立了经济和贸易关系,进出口市场从主要集中于西方发达国家向多元化发展。

2020年,中国内地货物出口额排名前五位的国家和地区是美国、中国香港、日本、越南、韩国;货物进口额排名前五位的国家和地区是中国台湾、日本、韩国、美国、澳大利亚(见表7-1)。

表7-1 2020年中国内地出口额与进口额排名前十位的国家和地区

出口				进口			
位次	国家和地区	出口额(千亿美元)	累计比上年同期变化(%)	位次	国家和地区	进口额(千亿美元)	累计比上年同期变化(%)
1	美国	4.52	7.9	1	中国台湾	2.01	16.0
2	中国香港	2.73	−2.3	2	日本	1.75	1.8
3	日本	1.43	−0.4	3	韩国	1.73	−0.5
4	越南	1.14	16.3	4	美国	1.35	9.8
5	韩国	1.13	1.4	5	澳大利亚	1.15	−3.5

（续表）

出口				进口			
位次	国家和地区	出口额（千亿美元）	累计比上年同期变化（%）	位次	国家和地区	进口额（千亿美元）	累计比上年同期变化（%）
6	德国	0.87	8.8	6	德国	1.05	−5.3
7	荷兰	0.79	6.8	7	巴西	0.84	0.2
8	英国	0.72	16.3	8	越南	0.78	5.2
9	印度	0.67	−10.8	9	马来西亚	0.75	22.4
10	中国台湾	0.60	9.1	10	俄罗斯联邦	0.57	3.9

资料来源：中华人民共和国海关总署。

三、货物贸易的方式

中国的货物贸易方式一般分为一般贸易、加工贸易和其他贸易方式。

（一）一般贸易

一般贸易是指某个国家正常的进出口贸易，即出口国利用本国的资源、设备生产国外需要的产品，然后通过不同的贸易渠道出口到国外市场。

一般贸易在进口时可以按一般进出口监管制度办理海关手续，这时它就是一般进出口货物；也可以享受特定减免税优惠，按照特定减免税监管制度办理海关手续，这时它就是特定减免税货物；也可以经海关批准保税，按照保税监管制度办理海关手续，这时它就是保税货物。

一般贸易目前是我国最主要的贸易方式。2019 年，我国一般贸易进出口 2.7 万亿美元，增长 0.96%，占我国进出口总额的 59.02%。

（二）加工贸易

加工贸易是指经营企业进口全部或部分原材料、零部件、元器件、包装物料（以下简称料件），经加工或装配后，将制成品复出口的经营活动。加工贸易又可以分为进料加工贸易和来料加工贸易。进料加工贸易是国家或企业进口原材料和零部件，在国内加工组装后再出口的贸易方式。来料加工贸易是由外国厂商提供原材料及零部件，本国按照对方的要求进行加工生产以获取工缴费的贸易方式。

我国的加工贸易发展非常迅速。1980 年，加工贸易总额仅为 16.7 亿美元，2002 年则增长到 3 021.7 亿美元，加工贸易的规模、结构、方式、内容和主体都发生了很大变化。例如，2006 年我国的一般贸易出口额为 4 162 亿美元，加工贸易出口额则是 5 103 亿美元，加工贸易出口额达到全部贸易的 52.67%，超过一般贸易的比重（42.96%）。2008 年以后加工贸易出口额的比重有所下降。

世界上大多数国家和地区在开放的初期阶段都是以加工贸易为主，资源短缺的国家和地区更是如此。加工贸易有效地推动了我国的工业和贸易的发展，但也存在一些负面作用。例如，贸易出口额的快速增长和我国实际外汇收入并不相称，某些有竞争优势的产品增长速度过快，引发了我国与一些相关国家的贸易纠纷和冲突等。金融危机以后，国家积极调整产业结构,2010 年以后,一般贸易的比重超过了加工贸易。2011 年,一般贸易出口额为 6 740 亿美元,高于加工贸易出口额的 6 127 亿美元,这是我国出口结构有效调整的积极信号。2019 年,我国加工贸易进出口额为 1.15 万亿美元,占我国进出口总额的 25.21%。①

(三) 其他贸易方式

在货物贸易统计中,除了一般贸易和加工贸易,还有少量其他形式的贸易方式,如补偿贸易、易货贸易、租赁贸易、寄售贸易、对销贸易等,2014 年 7 月又新增了市场采购贸易方式。

(1) 补偿贸易是我国在进口国外的先进技术和设备时,在与对方签订信贷协议的基础上,不用现汇支付,而以产品或劳务分期偿还价款的一种贸易做法。我国采用的补偿贸易主要有直接产品补偿、间接产品补偿和劳务补偿等方式。

(2) 易货贸易有狭义的易货贸易和广义的易货贸易之分。狭义的易货贸易是纯粹的以货换货的方式,不用货币支付,其交换的商品价值相当或相近,没有第三者参加。我国目前在边境贸易中经常出现这种小额易货贸易方式。广义的易货贸易又称现代易货贸易,主要是政府之间的记账贸易,这在中国改革开放以前以及苏联和东欧等计划经济国家之间广泛使用。但当这些国家逐步向市场经济转轨以后,国家间的记账贸易大多不再被使用。

(3) 租赁贸易实际是一种融资方式,即在技术和设备贸易中,租赁公司支付货款以后再与进口方签订租赁协议。进口方分期向租赁公司支付租金,合同完成后一般会获得设备的所有权。

(4) 寄售贸易是出口方按照寄售协议先将准备销售的货物运往国外的寄售地,委托当地代销人按照协议的规定条件代为销售,再由代销人向货主结算货款。

(5) 对销贸易是指在互惠的前提下,由两个或两个以上的贸易方达成协议,规定一方的进口产品可以部分或全部以相对的出口产品来支付。前面说的补偿贸易、易货贸易都属于对销贸易。

(6) 市场采购贸易指在经认定的市场集聚区采购商品,由符合条件的经营者办理出口通关手续的贸易方式。市场采购贸易方式下单票报关单的商品货值最高限额为 15 万美元。以下出口商品不适用市场采购贸易方式:国家禁止或限制出口的商品;未经市场采购商品认定体系确认的商品;贸易管制主管部门确定的其他不适用市场采购贸易方式的商品。②

第二节　中国货物贸易发展概况

一、中国货物贸易收支结构变迁

(一) 改革开放前的中国货物贸易收支结构

改革开放前,政府对对外贸易进行严格控制,对外贸易体系是整个计划经济体制的

---

① 数据来自中华人民共和国海关总署。

② 海关总署. 关于修订市场采购贸易监管办法及其监管方式有关事宜的公告[EB/OL]. (2019-12-27)[2021-03-24]. https://www.shui5.cn/article/4e/84251.html.

一个组成部分。中央政府通过两个手段来控制贸易流动与资金流动:第一个手段是对外贸易垄断,12 家国有进出口公司垄断了进出口,只有授权商品才能通过这道控制体系;第二个手段是官方控制的外汇体系,非经严格批准,个人无权将人民币兑换为外币。

改革开放前,中国的对外贸易经历了较为曲折的发展,进出口规模较小,对外贸易占 GDP 的比例不高,处于相对落后的阶段。1950 年,中国的进出口总额仅为 11 亿美元。1958—1960 年的“大跃进”促进了中国与其他社会主义国家间的贸易发展。然而,“大跃进”和反右的错误、三年严重困难造成国民经济衰退,粮食大幅减产,中国对外贸易停滞。1970—1971 年,中国进出口总额仅占 GDP 的 5%。1950—1977 年,中国的对外贸易有 8 年出现负增长,10 年出现贸易逆差(见图 7-1)。20 世纪 70 年代中期,中国经济逐步恢复。轻工业产品(尤其是纺织品)的供给开始增长,与此同时,大庆油田的石油供给快速增长,并可以出口一部分石油以换取外汇。1977—1978 年,中国的技术进口项目成倍增加,但随着油田发展计划的失败,中国出现了严重的外汇短缺,而且原有控制体系下的创汇机会都已被使用殆尽。

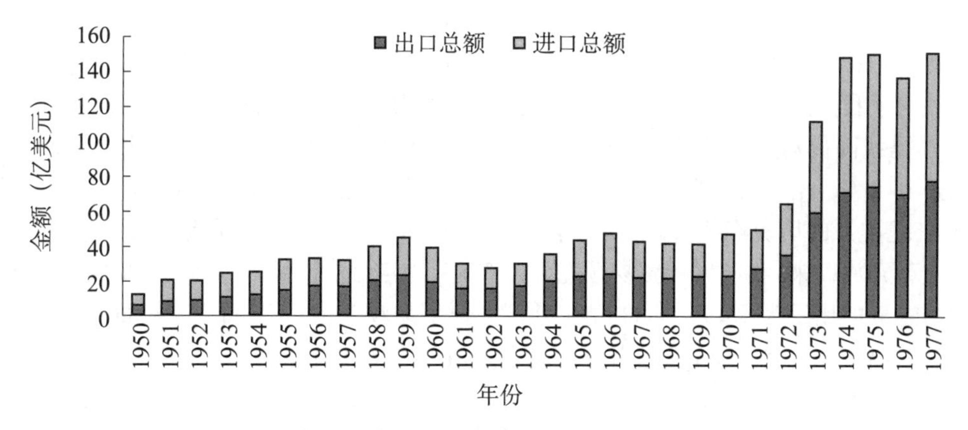

图 7-1　1950—1977 年中国进出口总额

资料来源:中华人民共和国国家统计局。

(二) 改革开放后的中国货物贸易收支结构

如图 7-2 所示,1978—2019 年我国进口、出口总额总体呈上升趋势。2008 年以前,进出口差额逐步扩大,尤其是 2004—2008 年,差额逐年增长;2008 年由于受到全球金融危机的冲击,我国国际贸易业务缩水,进出口总额下降,进出口差额缩小;2010—2019 年,我国进出口总额维持在较高水平,进出口差额有较大波动;2011—2015 年,进出口差额逐年上升,2015 年达到峰值后下降,2018—2019 年又出现回升。

改革开放初期,出于进口机械设备和生产原材料的需要,20 世纪 80 年代我国的贸易收支主要表现为逆差(除 1982 年、1983 年出现小额顺差外)。1978—1980 年,我国的贸易逆差高达 50 亿美元,这也促使我国采取了双轨制的汇率政策。1985 年,我国的贸易逆差达到顶峰,为 149 亿美元,1978—1989 年累计逆差 468 亿美元。

进入 20 世纪 90 年代后,由于采取了鼓励出口的经济政策,我国由劳动力比较优势形成的出口能力不断增强,出口增长迅速;而随着国内提供生产资料的能力的增长,我国

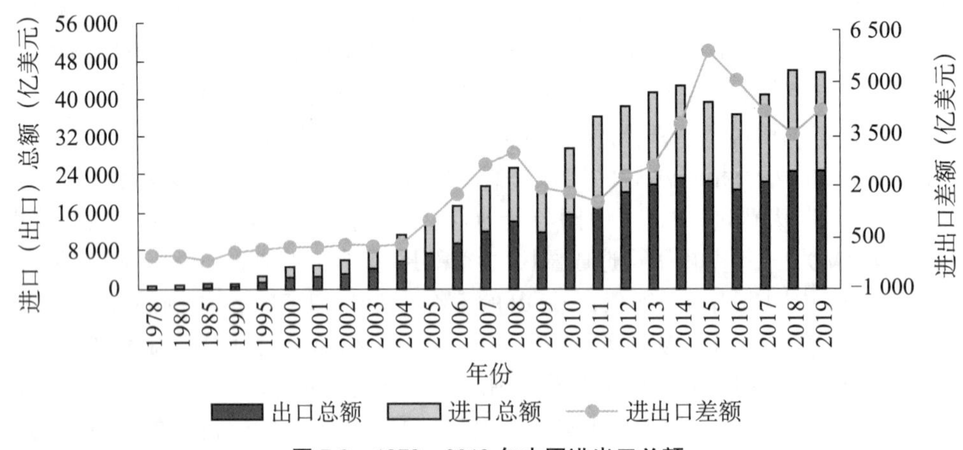

图 7-2　1978—2019 年中国进出口总额

资料来源:中华人民共和国国家统计局。

经济对进口的依赖程度逐渐降低,我国货物贸易收支结构主要表现为顺差(除 1993 年外),1990—2004 年累计顺差 2 911 亿美元,贸易顺差呈现加速扩大趋势。加入 WTO 进一步改善了我国的货物贸易环境,尤其是在过渡期之后,我国的出口增长迅速,2005—2006 年是我国货物贸易顺差大幅扩大的时期。2005 年,贸易顺差由 2004 年的 320 亿美元跃升到 1 020 亿美元;2006 年,贸易顺差达 1 775 亿美元;2008 年,贸易顺差达到 2 954.6亿美元的历史峰值;2009 年虽然受金融危机影响,但贸易顺差仍达到1 961 亿美元。改革开放以来,我国累计贸易顺差 12 767.5 亿美元。1978—2009 年,我国出口占货物贸易总额的比重为 53.78%,进口占 46.22%,贸易顺差占 7.56%。高额贸易顺差成为我国外汇储备的主要来源,也是当前人民币升值压力的主要来源,成为 2005 年以来我国调整人民币汇率的主要原因。

贸易收支结构的变迁是我国由计划经济体制向市场经济体制转型,逐渐融入世界经济的表现。我国的汇率管理与汇率水平的调整相一致,贸易收支大体经历了以下三个阶段:

(1) 20 世纪 80 年代是我国货物贸易的起步阶段。我国实施了贸易促进政策,“六五”时期(1981—1985)我国开始实施出口商品战略,包括税收、汇率、补贴等一系列贸易促进手段。其中,汇率政策代表性较高,自 80 年代以来实施的“双轨制”汇率政策有力推动了我国出口贸易的发展。

(2) 20 世纪 90 年代是我国货物贸易深入发展的时期。通过产业发展以及引进外资等措施,我国在一定程度上具备了按比较优势参与国际分工和竞争的能力。随着我国农村劳动力的逐步工业化,我国的劳动力优势逐渐显现,巨大的出口潜力开始迸发,一举扭转了我国货物贸易逆差的状况。80 年代长期的汇率贬值,以及 1994 年以来人民币对美元汇率的长期稳定,成为推动我国出口发展的又一主要动力,我国的货物贸易迅速扩大。

(3) 2005 年开始,我国进入货物贸易的调整时期。“十一五规划”重点强调加快转变对外货物贸易的增长方式,优化出口商品结构,提高对外货物贸易的质量和效益,并更加重视进口的作用。但由于我国长期实施贸易促进政策,加之工业化巨大潜能的发挥,以及包括汇率在内的用以平衡贸易的各项政策存在滞后性，贸易顺差加速扩大。

二、中国货物贸易的结构优化

改革开放前，中国经济十分落后，出口商品的结构水平较低，基本以初级产品为主，主要是农副产品、水产品、矿产品和少量的轻纺产品。改革开放后，中国的商品贸易规模迅速扩大，进出口贸易的产品结构也发生了重大变化。一般来说，一个国家出口商品结构的优劣在一定程度上体现了产业结构状况、对外贸易发展状况和科学技术发展水平。具体来说，该国在货物出口中初级产品所占的比重越高，说明该国的经济水平越落后；工业制成品所占比重越高，则说明经济水平越发达。20 世纪 50 年代，中国的工业制成品出口占比不足 10％，60 年代为 20％，70 年代为 30％，1980 年为 46.6％，1990 年为 74.4％，2000 年为 89.9％，2010 年为 94.82％，2019 年为 94.62％。

从 1978 年到 2004 年，中国的出口商品结构在明显优化，制成品的比重不断上升，并达到 90％以上，初级产品的比重不断下降，已不足 10％。改革开放以来中国出口商品结构出现过两次大的转变：第一次是 1986 年，纺织品和服装取代石油成为中国第一出口产品，标志着中国摆脱了以资源为主的出口结构，进入了以劳动密集型制成品为主导的时代；第二次是 1995 年，中国的机电产品取代纺织品和服装成为中国出口结构中的第一支柱，标志着中国出口商品结构的又一次升级。2009 年中国机电产品出口额达到 7 131 亿美元，占我国出口总值的 58.5％。此外，我国高新技术产品出口也在高速增长，2009 年出口额达到 3 769 亿美元，约占出口总值的 30.94％。虽然中国的出口贸易产品中机电产品和高新技术产品所占比重很大，但是此类产品多是外国在中国直接投资的企业出口的，而且其技术和知识产权也多属于国外，国内承接的主要是加工和组装，所以这类产品实际上还是劳动密集型产品。

中国的进口商品结构自改革开放以来不断改善，其变动呈现以下四个特点：第一，在进口贸易中初级产品的比重逐步上升，制成品的比重则逐步下降。由于中国经济的快速增长，国内市场的重要能源和原材料已经不能满足国内生产的需要，因此需要大量进口原油、成品油、天然气、铁矿石等能源与矿产品，其所占比重越来越大。目前中国已经成为继美国之后的第二大石油进口国。1985 年中国的初级产品进口占总进口量的 12.5％，1991 年上升到 17.5％，2000 年为 20.8％，2008 年为 32.6％。2019 年，中国初级产品进出口贸易额为 8 639.22 亿美元，其中，进口额为 7 299.52 亿美元，占比为 84.49％；2020 年 1—11 月，中国初级产品进出口贸易额为 7 188.23 亿美元，其中，进口额为 6 144.15 亿美元，占比为 85.48％。初级产品进口量的增加，说明我国工业企业的加工能力有了明显的提高。第二，近年来我国大量进口了国内短缺的资源型产品。第三，以信息、通信类产品为主的高新技术产品进口呈现高速增长态势。第四，国内技术和生产能力逐步完善和提高的产品的进口量大幅减少。

（一）中国货物出口贸易

从 20 世纪 80 年代中期至 2009 年，我国的出口商品结构经历了较大幅度的转变。在改革开放初期，我国依靠出口资源能源类商品换取外汇；80 年代，以原油为主的初级产品 SITC 3 类（矿物燃料、润滑油和相关原料）商品占比最高，其出口额占我国总出口额的

23.62%;20 世纪 90 年代,包括纺织品和服装类在内的 SITC 8 类(杂项制品)商品成为我国最大类的出口商品。中国国内劳动密集型的加工制造业获得蓬勃发展,劳动密集型产业成为最主要的出口产业,如纺织品服装鞋帽业、皮革制品业、竹木制品业、农副食品加工业等。1990 年,SITC 8 类的出口占比为 28%,加工制造产业,尤其是 SITC 8 类商品在出口商品中占比最高的状况一直维持了 14 年(1987—2000 年),该类商品占比在 1993 年达到最高,为 43%,之后其占比在波动中逐渐下降,至 2009 年占比为 24.95%,是我国第二大类的出口商品。

加入 WTO 后,我国出口商品由劳动密集型的加工制造产品向附加值更高、技术密集度更高的商品类别转变。2002 年,代表较高技术水平与资本密集度的 SITC 7 类(机械与交通设备)商品成为我国出口占比最大的出口商品类别,其出口额占我国总出口额的 35.5%,之后份额不断上升,至 2009 年达到 49.12%,工业制成品成为中国出口居最主导地位的部分。

中国出口商品贸易结构的变迁是多种因素协同作用的结果。[①] 首先,这是改革开放以来经济快速发展的结果。经济发展的效应体现在两方面:一是经济总量规模的扩大,体现了产业生产与国内市场的发展,表现为我国 GDP 总量的不断增长;二是单位经济绩效的提高,体现为以工资性收入为代表的报酬的不断上升,按照“斯托尔珀—萨缪尔森”效应解释,这是我国参与国际贸易、资本深化,以及产业结构不断升级、人均资本拥有量提高的结果,是我国深度参与国际产业分工与贸易以及国际市场容量扩大的结果。其次,这是我国对外商品贸易战略性政策的结果。改革开放以来,我国长期实行“出口导向型”的贸易政策,出口鼓励效应明显。在各种贸易政策中,人民币汇率制度是一项重要内容。汇率是调节国际相对价格的表征指标,汇率变动将引起出口商品的相对价格变动,进而影响出口贸易量。尤其是人民币的长期贬值,以及对美元的稳定,对促进出口起到了重要作用。最后,FDI 常常被认为是我国出口商品结构变动的重要原因,FDI 改善了我国改革开放初期资金不足的问题,FDI 带来的技术也成为推动我国出口产业结构升级的动力。20 世纪 90 年代后期开始,外资结构不断优化,推动了我国贸易结构的优化升级。

(二) 中国货物进口贸易

从 20 世纪 80 年代中期至 2009 年,我国的进口商品结构有所变动。SITC 7 类(机械和运输设备)商品一直是我国进口占比最高的商品类别,近十年来占总进口的比重平均在 40%以上。这反映了我国作为正在经历工业化过程的发展中国家,需要通过引进国外技术和机械设备来实现赶超发展,机械设备进口对我国工业化和经济发展具有加速作用。

SITC 5 类(未列名化学产品及有关产品)的进口也一直占有较高的比重,这表明我国对化工产品的高度需求与产业发展所处的阶段,同时 SITC 5 类中包括多种化学品原材料以及化学品成品,再联系到 SITC 5 类也是我国的出口商品,且 SITC 5 类的产业内贸

---

① 江小涓(2007)探讨了影响我国出口商品的各种因素,包括劳动密集程度、制造能力、需求扩张程度、市场竞争程度、外资参与度、产品特性、全球化程度、出口增长率等,其中需求扩张程度、市场竞争程度均与人民币汇率有关。文章还对未来我国商品出口的状况做了预期。参见江小涓. 出口商品结构的决定因素和变化趋势[J]. 经济研究,2007(5):4-16.

易指数较高，表明我国的化工产业正逐渐融入全球价值链，并在价值链中不断演化。

值得注意的是我国SITC 3类（矿物燃料、润滑油及有关燃料）商品进口情况的变化。1980年该类商品的进口只占我国总进口的1.01%，而2009年该类商品在我国进口中的占比已达到12.33%。与之相对应的是，自20世纪90年代中期以来，SITC 2类（燃料以外的非食用粗原料）的进口呈现逐步上升的趋势，至2009年达到14.05%。SITC 3类是以原油为主的液态燃料能源商品，SITC 2类是以金属（铜、铁、铝等碱金属；有色金属等）、非金属（肥料、硅酸盐等）以及自然资源产品（木材、纤维、羊毛等）为主的资源型商品。联系到这两类商品和我国的矿产资源储量情况，可以看出我国已经由改革开放初期通过出口资源、能源类商品换取外汇，以及进口SITC 7类的机械设备和SITC 5类的重化工产品的进出口交换关系，过渡到以机电产品为主的工业制成品的出口结构，和进口SITC 7类的机械设备，以及满足国内生产与消费的SITC 3类与SITC 2类能源、资源类初级产品的进口结构。随着我国经济的进一步发展，国内能源与资源产品日益无法满足我国经济发展的需求，从国外大量进口能源、资源类商品成为必然选择。可以预见的是，进口结构将继续调整，SITC 3类与SITC 2类商品在我国进口商品中所占比例将进一步提高。

在我国的进口商品结构中，SITC 6类（轻纺产品、橡胶制品、矿业产品及其制造品）在我国进口贸易中占比的下降趋势较为明显，从1980年的20.75%下降到2009年的10.71%，该类商品主要是满足我国国内生产以及出口商品生产，尤其是加工贸易商品生产的半制成品。我国工业制成品出口占比的不断上升，SITC 6类商品进口占比的不断下降，以及SITC 2类、SITC 3类商品进口占比的上升，说明改革开放以来，我国工业的产业链逐渐完整，从负责国际产业分工链条中的一个环节逐渐向产业链的上游和下游延伸，国内生产供应半制成品和零件的能力增强，我国出口产业中的半制成品甚至加工贸易也越来越多地使用来自国内生产的产品，各产业链对国外上下游企业的依赖逐渐减弱。①

主要服务于消费的SITC 8类（杂项制品）商品，在我国进口商品中的占比增长缓慢，基本保持在8%以下，表明我国进口贸易的目的并不是满足国内的消费需求，进口对我国居民生活的作用总体较小。主要用于消费的SITC 0类（食品及活动物）商品在我国进口商品中的占比呈现逐渐下降的趋势，由1980年的14.62%下降到2009年的1.47%。这表明我国国内产业满足国内居民需求的能力不断加强，也表明我国居民从国际贸易中获取的直接静态福利较小，主要通过进口机械设备来加速产业发展，推动经济增长。SITC 8类商品在我国进口商品中的占比自1998年以来呈现一定的上升趋势，这与我国日益重视国内消费的进口政策以及对进口贸易限制的逐步放开有关。

总体来说，三十多年来，中国的进口贸易结构变动相对于出口贸易结构变动较小。进口贸易结构的变化是多种因素协同作用的结果。首先，这是中国经济增长量与质变化的结果。量的变化表现为中国经济总量的增加对各种进口品的需求均持续增加，质的变化表现为随着中国经济的发展，越来越多的需求能够被国内生产满足，进口贸易从“调剂

---

① 需要指出的是，虽然我国国内各产业的产业链逐渐完整，但整合仍存在较大问题，甚至许多环节的整合要通过国外部门完成，如我国的造纸行业发展较快，但大量造纸企业属于外商投资企业，我国出版业用纸则较多采用进口。这既是我国参与国际多层次分工的结果，也反映出国内产业链的整合仍需加强。

余缺”“以进养出”的目的性发展，逐渐过渡到符合中国参与国际市场竞争的比较优势分工以及竞争优势分工的结构。其次，这是我国国际经济与贸易发展的结果。过去二十年不仅是历史上我国经济发展最快的时期，也是我国经济、贸易与世界充分融合蓬勃发展的时期。最后，这是中国经济发展方式带来的结果。中国的进口贸易较大部分用于加工贸易的出口，一般贸易的进口也有较大比重服务于出口生产。外商投资企业从事出口的也较多，进口满足于出口目的较为明显。

三、中国货物贸易的贸易方式变迁

（一）一般贸易的发展

中国的一般贸易发展可以划分为以下三个阶段：

第一阶段（1981—2000 年），改革开放初期实行的有管理的外贸政策被打破，向减少税费、规范非关税措施、简政放权的方向转变，各地政府积极支持建立外贸公司，从事对外贸易的企业数量急剧增加，外贸规模不断扩大。

第二阶段（2001—2008 年），自 2001 年我国加入 WTO 以来，传统的收购外贸制度逐渐被自由贸易政策取代，企业逐渐拥有对外贸易的经营决策权。以国有企业为主的传统外贸企业模式逐渐转变为以外资企业为主，中外合资经营企业、民营企业和国有企业多元化发展的格局。贸易主体的多元化促进了我国对外贸易的迅猛发展。

第三阶段（2009 年至今），由于受到美国次贷危机的影响，全球经济低迷。自 2009 年开始，我国也开始出现进出口总额不断下滑、贸易争端频发的现象。但经调整之后，在 WTO 提供的新贸易环境和规则下，中国对外贸易的发展实现了快速回暖和上升。

图 7-3 显示了 1981—2019 年一般贸易进口额与出口额情况。

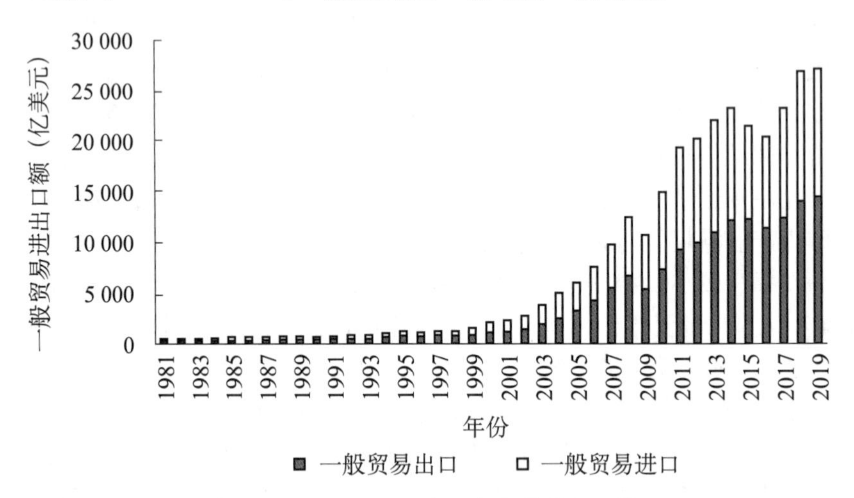

图 7-3　1981—2019 年一般贸易进出口额

资料来源：中华人民共和国海关总署。

（二）加工贸易的发展

相对于一般贸易，中国的加工贸易起步较晚，虽然改革开放之后我国就出现了加工贸易，但是与一般贸易相比较，规模还是很小。在1981年，我国一般贸易的进出口总额为411.66亿美元，而加工贸易的进出口总额仅为26.35亿美元，还不到一般贸易的1/10。但是随着改革开放的不断深入，加工贸易在我国得到了快速发展，从1994年开始，我国加工贸易进出口总额就超过了一般贸易进出口总额。

中国的加工贸易发展可以划分为以下四个阶段：

第一阶段(1981—1988年)是探索与鼓励发展阶段。这一阶段的加工贸易以来料加工为主，进料加工逐步兴起。随着各种鼓励政策的出台，进料加工业务得到迅速发展。

第二阶段(1989—1998年)是快速发展与规范管理阶段。这一阶段的来料加工贸易继续发展，进料加工比重迅速上升。随着我国经济体制的转轨速度不断加快，市场秩序在这一时期出现了一定的混乱，加工贸易在管理上出现了一些问题。为了消除不利影响，国家相关部门开始制定一些规章制度对我国的加工贸易行业进行规范和调整。

第三阶段(1999—2003年)是加强管理与促进发展并重的阶段。从1999年开始，国家陆续颁布了一系列规范加工贸易发展的法律文件，我国加工贸易开始走上了一条规范管理、持续健康发展的道路。这一时期，我国加工贸易进出口总额不断提高，约占进出口总额的50%，其中加工贸易出口额占同期出口总额的55%左右。

第四阶段(2004年至今)是调整结构与转型升级阶段。在这一阶段，我国机电技术含量水平较高的加工贸易产品在出口总额中所占比重不断攀升，以前以"两高一资"(高耗能、高污染和资源性)产品为主的加工贸易出口方式得到了有效抑制，我国加工贸易的梯度转移效应开始显现。

图7-4显示了1981—2019年加工贸易进口额与出口额情况。

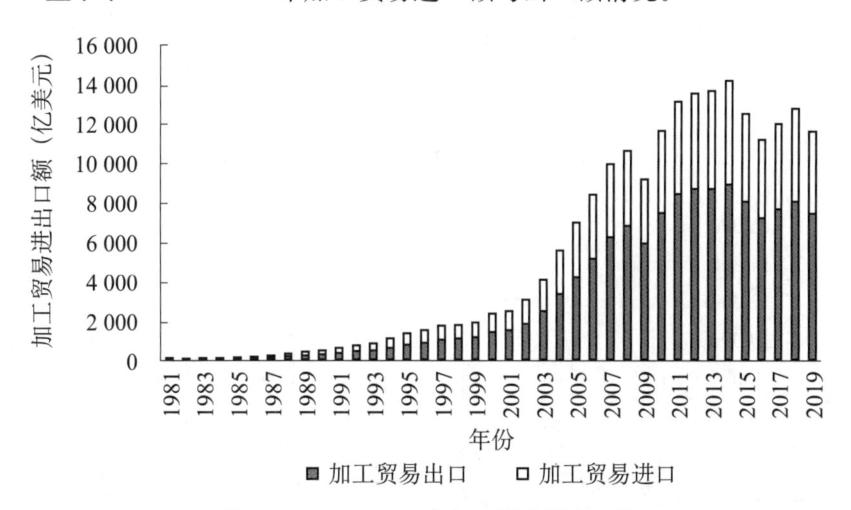

图7-4　1981—2019年加工贸易进出口额

资料来源：中华人民共和国海关总署。

四、中国货物贸易主体构成变化

在一般贸易企业主体构成方面，改革开放初期，国有企业是外贸活动的主体，其他公司无权参加；随着改革的深入，逐渐形成了外商投资企业、民营企业和国有企业共同发展

的多元化局面。多元化主体的出现激发了市场参与者的积极性，对一般贸易规模的扩大起到了促进作用。

自改革开放至中国加入 WTO，我国从事加工贸易的主体企业是国有企业或集体企业；加入 WTO 以后，加工贸易的主体企业逐步向外资企业、民营企业和部分国有企业的多元化方式转变。多元化主体的出现，一方面激发了市场经济的活力，推动了加工贸易和我国经济的快速发展；另一方面为国内企业与发达国家企业开展合作提供了良好机遇。随着合作程度的不断加深，国内企业能够学习到国外企业比较先进的生产技术、管理经验，获得经过培训的熟练工人，这对我国加工贸易企业的发展具有重大意义。

我国将进出口企业按性质分为四类，分别为国有企业、外商投资企业、民营企业和其他企业。从图 7-5 可以看出，2014—2020 年，国有企业进口所占份额稍大于出口，但其在我国进出口总额中所占的比重逐渐下降；外商投资企业进出口份额总体呈现上升趋势，在进出口中占据主导地位；民营企业在进出口总额中所占的比重也在不断上升，并且仍保持高速增长的势头。

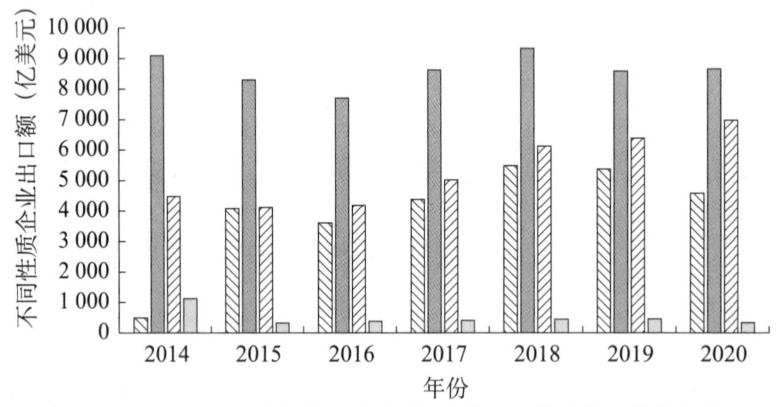

(a) 出口

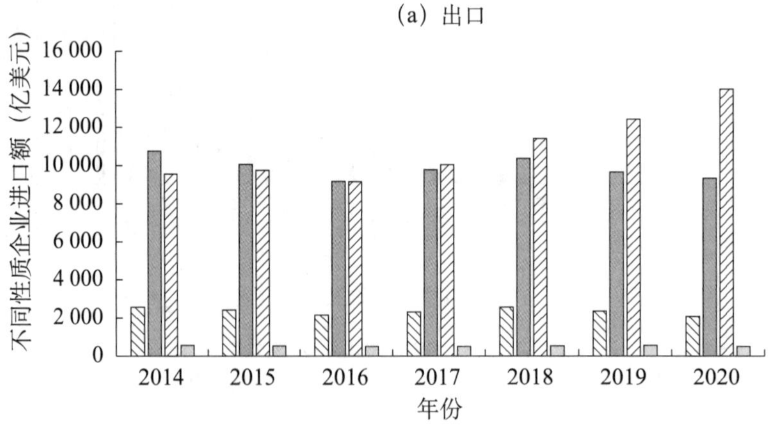

(b) 进口

图 7-5　2014—2020 年我国不同性质企业进出口额

资料来源：中华人民共和国海关总署。

五、中国货物贸易的地理分布

中国内地的贸易伙伴主要集中在25个国家和地区，分别为美国、日本、中国香港、韩国、中国台湾、德国、澳大利亚、越南、马来西亚、巴西、俄罗斯、印度、泰国、新加坡、英国、荷兰、印度尼西亚、沙特阿拉伯、法国、加拿大、菲律宾、墨西哥、意大利、阿联酋、南非。

通过分析近年来中国内地出口国家和地区的统计数据发现，中国内地虽然与世界绝大多数国家和地区建立了国际贸易联系，但其出口并非在不同国家和地区中均匀分布。将中国内地每年的出口额按国家和地区区分并排名，发现80%左右的出口主要集中在30个左右的国家和地区，即对排名前30位国家和地区的出口很大程度上决定了中国内地当年的出口情况。

2001年中国加入WTO以后，中国对外贸易流量增速与前期相比明显加快，年均增速约为26%，其中主要贸易伙伴的贡献十分明显。中国内地出口到主要贸易伙伴如美国、中国香港、日本、欧盟、韩国等市场所面临的关税已经较低，尤其是非农产品出口。随着中国内地贸易版图的逐步扩大，对前十大贸易伙伴的进出口额占进出口总额的比例逐年下降，中国内地对外贸易在地理分布上出现分散化的趋势，但仍然保持出口市场集中度高的现状，中国内地对前十大贸易伙伴的进出口额占进出口总额的比例仍超过五成。2005—2019年，中国内地与主要贸易伙伴关系长期稳定，十大贸易伙伴中的前四位基本稳定，位次稍有变化(见图7-6)。中国内地的主要贸易伙伴可以分为四类：世界上的贸易大国和大的贸易体，比如美国和日本；中国的邻国或地区，比如东盟、韩国、俄罗斯和印度；中国的独立关税区，比如香港特别行政区、台湾地区；其他一些亚太经合组织的成员，比如澳大利亚和加拿大。

六、中国货物贸易余额

改革开放前，中国经济是相对封闭的，虽然有一些对外交往，但规模很小，也没有引进外资的做法，进口所需的外汇完全由出口多少决定，这种量入为出的对外贸易模式使我国的贸易基本保持平衡。改革开放之初的几年，对外需求和对外供给的活力得到释放，对外贸易的规模扩大，我国的对外贸易有顺差的年份也有逆差的年份，且逆差的年份居多。这主要是因为我国在改革开放初期对国外先进设备和生产资料的需求比较高，而我国在劳动密集型产品上的比较优势尚未得到开发。

我国持续的贸易顺差始于1994年，除了有几年受亚洲金融危机和中国入世影响之外，贸易顺差持续增长，尤其是2005年贸易顺差较上年增长218%。各界对贸易失衡的关注达到顶峰，我国也采取了一些措施来缓解贸易摩擦。2005年，我国分期分批调低和取消了部分“两高一资”产品的出口退税率，降低了纺织品等容易产生摩擦的产品的出口退税率，提高了重大技术装备、IT产品、生物医药产品的出口退税率。2007年7月1日，我国又对出口退税政策进行了较大范围的调整以缓解贸易顺差过大引起的各种矛盾，同时优化产业结构。2007年贸易余额的增幅有所回落，2009年贸易余额规模有下降趋势，但2011年后贸易顺差又开始大幅增长。

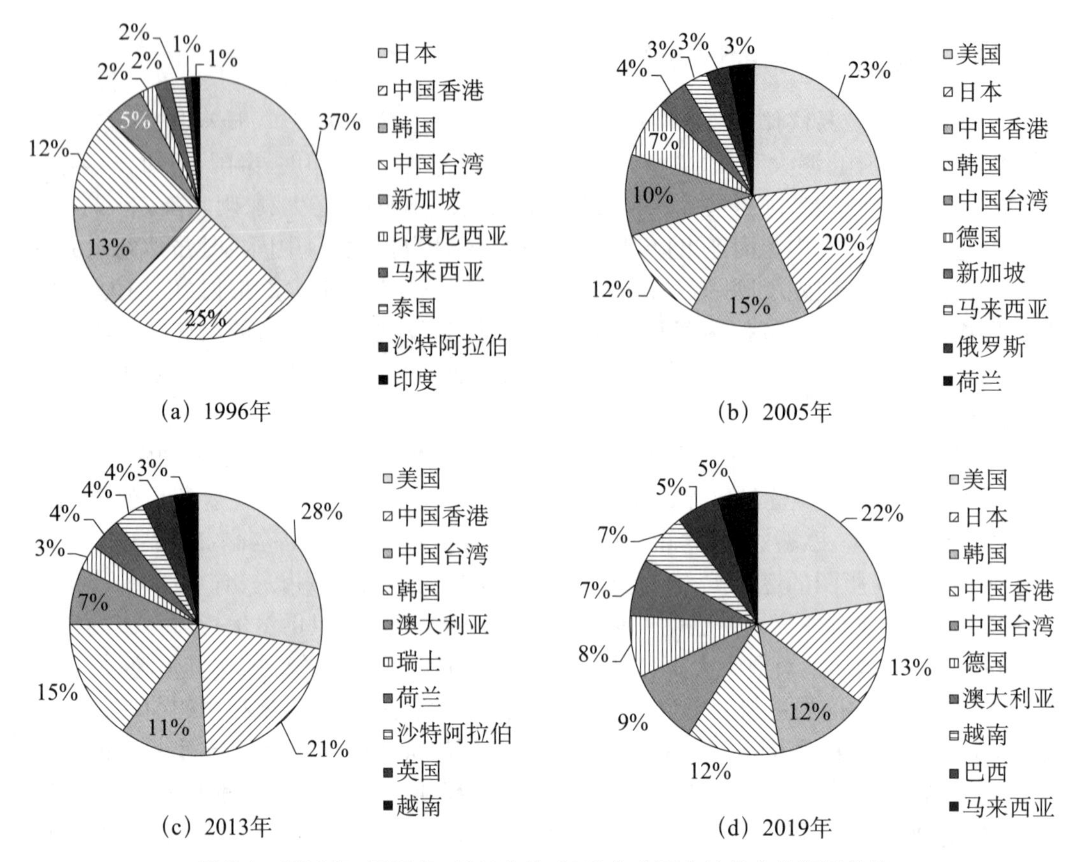

图 7-6 1996 年、2005 年、2013 年和 2019 年中国内地前十位贸易伙伴

资料来源:中华人民共和国海关总署。

图 7-7 的四张截面数据图给出了 2000 年、2005 年、2010 年以及 2019 年与中国内地发生贸易余额最多的前 10 个国家和地区。从这四张图中可以看出中国香港、中国台湾、美国、韩国与中国内地发生的贸易余额一直很大。值得注意的是,除了中国香港外,中国内地与东亚的主要贸易伙伴如日本、韩国和中国台湾都是贸易逆差,其中尤以台湾地区的数值最大。香港地区之所以一直都是贸易顺差,一方面是由于其特殊的地理位置,另一方面是由于香港地区一直参与内地的改革开放进程,并在这一过程中与内地沿海开放地区建立了密切的联系网络,成为中国内地与世界信息和物资交流的重要窗口。

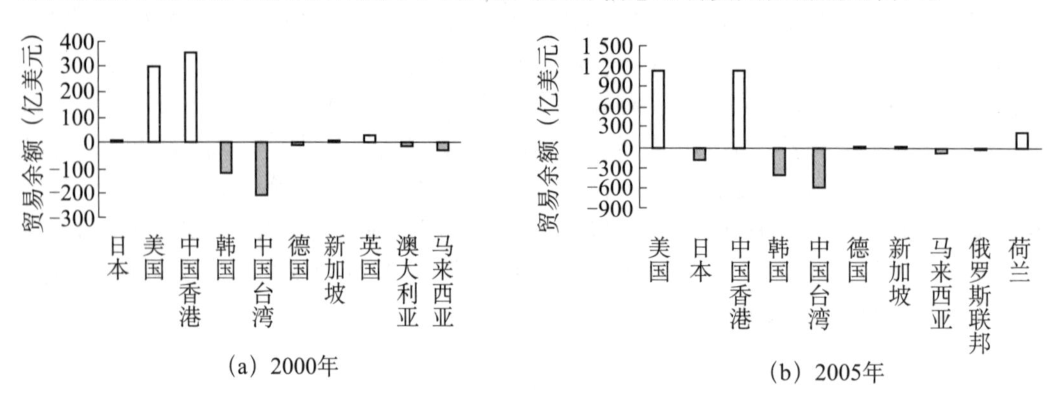

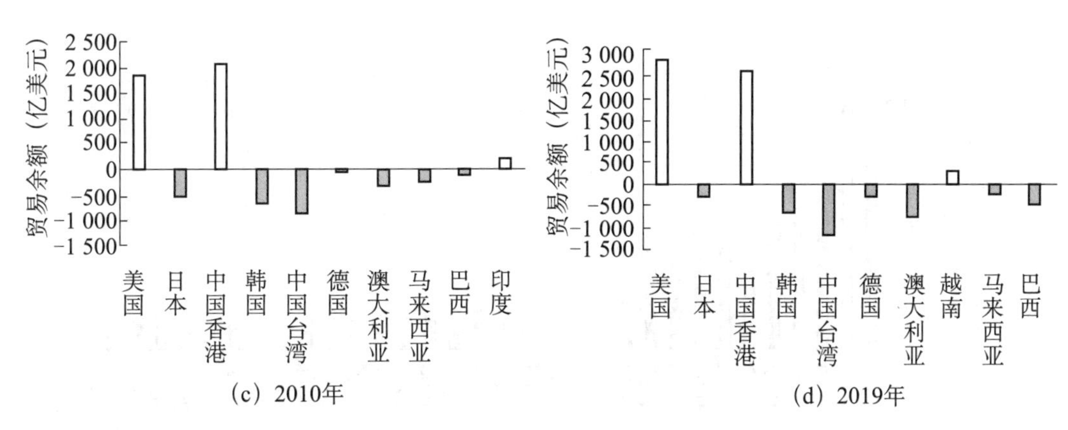

图 7-7　中国内地对主要贸易伙伴的贸易余额

资料来源：中华人民共和国海关总署。

第三节　中国主要商品贸易概况

一、初级产品贸易

按照《中国统计年鉴》的分类，初级产品主要是指食品及主要供食用的活动物，饮料及烟酒，非食用原料，矿物燃料、润滑油以及有关原料，动、植物油脂及蜡。改革开放以来，中国初级产品贸易有较大增长。1980 年初级产品出口额仅为 91.14 亿美元，2019 年初级产品出口额达 1 339.36 亿美元。初级产品出口额逐年增加，但其出口占比却持续降低。1985—1990 年，初级产品出口额占总出口额的比重大幅降低，之后保持逐年递减趋势，2006—2019 年稳定在 5%左右（见图 7-8 和图 7-9）。

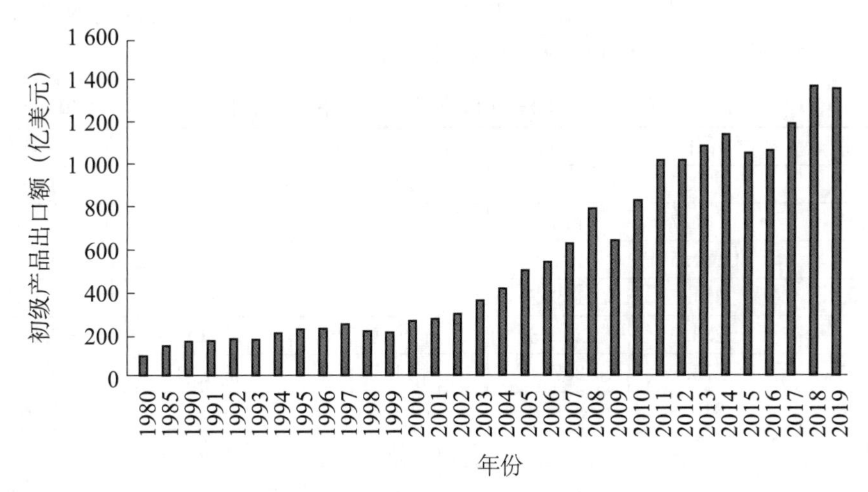

图 7-8　1980—2019 年中国初级产品出口额

资料来源：中华人民共和国国家统计局。

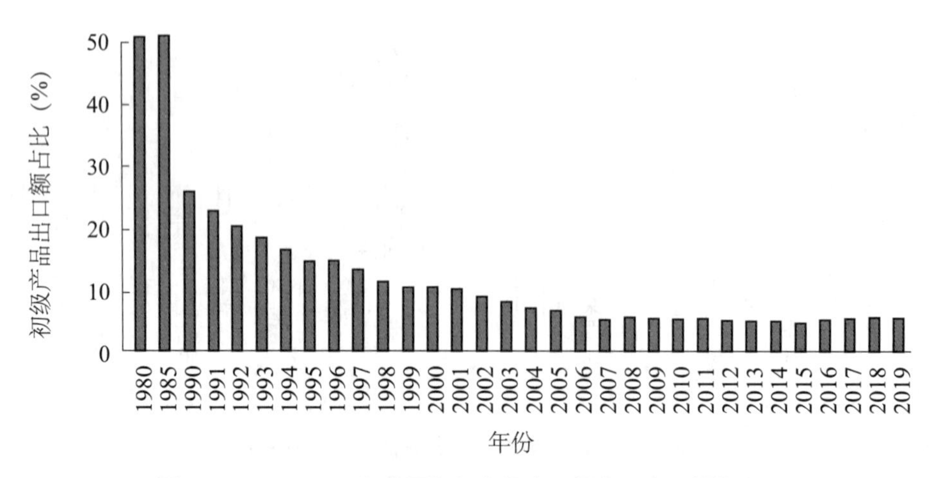

图 7-9　1980—2019 年中国初级产品出口额占总出口额的比重

资料来源:中华人民共和国国家统计局。

二、农产品贸易

中国自加入 WTO 以来,在市场开放的过程中,农产品出口规模不断扩大,贸易额由 2002 年的 181.5 亿美元发展到 2019 年的 785.7 亿美元,中国已成为世界第五大农产品出口国。

(一) 中国农产品出口贸易

1. 中国农产品出口概况

(1) 出口规模稳中有升,贸易排名位居世界第五。根据 WTO 的统计,2008 年我国已成为世界第五大农产品出口国、第一大水产品出口国,水产品出口总额占世界出口总额的 12%。大蒜、花生、烤鳗、苹果汁、香菇、蜂蜜、肠衣等农产品的出口量均位居世界前列。表 7-2 为 2000—2019 年我国农产品贸易情况。

表 7-2　2000—2019 年我国农产品贸易情况　　金额单位:亿美元

年份	出口额	进口额	进出口差额	进出口总额	贸易竞争指数
2000	156.2	112.0	44.2	268.2	0.164 80
2001	160.7	118.4	42.3	279.1	0.151 56
2002	181.5	124.5	57.0	306.0	0.186 28
2003	214.3	189.3	25.0	403.6	0.061 94
2004	233.9	280.3	−46.4	513.2	−0.090 41
2005	275.8	287.1	−11.3	562.9	−0.020 07
2006	310.3	319.9	−9.6	620.2	−0.015 48
2007	370.1	410.9	−40.8	781.0	−0.052 24
2008	405.0	586.6	−181.6	991.6	−0.183 25
2009	395.9	525.5	−129.6	921.4	−0.140 67
2010	494.1	725.5	−231.4	1 219.6	−0.189 73
2011	607.5	948.7	−341.2	1 556.2	−0.219 25

（续表）

年份	出口额	进口额	进出口差额	进出口总额	贸易竞争指数
2012	632.2	1 124.4	−492.2	1 756.6	−0.280 14
2013	678.3	1 188.7	−510.4	1 867.0	−0.273 39
2014	719.6	1 225.4	−505.8	1 945.0	−0.293 93
2015	701.8	1 159.4	−457.6	1 861.2	−0.245 86
2016	725.6	1 106.5	−380.9	1 832.1	−0.207 90
2017	750.3	1 247.2	−496.9	1 997.5	−0.248 76
2018	793.2	1 367.1	−573.9	2 160.3	−0.265 63
2019	785.7	1 498.8	−713.1	2 284.5	−0.312 14

资料来源：中国国际贸易统计年鉴。

（2）国际市场准入条件苛刻，严重制约农产品出口。农产品是各国实行贸易保护最严格的领域，世界农产品平均关税水平高达61%，非关税壁垒也严重影响我国优势农产品的出口。受国外技术性贸易壁垒的影响，我国农产品出口企业每年损失约90亿美元。发达国家的技术性贸易壁垒趋向制度化、法律化，极大增加了行业的应对难度。

（3）农产品出口的社会效益明显。农产品出口对带动农村就业、增加农民收入、优化农业产业结构发挥了重要作用。据商务部测算，每1万美元的农产品出口，能直接和间接创造约20个就业岗位。

（4）农产品出口的产品集中度和市场集中度都比较高。2010年，我国蔬菜、水果、原料类水产品和蜂蜜对前五大出口市场的依存度依次为45%、53%、62%和74%。这些农产品一旦在某个主要出口市场遭遇药物残留、卫生检疫等卫生与动植物检疫措施，往往会引起连锁反应，给出口企业带来较大的损失及市场风险。

（5）劳动密集型农产品为主要出口产品。过去十多年，农产品出口结构的变化与中国农产品的比较优势是相符的。2019年，水产品及其制品、蔬菜水果及其制品、畜禽产品分别占农产品出口总额的26.12%、29.01%和8.22%，三者合计为63.35%。2019年，畜禽产品出口额为65.0亿美元，在农产品出口总额中所占比重由2002年的7.5%左右上涨至8.22%。水产品出口基本呈稳定增长态势，2019年，水产品及其制品出口额为206.6亿美元，水产品出口正在克服国际技术性贸易壁垒的阻力，继续保持增长。蔬菜水果及其制品出口在加入WTO后增长迅速，占农产品出口总额的比重由2002年的23.3%增长到2019年的29.01%。2019年，蔬菜、水果及其制品出口额为229.5亿美元，是出口的第一大类农产品。粮食的出口很不稳定，2019年，粮食出口仅占农产品出口总额的1.62%。从单项产品观察，2019年出口额排在前几位的产品是冻鱼和冻鱼片、茶叶、苹果、稻谷和大米、肠衣、橘/橙、蘑菇罐头、制作或保藏的鳗鱼、番茄酱、活鱼等。

2. 中国农产品出口的作用及意义

（1）加速农业产业化进程。以往农业的发展以国内市场为定位，农业产业化生产受到内部市场格局的制约，难以形成规模经济，同时由于起点低，在发展过程中容易受到更大的挑战。在一部分具有出口优势的农产品行业优先发展出口产业，不仅可以解决产品销路问题，而且具有较强的示范作用和带动作用，加快和普及农业的产业化，通过

产业化带动一批农村龙头企业的发展,在区域内率先实现工业反哺农业,增强农业的发展后劲。

(2) 有利于巩固农业基础,提高农产品的竞争力。加快农产品出口是提高农产品竞争力的有效途径。目前农业和农产品面临的主要问题是竞争力较弱,通过扩大出口可以更好地发挥农业的比较优势,形成一批有竞争力的出口农产品,从而巩固农业的发展基础,提高农产品的综合竞争力。

(3) 加快促进农产品质量的提升。通过组织农产品出口,发展农产品出口基地,能够更好地贯彻农业生产规范,有效解决农产品的生产标准和产品质量问题,建立一套与国际接轨的标准体系。出口龙头企业为打破国外技术性贸易壁垒,不断开展技术创新,大大促进了农产品质量的提升。

(4) 促进农民增收,加快新农村建设。通过鼓励和发展特色农产品加工出口,可以实现对现有农产品资源的深度开发和利用,延长农业产业链,扩大农村劳动力就业,解决农业发展和农民增收问题。

3. 中国农产品出口面临的主要问题

(1) 我国农民组织化程度低,农业经营规模小且过于分散。我国现有农户约两亿多户,但农民组织化程度较低,与周边国家日本、韩国相比相差甚远。目前,我国绝大多数农村缺乏独立的经济组织,大多是自发或政府机构组织的农民专业合作组织,呈现出暂时性和不稳定性的特点。农民整体素质偏低且又高度分散经营,这对农业生产的资金投入、技术应用、信息获取与利用形成严重制约,这种家庭分散经营与国际统一大市场的矛盾更加突出。面对日益激烈的国际竞争,这种农业经营模式存在的问题更为严重。

(2) “绿色壁垒”严重阻碍我国农产品出口。绿色壁垒是指在国际贸易中,一些科技上有相对优势的国家为了保护生态环境和人类健康,制定严格的强制性技术标准,以限制外国商品进入本国市场。绿色壁垒的产生是为了保护生态环境和人类健康,其不断发展的原因是各国的贸易保护有所加强。目前一些发达国家制定较高的农产品检验检疫标准,而我国农产品质量大多达不到这样的水平。我国外贸企业为得到国外认证和绿色标志,不得不付出大量财力、物力,导致农产品出口成本增加。绿色壁垒的设置提高了农产品国际贸易的门槛,使一些原本具有价格优势的农产品不能出口,导致农产品出口中潜在的优势无法转化为现实的优势。

(3) 我国农产品国际竞争力总体不强。在国际市场上,我国农产品面临双重压力:一是在生产方式上,我国农业产业化程度低,农业劳动生产率低,农产品生产成本和价格高。据统计,我国近年的稻谷、小麦、玉米、大豆、油菜籽、棉花等主要农作物的生产成本中人工费用占到35%～53%,使得原本具有价格优势的大宗农产品的国内价格与国际价格相当,而发达国家农产品生产成本中人工费用的占比则不到10%。二是在产品质量上,我国农产品规格化、标准化程度低,产品质量不高,农产品安全问题突出。

(4) 我国农业管理体制不利于农业参与国际竞争。当前,我国农业管理水平和管理手段与发达国家有较大差距。在对农业的宏观管理中,发达国家主要采用经济、法律及有限的行政手段,而我国主要采用行政手段。在对农业的微观管理中,发达国家实行集约化管理，而我国普遍是粗放管理。我国在农产品加工、营销管理方面存在的突出问题是：内外贸分离，外贸进出口组织的垄断现象严重，不能对农产品市场进行有效调控，农产品质量标准体系和检验检测体系不健全，农产品市场普遍存在无序运行、交易行为不规范的现象，从而造成我国农产品加工、仓储和运销滞后，质量难以达到国际水平。

（二）中国农产品进口贸易

从中国农产品进口结构的发展趋势来看，中国资源性战略农产品的进口规模不断加大，进口依存度提高较快。

2004—2005 年，中国油菜籽进口占世界进口额的 25%，中国是世界上最大的纤维进口国，每年进口量占世界进口总量的 15%。2014 年，我国进口油菜籽总量达到 500 万吨水平。据美国农业部数据统计，2019 年中国油菜籽进口数量为 1 050 千吨，同比下降 1.6%。

中国自加入 WTO 以来棉花进口大量增加，加入 WTO 前的 5 年（1997—2001 年），中国棉花年均进口 21 万吨；加入 WTO 以后的 5 年（2002—2006 年），棉花年均进口 182 万吨，年均增长率 115%。2003 年中国成为世界上最大的棉花进口国。2006 年棉花进口 49 亿美元，占农产品进口额的 15.3%；国内生产棉花 673 万吨，进口棉花 364.3 万吨，相当于国内产量的 54%。2019 年我国棉花进口为 825 万包，占消费量的 23%。

2006 年中国大宗农产品进口量大增，占农产品进口额的比重越来越高，其中大豆进口 75 亿美元，占中国农产品进口总额的 23.4%，2006 年国内大豆产量为 1 590 万吨，进口大豆 2 827 万吨，进口量已占国内需求量的 2/3。此后大豆进口增加的态势随需求的扩大而继续保持。2020 年，中国大豆进口再创新高，达到 10 032.7 万吨，较 2000 年规模水平增长 863%，进口金额为 395.39 亿美元，同比增长 11.63%。2006 年中国进口天然橡胶 161.2 万吨，相当于国内产量（约 60 万吨）的 2.7 倍。2019 年中国进口天然橡胶 245.6 万吨，2020 年前三季度进口数量为 150 万吨。

从中国农产品的市场结构来看，中国农产品进出口的市场相对集中，出口市场主要集中在东亚地区。1992—2002 年，中国内地对东亚国家和地区的出口占农产品出口总额的 60%～70%，有些年份在 70%以上，其中日本和中国香港是中国内地农产品出口的最大市场，出口额占比在 45%以上；到 2019 年，中国内地农产品出口到亚洲国家和地区的占比达到 65.89%。中国农产品的进口市场分布较为分散，主要是美国、加拿大、澳大利亚、巴西、阿根廷、泰国、马来西亚以及印度尼西亚等国。1995—1999 年，前十个进口来源地占中国农产品进口总额的比重由 73%下降到 69%，加入 WTO 以后该数字呈上升趋势，2007 年达到 78%。2019 年，重点大宗进口商品菜籽油的前三大市场分别为加拿大、阿拉伯联合酋长国与俄罗斯，进口数量分别为 96.3、20.4、15.3 万吨，进口金额分别为 7.8、1.6、1.3 亿美元；大豆的主要来源国分别为巴西、美国和阿根廷，进口数量分别为 5 767.4、1 694.4、879.1 万吨，进口金额分别为 230.2、66.6、35.8 亿美元。

美国一直是中国进口农产品的第一大来源地。自 2009 年以来，我国稳居美国农产品出口目的国的前两位，对美国农产品贸易长期存在逆差，其中大豆是美国对华出口的主要农产品。2017 年，美国对华出口大豆 3 286 万吨，金额达 140 亿美元，超过美国大豆出口总额的一半，居美国对华出口商品的第二位。在加入 WTO 之前，来自澳大利亚和加拿大的进口额始终排在第二位和第三位；但在加入 WTO 以后，随着中国进口农产品结构的变化，特别是大豆进口量持续猛增，来自巴西和阿根廷的进口额超过了澳大利亚和加拿大，排在美国之后。中国从东盟进口的农产品一直在增加，特别是加入 WTO 以及中国-东盟自由贸易区建立以后，来自泰国、马来西亚以及印度尼西亚的进口增长更加迅速，已经成为中国农产品进口的重要来源地。

（三）中国优势农产品的国际竞争力

2019 年，中国农产品的出口额为 785.7 亿美元，进口额为 1 498.8 亿美元。2000—2019 年中国农产品进出口额均有所增长，但是总体上进口额大于出口额，农产品贸易一直处于逆差状态，且逆差额不断扩大，贸易竞争指数[①]不断减小。图 7-10 显示了 2000—2019 年农产品贸易竞争指数的变化过程。从中可以看出，中国农产品的贸易竞争指数不断下降，由正值变为负值，这表明自加入 WTO 以后，中国主要农产品的国际贸易竞争力不断下降，由竞争优势地位转变为竞争劣势地位。

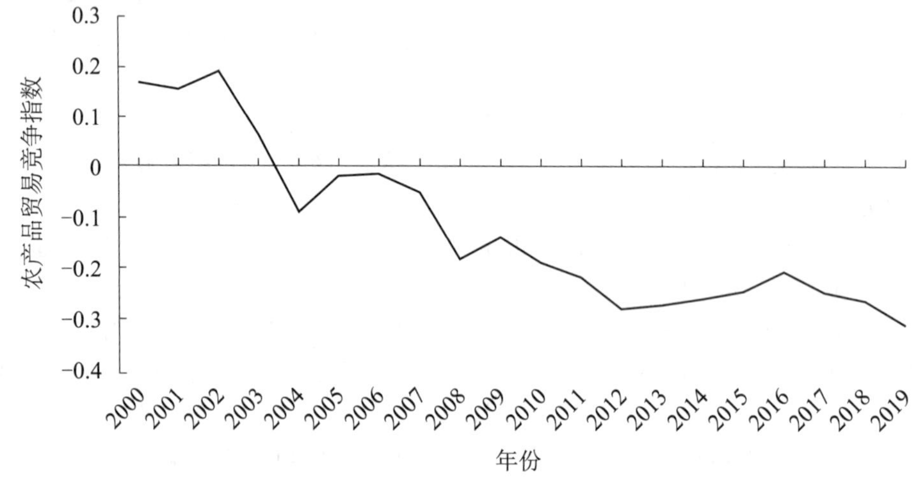

图 7-10　2000—2019 年中国农产品贸易竞争指数的变化

资料来源：中国国际贸易统计年鉴。

从表 7-3 可以看出，在几个主要的农产品贸易中，我国在蔬菜和水产品的贸易中竞争力比较强，有较大的优势，而在谷物、食糖、食用油籽、植物油和畜产品的贸易中处于劣势地位，贸易竞争指数为负，出口额明显小于进口额，有较大的贸易逆差。

---

① 贸易竞争指数(TC)指某一产品的净出口与该产品今年进出口总额之比，也称贸易专业化指数或贸易分工指数。作为贸易总额的一个相对值，贸易竞争指数可以较好地表示一国的某产品是净进口还是净出口，剔除了通货膨胀、经济膨胀等宏观总量方面的波动。当 TC>0 时，该国该类产品的生产效率高于国际水平，对于世界来说，该国为该产品的净供应国，有较强的出口竞争力；当 TC<0 时，该国该类产品属于净需求，出口竞争力较弱。$-1<TC<1$，TC 越接近 1，出口专业化程度越高；TC 越接近 -1，进口专业化程度越高。从同一国家的纵向比较可以看出，该时期内该国家该产品的进出口专业化程度的改变情况。

表 7-3 2017 年中国主要农产品的贸易竞争指数 金额单位:亿美元

	出口额	进口额	进出口差额	进出口总额	贸易竞争指数
谷物	12.8	52.6	−39.8	65.4	−0.608 56
食糖	0.9	11.2	−10.3	12.1	−0.855 84
食用油籽、植物油	19.7	458.1	−438.4	477.8	−0.917 54
畜产品	65.0	362.2	−297.2	427.2	−0.695 69
水产品	206.6	187.0	19.6	393.6	0.049 80
蔬菜	155.0	9.6	145.4	164.6	0.883 35
水果	74.5	103.6	−29.1	178.1	−0.163 39

资料来源:中华人民共和国农业农村部,其中食糖的出口额来自中华人民共和国海关总署。

三、工业制成品贸易

(一) 纺织品出口贸易

纺织服装业是中国入世受益较大的行业之一。虽然面临国内外市场环境中诸多因素的挑战,但中国仍然保持着全球第一大纺织品服装出口国的地位。纺织品服装出口快速增长,产能得到极大释放,使纺织业在中国国民经济中的“传统支柱产业”地位得到进一步确立。

中国纺织品服装出口保持了较快的增长。2001 年,中国纺织品服装出口贸易额为 532.8 亿美元,2019 年达到 2 715.67 亿美元,19 年间增加了四倍多。2001—2011 年,除 2009 年受到金融危机的影响,出口出现了负增长外,其他年份出口增长率都在 10%~20%,这主要得益于 2005 年全球纺织品服装一体化对纺织品服装贸易的推动。2012 年后,纺织品服装出口增长率下降,2015 年甚至出现负增长,这是我国传统出口优势消失与内外部不利环境叠加导致的结构性下跌。在全球经济复苏外需回暖、国内经济持续向好的共同作用下,2017 年中国纺织品服装出口再次实现增长。2019 年受到国际市场需求不足、国内成本不断上升、纺织业竞争加剧等影响,中国纺织品服装出口出现负增长。全球纺织品服装出口额从 2001 年的 3 420 亿美元,到 2005 年的 4 784.3 亿美元,到 2010 年的 6 021.1 亿美元,再到 2018 年的 8 200 亿美元,全球纺织品服装贸易的快速增长,使中国纺织服装业的产能得到了充分释放。

2001—2019 年,中国纺织品服装出口贸易快速增长,服装出口额从 2001 年的 365.38 亿美元增长到 2019 年的 1 513.68 亿美元;同期,纺织品出口额从 2001 年的 167.42 亿美元增长到 2019 年的 1 201.99 亿美元,表明我国纺织品和服装的出口能力增强。近年来,中国纺织品和服装出口比例从 2001 年的 31∶69 上升至 2019 年的 44∶56,呈现出“纺织品出口强,服装出口弱”的显著分化态势。

(二) 机电产品出口贸易及竞争力

随着国际分工的广度与深度不断扩大和加深,机电产品因其附加值高、竞争力强、规模效益显著、标准通用性强和零部件便于分工生产等特点,在国际经济合作和国际贸易中占据举足轻重的地位,机电产品在全球出口商品中占比达 60%以上。机电产业是中国

国民经济的支柱产业，涉及机械、电子、汽车、轻工和家电等多个行业，是国际贸易及国际高新技术产品贸易的主导产业。从20世纪90年代中期以来，机电产品日益成为中国外贸出口的中坚产品，已连续22年成为中国第一大类出口产品，为国民经济的稳定快速发展作出了重要贡献。

1. 机电产品出口现状

目前我国机电产品出口表现出以下几方面特征：

(1) 出口规模大。据统计，1985年中国机电产品出口额为16.8亿美元，占全国出口总额的6.1%；1990年出口额为110.8亿美元，占全国出口总额的17.9%；1995年出口额为435.6亿美元，占全国出口总额的29.5%。2010年在国际金融危机阴影犹存、国际贸易环境动荡的情况下，中国机电产品出口额达到9 334.4亿美元，占全国出口总额的59.2%，占世界机电产品出口总额的14.6%，超过德国和美国成为世界第一大机电产品出口国。2020年中国机电产品出口额为1.5万亿美元，同比增长5.7%，占全国出口总额的59.5%。

(2) 出口产品种类丰富。机电产品贸易包括金属制品、机械及设备、电器及电子产品、运输工具、仪器仪表和其他六个大类。中国机电产品出口贸易以计算机及其部件和零附件、通信设备及零件、家电及消费类电子产品和电子元器件等产品为主。2017年中国出口前五大机电产品依次为通信设备、自动数据处理设备、电子元器件、电工器材和日用机械。

(3) 出口市场呈多元化格局。中国机电产品在维持传统出口市场的同时，也加速开拓新兴市场，呈现出口市场多元化格局。中国内地机电产品的主要出口市场包括欧盟、美国、中国香港、日本、东盟、韩国、中国台湾、印度、俄罗斯和墨西哥等国家和地区。对前十大市场的出口额占中国内地机电产品出口总额的80%以上。2017年，中国内地机电产品的前五大出口市场为美国、欧盟、中国香港、东盟和日本，出口额占机电产品出口总额的69.7%。传统出口市场稳定增长，同时在新兴市场也保持了较高的增速，出口市场多元化格局不断加强，已经扩展到墨西哥、乌克兰、哈萨克斯坦、阿根廷和埃及等国家，这在一定程度上分散了市场过度集中带来的贸易风险，提高了中国机电行业应对国际市场波动的能力。

(4) 市场占有率上升。1995—2018年，中国机电产品的国际市场占有率不断提高，中国机电产品的国际市场地位不断提升。1999年以前，与5个发达国家相比，中国机电产品出口处于劣势，市场占有率不足3%。自2001年中国加入WTO以来，中国机电产品的出口规模有了显著增长，2001—2010年，中国机电产品的国际市场占有率保持着较高增速。尽管中国机电产品的市场占有率在2001年时与美国、德国、日本相比仍有一定差距，但已慢慢赶上并超过意大利、英国等传统机电产品出口强国，并迅速增长，于2010年成为机电产品国际市场占有率最高的国家。近年来，由于国际贸易环境动荡不安和全球经济复苏乏力的影响，机电产品需求比较低迷，中国机电产品市场占有率增速稍有减缓。2018年，中国机电产品的国际市场占有率达到21.8%。

(5) 中国机电产品出口贸易存在三方面制约因素。

第一，出口结构不合理。虽然中国在不断调整机电产品出口结构，但“以价取胜，以量取胜”的粗放型经营和出口模式并没有彻底改变，出口的机电产品层次偏低，以能源密集型和劳动密集型产品为主，与发达国家以资本密集型及高精尖机械设备为主的产品结构存在较大差距。中国有待进一步提高技术研发能力，生产出一系列具有市场竞争力的机电产品，提高机电产品总体比较优势。

第二，出口市场过于集中。中国机电产品出口市场过度集中在美国、欧盟、日本等发达国家和地区，向这些市场出口机电产品的比重接近70%。美、日、欧市场是全球科技水平最高、技术标准最严格的三个市场，出口的高度集中，一方面给进口国机电产业带来一定的压力，引发其采取技术性贸易壁垒、环境贸易壁垒和反倾销调查等措施；另一方面，一旦这些市场出现波动和变化，出口市场的高度集中将对中国机电产业产生巨大影响。

第三，技术研发能力薄弱。中国近50%的机电产品通过加工贸易方式出口，大部分出口企业以从事组装加工为主，不重视及时引进并消化吸收先进技术。中国的开发和创新能力远远落后于西方发达国家。2018年，美国、日本、德国三大机电产品出口国的研发投入占GDP的比例分别为2.84%、3.26%、3.09%，而中国的这一比例仅为2.18%。

2. 机电产品的国际竞争力

机电产品在全球出口商品中占比达70%以上。机电产品在中国的工业品贸易中占据主导地位。下面分析中国机电产品出口的国际竞争力。

(1) 机电产品贸易竞争指数。图7-11显示的是2002—2019年中国机电产品贸易竞争指数的变化情况。中国加入WTO后，机电产品贸易竞争指数不断提高，从2002年开始，贸易竞争指数一直为正，至2008年都保持着较为稳定的增长速度，可见中国机电产品的出口竞争力正逐渐由弱变强，侧面反映出中国经济实力在不断增强，贸易和产业政策实施效果显著。但也应看到，2009—2010年机电产品贸易竞争指数有所下降，但2011年后，随着“中国制造”的机电产品从以“量”和“价”取胜向以“质”取胜的转变，中国机电产品在日益激烈的国际市场竞争中获得优势，贸易竞争指数迅速提升。

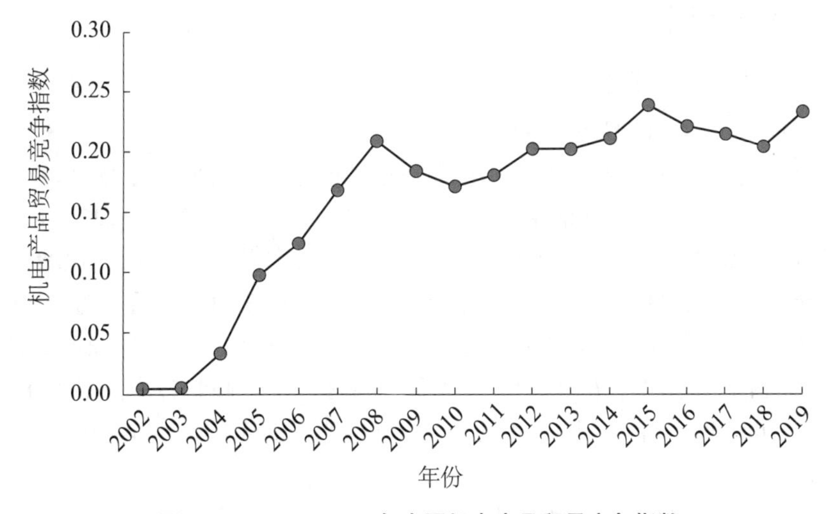

图7-11　2002—2019年中国机电产品贸易竞争指数

资料来源：《中国统计年鉴》。

（2）显性比较优势指数（RCA）。显性比较优势指数又称相对出口绩效指数，它反映一国某种出口产品与世界平均出口水平的相对优势。若 RCA≥2.5，则表明该产品具有极强的出口竞争力；若 1.25≤RCA＜2.5，则表明该产品具有较强的出口竞争力；若 0.8≤RCA＜1.25，则表明该产品具有中度出口竞争力；若 RCA＜0.8，则表明该产品的出口竞争力较弱。由图 7-12 中的变化趋势可看出，中国机电产品的 RCA 指数不断上升，2002 年首次突破 1，2005 年超过美国。2010 年后受国际金融危机的影响，中国机电产品的 RCA 指数略微下滑，2015 年后恢复上升趋势。这说明中国加入 WTO 后，机电产品的显性比较优势日益明显，目前暂时领先美国，但与日本还有一定差距。虽然中国机电产品出口额居全球首位，但机电产品出口存在结构性矛盾，技术含量高的机电产品占出口总额的比重偏低，中低端产品供大于求，生产能力过剩，而高端核心产品仍主要依赖进口，有自主知识产权的名牌机电产品和名牌机电企业较少。

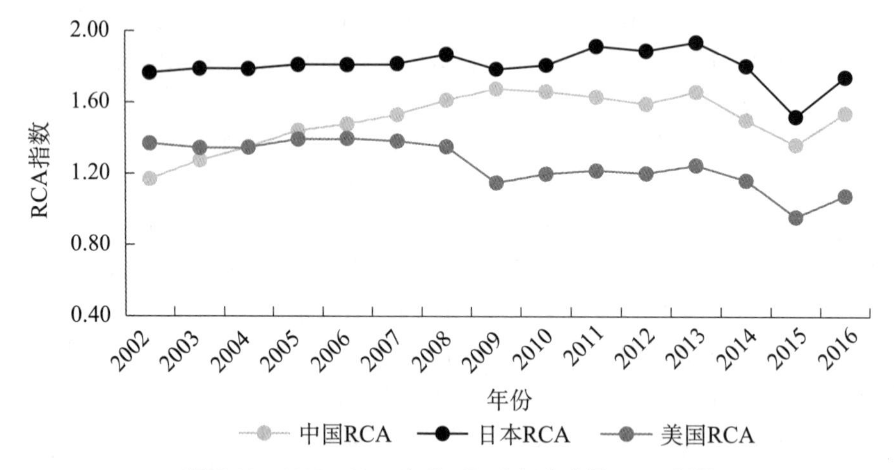

图 7-12　2002—2016 年美、日、中机电产品 RCA 指数

数据来源：WTO 数据库。

（三）高新技术产品贸易

1. 高新技术产品出口贸易发展历程

1999 年中国实施“科技兴贸”战略后，高新技术产品出口的增速提高，其中 2000 年出口增幅达 50%，高出外贸出口增幅 22.2 个百分点；2001 年高新技术产品出口增幅为 25.4%，高出外贸出口增幅 18.6 个百分点；2002 年高新技术产品出口同比增长 46.1%；2003 年高新技术产品出口已达 1 103.2 亿美元，同比增长 62.6%。在实施“十五”规划的前三年，高新技术产品出口额累计突破 2 200 亿美元，为整个“九五”期间的 2 倍，“八五”期间的 8 倍，提前完成了“十五”规划科技兴贸的目标。中国高新技术产品的出口总额占总出口额的比重不断上升，从 2002 年的 20%上升到 2019 年的 29%，对中国出口增长的贡献不断增加。

2. 中国高新技术产品出口贸易现状

受国际金融危机的影响，2009 年中国高新技术产品出口规模出现下滑势头，但 2010 年又转为上升，恢复并超过了金融危机前的水平。2013 年中国高新技术产品出口额为

6 600亿美元，高新技术产品贸易在全球经济复苏过程中表现出了高成长性。在多国对高新技术产业实施贸易保护以及中国劳动力价格不断上涨的双重影响下，2015 年中国高新技术产品出口额略微下降，但 2017 年又重现上升趋势，增长率为 10.57%，2019 年中国高新技术产品出口额略有下降。

在高新技术产品出口贸易发展过程中，以下几方面保持不变：第一，传统优势领域主导地位未变。信息与通信技术产品在我国高新技术产品贸易中仍占据主导地位。第二，外资企业主导地位未变。外资企业在高新技术产品贸易中仍居于主导地位。外资企业仍是我国高新技术产品贸易顺差的主体。第三，加工贸易主导地位未变。加工贸易在我国高新技术产品贸易中仍占据绝对主导地位，我国出口的大部分高新技术产品仍是其他国家尤其是发达国家的代加工品。第四，我国高新技术产品贸易的地区集中度仍然很高。

中国高新技术产品贸易的发展呈现以下趋势：第一，材料技术等新兴领域地位有所提升。在非传统优势领域，材料技术等领域进出口贸易发展势头强劲。第二，民营企业及其他企业地位提升。民营企业与其他企业高新技术产品贸易快速增长，地位有所上升。第三，一般贸易地位提升。一般贸易方式出口的高新技术产品往往是拥有自主知识产权、科技含量高、附加值高的产品。随着全球经济的逐步恢复，一般贸易在高新技术产品贸易中的地位明显提升，发展速度明显快于加工贸易，表现出高成长性。第四，新兴市场地位有所提升。部分新兴市场表现出较高的增长潜力，地位有所提升。第五，中西部地区地位提升。近年来，中西部地区在承接产业转移和自主创新能力建设等方面不断发展，高新技术产品贸易增速明显快于东部地区，在中国高新技术产品贸易中的地位加速提升。第六，自主知识产权拥有量快速提升。在创新型国家建设和国家知识产权战略的推动下，中国自主创新能力明显增强，自主知识产权拥有量快速提升。一方面，国内专利申请量增势强劲；另一方面，中国对外发明专利申请量平稳快速增长。2020 年全球专利申请量达到 327.67 万件。其中，中国仍是全球专利申请量增长的主要动力，中国的专利申请量增长率为 6.9%，达到 1 497 159 件，数量排世界第一，在全球专利申请的份额中达到 45.7%，第二、三位分别是美国(597 172 件)和日本(288 472 件)。[①] 第七，自主品牌企业国际市场拓展能力提升。随着自主创新能力的不断提升，越来越多的优秀自主品牌加快成长，拥有自主品牌及自主知识产权的企业国际市场拓展能力明显提升。

3. 高新技术产品进口贸易

中国的技术进口，主要是引进国外先进技术，并通过技术引进、消化、吸收和创新来达到发展本国技术的目的。新中国成立初期，中国就开始从国外引进技术，七十多年来取得巨大发展。中国技术引进有以下三个特点：第一，技术引进保持较快的增长速度。近年来，在技术引进合同数量明显增长的同时，引进金额稳步增长。第二，技术引进质量明显提高。进入 20 世纪 90 年代末，中国技术引进逐步从进口成套设备和生产线为主转向以专有技术和专利技术许可为主。这种趋势在中国加入 WTO 后更加明显。技术引进合同中的软件技术费用从 2001 年的 48.3%增长到 2006 年的 67%，这表明软件技术已

① WIPO. World intellectual property indicators 2021[R], 2021.

经处于中国技术引进的主导地位，引进技术的质量有了明显改善。电子信息行业成为技术产品进口的主要行业，不论从合同数量还是从合同金额来看，电子及通信设备制造业的技术引进占比都很高。第三，民营企业及其他企业地位提升。2016 年，民营企业及其他企业高新技术产品进口 6 868.5 亿元，占同期我国机电产品进口的 27.9%，上升 3.4 个百分点。

第四节　中国现行货物贸易政策

一、货物贸易政策概况

（一）关税政策

根据中国加入 WTO 的承诺，中国所有关税都已纳入 WTO 所规定的范畴。2006 年，中国加入 WTO 五周年，最惠国平均适用税率为 9.9%，农产品税率为 15.8%，非农产品税率为 9.0%；中国对部分农产品和化肥产品实施关税配额。2020 年，中国最惠国平均适用税率为 7.5%，农产品税率为 13.8%，非农产品税率为 6.5%；中国对部分农产品和化肥产品实施关税配额；在工业产品中，皮革、鞋类制品等的最惠国平均适用税率最高(10.6%)，其次为运输设备(9.6%)、纺织品(7%)、服装和非电力机械(6.8%)，木头、纸制品等的最惠国平均适用税率最低(3.2%)，各产品组的关税水平详见表 7-4。

表 7-4　中国按产品组分关税水平　　单位：%

产品类别	最终约束税率			最惠国适用税率			进口	
	平均税率	免税占比	最高从价税率	平均税率	免税占比	最高从价税率	进口份额	免税占比
畜产品	14.9	10.4	25	13.2	13.8	25	1.0	1.1
乳制品	12.2	0	20	12.3	0	20	0.3	0
水果、蔬菜、植物	14.8	4.9	30	12.2	4.9	30	0.8	0.9
咖啡、茶	14.9	0	32	12.3	0	30	0.1	0
谷物及其制品	23.7	3.3	65	19.5	8.8	65	0.9	0
油籽、脂肪及脂肪油	11.1	6.7	30	10.9	9.1	30	2.6	0
糖和糖果	27.4	0	50	28.7	0	50	0.1	0
饮料及烟草	23.2	2.1	65	18.2	2.0	65	0.4	10.5
棉花	12.1	0	40	22.0	0	40	0.2	0
其他农产品	12.1	9.3	38	11.8	8.5	38	0.5	4.7
鱼及鱼类制品	11.0	6.1	23	7.2	4.4	15	0.9	0.2
矿物及金属	8.0	5.6	50	6.3	5.9	50	22.2	59.1
石油	5.0	20.0	9	5.3	16.7	9	13.3	93.3
化学产品	6.7	0.5	47	6.2	2.0	47	11.2	10.9
木头、纸制品等	5.0	22.3	20	3.2	41.0	12	2.7	83.1
纺织品	9.8	0.2	38	7.0	0	38	1.0	0
服装	16.1	0	25	6.8	0	12	0.4	0

（续表）

产品类别	最终约束税率			最惠国适用税率			进口	
	平均税率	免税占比	最高从价税率	平均税率	免税占比	最高从价税率	进口份额	免税占比
皮革、鞋类制品等	13.7	0.6	25	10.6	0.6	25	1.3	0.4
非电力机械	8.4	7.9	35	6.8	10.3	25	8.9	45.9
电力机械	8.9	25.9	35	5.6	30.1	20	20.9	82.5
运输设备	11.4	0.8	45	9.6	0.8	45	4.9	0
其他制品	12.2	15.2	35	6.7	16.0	20	5.4	28.5

资料来源：WTO。

中国对六种农产品和两种非农产品设置了关税配额，包括小麦、玉米、稻谷和大米、糖、羊毛、毛条、棉花和化肥，详见表 7-5。

表 7-5 进口货物配额内暂定税率

序号	商品名称	HS 8 位税号个数	最惠国税率(%)	配额内税率(%)
1	小麦	7	65	1～10
2	玉米	5	20～65	1～10
3	稻谷和大米	14	10～65	1～9
4	糖	7	50	15
5	羊毛	6	38	1
6	毛条	3	38	3
7	棉花	2	40	1
8	化肥	3	50	4

资料来源：中国财政部关税司。

（二）非关税措施的贸易政策

2016 年修订的《对外贸易法》对进口许可证制度作出规定。商务部每年在《进口许可证管理货物目录》和《自动进口许可管理货物目录》中公布受进口许可证管理的具体商品。许可证不得转让。

非自动进口许可证的颁发符合中国在国际条约中的义务。申请者在申请进口许可证之前必须先获得进口许可。许可证在整个日历年有效，可以展期一次，每次展期最多三个月。不属于限制进口的货物不受进口数量和价格的限制，仅因统计目的需要接受自动许可制度管理。

二、影响货物贸易的其他贸易政策

影响货物贸易的其他贸易政策包括原产地规则、海关程序和通关便利化、技术性贸易壁垒（TBT）、卫生与动植物检疫措施（SPS）、透明度政策、竞争政策和争端解决机制、政府采购、环境政策、消费者安全等。相应内容详见“政策篇”。

三、二十大与我国货物贸易发展

党的二十大报告强调，“推动货物贸易优化升级”，并进一步指出，我国成为一百四十多个国家和地区的主要贸易伙伴,货物贸易总额居世界第一,吸引外资和对外投资居世界前列,形成更大范围、更宽领域、更深层次对外开放格局。未来,我们要实行更加积极主动的开放战略,构建面向全球的高标准自由贸易区网络,加快推进自由贸易试验区、海南自由贸易港建设,共建"一带一路"成为深受欢迎的国际公共产品和国际合作平台,推动货物贸易转型升级。

四、美国进口多元化战略下的中国贸易

(一)美国进口多元化战略

近年来美国推动"近岸外包""友岸外包"和去风险化(derisk)等政策,其结果是中国在美国进口中的份额持续、显著下降。2017 年,中国占美国全部进口的 21.6%;2022 年,该占比降至 16.5%;2023 年 1—5 月,该占比进一步降至 13%。同一时期,墨西哥、加拿大、东盟国家在美国进口中的占比持续上升。2017—2022 年,东盟国家在美国进口中的份额上升了 3.1 个百分点,与中国同期下降 5.1 个百分点形成了鲜明反差。

按照美国官方数据口径,2023 年上半年,中国在美国进口中所占的份额已经被墨西哥、加拿大超过,成为美国第三大进口来源国。美国达拉斯联储经济学家经过季节调整的数据也没有改变这一结论。这似乎标志着美国进口多元化战略的奏效。

(二)中国世界工厂地位反升

尽管在美国市场的地位有所弱化,但从全球来看中国出口的份额仍保持稳定,甚至出现上升。根据 WTO 的数据,2022 年中国占全球出口的份额为 14.4%,较中美贸易战之前的 2017 年上升了 1.7 个百分点。

进一步观察中国出口贸易方向的变化,2017—2022 年,中国对美国的出口仅增长 1/3,从 4 300 多亿美元上升到 5 800 多亿美元。同期,中国对日本和韩国的出口增长约 40%,对欧元区的出口增长 70%,对东盟国家的出口增长将近 1 倍,从 2 800 亿美元增长到 5 700 亿美元。可见,中国对美国以外的国家和地区的出口显著增长,这使得中国作为世界工厂的地位得到了巩固。

(三)中国与东盟国家的生产分工联系

根据联合国商品贸易统计数据库的数据,2021 年我国在全球中间品出口中的份额为 12.9%。其中,我国的低技术制造业中间品出口份额从 14.2%上升至 20.1%,中高技术制造业中间品出口份额从 16.7%上升至 18.8%。这表明全球范围的产业链供应链对我国的依赖程度总体上仍在上升,中间品出口有力支撑了我国总体对外贸易。

中间品贸易的增加与产业迁出有关,以纺织服装行业为例,可以按生产过程将相关产品分解为上游、中游、下游三类。中国对越南的下游产品出口增速下降,同时中游产品出口大幅上升,下游的加工产业很有可能已经从中国转移到了越南。2019 年以来,中国纺织服装行业的中游、下游同时出现了持续向东盟国家迁移的情况,而消费电子行业下游间歇性地向东盟国家发生迁移,但没有明显的证据表明该行业的中游也向东盟国家发生了转移。这意味着,中国纺织服装行业的迁出同时发生在中游、下游两个环节,而消费电子行业外迁的主要是下游的组装环节。纺织服装、消费电子两个行业的例子说明,中

国与东盟国家在中游、下游的中间品贸易可能会越来越重要。

（四）中美贸易关系未来演进

美国从中国的进口明显下降，但是东盟等中间国家从中国的进口快速上升，从而抵消了美国方面的消极影响。因此，中美之间的产业链联系虽然显示出双边弱化，但是从间接联系来看则相对稳定，甚至有所加强。东盟等中间国家成为中美经贸关系的缓冲地带，这也是目前中美经贸关系难以在双边层面实现和解之下的一个次优选项。

本章小结

货物贸易是指有形的、具有实物形态的并且可以看得见的货物在国家间的进出口贸易活动，又称有形商品贸易。当前中国是世界货物贸易第一大出口国。中国的货物贸易在贸易方式上一般习惯分为一般贸易、加工贸易和其他灵活的贸易方式。

改革开放以来，中国的货物贸易规模迅速扩大，产品结构也发生了重大变化。本章从初级产品、农产品和工业制成品贸易三方面阐述了各个产业的贸易状况以及优势产品的国际竞争力。

? 思考题

1. 简述我国货物贸易方式的结构变迁。
2. 简述我国货物贸易市场结构变迁的特征。
3. 思考如何提高我国农产品的国际竞争力，国家可以怎么做。
4. 为提高我国高新技术产品的国际竞争力，企业和国家应该怎么做？
5. 我国目前的货物贸易结构如何？还可以做哪些优化？

第八章　中国服务贸易

【学习目标】

通过本章的学习，学生应了解国际服务贸易的特点与发展现状，熟悉GATS和TISA谈判的主要内容及其作用与影响，了解中国服务贸易的发展现状、政策改革。

【素养目标】

本章通过概述国际服务贸易的发展过程与我国服务贸易的发展态势，促使学生充分了解国际服务贸易的特点，掌握我国服务贸易进一步创新发展的主要方向，思考推进国际服务贸易谈判的可行措施与推动我国服务贸易发展的具体路径。

引导案例

多地创新知识产权运营服务体系

随着国家创新驱动战略的实施，我国在知识产权的创造、保护和运用方面的能力都得到不断强化。商务部有关数据显示，2019年我国知识产权使用费出口额为459亿元，同比增长24.7%。在深化服务贸易创新发展试点“最佳实践案例”中，苏州市知识产权运营服务体系建设、江苏国际知识产权运营交易中心开展技术进出口“不见面”备案，以及北京、上海、武汉创新知识产权质押融资模式均成功入选，充分证明了加快知识产权运营服务建设对支撑服务贸易及新时代开放型经济发展具有积极作用。

区别于传统的以不动产作为抵押物向金融机构申请贷款的方式，知识产权质押融资指企业或个人以合法拥有的专利权、商标权、著作权中的财产权作为质押物，向银行申请融资。北京、上海、武汉等地的试点中，通过引入第三方评估机构，较好地解决了企业知识产权的市场定价难题，畅通了服务贸易企业的融资渠道，进一步降低了融资成本。

北京市吸纳银行、创投、保险、担保、评估和知识产权运营等各类机构四十余家，成立中关村知识产权投融资服务联盟，实现企业融资需求与知识产权金融服务的精准对接；推动北京首创融资担保有限公司与北京知识产权运营管理有限公司、北京中小企业信用再担保有限公司形成深度合作，推出基于“知识产权运营＋投保贷联动”模式的“智融保”产品；实行风险共担，构建知识产权质押融资保险“中关村模式”。上海市采取多样化的专利权质押模式，出台专项政策对开展质押融资业务涉及的专利进行资助，引导企业利用知识产权质押贷款，并对企业进行贷款贴息。同时，金融机构还推出各具特色的融资产品。例如，工商银行推出“评估机构＋银行＋处路平台”三方合作的产品模式；浦发银行在原先的“银行＋评估机构＋担保机构”风险共担的产品机制下对产品进行改良优化；上海银行则引入担保机构，对担保机构进行间接授信。武汉市建立"银行＋保证保险＋第三方评估＋风险补偿＋财政贴息"的模式，确定五家负责武汉市知识产权质押贷款的评估机构，引入保险公司，组织下户调查，出具承保意向书，最终开具保证保险保单，银行见到保险机构的保证保险保单后发放贷款。同时，政府启动相关配套机制，实行保险公司、财政、银行 5∶3∶2 的风险共担机制，为企业提供利息补贴及保费补贴。

这些模式通过引入保险和政府分担风险的方式扩大轻资产企业的授信额度，推动实现企业专利权价值转化，更好地满足轻资产企业的融资需求，取得了比较明显的实践效果。

2019 年，上海市受理登记的专利质押融资达到 13.58 亿元，同比增长 91.3%。截至 2019 年第三季度，武汉市通过专利权、著作权以及注册商标专用权等各类知识产权质押贷款累计为 600 余家中小微企业提供融资 76.44 亿元。随着知识产权质押融资相关政策的不断完善，各地对知识产权质押融资业务的"扩面增量"充满期待。

苏州市将建设全链条、全生态的知识产权运营服务体系作为深化服务贸易创新的试点突破口。早在 2016 年 10 月，苏州就启动了江苏国际知识产权运营交易中心建设，开展知识产权展示交易、金融、运营等各类服务。目前，该中心整合工商、知识产权以及司法涉诉等各类大数据资源的"一站式全产业链服务云"已上线运行，注册会员 2 000 多家。随后，苏州市相继在昆山光电产业，高新区医疗器械产业，吴江光通信产业，工业园区纳米、人工智能、生物医药产业，吴中智能制造产业等产业集中地区分别设立了产业知识产权运营中心。目前，5 个产业知识产权运营中心都已挂牌运行，并建立了产业知识产权数据库，开展相关分析。为了培育和提升知识产权运营主体的能力，苏州专门制定了一系列政策文件，对企业引进知识产权进行转化实施给予资助补贴，对运营机构进行奖励，对来苏工作的高端知识产权人才给予安家补贴等。截至目前，苏州全市累计 44 家企业成为国家知识产权示范企业，在知识产权金融服务方面取得了良好的效果。苏州市知识产权运营基金已投资5 000万元，间接带动的投资金额达到 20 亿元，放大财政资金 40 余倍。2019 年，苏州知识产权质押融资达 23.7 亿元，完成全年目标任务的 131%，全市知识产权服务业已形成知识产权权利化、商用化、产业化全链条的业务形态。

2019 年 5 月，苏州市在高新区先行先试，使高新区技术进出口备案综合服务窗口入驻江苏国际知识产权运营交易中心，探索开展技术进出口"不见面"备案。截至 2019 年 12 月底，共受理 239 笔技术进出口合同登记申请，合同金额 29 504 万美元。新冠肺炎疫情发生后，苏州的试点做法得到推广，商务部下发《关于疫情防控期间进一步便利技术进出口有关工作的通知》，最大限度推行"不见面"服务。目前企业通过商务部业务系统平台在线提交申请资料，待线上审核通过后，江苏国际知识产权运营交易中心统一经 EMS 寄送合同登记证书至企业，真正做到"流程网上走、登记不见面、企业不跑腿"，大大提高了服务企业的效率。

资料来源：张钰梅. 多地创新知识产权运营服务体系[N]. 国际商报，2020－05－20(3)。

第一节　国际服务贸易的发展

一、国际服务贸易的概念和分类

服务贸易一词最早出现在 1972 年经济合作与发展组织（OECD）的一份报告中，这份报告是关于美国等国家的高级专家调查的与货物贸易相关的服务的进出口状况及各国对服务进出口的限制。1972 年，专家组在《有关问题报告》中首次提出了服务贸易的概念，并对开放服务业提出了建议。美国《1974 年贸易法》首次使用了“世界服务贸易”的概念。此后，随着 GATT 乌拉圭回合谈判的开始和不断深入，围绕国际服务贸易的概念，学者进行了认真的研究和激烈的争论。赫伯特·格鲁贝尔（Herbert Grubel）认为服务贸易是人或物的国际流动。杰格迪什·巴格瓦蒂（Jagdish Bhagwati）认为生产要素在国家间的暂时流动是服务贸易，而生产要素的永久流动则不属于服务贸易。①

关于国际服务贸易的定义有狭义和广义之分，狭义上的国际服务贸易是无形的，是指发生在国家之间的符合严格服务定义的直接服务输出与输入活动；广义上的国际服务贸易既包括有形的劳动力的输出输入，也包括无形的提供者与使用者在没有实体接触的情况下的交易活动。按照 WTO 制定的 GATS 中的规定，国际服务贸易被定义为：服务提供者从一成员境内向其他成员境内，通过商业现场或自然人向服务的消费者提供服务并获得外汇收入的过程。

根据提供服务的方式不同，GATS 将国际服务贸易分成以下四种类型：

（1）跨境交付（cross-border supply），指服务提供者与消费者不需要跨境流动，实际移动的只是“服务”本身，一般是指基于现代化通信技术的服务，如信息咨询服务、卫星影视服务、网络服务等。

（2）境外消费（consumer abroad），即境内涉外服务，一般是通过服务消费者的跨境移动实现。最典型的是旅游服务，此类服务还包括教育培训、医疗服务、技术鉴定等。

（3）商业存在（commercial presence），即一成员的服务提供者在另一成员境内设立机构并提供服务，取得收入，从而形成贸易。此类贸易方式一般涉及市场准入和对外直接投资。在境外设立金融机构、咨询中心、研发中心等方式均是此类服务贸易常见的形式。

（4）自然人流动（movement of personnel），与消费者移动方式恰好相反，主要是指服务提供者的跨境移动，在消费者境内提供服务而形成贸易。此类服务中最常见、最古老的方式便是劳务输出。

按照服务提供及其消费的性质，同时考虑到社会经济统计分类，GATS 将国际服务贸易划分为如下 12 个大类：

（1）商业服务（business services），指在商业活动中涉及的服务交易活动。这类服务又包括专业性（包括咨询）服务、计算机及相关服务、研究与开发服务、不动产服务、设备

---

① 于维香，等. 国际服务贸易与中国服务业[M]. 北京：中国对外经济贸易出版社，1995：4.

租赁服务、其他商务服务六类。

(2) 通信服务(communication services),主要指所有有关信息产品、操作、储存设备和软件功能的服务,包括邮电服务、信使服务、电信服务等。

(3) 建筑及相关工程服务(construction and related engineering services),主要指工程建筑从设计、选址到施工的整个服务过程,具体包括工程选址服务,建筑项目、建筑物的安装及装配工程,工程项目施工与监理,固定建筑物的维修服务,以及所有这些环节涉及的其他服务。

(4) 分销服务(distribution services),指产品销售过程中所涉及的各种商业服务,主要包括批发与零售服务、特许经营服务等。

(5) 教育服务(educational services),指国家间在国民教育与非国民教育方面的服务交易与合作,涵盖高等教育、中等教育、初等教育、学前教育、继续教育、特殊教育等一系列正规教育以及非正规教育环节。

(6) 环境服务(environmental services),包括污水处理服务、废物处理服务、卫生及相似服务等与环保直接联系在一起的服务。

(7) 金融服务(financial services),涵盖了银行金融与非银行金融的各主要领域,其中银行金融包括商业银行提供的所有服务,非银行金融则主要包括保险及其相关服务。

(8) 健康及社会服务(health related and social services),主要指医疗服务、其他与人类健康相关的服务以及社会服务等。

(9) 旅游及相关服务(tourism and travel related services),指旅游业及与之有关联的服务,最主要的有旅馆、饭店提供的住宿、餐饮服务及其他服务,旅行社提供的旅游交通及导游服务等。

(10) 文化娱乐及体育服务(recreational,cultural and sporting services),包括娱乐服务、新闻代理服务、图书馆服务与体育服务等,以及文化交流、文艺演出等服务形式。

(11) 交通运输服务(transport services),从海上运输到内河航运,从陆上各种运输手段(轨道运输、汽车运输与管道输送等)到空中运输,从常规空中运输到现代空间运载与卫星发射,统统归入这个类别。

(12) 其他服务(other services not included elsewhere)。

二、国际服务贸易的特点

相比国际货物贸易,国际服务贸易具有自身的特点,主要包括以下七个方面:

1. 贸易标的的无形性

相比国际货物贸易标的的形态清楚而实在,国际服务贸易标的无实物形态可以触摸,属于无形贸易。这里的无形有两方面的含义:第一,在消费之前,服务没有一种直观的具体的物理存在形态;第二,国际服务贸易在各国海关进出口统计中没有记载,只在国际收支统计中才以非贸易收入形态出现。由于服务的无形性,消费者在购买前无法了解其质量,只能在消费中体验,甚至消费后也难以了解服务质量,而供给方对服务质量相对了解较多,所以供给方和需求方存在信息不对称。服务贸易中存在严重的信息不对称,容易引起供给方的道德风险,需求方会产生减少服务购买、自我服务等逆向选择现象。

2. 贸易流动的海关不可监管性

国际货物贸易处在一国海关的严密监控之下,进出关境的货物都显示在海关的贸易统计表上。服务贸易的流动一般无法为海关所监控,其绝大部分贸易额也不为海关统计表所反映,但却是一国国际收支的重要组成部分。

3. 贸易标的的不可储存性

货物商品在生产出来以后,进入消费领域之前,或长或短都有一个存储的过程。而对任何服务来说,其消费与生产必须同时进行,服务商品在生产的同时被消费,无法事先生产并存储起来以待交易。

4. 贸易标的使用权与所有权的可分离性

在国际货物贸易中,商品的所有权和使用权一般是同时转移的。而服务是无形的且不可储存,在交易完成后便消失了,因此在服务的生产和消费过程中,不涉及任何东西的所有权转移。在国际服务贸易中,服务接受方往往只能取得服务的受益权或消费权,但不能取得服务提供手段的所有权。

5. 贸易实现方式的多样性

由于国际货物贸易的标的是有实物形态的商品,实现方式单一,只有货物过境贸易才能实现。但是国际服务贸易则不同,其标的无形,因此实现方式多样,人员、资本和技术中的任何一项发生移动均可实现贸易。

6. 贸易标的的异质性

异质性是指服务的构成成分及其质量水平经常变化,难以统一界定。服务行业是以人为中心的产业,同一种服务的质量因人(提供者或消费者)而异。由于服务水平灵活多变,因此对服务质量制定统一的标准比较困难。造成异质性的原因主要有:服务提供者的技术水平往往不一样;同一服务提供者在不同条件下的服务水平会发生变化;消费者在服务消费过程中的偏好感受也不尽相同。

7. 贸易市场的高垄断性和高保护性

服务贸易市场垄断性较强,很多服务部门如电信、交通运输、金融等都属于自然垄断部门。服务贸易中的道德风险和逆向选择使市场发生失灵,政府干预(制定法定标准、执业资格等措施)不可避免;同时,服务贸易在全球的发展极不均衡,发展中国家处于严重的比较劣势,再加之许多服务领域(如电信、金融等)涉及国家主权或其他敏感问题,所以服务贸易保护程度很高,各国政府往往采取非关税壁垒保护本国服务市场。

正是由于国际服务贸易具有这些特点,对于国际服务贸易的流动,就不可能像国际货物贸易那样采取关税壁垒来加以限制,只能采取独特的非关税壁垒。具体的非关税壁垒形式则因服务贸易性质不同而异,呈现出多样化态势。为介绍方便起见,可以依据特定标准,将限制服务贸易的非关税壁垒划分为两大类别:一类为限制市场准入式服务贸易壁垒;另一类为降低国民待遇式服务贸易壁垒。限制市场准入式服务贸易壁垒,就是借助一国政府的行政权力,禁止或限制外国服务机构进入本国某个服务行业,或对外国企业进入该行业提供服务设置若干限制。降低国民待遇式服务贸易壁垒是指政府利用各种名目降低外国服务机构在本国某些行业应当享受的国民待遇,使外国企业与本国企业相比处于不利的竞争地位，由此达到限制其活动的目的。这类壁垒首先表现为对外国服务提供者的各种歧视或差别对待，其次表现为以补贴等方式扶持本国服务提供者。

三、国际服务贸易的发展现状

第一，服务贸易总量增长迅速，全球贸易结构倾斜。20 世纪 70 年代，全球服务贸易与货物贸易相比微不足道。80 年代，二者的比例由过去的 1∶10 变为 1981 年的 1∶5。90 年代后进一步上升至 1∶4 左右，2005 年全球服务贸易增幅首次超过货物贸易，服务贸易总量增长迅速。根据公布的统计数据可知，2019 年全球服务贸易总额达到 116 971 亿美元（见图 8-1），相比 2018 年增长 2.11%，明显超过全球货物贸易增速（－2.94%）。近年来，全球服务贸易一直保持较快的增长速度，1990—1995 年服务贸易年均增速为 8%，1995—2000 年服务贸易年均增速为 5%，2000—2005 年服务贸易年均增速进一步上升至 11%，2005—2010 年在金融危机的影响下服务贸易年均增速略微下降至 9%，2011—2019 年服务贸易年均增速为 4.34%，这主要是受全球贸易放缓的影响。2019 年，服务贸易发展回暖，占全球贸易的比例达到 23.85%。

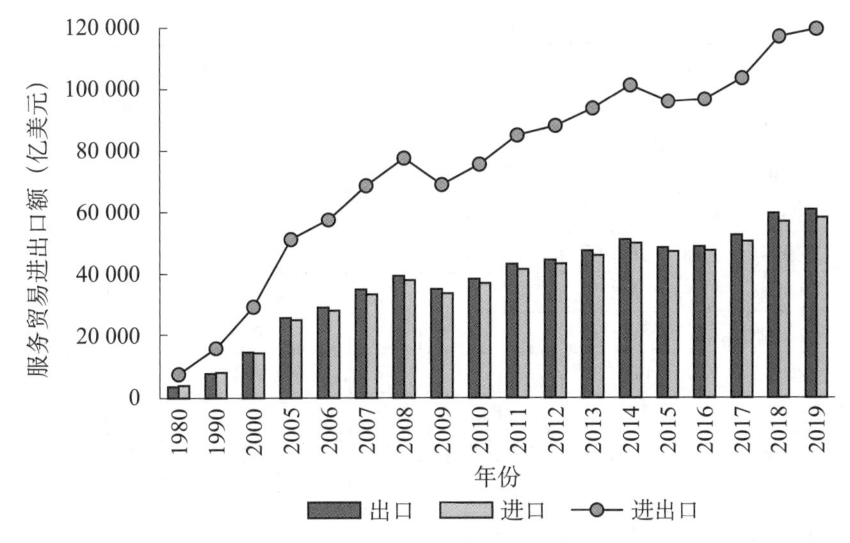

图 8-1　1980—2019 年全球服务贸易进出口额

资料来源：WTO 数据库。

第二，全球服务贸易格局出现新的特征。具体表现为结构向高端服务贸易领域发展，市场集中度非常高，前十大经济体在全球服务贸易进出口中的占比超过 50%。近年来，通信、计算机与信息服务等新兴服务业增速较快，在服务贸易进出口中的占比不断提升，使长期占据半壁江山的运输、旅游等传统服务业在服务贸易进出口中的占比跌破 50%。

第三，地区不均衡，发达经济体占主导地位，发展中经济体地位处于上升趋势。全球服务贸易发展的地区不均衡性表现为发达经济体依然占据全球服务贸易的优势地位，发展中经济体同发达经济体相比仍存在较大差距，以中国和印度为代表的部分新兴经济体开始迎头赶上。欧盟主要国家和美国是世界商业服务业强国，稳居全球服务业前列（见图 8-2 及表 8-1）。

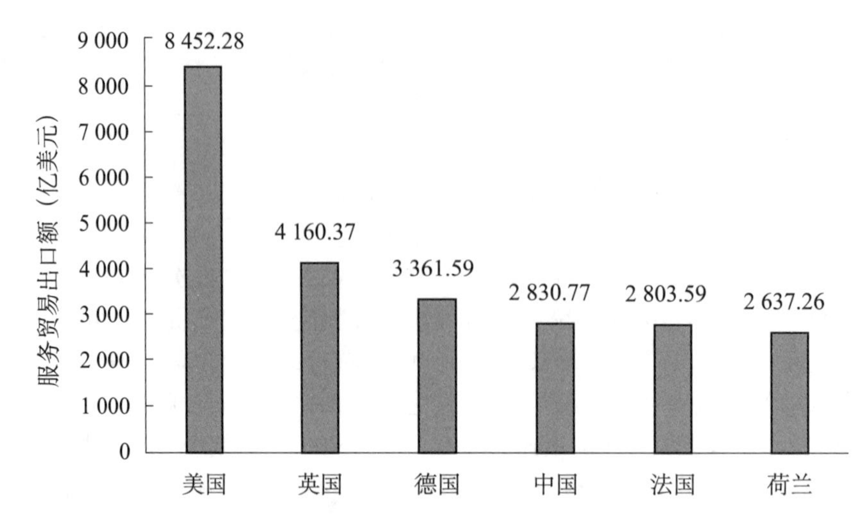

图 8-2　2019 年全球服务贸易出口大国

资料来源:WTO 数据库。

表 8-1　2019 年服务贸易进出口额前 16 位的国家

服务贸易出口				服务贸易进口			
排名	出口国	出口额(亿美元)	占比(%)	排名	进口国	进口额(亿美元)	占比(%)
1	美国	8 452.28	13.9	1	美国	5 954.10	10.2
2	英国	4 160.37	6.8	2	中国	5 005.69	8.6
3	德国	3 361.59	5.5	3	德国	3 613.93	6.2
4	中国	2 830.77	4.6	4	爱尔兰	3 196.79	5.5
5	法国	2 803.59	4.6	5	英国	2 835.06	4.9
6	荷兰	2 637.26	4.3	6	法国	2 560.13	4.4
7	爱尔兰	2 384.20	3.9	7	荷兰	2 461.15	4.2
8	印度	2 143.64	3.5	8	日本	2 037.87	3.5
9	日本	2 053.53	3.4	9	新加坡	1 990.54	3.4
10	新加坡	2 048.08	3.4	10	印度	1 791.80	3.1
11	西班牙	1 570.32	2.6	11	韩国	1 306.52	2.2
12	瑞士	1 236.61	2.0	12	意大利	1 240.81	2.1
13	意大利	1 217.30	2.0	13	比利时	1 200.20	2.1
14	比利时	1 214.48	2.0	14	加拿大	1 152.56	2.0
15	卢森堡	1 130.77	1.9	15	瑞士	1 038.88	1.8
16	韩国	1 076.31	1.8	16	俄罗斯	996.78	1.7

资料来源:WTO 数据库。

第四,服务贸易自由化趋势加强,贸易保护仍存在。GATS 的签署与实施,为各成员的服务贸易提供了一个多边框架规则,标志着国际服务贸易自由化时代的到来。发达成员在服务贸易领域拥有比较优势,因此积极倡导服务贸易自由化。大多数发展中成员考虑到其服务业比较脆弱，所以坚持对服务贸易实行一定程度的保护，设置了相应的贸易壁垒。

据 WTO 模拟测算，到 2040 年，国际服务贸易在全球贸易中的份额将增加 50%，如果发展中成员能够采用数字技术，它们的国际服务贸易在全球服务贸易中的份额可能增加约 15%。[①]

在了解了国际服务贸易的发展现状后，我们应重点关注其发展趋势，以下四方面趋势将会在未来表现得尤为明显：

(1) 服务贸易涉及的范围日趋宽泛。早期国际服务贸易仅限于运输、贸易结算和劳工输出等少数几个领域。近二十年来，随着服务产业本身的扩展尤其是外延拓展，国际服务贸易的范围迅速扩大，除了传统领域，还开辟了一些新的领域，如计算机软件服务、多媒体技术服务、卫星通信服务、卫星影视服务以及空间运载服务等。

(2) 服务贸易的规模不断扩大。WTO 数据库的统计数据显示，2017 年全球服务贸易出口总额达到 61 013.58 亿美元，国际服务贸易已经成为许多发达工业化国家进行贸易扩张的重要动力来源。

(3) 服务产品的技术、知识密集化。以计算机和互联网为代表的信息技术的飞速发展，为国际服务贸易提供了坚实的技术载体与物质基础，而以新技术为基础的新型服务业对知识、人才的要求比以往任何时期都要高，由此推动了服务产品的技术、知识密集化发展。

(4) 数字技术、人口变化、收入增长和气候变化对服务贸易产生影响。这些因素将创造新的服务贸易类型，影响服务需求，部分传统服务贸易会受到冲击，同时在数字服务、环境服务等领域创造新的市场。

国际服务贸易之所以有这样迅猛发展的态势，究其原因主要有以下五点：

(1) 世界产业结构的服务化。根据配第-克拉克定理可知，随着人均国民收入的提高，劳动力首先由第一产业向第二产业转移，而后向第三产业转移。20 世纪 60 年代，主要西方国家都已经完成了本国的工业化进程，开始步入后工业化阶段，即产业重心开始向服务业偏移。发达国家目前的产业结构中服务业产值已占 70%以上，发展中国家服务业产值一般也在 40%左右。

(2) 国际货物贸易与国际投资的迅速发展。在货物贸易的带动下，同货物进出口直接关联的传统服务贸易项目(如国际运输、结算服务等)在规模、数量上都成倍增长。国际投资规模迅速扩大，并且向服务业倾斜，这不仅带动了国际货物贸易的增长，而且带动了国际服务贸易的迅猛增长。值得注意的是，随着服务创新的不断涌现，服务贸易的快速增长可能从以货物贸易带动为主转向以投资带动为主。

(3) 数字技术降低了服务贸易成本，促进了跨境服务贸易。全球信息和通信技术服务贸易一直在稳步增长。一方面，数字技术创造提供服务的新方式、创造新的服务贸易，取代部分商品贸易，允许企业利用规模经济，数字服务业的跨境发展挑战各国国内税收

---

① WTO. World trade report 2019: the future of services trade[EB/OL]. (2019-10-09)[2021-11-24]. https://www.wto.org/english/res_e/booksp_e/executive_summary_world_trade_report19_e.pdf.

制度;另一方面,数字技术将影响全球价值链的服务组成部分,并为包容性贸易创造更大的机遇。

(4) 人口结构变化为服务贸易带来新机遇。发达国家人口老龄化趋势明显,发展中国家年轻人口增加。养老与发达国家医疗卫生支出呈正相关关系,而年轻人在社交媒体方面最为活跃。

(5) 国际多双边协定有助于降低服务贸易壁垒,提升国内监管措施的国际合作。GATS 在国际多边体制的主持下以国际多边谈判和双边谈判为手段,形成了各成员共同认可的服务贸易国际准则。据 WTO 统计,在 GATS 生效的第一年,世界服务贸易便出现了前所未有的发展。1997 年 WTO 又通过了三项重要的服务贸易方面的协议,即《基础电信协议》《信息技术协议》和《金融服务协议》。区域贸易安排的承诺远远超过 WTO 的承诺。区域自由贸易协定中服务贸易安排的数量迅速增加,并且区域自由贸易协定服务贸易承诺的开放度远超过 WTO 中的 GATS。

第二节 《服务贸易总协定》

一、GATS 的制定过程

第二次世界大战结束以后,为解决复杂的国际经济问题,特别是为了制定国际贸易政策、消除贸易保护主义,包括中国在内的 23 个国家经过艰苦的谈判,于 1947 年 10 月 30 日在日内瓦签订了《关税与贸易总协定》(GATT)。考虑到各国对外经济政策存在严重分歧,《国际贸易组织宪章》短期内难以在多数国家获得通过,因此 23 个发起国在 1947 年年底签订了《关税与贸易总协定临时适用议定书》,并于 1948 年 1 月 1 日生效。此后,GATT 的有效期一再延长,并经历多次修订。GATT 缔约方在 1947—1994 年共举行了 8 轮多边贸易谈判,其中前 6 轮谈判均以关税减让为主要议题,从第 8 轮乌拉圭回合谈判开始,服务贸易被正式列入谈判议题。

进入 20 世纪 70 年代以后,国际服务贸易发展迅速,对世界经济增长作出了很大贡献。从 80 年代初开始,美国等发达缔约方就极力主张将服务贸易纳入 GATT 的范畴,但这一主张遭到发展中缔约方的极力反对,因为它们担心这将削弱其实现国内政策目标和贸易规制的能力。

从乌拉圭回合多边贸易谈判开始,发达缔约方与发展中缔约方在是否将服务贸易纳入新一轮多边贸易谈判问题上发生激烈冲突。以美国为首的发达缔约方基于对自身贸易利益的考量,力主将服务贸易纳入乌拉圭回合贸易谈判的范围。由于大多数发展中缔约方对其服务产业采取保护政策,服务贸易自由化无疑会使发展中缔约方处于非常不利的境地,因此发展中缔约方不愿意把服务贸易包括在 GATT 中。

1986 年的埃斯特角部长级会议宣言重申关于服务贸易的规定:要在提高透明度和逐步自由化的条件下扩大服务贸易,确立服务贸易原则和纪律的多边框架,规定各个部门的纪律,谈判手续适用 GATT 程序和惯例,谈判参加方的范围同货物贸易谈判参加方一样,谈判组织设置管理服务领域谈判的机构,在服务领域谈判过程中秘书处要给予支持。

乌拉圭回合谈判的成果之一就是达成了《服务贸易总协定》(The General Agreement on Trade in Services,GATS),这也是全球第一部有关服务贸易的多边贸易协定。GATS的具体谈判进程参见表8-2。

表8-2　GATS谈判进程表

时间	事项
1982年11月	GATT部长级会议,美国极力主张新一轮多边谈判应包括服务贸易,但遭到发展中缔约方的强烈反对
1984年11月	GATT大会,同意在GATT内成立服务贸易信息交换组织
1985年10月	GATT特别大会,确认开始新一轮谈判的准备程序
1986年9月	乌拉圭埃斯特角部长级会议,正式宣布开始乌拉圭回合谈判,成立货物贸易谈判委员会和服务贸易谈判委员会
1988年12月5—9日	加拿大蒙特利尔中期审评会
1989年4月	于日内瓦完成中期审评,进入"部门测试"阶段
1990年7月24日	贸易谈判委员会,制定服务贸易协定框架
1990年12月	比利时布鲁塞尔部长级会议,由于农产品谈判搁浅,其他谈判也以陷入僵局而告终
1991年3月	恢复服务贸易谈判,开始谈判初始阶段
1991年12月	于日内瓦完成最后文件草案的第一稿
1992年1—3月	集中谈判初始
1993年12月	乌拉圭回合谈判结束,达成包括GATS在内的《WTO协定》,遗留部分市场准入谈判
1994年	于马拉喀什签署协定
1995年1月	WTO在日内瓦建立,协定生效

二、GATS的主要内容

GATS全文由6大部分29个条款和8个附录构成,序言部分明确了制定服务贸易协定规则的基本宗旨,29个条款规定了各成员的基本权利和应遵守的义务,8个附录是GTAS不可分割的组成部分,目的是处理一些敏感的与国家主权和安全相关的金融、电信、运输和自然人流动等重要服务部门及其服务提供方式的特殊问题。

6大部分中的第一部分(第1条)对服务贸易的定义及GATS的适用范围做了规定;第二部分(第2—15条)是GATS的核心部分,规定了各成员的"一般责任和纪律",包括最惠国待遇、透明度、经济一体化、发展中成员更多参与等;第三部分(第16—18条)为特定承诺,包含市场准入、国民待遇和附加承诺,是各成员提出并要遵守的特定义务;第四部分(第19—21条)为逐步自由化,设定了通过谈判逐步实现服务贸易自由化的目标;第五部分(第22—26条)是制度条款,包含磋商、服务贸易理事会、技术合作、争端解决和实施、与其他国际组织的关系,主要规定了国际服务贸易管理组织及争端解决机制等;第六部分为最后条款,主要对相关概念进行了定义。

GATS中的普遍义务原则是指各成员都应该无条件遵守的义务,主要包括:

(1) 最惠国待遇原则。在GATS协议覆盖范围内,各成员给予任一成员的服务或服务提供者的待遇，应无条件地不低于给予任何其他成员相同的服务或服务提供者的待遇，即要平等地对待所有成员伙伴。GATS 的最惠国待遇原则适用于除被各成员列入豁免清单外的所有服务贸易部门。

(2) 透明度原则。除非在紧急情况下，各成员应迅速将所有涉及或影响本协定实施的有关措施最迟在其生效以前予以公布，如果涉及或影响服务贸易国际协定的签字国，那么该项国际协定也必须予以公布。根据 GATS，各成员必须公布所有相关的法律和规定，并建立咨询点，以便其他成员获得相关服务部门的法律法规信息。

(3) 发展中成员更多参与原则。各成员通过协商承担特定义务，使发展中成员能更多地参与到国际服务贸易领域中，包括最不发达成员。不足之处在于没有足够的硬性规定来保证这一原则的实施。

GATS 中的特定义务或称具体承诺是指各成员通过列举清单的方式遵守的义务，主要包括下列原则：

第一，市场准入原则。各成员应以低于其在减让表上已经同意提供的待遇，给予其他成员服务和服务提供者的原则，是各成员通过谈判作出并借此约束各自市场的承诺。

第二，国民待遇原则。成员在减让表中记载的服务部门，对本成员服务和服务提供者给予的各种条件和资格同时要给予任何其他成员的服务和服务提供者，不能实行差别待遇，即对本国人和外国人给予同样的待遇。在 GATT 中，它是一条普遍义务和原则，但在 GATS 中仅仅适用于列举在清单中的部门，所以它被列入具体承诺中。

GATS 中的例外和豁免是指考虑到服务贸易发展的不平衡性及独特性，作为一般义务的最惠国待遇原则的特殊情况可以列举豁免清单，同样，市场准入和国民待遇也可以有例外；GATS 中的协商和争端解决是指 GATS 成立理事会，对国际贸易磋商和争端解决措施作出规定；GATS 中的附录是指最后一部分中的四类附录，即最惠国豁免附录，对特定服务如金融、空运的特殊性加以说明的附录，对自然人流动、电信服务提供方式加以规定的附录，继续就金融、基础电信、海运进行谈判的附录。

三、GATS 的作用与影响

GATS 是自 GATT 诞生以来，在推动世界贸易自由化发展历史上的又一个重大突破，它将服务贸易纳入多边体制，标志着多边贸易体制的渐趋完善。GATS 将对国际服务贸易的发展发挥重要且积极的作用。

第一，GATS 的制定是国际服务贸易迈向自由化的重要标志之一。在 GATS 签订之前，GATT 主要在货物贸易领域推进贸易自由化，而对服务贸易一直未进行统一的规范。GATS 的制定为国际服务贸易的逐步自由化提供了体制上的安排和保障，对于建立和发展国际服务贸易多边规范是一个重大突破。GATS 确立了多边谈判模式，促进各成员服务市场开放和发展中成员国际服务贸易增长，使各成员有了进一步谈判的基础，从而向国际服务贸易自由化方向不断迈进。服务市场的逐步开放将会带来更多的贸易机会，这有利于建立更加稳定的贸易往来关系，能够对各个成员服务贸易的进一步发展产生不可估量的作用。

第二，GATS 对发展中成员给予了适当的照顾。GATS 中有不少条款涉及发展中成员，鉴于发展中成员在世界服务贸易中所处的劣势地位，这些条款为发展中成员提高国际服务贸易的参与程度、加强服务业竞争力、扩大服务贸易出口提供了较大的便利，特别是在国民待遇、最惠国待遇、透明度、市场准入、逐步自由化以及经济技术援助等方面，都对发展中成员做了照顾性的特别规定。

第三，GATS有助于促进各成员在国际服务贸易方面的合作与交流。GATS不仅对国际服务贸易的扩大和发展起到了积极的推动作用，而且使各成员从对服务市场的保护和对立逐步转向开放和对话，不断加强合作与交流。特别是透明度条款和发展中成员更多参与条款中关于提供信息、建立联系点的规定，更有利于各成员在服务贸易领域的信息交流和技术转让。另外，定期谈判机制的建立，也为成员提供了连续磋商和对话的机会。这使各成员在服务贸易方面愿意采取更加积极合作的态度，客观上促进了全球服务贸易的发展和繁荣。

第四，GATS将一般义务与特定义务分开规范的做法，使各成员在服务贸易领域既可遵守共同的原则和普遍的义务，又可根据其服务业发展的实际情况安排开放服务市场的步骤，从而保证其服务业和经济发展不受到严重打击。GATS考虑到成员的发展水平和经济转轨成员的实际情况，制定了服务贸易谈判应遵循的方针，所达成的义务和保留应建立在适当分解的水平上，如部门目录、部门与下属部门等，给予发展中成员适当的灵活性，但必须在“严格限制的水平上”分阶段实施。这些都体现了规则的原则性和灵活性的有机统一，既可以推动各成员在具体服务部门的谈判中迅速进入实质性阶段，又便于体现各成员的利益诉求。

第三节　服务贸易协定谈判

服务贸易协定（Trade in Service Agreement，TISA）谈判发源于WTO框架，起因是美欧等国认为1994年达成的GATS远远落后于时代，主张用列“负面清单”的谈判模式推动达成更高标准的服务贸易协议。由于对WTO陈旧规则的不满，美国先后带头成立TPP和TISA，希望与发达国家先制定规则、达成协议，然后再继续和发展中国家谈判。TISA谈判于2013年3月正式启动，目标是制定服务贸易国际新规则，推动全球服务贸易进一步自由化。

一、TISA谈判的起源

（一）WTO框架下GATS谈判的停滞

全球第一个关于服务贸易的多边协定是WTO框架下乌拉圭回合谈判达成的GATS，GATS于1995年1月正式生效。按照GATS第19条的规定：“为推进本协定的目标，各成员应该不迟于WTO协定生效之日起5年开始并在此后定期进行连续回合的谈判，以期逐步实现更高的自由化水平。”因此，从1995年WTO协定生效起5年后，2000年2月25日，WTO服务贸易理事会召开了特别会议，发起了新一轮服务贸易领域的谈判，又称GATS 2000。2001年，旨在提高自由化水平的GATS 2000谈判开始，2011年，该谈判趋于停滞，原因主要有以下三点：一是GATS框架较为复杂，包括四种贸易提供方式,以及“市场准入”和“国民待遇”两个谈判维度;二是GATS对国内监管的规定较为灵活,在通过市场准入和国民待遇领域的承诺推进贸易自由化的同时,认可了成员通过国内监管实现国内目标的权利;三是发达成员和发展中成员在服务贸易自由化的范围、程度、利益分配等方面存在严重分歧。[①]

对WTO谈判进展缓慢感到失望的美国、欧盟和另外二十多个国家和地区[②],于2012年发起了旨在达成新的服务贸易协定的谈判[③],此项谈判覆盖全球服务贸易的大约70%。中国内地于2013年9月30日宣布参加TISA谈判。

(二) 信息技术创新推进国际服务业的新发展

技术的进步,使得世界经济一体化程度深入发展,这在很大程度上改变了世界经济模式和商业模式。1995年GATS签订后,国际服务贸易的成本不断下降,跨境服务贸易的范围不断拓宽,如工程和信息通信行业。原有的国际贸易规则已不适应网络信息技术下的新型服务业业态和交易模式,而TISA谈判顺应了服务业出口大国扩大服务业开放领域的趋势,也反映了在政府采购、认证程序和通信网络等领域制定新规则的要求。

(三) 国际金融危机以来主要国家经济发展的需要

2008年国际金融危机以来,在全球经济低迷的背景下,服务贸易逐渐成为世界各国改善国际收支和提高分工地位的重要手段。服务业在发达国家的经济中占有重要地位。例如,美国服务业部门创造了75%的国民经济产出,提供了80%的私人部门就业岗位;服务业占据了澳大利亚经济活动的70%,吸纳了80%的劳动力,并在对外贸易中发挥了非常重要的作用,占出口总额的17%;加拿大的服务业对经济的发展也具有重要作用,服务业占经济总产值的70%,提供了近80%的就业岗位。[④]

二、TISA谈判的目标、内容和进展[⑤]

(一) TISA谈判的目标和主要内容

TISA谈判的目标是在符合GATS的基础上达成更高水平的协议,覆盖服务贸易的所有领域和模式,并在成员之间形成新的、更好的服务贸易规则。具体来说,TISA旨在在成员内部建立反映21世纪贸易需求的市场准入、贸易和监管规则以及争端解决机制,为成员内外的投资者,以及公共部门和私人部门之间创造一个公平的、“竞争中性”的环境。TISA被认为是未来20年内最有可能改善和扩展服务贸易的机会。

1. 美国谈判立场框架

美国政府将TISA谈判包含的主要问题分为四大领域:市场准入和国民待遇、跨境数

---

① 杜琼,傅晓冬. 服务贸易协定(TISA)谈判的进展:趋势及我国的对策[J]. 中国经贸导刊,2014(31):24-26.

② TISA最早的成员有澳大利亚、加拿大、智利、中国台湾、哥伦比亚、哥斯达黎加、欧盟、中国香港、冰岛、以色列、日本、列支敦士登、墨西哥、新西兰、挪威、巴拿马、秘鲁、韩国、瑞士、土耳其、美国、巴基斯坦和巴拉圭。

③ TISA与TPP、TTIP谈判被称为美国总统奥巴马贸易战略的主要支柱。

④ 杜琼,傅晓冬. 服务贸易协定(TISA)谈判的进展:趋势及我国的对策[J]. 中国经贸导刊,2014(31):24-26.

⑤ 同上.

据流动、国有企业、未来服务。TISA 解决的基本问题是成员在多大程度上对其服务部门实行管制。跨境数据流动对美国的大多数技术公司和服务公司来说是非常关键的，确保数据的跨境流动将增加数字和电子方式的跨境服务提供。在国有企业领域，美国的公司强烈要求服务贸易谈判能确保国有企业仅仅以商业模式运作；在未来服务方面，服务贸易谈判还涉及当前尚不存在但随着技术的创新和发展可能形成的服务。

2. TISA 谈判框架的基本内容

从目前的 TISA 谈判来看，基本内容主要涵盖信息和通信技术、金融服务、专业技术人员服务、商业人员的临时进入、海上运输和国内管制，以及新提出的空中运输服务、快递服务和能源服务等领域。从 TISA 谈判框架的基本构成来看，基本内容可分为两类：一类是 GATS 框架中已经包括的、TISA 框架有所加强的领域，包括政府采购、竞争政策和监管协调、相互认证以及国内监管；第二类是 TISA 框架的新增条款，随着技术和服务业的发展，TISA 谈判超越 GATS，形成了一些反映当前服务贸易发展的新规则，如国有企业和跨境数据流动等。

（二）TISA 谈判的进展、成果及主要分歧

1. 谈判的进展

从 2013 年 4 月底以来，截至 2016 年 11 月，TISA 已举行 21 轮谈判。谈判现在暂停，预计将在政治环境允许时恢复。谈判没有正式规定的截止日期。美国、欧盟和澳大利亚轮流主持该谈判。由于 TISA 谈判的内容不公开，因此只能从欧盟的相关报道中了解谈判进程以及部分内容。根据目前的谈判进程，可将 TISA 谈判分为三个阶段：初步磋商阶段、广泛讨论阶段、成果初步取得阶段。

第 1 轮到第 5 轮为初步磋商阶段，主要提出金融服务、国内管制、跨境人员流动、电子商务、海陆空运输等重要议题，并确定以市场准入为谈判重心。第 6 轮到第 14 轮为广泛讨论阶段，主要将谈判内容从政府层面下沉到行业层面，逐渐邀请相关行业专家和人士加入讨论，并提出能源服务等新议题，各成员开始提交准入清单。第 15 轮到第 21 轮为成果初步取得阶段。本阶段经过前期多轮“滚动式”的谈判，逐渐取得谈判成果，谈判开始进入密集期。第 15 轮谈判在国内管制方面取得进展；第 16 轮谈判再次重申市场准入这一核心议题，且在人员出入境议题上取得部分成果；第 17 轮谈判就金融服务国际标准、金融服务自律组织等问题进行了深入讨论，通信服务和电子商务领域的谈判取得阶段性成果，且引入专业服务、采矿服务等议题继续讨论；第 18 轮谈判进一步就电信、电子商务、本地化、金融服务和模式四（自然人流动）相关文本缩小立场差距，还讨论了交通附件和机构框架；第 19 轮谈判关注市场准入以及电信、电子商务、本地化、金融服务等相关文本；第 20 轮谈判进一步讨论了争端解决程序等制度安排；第 21 轮谈判的关键包括透明度、国内规制、电信、电子商务、本地化以及模式四（自然人流动）。

2. 谈判达成的基本原则

TISA 谈判中的市场准入和国民待遇的承诺方式采取正面清单和负面清单的混合形式，即市场准入采取“正面清单”的模式，国民待遇采取“负面清单”的模式。在 TISA 达成的承诺对其他成员的适用性方面，将采取“有条件的最惠国待遇”原则。

3. 谈判的主要分歧

虽然参加 TISA 谈判的各方基本上志同道合,但立场不同,利益有别,各成员在不少问题上存在分歧。截至第 21 轮谈判,部分问题经过磋商已基本达成一致,但依然存在以下三点分歧。

第一,多边化分歧。欧盟和澳大利亚等国赞成将 TISA 谈判成果多边化,而美国则表现得较为犹豫。欧盟始终认为 TISA 是对多哈谈判的促进而非终结,TISA 与 GATS 的文本完全兼容,各成员可以直接用 TISA 中的减让承诺替换现有的 GATS 承诺。只要 TISA 成员达到一定数量,就应该回到 WTO 多边贸易体制。美国则多次公开主张 TISA 谈判的成果应仅适用于诸边成员,实际上是反对将 TISA 多边化。

第二,持续存在的包容性和透明度分歧。包容性分歧主要体现在对新成员申请加入的态度是否积极上,部分原因在于各成员对 TISA 的多边化意愿不同。正是因为存在多边化和包容性分歧,各方对谈判内容的透明度也存在差别,目前欧盟的透明度要高于美国。

第三,具体规则上的分歧。第 21 轮谈判后,各方在具体规则上存在一些分歧:一是在市场准入方面,各成员对"新服务"问题仍存在争议;二是在最惠国待遇问题上,各成员对是否实施"向前看的最惠国待遇"的意见不一致;三是"模式四"谈判,目前的主要问题集中在欧盟贸易和移民政策的传统区分上;四是"本地化"分歧,主要集中在"高管和董事会"条款上,各成员在自由贸易协定中的实践不一致;五是本轮谈判涉及的数个具体服务部门以及国有企业等专门规则。

(三) TISA 谈判的多边化趋势

TISA 谈判如果取得成功,将成为 21 世纪服务贸易多边谈判的基础。当前学术界认为,未来该协议要想进入 WTO 框架下一般需要满足两个条件:第一,当前 TISA 框架下的基本概念和义务类型需要和 GATS 保持基本一致,这样就能较容易地进入 GATS 的减免条款。第二,成员数量需要达到"关键点"(critical mass),"关键点"一般被界定为"成员的贸易额达到该领域世界贸易额的 90%以上"。从以往经验看,《民用航空器贸易协议》《基础电信协议》和《金融服务协议》在谈判初期各成员的份额就已超过了全球贸易总额的 90%,但是《政府采购协议》的成员份额约占全球政府采购额的 50%,也进入了 WTO 框架内。虽然这两个条件仅仅是学术界探讨性的检验标准,但是从某种意义上表明,TISA 谈判目前只是区域性服务贸易自由化协定的谈判。

第四节　中国服务贸易的发展

一、中国服务贸易的发展现状

2001 年中国加入 WTO,在此之后,国内服务业对外开放的程度进一步加大。2017 年 3 月 2 日,为促进服务贸易又好又快发展,商务部会同国务院服务贸易发展部际联席会议等其他 38 个成员单位制定了《服务贸易发展"十三五"规划纲要》(简称《规划》),《中华人民共和国国民经济和社会发展第十三个五年规划纲要》第五十章第四节就"十三五"

时期中国服务贸易发展的总体目标作出了明确部署，而《规划》对这一宏远目标做了具体细化。根据《规划》的具体部署，“十三五”时期，中国坚持以推进服务贸易领域供给侧结构性改革为主线，夯实服务贸易产业基础，提高服务贸易开放程度和便利化水平，扩大服务贸易规模，优化服务贸易结构，促进服务贸易与货物贸易、服务贸易与对外投资联动协调发展。

2019 年中国服务贸易进出口总额达 7 837 亿美元，比 2018 年减少 1.6%。其中，维修维护服务、个人文化娱乐服务和加工服务贸易进口同比分别增长 50.4%、25.3%和 23.5%，而维修维护服务、知识产权使用费、电信计算机信息服务贸易出口分别增长 47.9%、24.7%和 19.3%。高附加值服务贸易的快速增长培育了资本技术密集型企业，推进了科技进步与创新，优化了贸易结构。

1. 服务贸易占对外贸易的比重持续提升

“十三五”以来，中国服务贸易在对外贸易（货物和服务进出口额之和）中的比重持续攀升，2018 年占比为 14.70%，2019 年虽略有下降（为 14.62%），但总体而言，服务贸易占对外贸易的比重呈现持续提升的势头，如图 8-3 所示。2001—2019 年中国服务贸易额及增长率如图 8-4 所示。

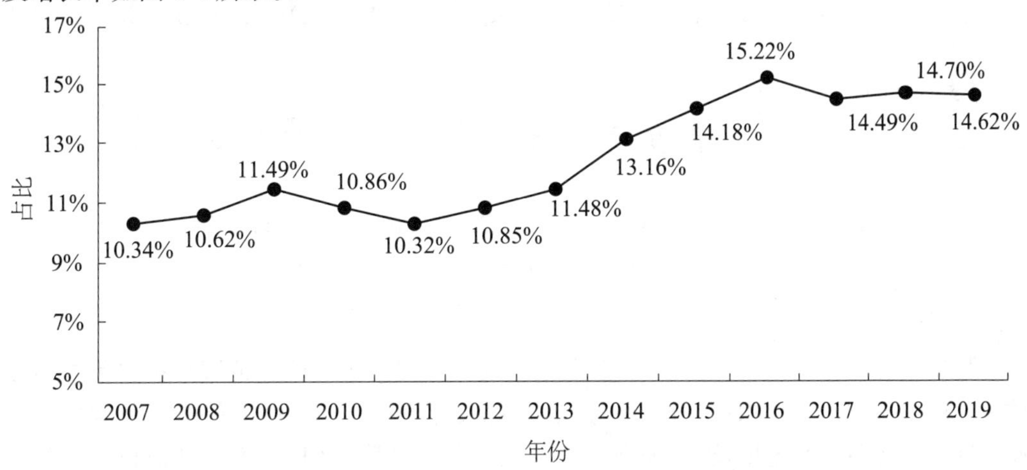

图 8-3　2007—2019 年中国服务贸易占对外贸易的比重

资料来源：根据国家外汇管理局中国国际收支平衡表整理。

2. 服务贸易逆差进一步扩大

2019 年，中国服务贸易逆差有所缩小，累计逆差为 2 175 亿美元。其中，旅行贸易逆差为 2 142 亿美元，居各类服务贸易之首；运输服务、知识产权使用费、保险和养老金服务以及个人、文化和娱乐服务贸易逆差分别为 582 亿美元、274 亿美元、59 亿美元、28 亿美元。2019 年，金融服务，电信、计算机和信息服务，加工服务，建筑服务，维护和维修服务，以及其他商业服务则分别实现贸易顺差 14 亿美元、267 亿美元、190 亿美元、185 亿美元、65 亿美元和 232 亿美元。2001—2019 年中国服务进出口额及差额如图 8-5 所示。

3. 服务贸易结构继续优化

2018 年，“中国服务”国家品牌建设带动高端生产性服务出口快速增长，推动服务贸

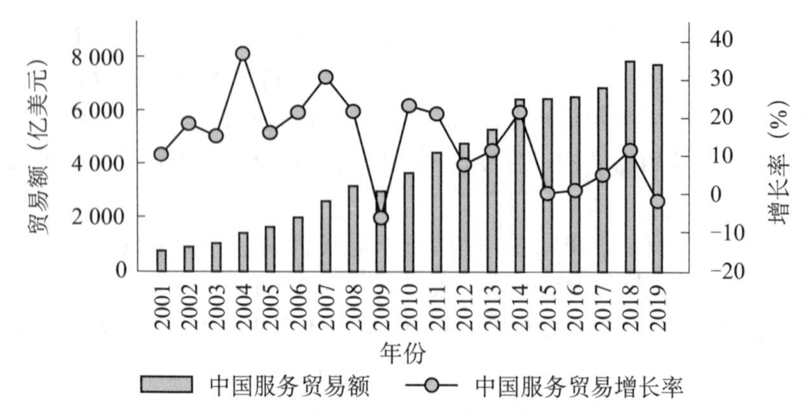

图 8-4　2001—2019 年中国服务贸易额及增长率

资料来源:商务部商务数据中心。

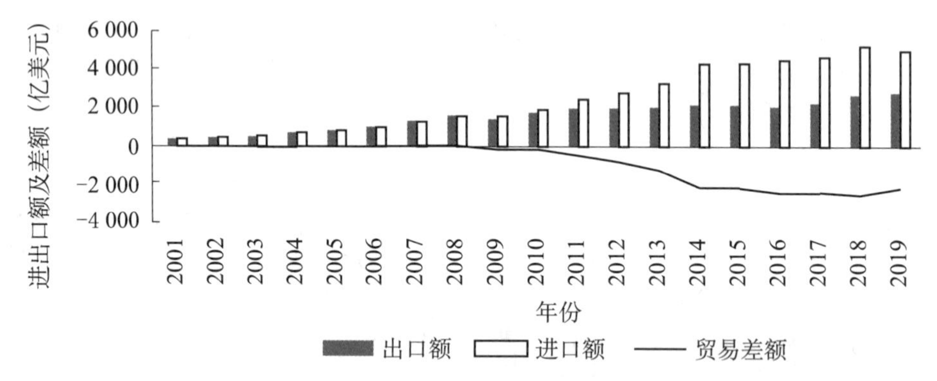

图 8-5　2001—2019 年中国服务贸易发展:进口、出口及贸易差额

资料来源:国家外汇管理局中国国际收支平衡表,历年中国统计年鉴。

易结构调整和优化。从服务进口看,服务消费加速升级推动高附加值服务进口需求不断扩大,其中,知识产权使用费、金融服务以及电信、计算机和信息服务等进口需求增长迅速。新兴服务贸易快速增长,这提高了中国服务贸易的附加值,促进了知识技术密集型企业的发展,为国内产业结构升级作出了积极贡献。传统服务贸易发展势头逊色于新兴服务贸易。2018 年,新兴服务进出口增速高于旅行、运输和建筑三大传统服务 13.6 个百分点,但从规模上看传统服务仍占主体地位。2019 年,旅行服务、运输服务和建筑服务三者进出口总额合计占比达到 60.36%。2020 年中国服务贸易进出口结构如图 8-6 所示。

4. 服务外包业务发展迅速①

2020 年,中国内地企业承接离岸服务外包合同额 9 738.9 亿元,执行额 7 302 亿元,分别增长 5.8%和 11.4%,带动服务出口提升 3.8%。从结构来看,信息技术外包(ITO)和知识流程外包(KPO)增长较快,2020 年离岸执行额分别为 3 204.1 亿元和 2 921.4 亿元,分别增长 10.7%和 17.9%。数字化程度较高的集成电路和电子电路设计业务离岸

① 商务部. 中国对外贸易形势报告(2021 年春季)[EB/OL]. (2021-06-09)[2021-11-24]. http://zhs.mofcom.gov.cn/article/cbw/202106/20210603069385.shtml.

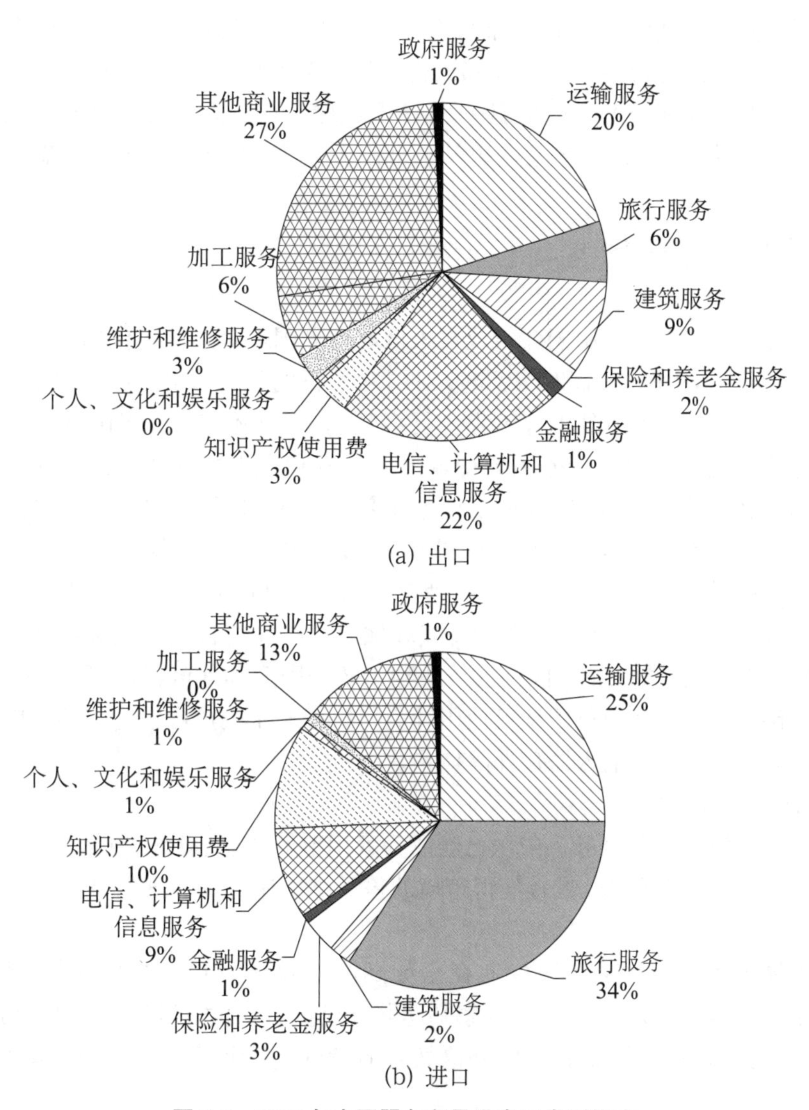

图 8-6　2020 年中国服务贸易进出口类别构成

资料来源:商务部商务数据中心。

执行额为 490.9 亿元,增长 41%;知识密集的生物医药研发业务离岸执行额为 488.1 亿元,增长 25%。从市场来看,2020 年中国内地承接美国服务外包执行额 1 550.6 亿元,增长 17%;承接中国香港、欧盟离岸外包执行额分别为 1 198.3 亿元和 1 176.8 亿元,分别增长 5.7%和 5.8%;承接“一带一路”沿线国家离岸外包执行额 1 360.6 亿元,增长 8.9%。

二、中国服务贸易行业发展概况

根据中国入世承诺可知,在商业服务部门中,中国作出约束承诺的子部门为 23 个,覆盖比例为 50%。其中,涉及 8 个专业服务子部门,3 个计算机及相关服务子部门,2 个房地产服务子部门,10 个其他商业服务子部门。

中国服务贸易在建筑业具有全球竞争优势,运输行业发展迅速,旅行业多年持续巨额逆差,其他商业服务开放程度高,而知识密集型服务发展迅速,进出口总额已接近中国服务贸易进出口总额的50%;金融服务,个人、文化和娱乐服务,知识产权使用费等部门出口金额增长较快,金融服务与保险和养老金服务是2021年上半年进口额增长最快的两个部门。

(一) 专业和商业服务

1. 专业服务

(1) 建筑和工程服务。中国建筑业在入世后进入国际市场的步伐加快。通过加强中外技术交流与合作,中国建筑和工程企业对国际通行的设计模式、标准、规范更为了解。2017年,中国建筑业新签海外承包工程合同金额达1 729亿美元,同比增长2.28%。中国建筑服务出口已经完成由劳务主导型输出向技术和管理主导型输出的转变。在加强与国际同行合作的同时,中国建筑和工程企业着重强调创新,并取得了长足的进步。中国建筑设计在很多领域已经达到国际先进水平,成为中国服务贸易竞争力强的部门。

(2) 医疗和牙医服务,助产士、护士、理疗师和医疗辅助人员提供的服务。近年来,中国的卫生事业稳步发展,卫生资源总量持续增加。中医凭借自然疗法和毒副作用小的特点,在海外越来越受到青睐。中医药已传播到183个国家和地区,据世界卫生组织统计,截至2019年年底,103个会员国认可使用针灸,其中29个会员国设立了传统医学的法律法规,18个会员国将针灸纳入医疗保险体系。

2. 其他商业服务

(1) 设备维修和保养服务。中国已经成为家用电器、机电设备、通信设备的生产和出口大国。大量的产品和设备出口,使得跨境的售后维护服务和专业维修服务变得越来越重要。

(2) 翻译服务。中国翻译服务业在全球翻译界异军突起。据业内人士估计,截至2019年年底,中国总计大约有40 000家翻译服务机构。入世后,随着跨国流动人员数量激增,翻译服务需求稳步增长。中国外语教育质量的不断提高,也使得中国翻译人员队伍不断壮大。

(二) 金融服务

1. 银行和证券服务

截至2019年年底,中国银行业共有4 607个法人机构、22.8万个营业网点。法人机构的类型包括政策性银行、大型商业银行、股份制商业银行、城市商业银行、农村商业银行、农村合作银行、城市信用合作社、农村信用合作社、邮政储蓄银行、金融资产管理公司、外资银行、信托公司、企业集团财务公司、金融租赁公司、货币经纪公司、汽车金融公司、村镇银行、贷款公司和农村资金互助社。

中国已对银行服务业的6个子部门作出了具有约束力的承诺,覆盖了所有银行业部门。截至2017年年底,有14个国家和地区的银行在华设立了38家外商独资银行、1家合资银行;有30个国家和地区的73家外国银行在华设立了122家分行;有46个国家和地区的143家银行在华设立了163家代表处;有21个“一带一路”国家的55家银行在华设立了 7 家外资法人银行、19 家外国银行分行以及 38 家外国银行代表处。

近年来，中国证券业也经历了稳步增长。截至 2019 年年底，中国有证券公司 133 家、基金管理公司 140 家、证券投资基金 6 544 只，有 97 家公司发行 B 股；截至 2020 年 5 月底，有 321 家境外机构获得合格境外机构投资者（QFII）资格。

2008 年，中国超出 WTO 承诺的范围，宣布允许符合条件的合资证券公司将其业务范围扩展至某些部门。截至 2017 年年底，已经批准设立 45 家合资基金管理公司和 11 家合资证券公司，其中 10 家合资证券公司的外资股比在 33％以下，1 家合资证券公司的外资股比为 49％。

2. 保险服务

中国的保险业在最近几年取得了快速发展。截至 2019 年年底，中国共有 240 家保险公司，其中 57 家为外资保险机构。外资保险机构中，22 家为财产保险公司，28 家为人寿保险公司，7 家为再保险公司。

按照中国在 WTO 中作出的承诺，外资公司通过建立外资保险代理机构和持有中国保险公司的股份进入中国。外资人寿保险公司可以在与合作伙伴共同建立的合资公司中占有 50％的股份。外资非寿险保险公司可以建立全资子公司。此类全资子公司可以经营大规模商业保险、再保险以及运输保险和再保险等方面的经纪业务。外资保险公司、非寿险公司和保险经纪公司在开展其业务的过程中不受地域限制。

（三）环境服务

环境服务部门包括排污服务、垃圾处理服务、废气清理服务、降低噪音服务、自然和风景保护服务、其他环境保护服务以及卫生服务等 7 个子部门。根据《中国加入 WTO 议定书》，中国对 7 个子部门均作出了约束承诺，覆盖了 100％的环境服务部门（除环境质量监控和污染源检查以外）。

中国正处于工业化和城市化的进程之中。中国政府高度重视环境保护，有力地提高了环保产业的市场需求。统计数字显示，2018 年环保产业收入 1.6 万亿元，比 2017 年增长了 18.2％。自“十二五”以来，中国环保产业年均增速约 26.9％，高于 GDP 的增速，涌现了一批产值超过 10 亿美元的现代化环保企业。通过自主研发与引进吸收国外先进技术，中国在环保技术与产品方面基本达到市场要求。

三、促进中国服务贸易发展

习近平主席在 2020 年中国国际服务贸易交易会全球服务贸易峰会上指出，服务业需要开放、透明、包容、非歧视的行业发展生态，需要各国努力减少制约要素流动的“边境上”和“边境后”壁垒，推动跨境互联互通。

（一）不断深化服务贸易创新发展试点

服务贸易创新发展试点是中国推进贸易高质量发展的重要举措。2015 年《关于加快发展服务贸易的若干意见》发布，这是国务院首次系统地对服务贸易基础性统计问题提出的国际化要求。2015 年，国务院颁布《关于北京市服务业扩大开放综合试点总体方案的批复》，支持北京在服务业开放上大胆尝试。2016 年，商务部、国家统计局联合印发《国

际服务贸易统计监测制度》，旨在将中国服务贸易统计监测工作与国际标准对接。2016年，中国启动服务贸易创新发展试点，探索创新体制机制、扩大服务业开放、培育市场主体、提升便利化水平、优化促进政策、健全统计体系、加强事中事后监管等举措，形成了29项制度创新经验。2018—2020年，服务贸易创新发展试点进入深化阶段，形成了45项最佳实践案例和经验。

2020年中国全面深化服务贸易创新发展试点，商务部发布《全面深化服务贸易创新发展试点总体方案》，提出坚持要素型开放与制度型开放相结合、开放与监管相协调、准入前与准入后相衔接的原则，探索制度开放路径，在管理体制、监管制度等多个方面推进优化服务贸易体制机制。将试点范围扩大到全国28个地区，推出8项试点任务、122项具体举措。特别是围绕服务领域审批权下放或取消、放宽市场准入等，提出16项举措；在促进货物、资金、技术、人员、数据等要素跨境流动方面，提出38项便利化举措；在运输、教育、医疗、金融、专业服务等领域开放方面，重点推出26项举措；在推动数字服务、版权服务等新业态新模式发展方面，提出17项举措。

未来将继续稳步推进规则、规制、管理、标准等制度型开放，对标国际服务贸易高标准新规则，出台跨境服务贸易负面清单管理制度，做到“既准入又准营”，服务业开放逐步由“边境上”向“边境后”措施过渡。

（二）自由贸易港/自由贸易试验区探索服务贸易开放

依托国家级经济技术开发区建设特色服务出口基地，给予优惠政策以促进专项服务贸易的发展。在服务外包方面，2009年中国首批服务外包示范城市诞生，2016年根据服务外包产业集聚区布局，统筹考虑东、中、西部城市，将中国服务外包示范城市数量从21个有序增加到31个。

中国的自由贸易试验区正在成为国际服务贸易发展的重要高地和服务贸易制度创新的高地。国务院已经向全国推广了21个自由贸易试验区出台的280项贸易便利化制度创新，涉及金融服务、航运服务、商贸服务、专业服务、文化服务和社会服务六大领域。上海自由贸易试验区以负面清单管理为核心的投资管理制度已经建立，以贸易便利化为重点的贸易监管制度平稳运行，以资本项目可兑换和金融服务业开放为目标的金融创新制度基本确立，以政府职能转变为导向的事中事后监管制度基本形成，在进一步扩大服务业对外开放、发展服务贸易方面示范效应显著。

自由贸易港/自由贸易试验区试点进一步降低外资在服务业领域的市场准入限制，加快信息技术服务、科学技术服务、数字服务、医疗、教育、文化和娱乐业等领域对外开放；有序放宽增值电信业务、商务服务、交通运输等领域的外资持股比例，激发现代服务业发展活力。鼓励外资企业参与中国文化、数字服务、中医药等领域特色服务出口基地建设，发展服务贸易新业态新模式。在投资和服务业市场准入方面，外商投资准入特别管理措施（负面清单）除了全国版，2017年还发布了自由贸易试验区版。2020年年底，国家发展和改革委员会与商务部发布的《海南自由贸易港外商投资准入特别管理措施（负面清单）（2020年版）》，以更为精简的负面清单规范了海南自由贸易港发展国际服务贸易投资的行业规范，服务行业负面清单涉及八大行业：批发和零售业（1项），交通运输、仓储和邮政业（4项），信息传输、软件和信息技术服务业（2项），租赁和商业服务业（2项），科学研究和技术服务业(3 项),教育(2 项),卫生和社会工作(1 项),文化、体育和娱乐业(7 项)。

(三) 数字技术为服务贸易注入强大动能

疫情期间,知识产权使用费、金融服务、保险和养老金服务以及电信、计算机和信息服务等知识密集型服务贸易不断增长,离岸信息技术外包、知识流程外包中涉及云计算、生物医药等领域的项目显著增加。同时,数字技术催生"宅经济""无接触经济"等新业态,推动跨境电商、远程医疗、在线教育、远程办公等服务贸易行业井喷式增长。5G、大数据、区块链、云计算、人工智能等数字技术的快速发展与应用,为服务业和服务贸易拓展国际空间提供了技术条件,为服务贸易创新发展注入新动能,线上服务需求将继续延伸至其他传统服务领域,越来越多的以数字为内容的服务贸易新业态将不断涌现,中国服务贸易将迎来繁荣发展的机遇期。

(四) 跨境服务负面清单管理促进服务业高质量发展

全球跨境服务贸易年均增速是货物贸易的两倍。2020 年,中国跨境服务贸易进出口额为 6 617 亿美元,位居全球第二,未来发展潜力巨大,有必要出台跨境服务贸易负面清单,积极推动减少跨境服务贸易项下跨境交付、境外消费、自然人移动三种模式的准入限制,推动放宽旅行、医疗、教育、法律、科技服务、文化、金融以及电子商务等服务业领域对境外服务提供者及其服务的限制,引入竞争、激发潜能,推动相关领域跨境服务贸易快速发展。

中国首个跨境服务贸易负面清单——《海南自由贸易港跨境服务贸易特别管理措施(负面清单)(2021 年版)》于 2021 年 7 月 23 日公布、2021 年 8 月 26 日正式施行。首张负面清单的出台是对现有服务贸易管理模式的重大突破,体现了高标准对接国际经贸规则。该清单统一列出国民待遇、市场准入、当地存在、金融服务跨境贸易等方面对于境外服务提供者以跨境方式提供服务(通过跨境交付、境外消费、自然人移动模式)的特别管理措施,适用于海南自由贸易港,地域范围为海南岛全岛。该负面清单未涉及国家安全、公共秩序、金融审慎、社会服务、人类遗传资源、人文社科研发、文化新业态、航空业务权、移民和就业措施以及政府行使职能等相关措施。凡是在清单之外的领域,在海南自由贸易港内,对境内外服务提供者在跨境服务贸易方面一视同仁、平等准入。此外,该清单体现了海南特色,在旅游业、现代服务业、高新技术产业等方面作出一系列开放安排,如放开外籍游艇进出海南自由贸易港申请引航限制等。

清单体现了更大力度的自主开放:负面清单在专业服务、交通服务、金融等领域作出较高水平开放安排,不仅超过我国加入 WTO 的承诺,也高于中国已生效的主要自由贸易协定相应领域的开放水平。例如,在我国加入 WTO 承诺开放的 100 个分部门里,负面清单有 70 多个分部门开放度超过当时承诺。未来将在总结评估基础上,研究制定自由贸易试验区跨境服务贸易负面清单,通过更大范围试点推动更高水平的制度型开放,为在全国实施跨境服务贸易负面清单管理制度试点,切实履行 RCEP 生效后六年中国全面施行负面清单管理制度。

(五) 提升服务贸易自由化水平,推动服务贸易国际合作

完善全球服务贸易合作网络,推动多双边服务贸易规则协调。以 RCEP 为例,中国服务贸

易和行业开放程度进一步提升(见表8-3)。商业服务业开放度最高,环境服务覆盖面广。

表8-3　RCEP中中国服务贸易分部门开放承诺

服务部门	中国的服务业开放承诺
商业服务业	·对于多数分部门和子部门以跨境交付和境外消费模式提供服务基本开放,且允许RCEP成员设立外商独资企业或子公司 ·计算机硬件安装、数据处理和制表、分时服务、广告服务4个部门完全开放,即对三种服务提供模式在市场准入和国民待遇方面无限制
通信服务	开放速递、电信和视听3个分部门 ·速递服务允许设立外商独资子公司 ·包括电子邮件等六种形式的增值电信服务和基础电信中的寻呼服务,允许RCEP成员设立部分由外国投资者投资的企业,外资股比不超过50% ·移动语音和数据服务,外资股比不超过49% ·对以跨境交付和境外消费模式提供服务,中国没有限制
建筑服务	承诺涵盖全部8个分部门 ·允许RCEP成员设立外商独资企业,承揽4类建设项目,比如全部由外国投资或赠款资助的建设项目,由国际金融机构资助并根据贷款条款进行国际招标所授予的建设项目等 ·在上海自由贸易试验区内设立的外国建筑企业可以承揽位于上海市的中外联合建设项目,并可免除外资股比要求
分销服务	·特许经营、无固定地点的批发或零售2个分部门完全开放 ·佣金代理、批发、零售3个部门允许设立外商独资企业 ·分部门的商业存在在国民待遇方面没有限制 ·对于零售服务,有销售产品多样化、分店数量和经营产品范围限制等要求
教育	·开放初等教育(不包括国家义务教育)、中等教育、高等教育、成人教育以及英语、烹调、工艺制作方面的其他教育等诸多分部门 ·市场准入方面,允许外国投资合作办学,且外资可以持有多数股权 ·对于RCEP成员以境外消费模式提供教育服务,中国无限制
环境服务	·排污服务等5个分部门允许设立外商独资企业 ·自然风景保护等以及其他环境服务允许外资持有多数股权 ·所有分部门在国民待遇方面均没有限制
金融服务	·允许RCEP成员非寿险公司设立分公司或者独资子公司 ·外国人寿保险公司可以设立分支机构或外商投资企业,二者都没有企业形式限制 ·外国保险经纪公司可以设立外商投资公司 ·非银行金融机构从事汽车消费信贷,在市场准入和国民待遇方面对于商业存在模式无限制 ·其他金融服务(如提供和转让金融信息、有关金融活动的咨询等)基本开放,允许RCEP成员企业设立分支机构,发放许可无需经济需求测试且无数量限制
运输服务	开放18个子部门 ·海运代理、公路卡车或汽车货物运输2个子部门完全开放 ·对海运理货、报关、客运、集装箱堆场服务,RCEP成员以商业存在形式进入中国市场无限制 ·对于铁路货物运输、货物运输代理和检验服务,允许设立外商独资子公司 ·航空器维修、计算机订座系统等,允许合资经营

（续表）

服务部门	中国的服务业开放承诺
其他服务	· RCEP成员可在中国建设、改造和经营旅馆和餐馆设施，允许设立外商独资子公司 · 与健康相关的服务和社会服务部门在市场准入方面的承诺水平进一步提高，允许设立外商独资的营利性养老机构 · 对于体育及其他娱乐服务、专业设计服务、理发及其他美容服务我国完全开放

资料来源：根据RCEP文本整理。

2021年1月签署的《中国-新西兰自由贸易协定升级议定书》中，中国在RCEP基础上进一步扩大航空、教育、金融、养老、客运等领域对新西兰的开放。

升级《中国-东盟全面经济合作框架协议服务贸易协议》；继续推动中日韩自由贸易协定谈判，拓展节能环保、科技创新、高端制造、共享经济、医疗养老等重点领域服务贸易的务实合作；推动上合组织成员国服务贸易合作；加快与英国、欧盟自由贸易协定谈判；深化与港澳地区服务贸易合作，提升中国内地与中国香港、中国澳门《CEPA服务贸易协议》开放水平，逐步减少对跨境交付和自然人移动的限制；加强与拉美国家的服务贸易往来，加快推动与巴西、阿根廷等拉美国家的自由贸易协定谈判，升级与哥斯达黎加、智利、秘鲁等国的自由贸易协定。①

（六）"一带一路"服务贸易合作拓展新空间

中国与"一带一路"沿线国家服务贸易合作以旅游、运输、建筑三大类为主。中国深度参与部分沿线国家基础设施建设，中欧班列运行班次稳定增长，大大促进了同沿线国家的建筑、运输服务贸易发展。疫情前，中国每年赴"一带一路"沿线国家的游客超过2 500万。疫情期间，传统服务贸易领域受到严重冲击，中国同"一带一路"沿线国家的服务贸易与合作转向线上，跨境远程医疗服务、信息技术服务等知识密集型服务贸易高速增长，服务贸易结构有所改善。未来，中国将在新型基础设施、工程服务、电子商务等领域，继续同"一带一路"沿线国家开展密切合作，推进"健康丝路""数字丝路""绿色丝路"建设，鼓励服务贸易企业走出去，高质量共建"一带一路"。

（七）全面探索提升服务贸易便利水平

坚持包容审慎原则，构建有利于服务贸易自由化便利化的营商环境，积极促进资金、技术、人员、货物等要素跨境流动，包括技术流动便利化、资金流动便利化、人员流动便利化和数字营商环境便利化。

一是提升贸易便利化水平。深化"放管服"改革，提高服务贸易整体便利化水平。加快"单一窗口"与民航、港口、铁路以及大数据平台的合作对接，提供全程"一站式"通关物流信息服务。完善签证便利政策，实行人员"一签多行"，放宽外国人才入境短期停留免签时间以及延长停留时间。加快资格互认标准落实，拓宽外籍高端人才来华就业渠道，提升自然人移动的便利化水平。拓宽跨境交付的服务种类和地域范围，鼓励数字技术发展，引领服务贸易模式创新，促进跨境交付服务与数字技术有机结合。

---

① 资料来源：商务部. 中国服务进口报告2020[R/OL]. (2020-12-08)[2021-11-24]. http://www.gov.cn/xinwen/2020—12/08/content_5568476.htm.

二是完善服务贸易法治环境。建立和完善服务贸易相关领域法律体系,为服务贸易高质量发展提供法治保障。促进国内立法与国际服务贸易投资规则的良性互动。积极参与全球数字贸易规则制定,建立健全数字贸易的国内规则。①

四、二十大与我国服务贸易发展

党的二十大报告提出,推动货物贸易优化升级,创新服务贸易发展机制,发展数字贸易,加快建设贸易强国。因此,要把创新服务贸易发展机制放在"贸易动机—贸易过程—贸易效应"的全链条中审视与把握。

推进服务贸易发展机制创新是一项系统性工程,需要统筹兼顾、系统谋划、整体推进,要正确认识和处理好服务贸易与服务业、货物贸易、服务业利用外资和对外投资等方面的关系。

一方面,要依托生产性服务贸易,增强国内产业链供应链韧性。继续加大国内服务业开放发展的力度,夯实服务贸易的国内产业基础,以保障稳定的服务贸易出口供给和进口需求。利用服务贸易的自由化和便利化发展反哺国内服务业的国际化和专业化,进一步提高服务业企业的国际竞争力,推动业态创新和产业升级。继续加强运输、保险等传统服务贸易的发展,支撑我国货物贸易在不确定环境下发展。着重发展知识技术含量高、附加值高的业务,重点开展数字技术研发、新能源技术研发、工业设计等领域的国际服务外包合作,积极融入国际服务业价值链。

另一方面,要在继续重视服务业利用外资的同时,更加重视服务业对外投资。多方努力帮助服务业企业提高品牌知名度,扩大国际市场份额,以发挥服务贸易与服务业国际投资之间的互补或互促效应,推进以"商业存在"形式发生的服务贸易发展。有效利用WTO、RCEP、G20等国际组织或平台,就服务贸易相关议题发出中国声音、提出中国方案,为世界经济复苏和发展注入强大动力。

第五节　多双边贸易协定与中国服务贸易政策改革

一、WTO与中国现行服务贸易政策

加入WTO以来,中国政府采取了有效措施促进服务市场的自由化。中国基本上形成了服务贸易法律管理体系。通过修改和制定各服务行业的法律、行政法规和部门规章,中国履行了在WTO中有关服务贸易部门的所有市场准入承诺。对外国服务提供者的市场准入程度显著提高。在155个部门中,中国承诺开放的部门有93个,占比60%。作为发展中国家,中国在促进服务业自由化方面作出了重大努力,取得了显著成效。

《中国加入WTO议定书》为中国的服务贸易部门立法确立了基本原则,包括跨境交付、境外消费、商业存在和自然人移动的具体规定。中国将在渐进、可控的基础上继续推

① 资料来源:商务部.中国服务进口报告2020[R/OL].(2020-12-08)[2021-11-24].http://www.gov.cn/xinwen/2020—12/08/content_5568476.htm.

进服务业自由化。

二、区域贸易协定与中国国际服务贸易开放

在中国已签署的自由贸易协定中，其中13个包括服务贸易承诺，并作为自由贸易协定的主体组成部分。中国与澳大利亚、瑞士、智利、东盟、韩国、冰岛、巴基斯坦、新西兰、新加坡、秘鲁和哥斯达黎加签订的自由贸易协定采取一揽子承诺的方式，服务贸易是其中的一章；而其他自由贸易协定则采取分阶段谈判的方式，在货物贸易协定生效后完成服务贸易协定。

与中国的入世承诺相比，自由贸易协定框架下的所有服务贸易承诺都呈现出更高的自由化水平，包括一些部门或分部门在商业存在方面的进一步自由化，比如商务服务、建筑及相关工程服务、环境服务、运输服务等。此外，中国也对一些没有包括在入世承诺中的部门或分部门作出了承诺，比如体育与娱乐服务、管理咨询服务、市场调研与民意调查服务、机动车的保养和维修服务等。为方便资本和人员流动，其他自贸伙伴也在一些部门和分部门中提供了比WTO更为优惠的待遇。值得注意的是，在《中国-新西兰自由贸易协定》中，自然人移动被单独设章，对某些专业提供工作许可。

中国与自贸伙伴的服务贸易协定大都采取正面清单的方式，在清单中市场准入和国民待遇项下列明限制措施和壁垒。在与澳大利亚签署的服务贸易协定中，中国首次以负面清单方式作出服务贸易承诺。中国签署的服务贸易协定或自由贸易协定服务章节的示例文本与GATS的模板一致。

自贸伙伴也在其对WTO承诺的基础上，向中国服务提供者开放了医疗服务、计算机及相关服务、研发服务、管理咨询服务、采矿附加服务和制造业附加服务等商业服务，快递服务和电信服务等通信服务，金融服务，建筑及相关工程服务，分销服务，教育服务，环境服务，旅游服务，娱乐、文化和体育服务，以及运输服务等众多部门。

2020年11月15日正式签署的RCEP首次承诺协定生效6年后转化为负面清单方式。中国在服务贸易开放承诺上达到了已有自由贸易协定的最高水平，承诺服务部门数量在中国入世承诺约100个部门的基础上，新增了研发、管理咨询、制造业相关服务、空运等22个部门，并提高了金融、法律、建筑、海运等37个部门的承诺水平。

三、中国(自然人)临时移动政策

我国于2012年6月颁布、2013年7月实施的《出境入境管理法》以及2013年7月颁布、2013年9月实施的《外国人入境出境管理条例》是规定外国人进入、离开及过境中华人民共和国领土以及外国人在中国居留和旅游的主要法律法规。进入、途经或居住在中国的外国人应当遵守相关法律法规。对于外籍员工，应当依据《外国人在中国就业管理规定》提交就业批准申请。

外国人入境，应当向中国外交代表机关、领事机关或者外交部授权的其他驻外机关申请办理签证。当外国人需紧急前往中国，但无时间向中国外交部门申请签证时，可向中国政府主管机关授权的口岸的签证机关申请办理签证。一国有针对中国公民入境、过境作出专门规定的，中国政府主管机关可采取对等措施。

迄今为止，中国已经与139个国家签订了互免签证协议。持相关护照的中国公民前往上述国家进行短期访问无须事先申请签证。

中国签署的19个多双边自由贸易协定均有与自然人移动有关的章节。在《中国-新西兰自由贸易协定》中，两国政府同意采用快速申请程序处理对方商务访问者、合同服务提供者、公司内部流动人员、技术工人或者安装人员以及服务者的临时入境申请。此外，新西兰同意对中国中医执业者、中餐厨师、中文教师助理、中国武术教练以及中文导游提供更加优惠的临时入境政策。

《中国-秘鲁自由贸易协定》采用了透明度标准，并简化了商务人员的临时入境程序。缔约双方成立一个商务人员临时入境工作组，并规定每3年至少举行一次会议。

RCEP规定，商务访问者、公司内部流动人员、合同服务提供者、经理与高级管理人员的配偶和家属，在符合条件的情况下，可获得90日至3年不等的居留期限，享受签证便利，开展各种贸易投资活动。适用范围扩展至服务提供者以外的投资者、随行配偶及家属等协定下所有可能跨境流动的自然人类别，总体水平均基本超过各成员在现有自由贸易协定缔约实践中的承诺水平。

四、实施负面清单管理跨境服务贸易

2018年9月，上海市人民政府正式发布首批服务贸易领域的《中国（上海）自由贸易试验区跨境服务贸易负面清单管理模式实施办法》，共列出159项特别管理措施，涉及13个门类，31个行业大类，自2018年11月1日起施行；同年又出台了《自由贸易试验区外商投资准入特别管理措施（负面清单）》以配合服务贸易负面清单的准入实施。这两项规定的出台是负面清单制度探索过程中的又一重大里程碑，针对专项跨境服务贸易而开设的实施办法，明确了跨境服务贸易的定义，确立了跨境服务贸易管理与开放的基本原则等，旨在推进跨境服务贸易负面清单管理的法治化、制度化、规范化和程序化。

2021年7月21日，商务部公布了《海南自由贸易港跨境服务贸易特别管理措施（负面清单）（2021年版）》，这是中国跨境服务贸易领域首张负面清单。而此前，无论是中国加入WTO相关的减让表，还是签署的自由贸易协定，在跨境服务贸易领域采取的都是以正面清单方式作出承诺。该负面清单的出台是对服务贸易管理模式的重大突破，是一项制度型开放安排。凡是这份负面清单之外的领域，在海南自由贸易港内，对境内外服务提供者在跨境服务贸易方面一视同仁、平等准入，开放度、透明度、可预见度都大大提高。

《海南自由贸易港跨境服务贸易特别管理措施（负面清单）（2021年版）》统一列出国民待遇、市场准入、当地存在、金融服务跨境贸易等方面对于境外服务提供者以跨境方式提供服务的特别管理措施，适用于海南自由贸易港，地域范围为海南岛全岛。明确列出针对境外服务提供者的11个门类70项特别管理措施。首次明确列出跨境交付、境外消费和自然人移动等三种模式下对境外服务提供者的特别管理措施。其作用如下：

（1）有助于扩大开放新领域。该负面清单在我国现有开放水平基础上，在专业服务、交通运输、金融、教育等跨境服务贸易领域进一步提出针对性开放举措。

（2）有助于推动服务贸易自由化。海南自由贸易港政策制度体系涉及贸易、投资、跨境资金流动、人员进出、运输往来五大自由便利和数据安全有序流动，形成改革整体效应，系统集成、协同高效推进海南自由贸易港高质量发展。

(3) 有助于推动投资自由便利。清单放宽了法律服务、市场调查等商业服务领域的限制性措施，有利于海南打造法治化、国际化、便利化营商环境，增强投资吸引力。同时，清单有序推进金融领域对外开放，海南自由贸易港也将实施与跨境服务贸易配套的资金支付与转移制度。这将使跨境服务贸易相关的资金流动更为便利，推动金融更好地服务实体经济。

本章小结

国际服务贸易是指服务提供者从一国境内向他国境内，通过商业现场或自然人向服务的消费者提供服务并获得外汇收入的过程，分为跨境交付、境外消费、自然人流动与商业存在四种类型。国际服务贸易相比国际货物贸易具有以下特点：贸易标的的无形性，贸易流动的海关不可监管性，贸易标的的不可储存性，贸易标的使用权与所有权的可分离性，贸易实现方式的多样性，贸易标的的异质性，以及贸易市场的高垄断性和高保护性。

国际服务贸易总量增长迅速，数字技术、人口变化、收入增长和气候变化对未来服务贸易新发展有巨大影响，服务行业结构不断变化，跨国公司成为国际服务贸易的主体。《服务贸易总协定》(GATS)将服务贸易纳入多边体制，标志着多边贸易体制渐趋完善，对全球服务贸易发展起到极大的促进作用。服务贸易协定(TISA)谈判代表了面向21世纪的服务贸易新规则。区域自由贸易协定近年来引领国际经济贸易规则发展，国内监管规则的国际协调逐步提升，降低了服务业贸易成本。中国在服务贸易开放领域取得重大进展，规模不断扩大，国际地位不断提升。自由贸易港/自由贸易试验区成为对标国际高标准经济贸易规则、贸易投资环境便利化、服务贸易制度创新、服务贸易创新发展的新高地。

? 思考题

1. 简述国际服务贸易的定义。
2. 简述国际服务贸易的特点。
3. 简述国际服务贸易的相关政策措施。
4. 简述中国与服务贸易相关的政策。

第九章　中国知识产权保护与技术贸易

【学习目标】

通过本章的学习，学生应了解国际知识产权保护制度的发展和中国知识产权保护制度，《TRIPS 协定》与中国知识产权保护，技术性贸易壁垒与中国的应对策略，以及中国技术贸易的发展与现状。

【素养目标】

本章主要概述知识产权保护制度与发展态势，重点介绍《TRIPS 协定》，促使学生认识到知识产权保护对发展中国家高技术企业的重要性，鼓励学生积极探索我国知识产权保护的新途径，思考我国如何突破西方国家的技术封锁。

引导案例

中日辅酶 Q10 专利战落幕

近日，全球最大辅酶 Q10 供应商厦门金达威集团股份有限公司(以下简称金达威)发布公告称，公司接到律师通知，美国联邦最高法院拒绝受理 Kaneka(日本钟渊化学工业株式会社，下称钟渊化学)的上诉请求，公司最终被判不侵权。继浙江医药胜诉钟渊化学跨国专利案后，中日辅酶生产厂家之间一起长达 9 年之久的专利纠纷正式落幕。

辅酶 Q10 是一种脂溶性抗氧化剂，能激活人体细胞和细胞能量的营养，具有提高人体免疫力、增强抗氧化、延缓衰老和增强人体活力等功能，医学上广泛用于心血管系统疾病。目前，国内外主要将其用作营养保健品及食品添加剂。

中国科学院上海科技查新咨询中心发布的《辅酶 Q10 市场及技术分析报告》显示，日本自 20 世纪 70 年代开始使用微生物法生产辅酶 Q10，是世界上最早、最主要的辅酶 Q10 生产国，直到 21 世纪初一直占据相关领域世界市场出口份额的 90%以上。中国是世界上利用辅酶 Q10 比较晚的国家，但辅酶 Q10 的应用及需求量迅速增长。国内一家辅酶生产企业技术负责人向《中国知识产权报》记者介绍，从发展形势来看，目前辅酶 Q10 市场已形成了相对稳定的格局，全球辅酶 Q10 原料的竞争主要集中在日本企业与中国企业之间。目前，日本规模最大的企业是钟渊化学，中国生产厂家主要有金达威、浙江医药、新和成、神舟生物等。

据了解，钟渊化学是世界上辅酶 Q10 产品的重要供应商，该公司通过还原型辅酶

Q10生产氧化型辅酶Q10的工艺分别于2008年和2009年在欧洲和中国获得专利权，公告号分别为EP1466983B1和CN100523205C。其相关专利申请在美国经历较长时间的审查并经较大幅度修改后于2011年3月22日获得授权，专利号为US7910340(下称“340专利”)。

正是围绕“340专利”，中日辅酶Q10生产企业频频走上法庭对峙。2011年3月22日，钟渊化学向美国加州中央区地方法院(下称地方法院)提起诉讼，指控包括金达威在内的数家公司的辅酶Q10系列产品侵犯其“340专利”一项或多项权利要求，并于2011年6月17日向美国国际贸易委员会提交了“337调查”申请。2012年11月29日，美国国际贸易委员会发布决定，金达威不侵犯“340专利”权，没有违反337条款。经审理，地方法院同样判决金达威没有侵犯“340专利”权。对此，钟渊化学向美国联邦巡回上诉法院提起上诉。发回重审后，地方法院再次作出不侵权判决，至此，地方法院对该案的审理结束。

但是，钟渊化学不服地方法院的判决向美国联邦巡回上诉法院再次提起上诉。2019年5月13日，美国联邦巡回上诉法院作出维持地方法院的判决。一个月后，钟渊化学提交了要求重审的请求。重审请求被拒后，2020年年初，钟渊化学向美国联邦最高法院请求提交保密版的上诉请求。2月24日，该院否决了这一请求。3月17日，钟渊化学再次向美国联邦最高法院提交公开版的上诉请求，这一请求最终还是被拒，这意味着这场旷日持久的辅酶Q10专利诉讼案正式结案。

而在一年半前，2018年1月，美国得克萨斯州休斯敦地区法院就钟渊化学诉浙江医药辅酶Q10专利侵权纠纷案作出终审判决，认定浙江医药生产辅酶Q10产品的工艺没有侵犯钟渊化学的专利权。浙江医药也是历时7年，在历经“337调查”、数次专利诉讼后，迎来了辅酶Q10跨国专利案的最终胜利。

资料来源：中日辅酶Q10专利战落幕[EB/OL].(2020-07-01)[2021-03-26]. http://www.nipso.cn/onews.asp?id=50541.

第一节　知识产权保护制度及其发展

一、知识产权保护制度

(一) 知识产权

知识产权(intellectual property rights，IPRs)是指自然人或法人在智力创造性劳动中产生的智力劳动成果并依法享有的专有权利，通常是国家赋予创造者对其智力成果在一定时期内享有的专有权或独占权，是无形财产的私有权。根据WTO的定义，知识产权是指在一定时间范围内，权利人对其所拥有的知识资本享有的专有权。

知识产权的分类多种多样。传统保护知识产权的国际公约将知识产权分为版权和工业产权。版权即著作权，是指文学、艺术和自然科学、社会科学作品的作者及其相关主体依法对独立创作的作品所享有的人身权利和财产权利，如文学艺术作品的创作与传播。工业产权是指在一定地区和期限内，人们依法对应用于商品生产和流通中的创造发

明和显著标记等智力成果享有的专有权,主要包括专利权、商标权、服务标志、厂商名称、原产地名称,以及植物新品种权和集成电路布图设计专有权等。1992年国际保护工业产权协会将知识产权分为创造性成果权利和识别性标记权利。依据《TRIPS协定》中的相关规定,知识产权的主要类型包括:著作权及相关权利、商标、地理标记、工业品外观设计、专利、集成电路布图设计、未披露过的信息专有权(经营秘密和技术秘密等商业秘密)、对许可合同中限制竞争行为的控制等。

知识产权具有以下基本特征:

(1) 无形性。知识产权是一种智力成果或标记,不具有物质形态,是无形的。无形性是知识产权区别于有形财产的最大特征。

(2) 专有性。知识产权的专有性即其独占性和排他性,具体表现为:只有权利人才能享有,他人不经权利人许可不得行使其权利,不得复制这类权利客体;同一客体可同时经权利人许可,许诺若干人行使权利的一项或若干项;相同的客体不允许出现重复授权,即某项知识产权的权利人只能是一个。

(3) 地域性。地域性是对知识产权的一种空间限制。根据一国法律取得的知识产权,仅在该国领域内具有法律效应,原则上在其他国家不发生效力。随着世界经济一体化的发展,一些保护知识产权的国际性公约得以签署,全球性或区域性的保护知识产权的国际组织得以建立,国际知识产权保护制度逐渐形成,传统意义上的知识产权地域性有所改变,但并未完全消失。

(4) 时间性。知识产权具有时间的限制,只有在法律规定的期限内,知识产权才受到法律保护,保护期届满后,社会公众可以无偿使用。

(5) 可复制性。可复制性又称工业再现性,是指知识产权所保护的客体可固定在有形物上,并可重复利用的性质。

(6) 双重性。双重性是指知识产权是一种财产权,与此同时也涉及一部分人身权。例如,我国《著作权法》规定著作权包括著作者人身权和著作财产权。

(二) 知识产权保护制度

知识产权保护制度是智力成果所有人在一定的期限内依法对其智力成果享有独占权并受到法律保护的制度,是有关专有权确立或授予的法律程序。实施知识产权制度,可以激励创新,保护人们的智力劳动成果,并促进其转化为现实生产力。它是一种推动科技进步、经济发展、文化繁荣的激励和保护机制,也是当代科技与经济合作的基本环节和条件之一。

二、知识产权保护制度的发展

(一) 国际知识产权保护制度的发展

1474年,世界上第一部专利法由威尼斯共和国颁布,这是知识产权保护制度的开端。

英国于1623年颁布的《垄断法规》是近代专利保护制度的起点。此后,美国于1790年、法国于1791年、俄国于1812年、荷兰于1817年、德国于1877年、日本于1885年相继颁布了专利法。至今,世界上已有150多个国家建立了专利保护制度。

在商标保护方面，法国是最早实行商标保护的国家。1803 年法国颁布的《关于工厂、制造厂和作坊的法律》是最早的商标保护的单行法规。1875 年法国的《商标权法》确立了全面注册商标的保护制度。此外，英国于 1862 年、美国于 1870 年、德国于 1874 年、日本于 1884 年分别制定了商标法。迄今为止，绝大多数国家已将商标权作为一种受法律保护的专有权。

1710 年，世界上第一部成文的版权法诞生，即英国的《保护已印刷成册之图书法》，又称《安娜女王法》。法国分别于 1791 年和 1793 年颁布了《表演法》和《作者权法》。19 世纪后期，美国、德国、日本、俄国也相继制定了版权制度。

反不正当竞争的概念最初来源于法国，然而最早的法律是 1890 年美国的《谢尔曼法》，包括反垄断和反不正当竞争两部分。此后，1905 年，德国制定了《不正当竞争防止法》，后经多次修改。日本、英国也相继制定了反不正当竞争制度。

知识产权国际公约、条约的制定对各国知识产权制度的建立和完善起到重要的推动作用，同时其本身就是国际知识产权保护制度的重要组成部分，使得知识产权保护制度逐步在世界范围内设立和扩展。世界上第一个用于知识产权保护的国际公约是 1886 年签订的《保护工业产权巴黎公约》(简称《巴黎公约》)，它标志着知识产权保护迈向了国际化。真正界定知识产权保护范围并称得上完整意义上的知识产权国际公约的，便是《建立世界知识产权组织公约》和《TRIPS 协定》。

随着世界经济的飞速发展和科学技术的进步，知识产权制度自 20 世纪中叶以来发生了举世瞩目的变化，主要表现如下：

(1) 知识产权保护对象的范围不断扩大。三大传统知识产权保护的基本制度为著作权、专利权、商标权。自 20 世纪中后期开始，世界范围内不断涌现出新型的智力成果，如计算机软件、生物工程技术、遗传基因技术和植物新品种等，这些已经成为当今一些国家认可的知识产权保护对象。例如，20 世纪下半叶后，传统的著作权保护范围容纳了各种“电子作品”；1972 年，菲律宾将计算机软件纳入版权法的保护范围；1978 年，世界知识产权组织(WIPO)将计算机程序著作权纳入《保护计算机软件示范条款》的保护范围。随着经济发展的需要和科学技术的进步，专利权的范围不断扩大并逐渐明确(如规定专利适用于一切领域的发明，对药品、生物技术产品、化学物质等也可授予专利权)，保护期限也随之延长。

(2) 知识产权新增类别层出不穷。例如，1980 年世界上第一个半导体芯片保护由美国公布，新技术革命的代表产物计算机软件和微电子技术中的集成电路已成为两种新的知识产权。另外，随着对动植物品种的保护，相关的知识产权也随之产生。

(3) 知识产权体系接纳了商业秘密和反不正当竞争。1979 年，世界上第一部关于商业秘密保护的单独法律《统一商业秘密法》由美国颁布，从此，对商业秘密和反不正当竞争的保护，由过去作为知识产权保护的例外和补充，转变为在国际范围内列入知识产权保护清单。

(4) 知识产权保护制度国际化。知识产权国际公约的全面性、实效性、可操作性，使得知识产权几乎成为世界性的法律。一些全球和地区性知识产权保护机构见表 9-1。

表 9-1　全球和地区性知识产权保护机构

全称（地址）	简称	建立年份	成员
全球			
世界知识产权组织（日内瓦）	WIPO	1967	193 个
世界贸易组织（日内瓦）	WTO	1995	164 个
国际植物新品种保护联盟（日内瓦）	UPOV	1961	76 个
地区			
非洲地区知识产权组织（哈拉雷）	ARIPO	1976	19 个
欧洲专利局（慕尼黑）	EPO	1977	38 个
欧亚专利组织	EAPO	1996	10 个
海湾合作委员会专利局（利雅得）	GCCPO	1992	6 个
非洲知识产权组织（雅温得）	OAPI	1962	17 个
比荷卢知识产权组织	BOIP	2005	3 个
欧盟知识产权局（阿利坎特）	EUIPO	2016	27 个

资料来源：各组织官方网站。
注：成员数是截至 2020 年 7 月的数据。

（二）中国知识产权保护制度的发展

1. 中国知识产权保护的立法情况

目前，中国建立了一个较为完善的知识产权保护法律法规体系。中国为履行加入 WTO 时的承诺，对知识产权立法进行了大力的修改与完善，分别修改了《商标法》《专利法》《著作权法》《反不正当竞争法》，颁布了《商标法实施细则》《商标法实施条例》《专利法实施细则》《著作权法实施条例》以及《集成电路布图设计保护条例》。

（1）《商标法》。《商标法》通过加强商标管理，保护商标专用权，促使生产、经营者保证商品和服务质量，维护商标信誉，以保障消费者和生产经营者的利益，促进社会主义市场经济的发展。新中国成立以来，中国先后制定了三部商标法律法规，分别是 1950 年政务院颁布的《商标注册暂行条例》、1963 年国务院颁布的《商标管理条例》，以及 1982 年第五届全国人民代表大会常务委员会第二十四次会议通过、1983 年 3 月起实施的《商标法》。现行的《商标法》经历了四次修正（见表 9-2）。第四次修正的主要目的是规制恶意注册行为，具体体现在增强了商标使用义务，规范了商标代理行为，对申请人、商标代理机构的恶意申请商标注册、恶意诉讼行为规定了处罚措施。此外，明确了对假冒注册商标的商品以及主要用于制造假冒注册商标商品的材料、工具的处置。

表 9-2　我国知识产权法律发展历程

时间	会议	法律
1982 年 8 月 23 日	第五届全国人民代表大会常务委员会第二十四次会议	《商标法》制定
1984 年 3 月 12 日	第六届全国人民代表大会常务委员会第四次会议	《专利法》制定

（续表）

时间	会议	法律
1990年9月7日	第七届全国人民代表大会常务委员会第十五次会议	《著作权法》制定
1992年9月4日	第七届全国人民代表大会常务委员会第二十七次会议	《专利法》第一次修正
1993年2月22日	第七届全国人民代表大会常务委员会第三十次会议	《商标法》第一次修正
1993年9月2日	第八届全国人民代表大会常务委员会第三次会议	《反不正当竞争法》制定
2000年8月25日	第九届全国人民代表大会常务委员会第十七次会议	《专利法》第二次修正
2001年10月27日	第九届全国人民代表大会常务委员会第二十四次会议	《著作权法》第一次修正 《商标法》第二次修正
2008年12月27日	第十一届全国人民代表大会常务委员会第六次会议	《专利法》第三次修正
2010年2月26日	第十一届全国人民代表大会常务委员会第十三次会议	《著作权法》第二次修正
2013年8月30日	第十二届全国人民代表大会常务委员会第四次会议	《商标法》第三次修正
2017年11月4日	第十二届全国人民代表大会常务委员会第三十次会议	《反不正当竞争法》第一次修正
2019年4月23日	第十三届全国人民代表大会常务委员会第十次会议	《商标法》第四次修正
2020年10月17日	第十三届全国人民代表大会常务委员会第二十二次会议	《专利法》第四次修正
2020年11月11日	第十三届全国人民代表大会常务委员会第二十三次会议	《著作权法》第三次修正

资料来源：国家知识产权局（http://www.cnipa.gov.cn）。

（2）《专利法》。《专利法》通过保护专利权人的合法权益，鼓励发明创造，推动发明创造的应用，提高创新能力，促进科学技术进步和经济社会发展。在中国法律意义上的专利保护有不到一百年的时间，现代中国《专利法》的雏形是1912年12月5日北洋政府工商部颁布的《奖励工艺品暂行章程》。1980年1月，中国政府正式筹建专利制度，后又成立了中国专利局。1984年3月12日，第六届全国人民代表大会常务委员会第四次会议颁布了《专利法》，之后进行了四次修正（见表9-2）。

（3）《著作权法》。《著作权法》通过保护文学、艺术和科学作品作者的著作权，以及与著作权有关的权益，鼓励有益于社会主义精神文明、物质文明建设的作品的创作和传播，促进社会主义文化和科学事业的发展与繁荣。1990年9月7日，第七届全国人民代表大会常务委员会第十五次会议通过了根据宪法制定的《著作权法》。另外,中国于1992年7月加入了《保护文学和艺术作品伯尔尼公约》和《世界版权公约》。在此之后,《著作权法》进行了三次修正(见表9-2)。

(4)《反不正当竞争法》。《反不正当竞争法》有利于促进社会主义市场经济健康发展,鼓励和保护公平竞争,制止不正当竞争行为,保护经营者和消费者的合法权益。1993年9月2日,第八届全国人民代表大会常务委员会第三次会议通过了《反不正当竞争法》。2017年11月4日第十二届全国人民代表大会常务委员会第三十次会议进行了修正,并自2018年1月1日起施行。修正后的《反不正当竞争法》新增了互联网领域的反不正当竞争规定。

2. 中国知识产权行政执法机关

中国知识产权执法实行司法与行政并行的双轨制。2018年3月17日,第十三届全国人民代表大会第一次会议表决通过了《关于国务院机构改革方案的决定》,将国家知识产权局的职责、国家工商行政管理总局的商标管理职责、国家质量监督检验检疫总局的原产地地理标志管理职责整合,重新组建国家知识产权局,由国家市场监督管理总局管理,改变了长期以来知识产权分头管理的模式,使其逐步向集中统一管理的模式发展。

重组后的国家知识产权局的主要职责是,负责保护知识产权工作,推动知识产权保护体系建设,负责商标、专利、原产地地理标志的注册登记和行政裁决,指导商标、专利执法工作等。商标、专利执法职责交由市场监管综合执法队伍承担。

3. 中国知识产权保护存在的问题

(1) 意识薄弱,认识不足。企业保护自己和他人的知识产权意识匮乏,对这类无形资产的重要性认识不足,仍是当前知识产权保护中普遍存在的问题。

(2) 知识产权保护制度不完善,保护不力。改革开放四十多年来,中国按照国际惯例制定了一系列知识产权保护制度,对知识产权的保护发挥了一定作用。但是,中国知识产权立法仍不够健全,且存在一定的滞后性。

(3) 知识产权的保护及运用是一项较为复杂的工作,涉及产权人的形象、声誉、地位,也涉及知识产权形成的各个方面。目前,中国在学术、版权、软件等方面对知识产权的保护还有待加强。

4. 全链条保护知识产权

党的二十大报告对强化知识产权法治保障作出重要部署,强调深化科技体制改革,深化科技评价改革,加大多元化科技投入,加强知识产权法治保障,形成支持全面创新的基础制度。

促进经济高质量发展需要优化知识产权全链条保护体系。知识产权全链条保护是一项系统性工程,从成果产出、产权运营、司法保护、管理保障与服务支撑等五个维度全面保护科技创新和文化创意成果。

优化知识产权全链条保护体系可以从以下几个方面入手:

(1) 大力培育、保护高价值知识产权。创新主体即企业与政府部门协同发力,企业做好知识产权战略管理,采取契合自身实际的专利战略,通过进攻型战略(如“专利网”战略)或者防御型战略获得竞争优势;政府提供政策激励与公共服务,充分利用财政、税收等政策形成政策集成,推动知识产权运营平台、机构、资本和产业等要素的融合发展,激励高价值知识产权的培育和创造。

(2) 强化协同创新的知识产权激励。知识产权的协同创新包括:产学研协同创新、高校协同创新和军民融合协同创新。目前,《专利法》《著作权法》和《商标法》已经完成修订,协同创新成果的权利归属和利益分配规则基本成型,可以通过优化制度设计来激励协同创新成果的开放。开放许可制度可以减少繁杂的谈判过程,有效降低交易成本,从而提高知识产权的运营成效。此外,由政府主导,建立"政府引导、政府出资、多元参与、成果共享"的集成型协同创新平台,实现聚合资源、多方研发、产权激励等创新成效。

(3) 细化知识产权侵权惩罚性赔偿标准。知识产权客体具有无形性,将惩罚性赔偿引入知识产权侵权领域尤为必要。新近修订的《专利法》《著作权法》及《商标法》分别规定了各个领域的惩罚性赔偿制度。未来的知识产权司法保护应着眼于细化惩罚性赔偿的范围和标准,以大幅提高侵权人的侵权成本,有力预防和打击知识产权侵权行为,进一步优化营商环境。

第二节 《与贸易有关的知识产权协定》

一、《TRIPS 协定》概述

对外开放是中国的基本国策。过去四十多年,中国实施积极主动的对外开放政策,坚持以开放促进改革、以改革推动开放。随着全球经济发展进入知识经济时代,知识产权的保护越来越受到各国重视,WTO 把技术进出口纳入国际贸易的范围,《与贸易有关的知识产权协定》(简称《TRIPS 协定》)对技术进出口做了规定,这些规定已对各国国内立法产生了广泛的影响,呈现出保护范围逐渐扩大、保护力度逐渐增强的特点。

(一)《TRIPS 协定》的确立

跨国知识产权保护规则或者协议,是全球经济一体化的必然产物。从本质上讲,知识产权立法主要在国内发生效力,只覆盖国内经济环境,保护的也是本国人的知识与技术权益。但随着经济一体化的发展,各国间投资与贸易高度交叉融合,各国在知识产权的立法尤其是知识产权保护力度上产生极大矛盾,需要跨国多边协议予以调解,《TRIPS 协定》于 1994 年在 GATT 乌拉圭回合谈判中确立,之后由 WTO 开展实施。这个协定设置了多种形式的最低知识产权保护要求,其中大多数条例都是以发达成员既有的知识产权保护标准为蓝本制定的,且适用于 WTO 各成员。

(二)《TRIPS 协定》的主要规定

《TRIPS 协定》的内容有七个部分:总条款与基本原则(国民待遇原则、最惠国待遇原则、权利用尽原则);有关知识产权的效力、范围及利用的标准;知识产权的执法;知识产权的获得、维持及与有关当事人之间的关系;争端的防止与解决;过渡协议;机构安排。

《TRIPS 协定》的目标是:有利于促进技术革新、技术转让与技术传播,以促进技术的生产者与技术的使用者互利,并促进权利与义务的平衡。

《TRIPS 协定》的宗旨是:对知识产权实行有效和充分的保护,并确保实施知识产权的措施和程序不会成为贸易障碍;建立多边框架和规则,处理国际假冒产品贸易问题;知识产权是私有权利,未经权利人许可使用,一般构成侵权;承认各国保护知识产权的公共政策的目标,包括发展目标和技术目标;对最不发达成员实施的法律和规章给予极大的灵活性;通过多边程序解决与贸易有关的知识产权争端。

(三)《TRIPS 协定》的特点和作用

《TRIPS 协定》的特点和作用包括:协定涉及的知识产权范围在很多方面都超过了现有的国际公约;将知识产权保护引入有形商品贸易领域;有助于各成员加强对知识产权的保护;完善知识产权保护的各项机制;与 TPP 和 CPTPP 高标准的有关贸易的知识产权规则相比,考虑了发展中国家的利益。

随着科学技术的发展和全球经济结构的调整,知识产权在国际贸易中的地位迅速上升。技术和知识密集型产品及高科技产品不仅在国际贸易中的比重不断攀升,而且在国际技术贸易领域得到了空前的发展。在这样的形势下,知识产权及其保护与国际贸易特别是国际技术贸易之间的关系将日趋紧密。

二、《TRIPS 协定》与中国知识产权保护

改革开放四十多年来,中国知识产权保护事业迅速发展,知识产权法律体系已基本形成并日臻完善。与此同时,中国还积极参与有关知识产权保护的国际性组织,逐渐将中国的知识产权保护体系与世界要求一体化。

中国知识产权保护制度的建立、实施和完善是实行改革开放政策的重要成就。它既注重结合中国的实际,又同有关国际公约的基本原则一致,实施的效果总体较好。《TRIPS 协定》如同其他知识产权国际公约一样,内容分基本原则、最低要求和一般要求三类。从制度供给来看,尽管我国知识产权法律制度与《TRIPS 协定》的要求仍存在一定差距,但除小部分领域外,我国在很多领域不仅达到甚至超出了《TRIPS 协定》的保护标准。例如,在边境措施方面,我国的规定涉及侵犯商标、专利、著作权及相关权利、两类特殊标志权的货物,比《TRIPS 协定》规定的"假冒商标和盗版货物,以及带有令人混淆的近似标志的货物"范围要宽。[①] 而从执法和司法现状来看,我国知识产权保护水平有待进一步提高。

从我国现行知识产权法律体系中的三部主要法律来看,我国与《TRIPS 协定》规定的保护标准相一致甚至略有超越,这同样也是我国知识产权保护的未来发展方向。中国现行的《专利法》是经过 1992 年 9 月 4 日第七届全国人民代表大会常务委员会第二十七次会议、2000 年 8 月 25 日第九届全国人民代表大会常务委员会第十七次会议、2008 年 12 月 27 日第十一届全国人民代表大会常务委员会第六次会议和 2020 年 10 月 17 日第十三届全国人民代表大会常务委员会第二十二次会议修正和实施的。《专利法》是在实践中不断改进而逐步完善的。然而,中国《专利法》在许可以及强制许可条款方面与《TRIPS

---

① 易继明,初萌.后 TRIPs 时代知识产权国际保护的新发展及我国的应对[J].知识产权,2020(2):3-16.

协定》略有不符。

21世纪国际国内形势均发生了深刻的变化，原有《商标法》与《著作权法》均难以适应新趋势，需要及时修改，使其与有关国际公约和《TRIPS协定》要求相符，为此《商标法》于2019年4月23日第十三届全国人民代表大会常务委员会第十次会议第四次修正。中国现行《著作权法》于1990年9月7日通过，1991年6月1日实施。中国于1992年加入《保护文学和艺术作品伯尔尼公约》，而且《TRIPS协定》第9条第1款规定全体成员均应遵守《保护文学和艺术作品伯尔尼公约》。随着现代传播技术的发展和著作权保护国际公约、双边协定的形成，中国《著作权法》被动调整。2001年10月27日，第九届全国人民代表大会常务委员会第二十四次会议对《著作权法》进行了第一次修正；2010年2月26日，第十一届全国人民代表大会常务委员会第十三次会议进行了第二次修正。但是十年一次的重大修正仍明显落后于变化迅速的国际形势。在法律条文上，中国《著作权法》虽然基本达到《TRIPS协定》的要求，但仍存在一定的差异。中国于2020年11月11日启动了《著作权法》的第三次修正，这是一次立足国情、面向世界的主动变革。

第三节　国际贸易中的技术性贸易壁垒

一、技术性贸易壁垒

技术性贸易壁垒是指以国家安全或保护人类健康和安全、保护动物或植物的生命和健康、保护环境、防止欺诈为理由，凭借技术法规、标准、包装、标签、认证、检验、检疫等规定程序，制定和实施某些特殊的技术要求与条件，为其他国家商品自由进入本国市场设置障碍。[①] 各种各样的条件、名目与标准使进口产品的成本不断提高，最终达到控制特定进口国范围与产品数量的目的。

由于技术性贸易壁垒通常披上保护本国消费者安全等合规期望的外衣，因此越来越成为各国尤其是少数发达国家推行贸易保护主义最隐蔽、最有效的手段。当今世界，国际贸易中的技术性贸易壁垒主要存在两种形式：第一种是在实施法律、技术标准、认证制度、检验检疫制度等方面对进口商品规定了比本国商品更高、更严的要求；第二种主要是发达国家的合理高技术法规、标准或评定程序。发达国家利用雄厚的经济实力、先进的技术手段、完备的管理体制等先发优势，主导制定国际技术法规、标准与合格评定程序，严重阻滞后发国家尤其是综合国力较低、科技创新比较落后的发展中国家贸易与经济的正常发展。

二、技术性贸易壁垒规则的发展

（一）技术型贸易壁垒规则

传统的关税壁垒和配额限制等手段在国际贸易中的作用因多边谈判的屡次成功而日益弱化。在这种情况下，为保护本国贸易利益，少数发达国家不得不寻求新的贸易保

① 唐宜红.全球贸易与投资政策研究报告(2016)：国际贸易与投资新规则的重构[M].北京：人民出版社，2016.

护措施。由于发达国家科技水平远超大多数发展中国家,同时技术密集型产品贸易与技术贸易在全球贸易中所占的比重迅速上升,发达国家在技术贸易领域甚至整个国际贸易环境中都拥有强大的话语权与规则制定权,这就为发达国家制定进口商品的高技术标准、设置灵活多样的检验检测手段提供了便利,因此需要进一步明确一系列技术性贸易壁垒规则,防止技术性贸易壁垒被滥用。

技术性贸易壁垒规则的内容分为两部分。第一部分是 WTO《技术性贸易壁垒协议》(以下简称《TBT 协议》),其宗旨是确保成员的技术法规和标准(包括包装、标志、标签等)不会给国际贸易造成不必要的障碍。其目标是建立符合国际认证制度的国家认证体制,在世界范围内消除技术性贸易壁垒,但不妨碍任何国家采取必要措施保证其出口产品的质量,或保护人类、动植物的安全和健康;保护环境或防止欺诈行为,但不得构成对其他国家的不合理歧视,或对国际贸易变相限制的手段。该协议的主要内容由三部分组成:技术法规、标准及合格评定程序;制定、采用和实施技术法规及标准应遵守的规范;通知、评议、咨询、审议及争端解决。第二部分是主要区域和双边贸易协定中的技术性贸易壁垒部分条款。首先美国作为世界第一强国,其参与区域贸易协定制定的规则具有重要代表性。在《北美自由贸易协定》中,有关技术性贸易壁垒的条款内容主要包括:禁止利用标准和技术规定设置障碍;规定有关标准方面的措施必须以非歧视的方式平等对待国内产品和进口产品;保证在区域内的标准开发程序都是公开透明的;允许美国公司和其他有兴趣的参与者本着与加拿大和墨西哥国内公司享有同样待遇的原则直接参加在这些国家的新标准开发;规定美国试验性实验室可以与墨西哥和加拿大国内实验室以平等的地位申请合格鉴定;鼓励墨西哥将其安全和技术标准提高到北美的高水平,但自由贸易区强调技术标准被强制实施仅仅是为了安全和预防对设备的损害,绝不作为阻止外国公司进入的壁垒。除此以外,美国与他国签订的双边自由贸易协定中涉及技术性贸易壁垒的绝大部分内容都和 WTO 的《TBT 协议》《北美自由贸易协定》相一致。其次,中国作为世界大国,建国七十多年来,尤其是改革开放以来,始终坚持积极参与多边、区域和双边贸易谈判,高度重视对技术性贸易壁垒的消除。我国在 2005 年之后签署的区域贸易协定中,大多数都将技术性贸易壁垒作为独立一章,如《中国-智利自由贸易协定》等。这些协定同样与 WTO 的《TBT 协议》相一致,但仍保留在消除技术性贸易壁垒上积极寻求更深合作层次的方向和愿景。

(二) 技术性贸易壁垒规则的新趋势

《TBT 协议》及各多边、区域和双边贸易协定中有关技术性贸易壁垒的条款虽然非常全面,但存在博而不精的问题,某些条款措辞模糊、某些核心概念界定不准,导致实际国际贸易在操作过程中出现争端与冲突。各国基于贸易的实践经验,在近年来新签订的自由贸易协定中对技术性贸易壁垒进行修改、补充和完善,进而形成了新的发展趋势。

第一,日趋完善的规则有效避免了技术性贸易壁垒条款被滥用成贸易保护的手段,从而减少了贸易争端。各国标准化和认证体系日趋开放和统一,有利于促进发展中国家的产品质量和技术标准水平日益提高。第二,在已有《TBT 协议》及其他协定关于技术性贸易壁垒的条款中,允许各成员自行制定技术标准的条款为各成员限制贸易提供了空间,未来会形成像 TPP 那样规定各成员接受统一的国际标准的新趋势。

（三）中国应对技术性贸易壁垒规则的策略

在技术性贸易壁垒规则发展的新趋势下，技术性贸易措施的存在将会更具必要性，发达国家有可能更多地使用技术性贸易壁垒作为限制进口的手段。为此，中国一方面应通过参与和加强国际标准制定、利用争端解决机制以及加强国家交流与合作来应对国外的技术性贸易壁垒，另一方面应建立和完善国内技术法规体系、优化产业结构、提高企业竞争力，以尽可能减少其他国家实施技术性贸易壁垒的可能性。

第四节　中国技术贸易的发展与现状

中国技术贸易或称技术进出口，是指从中华人民共和国境外向境内，或者从境内向境外，通过贸易、投资或者经济技术合作的方式转移技术的行为。技术进出口一直是中国对外贸易的重要组成部分。技术进出口符合国家的产业政策、科技政策和社会发展政策，有利于促进我国科技进步和对外经济技术合作的发展，有利于维护我国经济技术权益。然而技术进出口也存在许多问题。随着中国经济和科学技术的不断发展，目前中国的技术出口已成为出口贸易中发展最快的一类产业。技术进出口和商品进出口有一定的区别，政府通过制定技术进出口管理的政策措施，加强对技术进出口的国家宏观调控。

一、中国的技术进口

中国对外开放的一个基本内容就是大规模进口国外的先进技术和设备，以改变中国长期以来技术落后的状况。科学技术是第一生产力。实践证明，创新驱动发展战略是正确的，技术进步是振兴经济的必由之路。许多国家都把技术进口作为迅速发展本国科学技术的捷径。

（一）中国技术进口的发展

中国的技术进口可以追溯到20世纪50年代初期。新中国成立之初，百废待兴，中国经济建设的一个突出问题就是技术落后。1951—1978年，中国的技术进口稳步发展。改革开放以后，中国的经济建设发展速度不断加快，对技术进口的需求也在不断加大，特别是经过技术引进战略的调整，技术进口真正大规模地发展起来。中国的技术进口主要分为以下六个阶段：

第一阶段为技术进口的起步期(1950—1959年)。新中国成立以后，由于美国等西方国家对中国实行封锁、禁运，中国技术进口的方向单一，只能从苏联和东欧国家引进技术和成套设备，其中包括156项大型项目，填补了机械、电力、汽车、能源、电信等部门的技术空白，为中国工业化奠定了基础。在第一个五年计划建设期间，中国从这些国家进口成套设备和技术400多项，使用外汇27亿美元。这一大批重点工程(如今天的长春第一汽车制造厂等企业)奠定了中国社会主义工业化的基础。

第二阶段为技术进口的挫折期(1960—1969年)。由于中苏关系的变化，苏联和东欧国家开始限制对我国的技术出口，以美国为首的西方国家仍对我国进行经济封锁，我国于是转向从日本和西欧国家引进技术设备，主要是石油、化工、冶金、矿山、电子、精密机械、纺织机械等行业的关键性技术和设备。其间共引进技术和进口设备84项，使用外汇2.8亿美元。这一时期的进口弥补了中国部分工业的空白，积累了从发达国家引进技术的经验。但是由于“文化大革命”的干扰，许多项目达不到设计目标，技术进口遭到极大破坏。

第三阶段为技术进口的恢复期（1970—1978年）。20世纪70年代，中国先后与日、德、英、法、荷、美等国厂商签订了310项新技术和成套设备项目合同，包括大型化肥设备、大型化纤设备、石油化工装置、数据处理、轧钢设备、发电设备、采煤机组等，使用外汇39.6亿美元。但大部分项目仓促上马，没有认真地进行可行性研究，从而加重了国民经济比例失调的状况。该阶段技术进口的主要特点是：受发展战略的制约，进口数量有限；以进口成套设备为主，以新建大型企业为主；外汇渠道主要是中央外汇和政府间的记账贸易，基本上没有利用外资引进技术和进口设备；技术进口的形式单一，主要以中央部门为主进行谈判、签约、执行合同和建设。

第四阶段为技术进口的快速发展期（1979—1989年）。十一届三中全会以后，我国开始实行对外开放、对内搞活的方针。这一时期的技术进口来源国主要集中于英、美、法等十几个国家。技术进口的资金来源有所拓宽，包括政府贷款、专项外汇、商业贷款、企业自筹、国际金融组织贷款、出口信贷等。这既减轻了我国的外汇负担，又保证了技术进口的持续发展。其间共引进技术3 761项，使用外汇208.6亿美元。

第五阶段为技术进口的波动发展期（1990—1999年）。1992年邓小平南方谈话进一步解放了人们的思想，大大加快了改革开放和经济建设的步伐。《技术进口合同管理条例》《计算机软件保护条例》等法规的出台，为技术进口开创了新局面，我国技术进口飞跃发展。1995年WTO成立，《TRIPS协定》出台，中国为了加入WTO，知识产权制度面临重大改革，国内外投资者都持观望态度，技术进口的发展突然降速。1995年，知识产权方面的改革已经收到成效，《承担或代理国家技术设备进口项目管理办法（试行）》《技术进口和设备进口贸易工作管理暂行办法》等具体操作规范出台，中国的技术进口得到稳步增长。五年间技术进口项目数达到28 619项，使用外汇613.7亿美元。与此同时，中国技术进口方式变得灵活多样，不再是单一地进口成套设备，而是通过技术转让、技术许可、合作生产、成套设备、关键设备、顾问咨询和技术服务等合同方式进口技术设备。技术进口的来源也从改革开放初期的十几个国家，扩大到50多个国家和地区，主要集中在日本、加拿大、德国、美国、俄罗斯、英国、法国等国家。这个时期，合作生产、租赁、补偿贸易、中外合资以及利用外商直接投资等资金渠道和合作方式已在技术进口中广为采用。

第六阶段为技术进口的稳定发展期（2000年至今）。2001年中国加入WTO，之后在知识产权立法和司法等方面都努力接轨《TRIPS协定》。21世纪以来，我国与技术有关的国际合作数量不断增加，贸易规模迅速扩大。技术贸易的快速发展催生出新经济、新业态，我国技术贸易结构不断优化，技术贸易制度不断完善。迄今为止，我国已与近150个国家和地区开展技术贸易，技术贸易已从最初的引进成套设备和流水线为主向专利技术许可、合作研发等高附加值的“软技术”贸易转型。

（二）中国在技术进口中存在的问题

1. 技术进口总体水平偏低，核心技术和关键装备偏少

受国内经济增长方式和产业结构发展水平的制约，以及发达国家技术出口的限制，中国引进的技术与国际先进技术水平之间还存在一定差距。跨国公司输出的绝大部分技术属于二流技术，所谓“市场换技术”只是集中在中低水平上，尤其在一些特殊领域的核心技术和关键装备方面，发达国家仍对包括我国在内的发展中国家实行封锁。同时，有些企业在技术进口中没有进行充分的论证，没有掌握充分的信息，导致引进的不是关键的技术设备，被迫不断进口后续相关设备，从而受制于人。由于信息不对称，有些企业进口的技术比较落后，先进技术和高新技术较少，有的专利已过期，有的技术已淘汰，有的产品严重不符合环保标准，造成不应有的损失。特别是近年来，有些地区只注重外资的引进数量不重视质量，只注重资金不注重技术，对技术进口把关审查不严。如果这种现象扩大，则产业技术的发展仍然是制约中国经济发展的“瓶颈”。

2. 企业用于消化、吸收引进技术的投资不足

引进技术只有与消化、吸收和创新相结合才能很快形成自主创新能力，摆脱对技术引进的依赖。因此，一些国家大幅增加这方面的投入。但中国在技术进口中仍旧以重“引进”、轻“消化”为主。进口国外先进技术要认真学习，有所创造，这样才能实现进口的目的。技术进口的根本目的绝不仅仅是增加某种产品的产量。日本、韩国等国家引进技术和对引进技术消化吸收、创新的投入之比是 1∶8 左右，因此能做到第一台设备引进，第二台设备自主制造，第三台设备即能出口。中国的这一比例较低，这就造成引进再引进，无法形成具有自主知识产权的产品。

3. 整体产业技术水平落后，创新能力不足

中国整体产业技术水平的落后主要表现在两个方面：第一，技术装备落后。在新的经济形势下，大中型企业反应迟钝、复苏缓慢，必然阻碍技术引进向结构优化、有序发展的方向转化。第二，多数行业的关键核心技术与装备基本依赖国外。中国企业的消化吸收能力不强，缺乏对引进技术的系统集成、综合创新。引进技术固然重要，但建立一个引进、消化、吸收和创新的机制更为重要。在技术引进过程中，由于重“引进”而轻“消化”，不能有效提高自主开发和创新能力，进口的大批设备并未成为中国创新活动的源泉，未能带来技术水平的自我提高，仅仅是停留在原有水平的重复上。

二、中国的技术出口

技术贸易和商品贸易一样是双向的，它包括技术进口和技术出口，中国作为一个技术比较落后的发展中国家，其主要任务固然是大规模进口技术，力争使中国尽快成为一个技术先进的国家。然而随着中国经济水平和科学技术的不断发展，技术出口也成为中国出口贸易中发展较快的一类产业。

（一）中国技术出口的发展

中国的技术出口以计算机软件的出口、技术咨询、技术服务以及专有技术许可或转让为主。从行业分布看，技术出口主要集中在综合技术服务业、航空运输业和计算机应

用服务业等行业。目前中国拥有大量成熟的技术,其中一些技术已达到世界先进水平。中国的技术出口主要分为以下四个阶段:

第一阶段是探索阶段。20 世纪 80 年代,中国的外贸人员同科技人员一起尝试对外转让技术。这一时期技术出口的特点是凭机遇、无计划、自发性。技术出口的国别、地区主要是发达国家和地区。技术出口的主要内容是新技术、新工艺,并以软件技术为主。国家没有确定技术出口的归口管理部门,没有指定技术出口的管理法规和鼓励、扶植政策。

第二阶段是起步阶段。1986 年国务院确定对外经济贸易部和国家科学技术委员会为中国技术出口的归口管理部门,并确定了技术出口的政策、审批权限和程序等。对外经济贸易部和国家科学技术委员会制定了鼓励技术出口的优惠政策,从而推动了技术出口的起步。这一时期技术出口的对象已有不少发展中国家,但发达国家仍占多数。除了出口软件技术外,成套设备、技术服务等出口逐渐增多。

第三阶段是初步发展阶段。进入 20 世纪 90 年代后,中国技术出口迅速发展,合同金额上升较快。1991 年技术出口合同金额为 12.27 亿美元,1997 年达到 55.21 亿美元。进入 21 世纪后,中国技术出口稳固发展,对非洲以及欧美发达国家的出口也有了较大增长。在这个阶段,中国技术出口发展速度快,技术含量不断提高,成套设备出口向大型化发展。

第四阶段是高速发展阶段。21 世纪,我国坚持实施科技兴贸战略,在宏观政策引导下,我国的技术引进工作又取得了新的发展。近年来,中国的研发开支大幅增长。国内研发开支从 2000 年的 90 亿美元增长到 2018 年的 2 930 亿美元,位居世界第二,仅次于美国。随着科学技术的不断发展,中国从量大的"中国制造"转变成质优的"中国智造",在高科技(如卫星技术、半导体、电子信息、计算机网络)和新兴技术(如 5G、人工智能、云服务)等领域的出口实现了质的飞跃。

(二) 中国技术出口的政策

中国是发展中国家,技术出口必须符合国家经济建设和对外开放的需要,既要注意扩大发达国家的市场,又要重视开拓发展中国家的市场。中国的技术及设备对发展中国家更合适,更具竞争力,而且技术上的互补性也较强。在出口结构上,应由纯技术出口逐步转向以技术带动成套设备、生产线和高新技术产品的出口,通过多种形式鼓励技、工、贸结合,加快科技成果商品化。国家实行有利于技术和成套设备出口发展的信贷政策,每年安排一定数额的人民币贷款和外汇贷款,专门用于技术和成套设备及高新技术产品出口的卖方信贷和买方信贷。

三、中国的技术贸易与经济发展

随着全球经济一体化程度的加深,科技全球化高速推进。在此背景下,国际技术贸易发展迅猛,呈现出新的格局和新的发展趋势。国际技术贸易是当前国际贸易的重要组成部分。国际技术贸易的发展,加速了生产要素的国际转移,促进了科学技术在世界范围内的普及和提高,加快了国际技术贸易参与国家的经济发展,缩短了有关国家经济现代化和科学技术现代化的进程。

（一）技术进口在中国经济发展中的表现

(1) 技术进口的目的、方式和结构发生了变化。随着企业技术引进水平的不断提高，引进的目的逐步从引进国外单一生产技术转向调整产品结构、提高产品附加值、增强创新能力。引进方式除了传统的购买设备与技术、技术许可、技术服务、合作生产、作股投资、补偿贸易等，还出现了相互交换技术使用权、特许专营等新方式。大规模成套设备引进逐步被关键技术、关键设备的引进替代。这说明中国企业对技术与企业竞争力的关系有了更深的认识，技术引进目标更加明确，方式更加灵活多样。

(2) 引进技术的来源多元化。部分发达国家对中国的技术转让政策出现变化。技术引进的主要来源国家包括美国、德国、日本、瑞典、意大利、法国、韩国、英国、俄罗斯、加拿大等。部分发达国家注意到，只出口产品或设备而不转让技术的做法将导致本国逐步丧失在中国市场上的竞争优势，因此它们开始调整政策，加强对我国的技术转让，并通过新一轮的技术合作实现重新占领中国市场的目的。

（二）技术出口在中国经济发展中的表现

(1)技术出口的方式与结构发生转变。我国技术出口的发展可概括为两个阶段：在前一个阶段，我国的企业、对外贸易、科技人员开始尝试对外转让技术。这一时期的技术出口是凭机遇、无计划、纯属自发性的；在后一个阶段，国家进行了统一的规划与调整，加强对技术出口的管控，此后我国技术出口合同金额迅速升高，出口的技术涉及机械、电力、建材、轻工、船舶、航空、电子、卫星发射、工程设计和计算机技术开发等方面，对优化我国出口商品结构起到了促进作用。

(2)技术出口的管理模式逐渐规范系统。国家对于技术出口的重视程度不断提升。起初，在技术出口管理方面，国家还没有确定归口管理部门，没有制定相关的管理法规和鼓励、扶植政策。随着我国技术出口日益发展，国家确定了技术出口的归口管理部门及其审批权限和程序，制定了鼓励技术出口的优惠政策，积极审批可经营技术出口的公司，组织开拓了国外技术市场的活动，各省(自治区、直辖市)成立了专门机构，配置专门人员进行管理。

(3)技术出口具有不断发展的特点。近几年来，我国技术出口的国别范围逐渐扩大，技术出口行业和范围不断拓宽，技术出口方式变得更加灵活多样；此外，技术出口还带动了国产成套设备出口，充分辐射到其他领域，改变我国出口结构，提升出口贸易水平。

本章小结

知识产权是指自然人或法人在智力创造性劳动中产生的智力劳动成果并依法享有的专有权利，是无形财产的私有权，具有无形性、专有性、地域性、时间性、可复制性和双重性六大特点。知识产权制度是智力成果所有人在一定的期限内依法对其智力成果享有独占权并受到法律保护的制度，是有关专有权确立或授予的法律程序。《专利法》《商标法》和《著作权法》是知识产权制度的主要内容。《TRIPS 协定》推动了中国知识产权保护。技术性贸易壁垒规则正在不断发展和完善。国际技术贸易的发展，加速了生产要素的国际转移，促进了科学技术在世界范围内的普及和提高，加快了国际技术贸易参与国家的经济发展，缩短了有关国家经济现代化和科学技术现代化的进程。

? 思考题

1. 简述知识产权的特征。
2. 综述《TRIPS 协定》。
3. 综述技术性贸易壁垒规则。
4. 论述中国技术贸易与知识产权保护的关系。

第十章　中国数字贸易

【学习目标】

通过本章的学习，学生应理解全球数字贸易的发展现状与趋势、全球数字贸易的相关规则及中国数字贸易发展的现状与趋势。

【素养目标】

本章主要梳理中国电子商务与数字贸易发展的概况，让学生充分了解中国数字贸易模式，激发中外学生在这一领域的创业热情。

引导案例

全球速卖通——搭建全球智能骨干网，赋能商家

全球速卖通(AliExpress)于2010年4月正式上线，是阿里巴巴旗下唯一面向全球市场的融合订单、支付、物流于一体的小批量多批次快速销售的在线交易平台，被广大卖家称为国际版淘宝。全球速卖通面向境外买家，通过支付宝国际账户进行担保交易，并使用国际快递发货，已成为全球第三大英文在线购物网站。

数据显示，截至2020年7月，全球速卖通已覆盖全球220个国家和地区，其中位于最北边的国家是挪威，最南边的国家是阿根廷，甚至包括太平洋中间的一个小岛基利巴斯。全球速卖通已有110个跨境仓库以及22个部署在境外的存货仓。在全球速卖通覆盖的国家和地区中俄罗斯、美国、西班牙、巴西及法国的交易额所占比重较大；复购率最高的国家是马尔代夫、立陶宛和不丹；最爱买新衣服和化妆品的国家是俄罗斯、乌克兰、波兰、白俄罗斯及以色列。

2012年，全球速卖通境外成交买家突破100万；2014年1月26日，全球速卖通境外成交买家突破1 000万；2017年4月10日，全球速卖通境外成交买家突破1亿；截至2020年7月，全球速卖通已拥有超过1.5亿的境外成交买家。当前全球网络购物消费者约有18亿人，全球速卖通的境外消费者数量突破1.5亿，相当于每12个网购的人中就有1人使用全球速卖通。

在智能手机与移动互联网普及度不断提升的背景下，越来越多的消费者选择在移动应用平台上使用全球速卖通进行购物，截至2020年7月，全球速卖通应用程序的境外装机量已超过6亿。与境内趋势类似，移动应用平台的推广大大提升了网络购物的便利性，从而使更多消费者成为“剁手党”，数据显示25～34岁的年轻人群是全球速卖通境外消费者的主力军。

跨境电商,尤其是跨境 B2C 电商的痛点非常明显:第一,因为要直面消费者,订单零散,物流上比传统的 B2B 要复杂得多;第二,传统的 B2B 系统的流程,实际上是为中大型企业服务的,对于中小企业来说,缺乏一个简单、高效的物流解决方案;第三,跨境电商的政策变化复杂;第四,整个跨境电商物流的服务链路非常长,涉及揽收、仓储、集货、清关、出关、国际干线、配送,中间不确定性很大。

全球化是阿里巴巴集团的重要战略,而全球速卖通无论是在用户规模还是在覆盖度以及境外影响力上,都走在了全球化的最前面。为了提供一站式物流解决方案,提升消费者在物流上的体验,阿里巴巴联合龙头快递、大型集团等企业成立了菜鸟网络,菜鸟网络和全球速卖通又共同推出了无忧物流。无忧物流主要有以下几个特点:第一,操作简单,设置一个简单的运费模板就可以一键发货;第二,全程可追踪,这是跨境物流最基本的一个需求;第三,有一定的时效,原来需要 20～30 天的时间,现在 15 天内就能送达,下一步的目标是缩短到 10 天,最终目标是全球 72 小时必达;第四,平台承担售后和纠纷问题,减轻卖家在平台上做生意以及管理物流的成本。

2018 年 9 月,菜鸟网络总裁万霖在题为"菜鸟如何通过搭建全球的智能骨干网,赋能商家"的演讲中表示:"到目前为止,我们的业务已经覆盖全球 200 多个国家,在全球的合作伙伴有 100 多个,在全球有 200 多个仓库通过合作伙伴运营。在跨境物流中,海关检验是非常重要的环节,而这个环节的不确定性非常强。所以,我们和国内的海关、商检以及全世界多个国家的海关、商检体系进行系统级别的对接和数据打通,真正做到秒级通关。去年的双十一,我们已经做到在 8 个小时内清关 500 万个电商订单,使海关体系不再成为跨境物流的瓶颈。"

资料来源:根据全球速卖通商家门户、亿邦动力报道和搜狐网全球速卖通发布会报道等相关资料整理编写。

第一节　数字贸易和电子商务

随着信息技术的深入发展、全球主要经济体的经济复苏以及互联网基础设施的不断完善,全球贸易形式不断发生变革,数字贸易(digital trade)已深入商业流程的核心,其战略地位越来越突出。互联网的发展改变了企业的经营行为,改写了企业的竞争规则,数字贸易正是构建在以互联网为主导的信息技术框架下的商务活动。

一、数字贸易的概念与特点

(一) 数字贸易的概念

随着全球互联网普及率的持续上升,人工智能、区块链、机器学习等先进技术的快速发展,数字化迅速融入各类经济活动中,这其中也包含数字技术与传统贸易的深度融合,由此催生了数字贸易的概念。数字贸易是全球化和数字经济发展到一定阶段的产物,但由于其是一种新生的贸易模式,当前国际上对数字贸易的定义并不一致。

WTO 并未使用"数字贸易"这一术语,而是通过将"电子商务"的范围诠释得较为宽泛来界定数字贸易的范围,WTO 将"以电子方式生产、分销、营销、销售或交付货物和服务”的活动均纳入其所定义的“电子商务”的范畴。

联合国贸易和发展会议将数字贸易定义为通过计算机网络进行的采购和销售活动，认为数字贸易既包含交易数字形式的产品和服务，也包含通过互联网交易传统的实物物品或服务。

美国国际贸易委员会在2013年7月发布的Digital Trade in the U. S. and Global Economies Part 1中将数字贸易定义为“通过互联网传输而实现的产品和服务的商业活动”；在2014年8月发布的Digital Trade in the U. S. and Global Economies Part 2中，又对数字贸易的定义进行了修正，将其定义为“依托互联网和互联网技术建立的国内贸易和国际贸易”，强调互联网和互联网技术在订购、生产以及产品和服务的交付中发挥的关键作用。

总的来说，数字贸易主要包括数字化内容的贸易（如数字影视、数字音乐、数字出版、网络游戏、远程通信、数据信息服务、计算机编程等）以及与数字技术相融合的传统贸易（主要表现为电子商务）两种模式，电子商务是数字贸易的一个组成部分。

（二）数字贸易的特点

与传统贸易相比，数字贸易具有以下独有的特点：

（1）个性化与多样化。在数字贸易环境下，互联网技术水平的不断提高以及技术可获得性的不断提升使得服务的产品化以及产品的服务化成为可能，消费者在获取产品或服务的过程中可以享有更广阔的选择空间，充分满足消费者个性化、多样化的需求。

（2）虚拟化。与传统贸易相比，一方面，数字贸易在生产过程中依托人力资本、技术等无形资本的投入，具有虚拟性；另一方面，数字贸易的交易、传输及支付均通过互联网平台实现，也具有虚拟性。

（3）平台化。平台在传统市场中就已存在，但在数字贸易发展的过程中，平台的重要性大大提升了——基于互联网技术形成的数字平台在数字贸易中汇集各方的数据与信息流，成为价值创造的核心，越来越多的互联网企业因此选择平台化运营并制定平台化战略。

二、电子商务的概念与特点

（一）电子商务的概念

作为一种全球范围的新型商务模式，电子商务已经渗透到企业的各种业务活动中。电子商务不仅是一种信息收集、处理和传输的技术手段，更是企业组织模式、管理方法更新的技术平台。电子商务的应用需求推动了信息产业的发展；而信息技术的不断更新，也促进了电子商务应用的不断发展。电子商务是现代信息技术水平提高与企业管理模式更新后相结合的产物，它使企业实现了以客户需求为中心的战略目标，是企业在新经济条件下生存的基础。

电子商务的内容包含两个方面，一是电子方式，二是商贸活动。随着技术更新和组织观念的变化，电子商务可以从不同的角度来定义。因此，电子商务这一概念没有一个统一的定义，下面列举几个不同组织从各自角度提出的对电子商务的认识。

WTO电子商务专题报告中指出，电子商务就是通过电信网络进行的生产、营销和流通活动，它不仅指基于互联网的交易，而且指所有利用电子信息技术来解决问题、降低成本、增加价值和创造商机的商务活动，包括通过网络实现从原材料查询、采购、产品展示、订购到出品、储运以及电子支付等一系列的贸易活动。

经济合作和发展组织是较早对电子商务进行系统研究的机构，它将电子商务定义为：电子商务是利用电子化手段从事的商业活动，它基于电子处理和信息技术（如文本、声音和图像等）进行数据传输，主要遵循 TCP/IP 协议、通信传输标准、Web 信息交换标准并提供安全保密技术。

美国政府在《全球电子商务纲要》中指出：电子商务是指通过互联网进行的各项商务活动，包括广告、交易、支付、服务等活动，全球电子商务将会涉及全球各国。

1997 年在巴黎召开的世界电子商务会议给出了目前较为权威的电子商务概念：电子商务是指对整个贸易活动实现电子化。从涵盖范围来看，电子商务是交易各方以电子交易方式而不是通过当面交换或直接面谈方式进行的任何形式的商业交易；从技术来看，电子商务是一种多技术的集合体，包括交换数据（如电子数据交换、电子邮件）、获得数据（共享数据库、电子公告牌）以及自动捕获数据（条形码）等。

中国《电子商务“十三五”发展规划》指出，电子商务是网络化的新型经济活动，是推动“互联网＋”发展的重要力量，是新经济的主要组成部分。电子商务经济以其开放性、全球化、低成本、高效率的优势，广泛渗透到生产、流通、消费及民生等领域，在培育新业态、创造新需求、拓展新市场、促进传统产业转型升级、推动公共服务创新等方面的作用日渐凸显，成为国民经济和社会发展的新动力，孕育全球经济合作的新机遇。

（二）电子商务的特点

电子商务将数字化技术引入商务活动中，这使其具有与一般商务活动不同的特点：

(1) 方便性。在电子商务环境中，人们不再受地域的限制，客户能以非常简洁的方式完成过去较为复杂的商务活动。

(2) 普遍性。作为一种新型的交易手段，电子商务将生产企业、流通企业以及消费者和政府管理机构带入一个网络经济和数字化的新天地。

(3) 协调性。商务活动本身是一种协调过程，它需要客户与公司内部、生产商、批发商、零售商间的协调，在电子商务环境中，它要求银行、配送中心、通信部门、技术服务等多个部门的通力协作，连续完成全过程。

(4) 整体性。电子商务能够规范事物处理的工作流程，将人工操作和电子信息处理集成为一个不可分割的整体，这样不仅能提高人力和物力的利用效率，也可以提高系统运行的严密性。

第二节　全球数字贸易的发展

全球数字贸易作为一种全新的国际贸易交易模式，当前正处在持续迅速发展的阶段，在国际贸易中所占的比重不断上升，但同时也不能忽视其在发展过程中面临的问题及其带来的对传统国际贸易政策的挑战。

一、全球数字贸易的发展情况

数字贸易具有个性化、平台化、虚拟化等特点，深化并拓展了传统贸易的形式与范围，推动了货物贸易与服务贸易的发展。随着全球经济的不断发展、互联网应用技术的不断成熟，全球数字贸易持续高速发展，已成为数字经济的重要组成部分。

从货物贸易角度看，数字贸易主要体现在贸易开展方式的变化，推动了跨境电子商务的蓬勃发展。据阿里研究的数据显示，2018 年全球跨境电子商务 B2C 市场规模达到 6 750 亿美元，近年来年均增速约为 30%，远超传统货物贸易。从电子商务交易主体看，B2B 交易额占比较大，B2C 交易额相对有限。从电子商务国别发展看，发达国家跨境电子商务发展环境良好，但发展中国家发展跨境电子商务的潜力巨大。[①]

从服务贸易角度看，数字贸易主要体现在贸易对象的数字化，数据和以数字形式存在的产品和服务贸易快速增长。据联合国贸易和发展会议的数据显示，2008—2018 年，全球数字服务出口规模从 18 379.9 亿美元增长到 29 314 亿美元，年均增长率约为 5.8%。从服务构成看，2018 年占比最高的三类数字服务贸易是工程研发、保险金融、知识产权。从国别结构来看，发达国家在数字服务贸易方面的影响力高于货物贸易，发展中国家面临新的发展挑战。[②]

二、全球数字贸易发展面临的主要问题

尽管全球数字贸易发展迅速，但其发展仍面临包括技术、安全、税收、法律、语言及文化习俗和人才等方面的一系列问题。

（一）技术问题

全球数字贸易的顺利开展离不开互联网通信技术的支持，为此需要建设必要的信息基础设施，包括各种信息传输网络的建设、信息传输设备的研制、信息技术的开发等。由于经济实力和技术方面的原因，各国在网络基础设施建设方面存在巨大差异，造成国家间的信息传输效率差异很大，不同国家的数字贸易参与成本差异大，这也导致了互联网技术相对落后的国家和地区难以充分参与全球数字贸易。

（二）安全问题

安全问题也是阻碍全球数字贸易发展的一个重要问题。在全球数字贸易中，大量的敏感信息需通过互联网在参与交易的各方之间频繁传输。虽然在数字贸易中普遍采用数字证书确认各参与方的身份，敏感数据也以加密形式传输，但黑客窃取个人信息等敏感数据的事件仍频繁发生。据数字安全公司金雅拓（Gemalto）的数据显示，仅 2015 年全球就发生了 1 673 起数据泄露事件，共导致 7.07 亿份数据记录泄露，2016 年则有近 14 亿条数据记录外泄，2017 年这一数字进一步攀升至 26 亿条，而 2018 年仅上半年全球就有 45 亿条信息泄露。个人信息的频繁泄露使得网络用户普遍对安全问题表示担忧，进而影

---

① 中国信通院. 中国数字经济发展白皮书（2020 年）[R/OL]. (2020 - 07 - 07)[2021 - 04 - 20]. http://www.199it.com/archives/1078594.html.

② 同上。

响了他们参与全球数字贸易的热情和信心。中国互联网信息中心的调查显示，2018 年上半年中国有 54％的网民遇到过网络安全问题，其中个人信息泄露问题占比最高，为 28.5％，网络诈骗、账户或密码被盗、设备中病毒或木马占比分别为 26.3％、19.7％、18.8％。2018 年上半年国家互联网应急中心监测发现，我国境内感染网络病毒终端累计达 483 万个[①]，电子信息设备频繁地受到攻击使网络用户对网上交易产生忧虑。同时，在全球数字贸易中，由于时间与空间的限制及各国语言、法律的差异，一旦发生敏感数据泄露的事件，通过法律途径挽回损失的难度很大，这也进一步加深了网络用户对参与全球数字贸易过程中可能面临的安全问题的焦虑。

（三）税收问题

数字贸易虚拟化的特点以及全球数字贸易交易过程中参与者的多国性、流动性、无纸化操作等特征，使各国基于属地和属人两种原则建立的税收管辖权面临挑战，使以往对纳税主体、客体的认定及纳税环节、地点等的基本规定陷入困境。这些困扰或挑战可被概括为以下几个方面：

(1) 对纳税主体的认定存在困难。传统的营业机构所在地、合同缔结地、供货地、管理中心所在地以及常设机构等基本概念都变得模糊不清，无从据以征税。例如，常设机构作为国际税收中的一个重要概念，在《联合国范本》和《经济合作与发展组织范本》中都有明确规定，是指一个企业进行全部或部分营业活动的场所。而借助互联网，企业无须在国外建立常设机构，便能在国际市场上进行交易。

(2) 有形与无形交易的性质无法从根本上界定。涉及数字贸易的收益所得很难划分为销售所得、劳务所得或特许权使用费所得等，因此难以确定适用的税种和税率。例如，过去百科全书以多卷书籍的形式存在，被当作产品来销售，但现在它以电子软件的形式出现，是将它视为新兴的信息产品，还是仍作为传统的知识产品？诸如此类的问题显然给各国税务部门造成不少困扰。

(3) 传统税种与课征方式的功能弱化。利用互联网进行的产销直接交易，使商业中介作用被削弱，从而使中介代扣税款的作用也随之削弱和取消，预提税的课征已成为各国普遍面临的难题。印花税也是各国普遍开征的传统税种，其征税对象为交易各方提供的书面凭证，而互联网的无纸化交易不但使传统的凭证追踪审计失去了基础，也令印花税的凭证贴花无从下手。

(4) 国与国之间税收管辖权的潜在冲突进一步加剧。互联网的发展促进了跨国公司集团内部功能的完善和一体化，跨国公司从事国际税收筹划更加得心应手，利用国际避税地避税，使得逃税的机会与日俱增，如国际避税地安提瓜已在互联网上建立了网址，并宣布可向使用者提供“税收保护”。若不积极采取国际协调措施，各国对数字贸易收益的争夺将日益激烈，各国税收管辖权的矛盾冲突将明显加剧。

（四）法律问题

随着互联网的普及，通过互联网盗窃、非法复制数据与信息变得非常容易，关于软

---

① 中华人民共和国国家互联网信息办公室. 第 42 次《中国互联网络发展状况统计报告》[R/OL]. (2018-08-20)[2021-03-30]. http://www.cac.gov.cn/2018-08/20/c_1123296882.htm.

件、音乐、电影等产品知识产权方面的纠纷日益增多，而多数国家相关法律制度的制定仍落后于数字贸易的要求。为了保证数字贸易的顺利进行，增强参与方对新技术的信心，国际社会已作出一定的努力，但与全球数字贸易的发展对相关领域法律法规的要求还存在很大差距，仍需要在以下方面进行完善：

(1) 从电子支付角度看，需要制定相应的法律以明确电子支付的当事人、付款人、收款人和银行之间的法律关系；同时，应制定相关的电子支付制度，认可电子签名的合法性，出台关于电子支付数据伪造、更改、涂销问题的处理办法。

(2) 从交易安全角度看，目前迫切需要解决的问题是加强数据保护，保证用户的个人隐私，保证用户具有对互联网上的信息进行控制的自主权，以解决数字贸易发展过程中可能发生的各类纠纷，防止诈骗等案件的发生，保证消费者在数字贸易活动中的合法权益不受侵犯。

(3) 从法律法规适用性角度看，虽然 WTO 为全球自由贸易制定了较为详细的规则，但它还没有为全球数字贸易制定相应的规则，全球数字贸易规则在多边领域还存在很多矛盾需要解决，同时还存在很多空白需要加以补充和完善。

(五) 语言及文化习俗障碍

由于全球数字贸易的交易各方来自不同的国家或地区，语言及文化习俗增加了全球数字贸易交易的困难，因此在全球数字贸易中，使用目标市场的语言进行交易是必需的。如果采用像英语这样的通用语言，其在非英语国家的有效性将大打折扣，因为即使在教育程度较高的非英语国家，人们对英语的熟练程度也参差不齐，而采用目标市场的本地语言可以保证每一个访问者都能完全读懂网站上的内容，以此提高网上交易的成功率。电子商务咨询公司 Forrester Research 的研究报告显示，在非英语国家中，访问者在本地语言的网站上订购商品的可能性比其在英语网站上要高出 3 倍，因此，采用单一语言网站进行全球数字贸易的做法是不可取的。从事全球数字贸易的企业还应考虑目标市场独特的文化习俗等因素，有针对性地开展贸易活动，以实现经营效果的最优化。

(六) 人才问题

全球数字贸易是现代信息技术与国际商务的有机结合，所以能够运用全球数字贸易理论与技术的自然是掌握现代信息技术、精通现代商贸理论与实务的复合型人才。一个国家、一个地区能否培养出大批这样的复合型人才，就成为该国、该地区发展全球数字贸易能否成功的关键因素。技术人才的短缺可能成为阻碍发展中国家数字贸易发展的一个重要因素。

三、全球数字贸易对国际贸易政策的挑战

全球数字贸易的迅速发展，引起了各国政府、商业界和消费者的广泛关注。数字化的融入对原有的传统国际贸易规则产生了显著的冲击、提出了全新的挑战，主要体现在以下四个方面：

(一) 数字贸易安全性问题

2010 年 4 月 16 日，阿里巴巴遭到黑客连续侵袭，导致大量网络用户无法正常浏览网

页。2012年1月17日,亚马逊旗下的鞋类电商Zappos网站遭受黑客攻击,超过2 400万用户的账户信息被窃取。这些事件均表明数字技术在繁荣经济的同时,也给经济安全带来挑战。目前,世界上并不存在统一的国际法来约束网上犯罪,而且各国国内立法也不完善。网上犯罪如同地下经济一样无所不在,从窃取知识产权到用非法手段打击竞争者,许多企业和消费者面临意想不到的威胁。

(二) 数字贸易领域与税收相关的问题

数字贸易领域与税收相关的问题主要有:第一,各方对于数字贸易是否应永久禁征关税持不同的立场,发达国家普遍主张永久禁征关税,而发展中国家的立场较为分化;第二,在国内数字服务税方面,尽管WTO认可这一权利属于国家税收的主权范围,但美国已与正在征收或考虑征收国内数字服务税的国家产生了一定的冲突。

(三) 发展中国家发展电子商务问题

2017年,发展中国家互联网渗透率约为45.83%,与发达国家89.69%的渗透率存在明显的差距。同时,发展中国家之间互联网渗透率的差异也很大,基础设施、相关制度、监管措施等在发展中国家之间存在明显的差别。根据WTO的基本原则,发展中成员应享有一定的特殊待遇,如何在数字贸易问题上体现这一原则,需要在未来的政策制定过程中考虑以下问题:第一,发展中成员更可能缺乏数字贸易的基本设施建设和技术支持能力,WTO应建立切实可行的技术援助项目;第二,发展中成员在关税减免等具体项目上应始终享有特殊待遇;第三,WTO应协助发展中成员深度发掘数字贸易可能给它们带来的利好,推动发展中成员更加积极主动地发展数字贸易。

(四) 知识产权问题

《TRIPS协定》对与电子商务有关的知识产权问题有所涉及,但并非十分完善。随着数字贸易的发展,很多新问题(如域名和商标的关系、版权保护、数字出版等)随之出现。WTO与各成员如何在数字贸易领域的知识产权问题上达成共识已成为现阶段的重要挑战。

第三节　全球数字贸易规则

近年来,随着互联网、人工智能、区块链、云计算等现代技术的深入发展与广泛应用,国际贸易领域越来越多地受到数字化技术的渗透与影响,数字贸易迅速发展,规模不断扩大。但与此同时,传统贸易规则具有局限性,难以适应、匹配数字贸易的发展。因此,当前亟须变更与革新贸易规则,以更好地推动数字贸易在全球范围内的发展。

一、WTO框架下数字贸易的相关规则

尽管WTO在1998年第二届部长级会议上就通过了《全球电子商务宣言》,但未能产生专门规范电子商务的多边协定,仍然主要依靠GATS和《TRIPS协定》等加以协调。以上协定谈判时数字贸易及其相关技术的发展仍处于早期阶段,现在来看这些协定存在明显的滞后现象,难以处理市场准入、关税、数据流动等诸多问题。面对现存的一系列问

题，数字贸易相关规则的谈判于2017年12月被纳入WTO的工作议程。

（一）谈判现状

2017年12月，71个WTO成员在阿根廷布宜诺斯艾利斯举行的第十一届部长级会议上发布了《关于电子商务的联合声明》（以下简称《联合声明》），旨在促进电子商务与数字贸易相关的探索性工作，推动未来WTO关于电子商务与数字贸易的相关谈判。由于WTO将电子商务定义为“通过电子方式实现生产、分配、营销、销售或交付商品与服务”，因此WTO所指的电子商务所涵盖的范围相较于传统意义上电子商务所指的“基于互联网平台进行的跨境货物贸易及相关服务的提供”要宽泛得多。2019年1月29日，约占世界贸易90%份额的76个WTO成员在达沃斯召开的非正式部长级会议上共同签署了《联合声明》，截至2020年3月10日，共有82个WTO成员签署了《联合声明》，加入关于电子商务与数字贸易的谈判。

自2019年3月相关谈判正式启动以来，WTO成员针对关税、隐私保护、数据本地化、数字贸易的基础设施等方面的内容提交了相关提案。截至2020年3月，WTO成员已提交近50份有关电子商务与数字贸易谈判的提案。

（二）现存分歧

自谈判启动以来，各方虽然在提升电子商务便利化和透明度、保护网络消费者等方面达成了一定的共识，但关于电子商务的利益诉求、文化价值层面的差别等，各方仍在一系列关键问题上存在分歧。

第一，各方对与数字贸易有关的关税和国内数字税的主张存在分歧。在关税方面，联合国贸易和发展会议的数据显示，自WTO电子商务关税禁令实施以来发展中成员的年均关税收入损失约为100亿美元，而发达成员的年均关税收入损失仅为3亿美元左右。因此，发达成员普遍赞同永久禁征关税，而部分发展中成员则持反对态度。在国内数字税方面，尽管这一权利属于国家税收主权范围且WTO确认了成员拥有以符合《WTO协定》的方式征收内部税费的权利，但美国多次单方面对正在征收或考虑征收数字服务税的贸易伙伴采取报复措施。例如，2020年6月初，美国贸易代表办公室宣布，对欧盟、英国、巴西、印度、印尼等10个已经征收或考虑征收数字服务税的贸易伙伴发起“301调查”。美国的单边措施和“美国优先”的政策加大了国内数字税领域谈判的难度。

第二，各方对跨境数据流动的主张存在分歧。发达成员更多的主张跨境数据的自由流动，而发展中成员更可能倾向于限制数据的跨境自由流动。美国主张确保数据完全的跨境自由流动，且公司和消费者必须能够以他们认为合适的方式移动数据，同时美国坚决反对数据存储的强制本地化要求以减少数据跨境流动的壁垒。欧盟承诺允许数据跨境流动，但须遵守适当的公共政策例外，且明确隐私保护优先于任何有关数据跨境流动的承诺；同时，欧盟委员会于2017年9月发布了《非个人数据自由流动条例（提案）》，旨在废除欧盟各成员国的数据本地化要求。目前我国尚未提交相关的提案，出于对消费者隐私及网络安全的考虑，我国对数据的跨境自由流动存在限制。

第三，中美之间对信息通信技术产品的非歧视待遇存在分歧。2019年9月，我国提交的第三份有关电子商务与数字贸易谈判的提案主要涉及对网络设备和产品的非歧视

待遇，提案中要求WTO成员应给予其他成员的企业与电子商务相关的网络设备和产品非歧视待遇，且除非根据合法公共政策目标进行充分调查，否则不能排除、限制或阻碍ICT（信息和通信技术）产品与设备的供应及技术与服务的支持，同时不应对相关产品和设备的供应链进行限制。这一提案的内容与华为等企业在美国遭遇的不公平待遇密切相关，美国不断加强遏制我国高科技产业发展，中美在该领域的冲突进一步扩大，加大了谈判的难度。

二、区域层面数字贸易的相关规则

由于电子商务与数字贸易领域的多边规则进展缓慢，无法满足相关领域发展的需要，不少经济体转向在区域层面构建双边或诸边的电子商务与数字贸易规则来填补多边规则的空白。截至2017年5月，向WTO通报并生效的区域贸易协定中约有30%包含电子商务条款，而在2014—2016年生效的区域贸易协定中这一比例已高达60%。[①] 随着数字贸易的持续快速发展，越来越多的经济体参与区域层面数字贸易规则的构建。考虑到数字贸易的整体规模、国家影响力等多方面因素，当前对于区域层面数字贸易规则的研究主要聚焦于美国、欧盟及中国三个经济体。

（一）美国主导的数字贸易规则

美国是数字贸易大国，为了在数字贸易的持续高速发展中实现其经济利益的最大化，美国近年来在其主导签订的区域贸易协定中不断输出符合其核心诉求与治理理念的数字贸易规则，力图将其主导的规则国际化。自2000年《美国-约旦自由贸易协定》首次引入“电子商务”章节以来，截至2020年1月，美国已签订14个含有独立“电子商务”或“数字贸易”章节的自由贸易协定。美国倡导的数字贸易规则随着时间的推移不断演进深化，但其核心相对稳定，主要包括以下几点：

第一，在关税方面，主张“电子传输永久免关税”。美国在2003年签署的《美国-新加坡自由贸易协定》中明确规定了电子传输免关税，但仍保留了可在不考虑电子内容价值的前提下对电子载体征税的条款。美国在2004年签署的《美国-澳大利亚自由贸易协定》中正式明确了无论对电子传输还是电子载体都应永久免除关税。美国在数字贸易关税方面的这一立场主要是基于其自身数字经济与数字贸易产业发达，永久免除数字贸易相关的关税能降低其他数字贸易进口国利用关税手段进行产业保护的可能性，提升美国数字企业的全球竞争力。

第二，在跨境数据流动方面，主张“跨境数据自由流动”及“数据存储非强制本地化”。为了最大限度地推动数据的跨境自由流动，美国在2018年签署的USMCA中要求当涵盖的人为商业行为以电子方式进行跨境信息（包括个人信息）的传输时，各缔约方不应阻止或限制数据的跨境传输。同时，美国在TPP与USMCA中均明确了“数据存储非强制本地化”的条款。美国大力推动跨境数据自由流动的原因主要在于美国企业在互联网、云计算、云存储等领域具有强大的竞争力，一旦实现跨境数据的完全自由流动，美国企业

---

① JOSÉ-ANTONIO, MONTEIRO, et al. Provisions on electronic commerce in regional trade agreements[R]. World Trade Organization, 2017, 5－6.

就能分享由此带来的巨大红利的最大部分。

第三，在知识产权保护方面，要求“源代码、算法非强制本地化”及“保护加密技术”。美国在TPP及USMCA中均明确提出，“任何缔约方不得将要求转移或获得另一缔约方的人所拥有的软件源代码作为在其领土内进口、分配、销售或使用该软件及包含该软件的产品的条件”。

随着区块链、人工智能、机器学习等领域的迅速发展，源代码及相关核心技术的价值越来越得到重视，美国作为信息技术强国，在相关领域具有显著优势，更严格的知识产权保护规则有利于美国保护其核心技术，减少因知识产权泄露而带来的风险。

（二）欧盟主导的数字贸易规则

欧盟作为传统的发达经济体，其数字经济与数字贸易近年来蓬勃发展，在全球数字贸易中占有较为重要的地位。欧盟在有关数字贸易规则的谈判过程中主要聚焦于以下几点：

第一，平衡“跨境数据自由流动”与“隐私保护”。在数据能否跨境自由流动这一问题上，一方面，欧盟对数据的跨境自由流动有着强烈的诉求，目的是推动数字贸易的发展，减少企业因数据无法自由流动而付出额外成本；另一方面，欧盟将保护个人信息与隐私作为基本权利，规定任何公司在欧洲搜集与处理个人信息时必须得到特定政府部门的许可。因此，欧盟在这一问题上的立场是寻求“跨境数据自由流动”与“隐私保护”的平衡，即在隐私安全得以保障的情况下允许数据跨境自由流动。

第二，推进“数字知识产权保护”的进程。欧盟是传统的发达经济体，知识密集型、技术密集型企业占比较高。随着数字贸易的持续深入发展，原有的《TRIPS协定》已无法满足数字时代下欧盟对知识产权保护的需求，因此，欧盟针对数字贸易知识产权保护领域的需要推进了TRIPs+条款，并将这一条款引入欧盟主导的自由贸易协定中，以实现更高水平的知识产权保护，维护欧盟自身的经济利益。

第三，坚守“文化例外”与“视听例外”。由于文化部门尤其是视听部门对公民的意识形态具有显著影响，因此欧盟一直将文化部门（包含视听部门）作为数字贸易规则谈判的核心内容。出于保持文化独立性、阻止外来强文化入侵的目的，欧盟在进入WTO体制内谈判时就提出“文化例外”（包含“视听例外”）的主张，即实质上将文化排除在自由贸易的对象之外。欧盟签署的自由贸易协定还特别在服务贸易章节的通则中附加了视听例外条款。尽管当前欧盟对于文化例外与视听例外的立场发生了些许变化，但本质上它仍在坚守“文化例外”与“视听例外”。

（三）中国主导的数字贸易规则

近年来我国数字经济与数字贸易产业迅猛发展，已然成为数字贸易大国，并积极向数字贸易强国迈进，因此我国有必要参与全球数字贸易规则的构建与制定，从而更好地推动我国数字贸易产业的发展。

我国在《中国-澳大利亚自由贸易协定》及《中国-韩国自由贸易协定》中也开始将电子商务作为单独的章节，但在互联网使用规则、个人隐私保护、知识产权、数字产品部门分类等数字贸易规则核心领域还没有形成清晰的谈判原则与规则主张，与美国主导的数

字贸易规则相比还存在较明显的差距。为了缩小这一差距,我国应加快国内数字贸易规则的构建,尽快完善数据使用与管理规则、隐私保护规则、互联网使用规则等与数字贸易相关的规则体系,同时积极参与相关国际数字贸易规则的构建与谈判,发出中国声音,展现中国立场,从而推动多边及区域数字贸易规则的形成与完善,在实现自身目标的基础上推动全球数字贸易环境向更加公平、有序的方向发展。

第四节　中国数字贸易的发展

虽然与美国、欧盟、日本等发达经济体相比,我国的数字贸易起步相对较晚、起点相对较低,但在国内互联网普及率迅速提升、相关信息技术快速发展以及我国大力建设及完善数字贸易相关基础设施的助推下,我国数字贸易规模不断上升,竞争力也有所提升。

一、中国数字贸易基础设施建设概况

(一) 数字基础设施

宽带网络、大数据中心、云服务器等数字基础设施对于数字贸易的发展具有重要的作用,近年来我国持续加强数字基础设施的建设,取得了一定的成果。

1. 宽带网络覆盖范围与整体质量双提升

在宽带网络方面,随着相关领域基础设施水平的不断提高,宽带普及程度及宽带性能不断提升,截至 2019 年 6 月,我国光纤用户渗透率达 91%,居全球首位,4G 用户总数达 12.3 亿户,规模排名全球第一;同时,2019 年第二季度,我国固定宽带平均速率达 35.46 兆,同比增长 66.4%;4G 平均速率达 23.58 兆,处于全球中上水平。[①] 当前,我国正积极建设千兆网络及 5G 网络领域的相关新型基础设施,以更好地推动数字经济与数字贸易的发展。

2. 数据中心基础设施建设迅速推进

在数据中心基础设施建设方面,工信部在《大数据产业发展规划(2016—2020 年)》中明确提出,应进一步完善大数据产业的支撑体系——合理布局大数据基础设施建设、构建大数据产业发展公共服务平台并建立大数据发展评估体系。截至 2017 年年底,全国在用数据中心机架规模达 166 万架,较 2016 年增长 33.8%,其中超大型机架 28.3 万架,大型机架 54.5 万架,中小型机架 83.2 万架,另有 107 万架机架在建。数据中心基础设施的大力建设助推了我国大数据与云计算行业的蓬勃发展,有力地支撑了数字经济与数字贸易领域的发展。[②]

(二) 外经贸专用网

1998 年 2 月,国家正式批准外经贸专用网作为国家重点工程立项。同年 10 月,该工

---

① 中国信通院. 中国宽带发展白皮书(2019 年)[R/OL]. (2019-11-01)[2021-04-20]. http://www.199it.com/archives/959676.html.

② 数据来源于 2018 年度《全国数据中心应用发展指引》,可通过访问全国数据中心信息开放平台(http://www.odcc.org.cn/idcchina)获取。

程正式被政府列为“电子商务技术研究与示范工程”。经国务院批准，信息产业部于2000年1月正式批准中国电子商务中心成为中国计算机网络国际联网的互联单位，负责组建中国国际经济贸易互联网(以下简称中国经贸网)。到2014年年底，中国经贸网已在全国100多个城市开通了节点，实现了部机关内部、部机关与各省市外经贸主管部门、特派员办事处、六大进出口商会及海关总署等有关部委的联网，基本形成了功能完善、科学规范、使用安全、覆盖全国、联通世界的国家外经贸专用网，为全国各级外经贸管理机关和各类进出口企业提供信息和网络服务，成为我国数字贸易发展的重要组成部分。

1. 外经贸电子商务重点网站的建设有效推进

1998年3月，原外经贸部率先在国际互联网上创建了政府网站，该站点全面介绍中国外经贸机构、政府法规、发展战略和最新动态，成为中国外经贸对外宣传与合作的重要窗口。原外经贸部还建立了中国商品交易市场、在线中国出口商品交易会、中国技术出口交易会、中国招商等知名站点，及时为企业提供信息服务。到2011年年底，中国机电产品进出口商会、中国五矿化工进出口商会、中国纺织品进出口商会、中国轻工工艺品进出口商会、中国食品土畜进出口商会、中国医药保健品进出口商会和中国对外承包工程商会等重点外经贸电子商务网站相继建立，为其所属领域的电子商务的发展起到了积极的促进作用。

2. 政府级电子商务总体框架基本确立

政府级电子商务体系由标准化体系、安全体系、政府管理应用体系、外经贸信息体系组成。这些体系经过多年的建设已经基本完成。其中，电子商务安全体系是由原外经贸部开发的“商业电子信息安全认证系统”，该系统已用于原外经贸部驻外机构联网，以及电子招标、配额许可证联网申领等网上政府管理业务；电子商务标准化体系包括在1997年按照国家标准制定的《进出口企业代码管理办法》和配套措施，还有进出口企业代码数据库；外经贸信息体系包括进出口数据库、地区贸易库、进出口商品库等，是原外经贸部在电子商务网站上建立的一批重要的外经贸信息库；政府管理应用体系是实施金关工程和电子商务的重要前提，目前，中国电子商务工程已经完成并实现了一批重要外经贸业务(比如网上电子招标、进出口许可证申领等)的全国联网管理。

3. EDI建设取得积极进展

1990年5月EDI(电子数据交换)引入中国，1991年中国促进EDI应用协调小组成立，并以中国EDI理事会的名义参加了亚洲EDIFACT理事会，成为其正式会员；组织各方技术力量投资建设了国家外贸许可证EDI系统、中国化工进出口总公司石油橡胶贸易EDI系统、山东抽纱总公司轻纺出口业务EDI系统、中国外贸运输总公司外运海运空运管理EDI系统和中电进出口总公司EDI应用系统等5个EDI应用试点工程；研制开发和成功实施了EDI海关系统，制定了EDI海关系统所需的15个EDIFACT报文标准子集，设计了普通货物进出口和快递物品海关软件，开通了北京、上海、广州、杭州、宁波、厦门等EDI海关系统；成立了国际贸易EDI服务中心，组建了中国国际电子商务网，成为集外贸管理、信息、服务于一体的国家统一的外经贸专用网络，实现了与联合国全球贸易网等国际商务网的连接。到2011年，我国44个直属海关均已开通EDI通关系统，系统的开通对扩大和深化我国数字贸易起到了积极作用。

（三）中国电子口岸

电子口岸是经国务院批准，由海关总署会同国家发展和改革委员会、工业与信息化部、公安部、财政部、生态环境部、交通运输部、国家铁路局、商务部、中国人民银行、国家税务总局、国家市场监督管理总局、中国民用航空局、国家外汇管理局、农业农村部、自然资源管理部等16个部门共同建设的跨部门、跨地区、跨行业信息平台。它依托互联网，将进出口信息流、资金流、货物流集中存放于一个公共数据平台，实现口岸管理相关部门间的数据共享和联网核查，并向进出口企业提供货物申报、舱单申报、运输工具申报、许可证和原产证书办理、企业资质办理、公共查询、出口退税、税费支付等"一站式"窗口服务，是一个集口岸通关执法服务与相关物流商务服务于一体的大通关统一信息平台，并逐步延伸扩展至国际贸易各主要服务环节，实现国际贸易"单一窗口"功能。

1. 中国电子口岸的建设目标

电子口岸的建设目标主要是建立现代化的管理部门联网综合管理模式，增加管理综合效能，在公共数据中心的支持下，进出口环节的所有管理操作都有电子底账可查，都可以按照职能分工进行联网核查、核注、核销，借助高科技手段，使管理部门各项进出口管理作业更规范、统一、透明，各部门、各操作环节相互制约、相互监督，从机制上加强管理部门廉政建设；通过网络完成进出口手续，提高贸易效率，降低贸易成本。

2. 中国电子口岸建设的成果

从2003年开始，电子口岸数据中心与各大电信运营商合作，依托公共网络资源建设了具有扩展性强、服务性好、覆盖面广、接入方式多样等特点的电子口岸业务专用网络，现已连接各主要联网部门、银行和单位，一级骨干网络覆盖全国所有省会城市和计划单列市，通过专线接入全国87个隶属海关及报关现场，并实现骨干网络双线路运行，为电子口岸共建部门和企业用户提供快速、安全、稳定的业务数据传输网络。

电子口岸运行机房按照国家电子信息系统机房A级标准，先后建成了电子口岸同城互备双机房和异地数据容灾机房（上海），降低了系统单点运营的风险，提高了系统运行的稳定性。数据中心业务技术用房（顺义）于2012年4月获得国家发展和改革委员会批复，2016年12月交付并投入使用。

电子口岸安全保密子系统2001年上线运行，2010年获得国家颁发的电子政务电子认证资质，并在2011年获得商用密码产品型号证书，是我国投入运营最早、发证量最多、应用范围最广、软件完整性保护最好的安全认证系统之一。

截至2018年6月30日，中国电子口岸已累计开发推广应用项目140个，其中联网项目50个、海关外网项目58个、其他项目32个。

3. 中国电子口岸建设的意义

（1）强化监督管理，实现综合治理。电子口岸采用"电子底账＋联网核查"的管理方式，使口岸执法部门通过公共平台实现信息资源共享，使口岸管理各个环节环环相扣、相互印证和相互制约。管理部门对进出口货物、运输工具和监管场所等进出口环节的管理更加完整和严密，从根本上杜绝利用假单证走私、骗税、骗汇等违法犯罪活动，提升口岸管理部门的依法行政和联合执法能力、综合服务能力，以及监测预警和宏观调控能力。

(2) 规范执法行为，推进跨境合作。政府部门的行政审批、监督管理等执法业务操作全部上网，将促使管理部门各项执法行为更加规范、统一、透明，从而形成一种部门之间相互制约、相互监督的有效机制。有关进出口管理、金融管理、税收管理等政策法规、管理规定上网，增加法规的透明度，促进政务公开。电子口岸积极推进 CEPA、ECFA 等原产地信息以及跨境执法信息共享，与十余家境外机构建立了相关监管信息数据共享交换等机制，在推进 ECFA 原产地优惠税率实施、加强 AEO(经认证的经营者)认证企业合作及跨境执法信息共享机制建设等方面发挥了重要作用。

(3) 提高贸易效率，降低贸易成本。电子口岸的建设将在一定范围内实现企业与口岸管理部门，以及金融、物流、加工贸易和中介服务等机构的互联互通，整合相关资源，实现政府对企业的"一站式"服务。企业在网上办理报关、出口退税、结付汇和加工贸易备案等进出口手续，简化了通关手续，降低了企业贸易成本，提高了我国企业的国际竞争力。

(4) 促进贸易便利，改善营商环境。中国电子口岸入网用户已达 10 万家，而且还在不断增长，孕育着巨大的运输、金融、保险等数字贸易服务市场，加上中国电子口岸安全、可靠、高效的交易平台，严密的资信和授权管理，为带动中国信息产业和数字贸易蓬勃发展创造了良好的条件。

二、中国数字贸易发展现状与前景

伴随着互联网普及率的快速上升、互联网技术的不断革新、相关主体的持续创新，我国在数字贸易领域迅速发展且具有较大的发展前景，数字贸易及其相关领域已然成为我国在新常态下推动经济发展的重要抓手。

1. 中国数字贸易规模持续快速增长，潜力巨大

近年来我国数字贸易规模保持着快速增长的势头，电子商务市场更是发展迅速。2011 年，我国电子商务交易额为 6.09 万亿元，2019 年交易额已达 34.81 万亿元(见图 10-1)，9 年时间增长了约 472%。数字贸易正在成为拉动国民经济快速、可持续增长的重要动力。

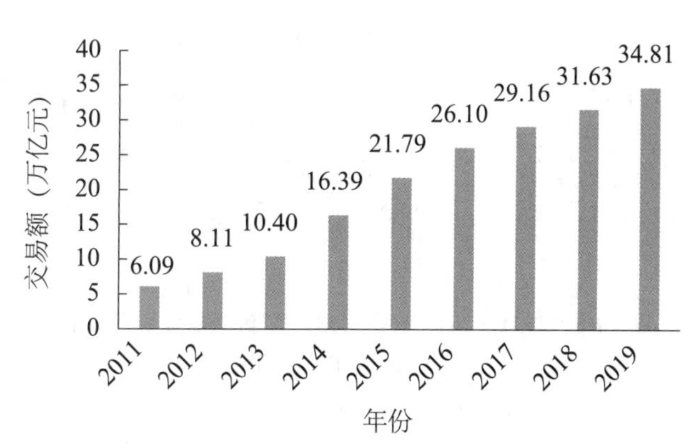

图 10-1 2011—2019 年中国电子商务交易额

资料来源：商务部电子商务和信息化司. 中国电子商务报告 2019[R/OL]. (2020-07-02)[2021-07-02]. http://za.mofcom.gov.cn/article/h/202007/20200702978951.shtml.

网络零售市场交易额占社会消费品零售总额的比例是衡量数字贸易及电子商务对消费促进作用的重要指标。2011 年,我国网络零售市场交易额为 0.78 万亿元,占当年社会消费品零售总额的 4.3%;2019 年,我国网络零售市场交易额已达 10.63 万亿元,占当年社会消费品零售总额的 25.83%,具体见图 10-2。由此可见,我国数字贸易及电子商务规模不断扩大,对消费的带动作用不断增强。

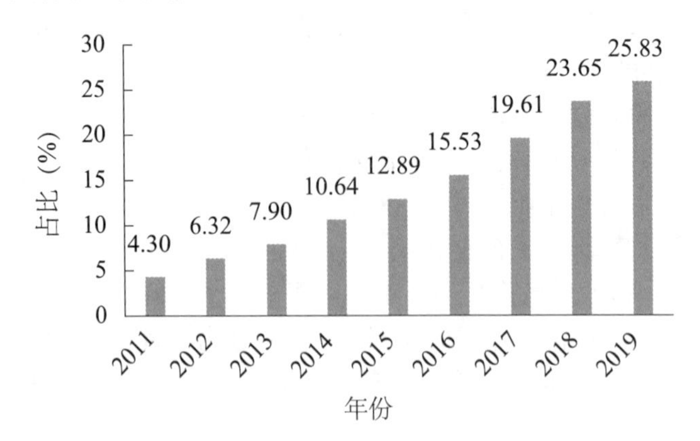

图 10-2　2011—2019 年中国网络零售市场交易额占社会消费品零售总额的比例

资料来源:商务部电子商务和信息化司. 中国电子商务报告 2019[R/OL]. (2020-07-02)[2021-07-02]. http://za.mofcom.gov.cn/article/h/202007/20200702978951.shtml.

与此同时,我国数字贸易与电子商务服务业的规模也持续增长,且增速较快。2019 年,我国电子商务服务业营收规模达 4.47 万亿元(见图 10-3),较 2018 年增长 27%,其中交易平台服务营收约占 19%,电子支付、物流、信息技术服务等支撑服务的市场营收约占 40%,衍生服务领域营收约占 41%。

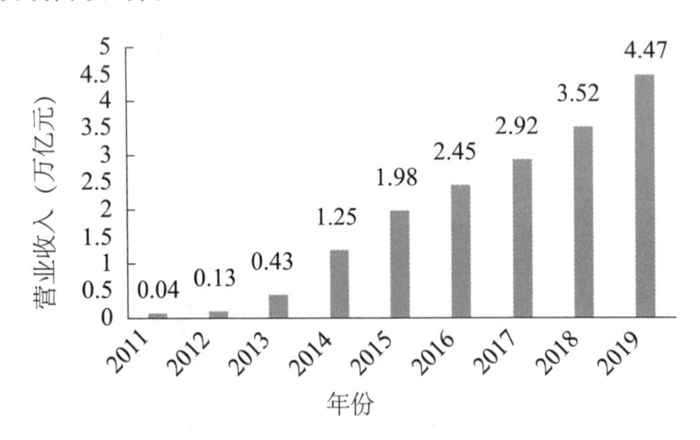

图 10-3　2011—2019 年中国电子商务服务业营收规模

资料来源:商务部电子商务和信息化司. 中国电子商务报告 2019[R/OL]. (2020-07-02)[2021-07-02]. http://za.mofcom.gov.cn/article/h/202007/20200702978951.shtml.

2. 互联网技术快速发展,为加快数字贸易的发展打下坚实基础

在国家大力推进互联网及信息技术与传统行业深度融合的背景下,我国企业加快了信息化、数字化转型的步伐,助力了数字贸易行业的发展——乡镇企业通过利用互联

网工具，将商品引入电子商务平台销售，打开了产品的销路；传统贸易企业通过结合区块链、云计算、人工智能等先进技术，大幅提升了效率，增强了自身的竞争力；金融、保险、娱乐等服务业通过数字化转型，提升了其覆盖范围与服务质量，增强了对受众的吸引力。

3. 数字贸易与电子商务迅猛发展，就业拉动效应显著

随着我国数字贸易与电子商务规模的不断扩大，及其与传统行业的融合程度不断加深，越来越多的人开始进入这一领域从事相关工作。数据显示，2019 年我国电子商务相关从业人员已有 5 125.65 万人(见图 10-4)，较 2014 年增长了近一倍，其中电子商务直接吸纳就业和创业的人数达 3 115.08 万人，间接带动相关服务支撑行业的从业人数达 2 010.57 万人。

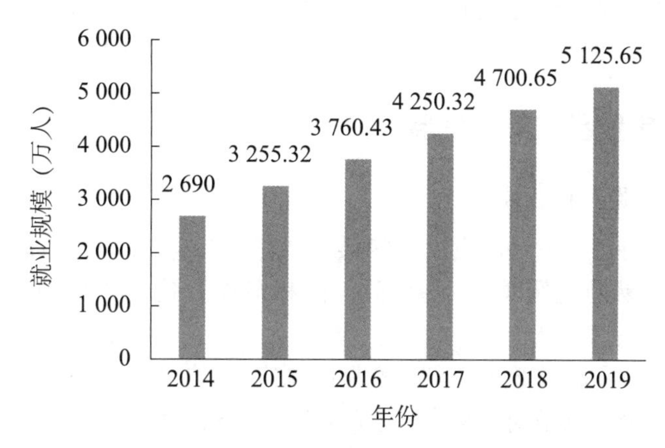

图 10-4　2014—2019 年中国电子商务就业规模

资料来源：商务部电子商务和信息化司. 中国电子商务报告 2019[R/OL]. (2020-07-02)[2021-07-02]. http://za.mofcom.gov.cn/article/h/202007/20200702978951.shtml.

4. 跨境数字贸易与电子商务获得快速发展

跨境数字贸易与电子商务已成为我国外贸的新增长点，得到了政府的持续关注和大力支持，2017 年李克强总理在政府工作报告中将跨境电子商务作为“坚持对外开放基本国策”的重要工作项目之一。有关部门正加紧完善促进跨境网上交易对平台、物流、支付结算等方面的配套政策措施，促进跨境数字贸易与电子商务模式的不断创新，出现了一站式推广、平台化运营、网络购物业务与会展相结合等模式，使得更多中国产品得以通过线上平台走向国外市场，有力地推动了跨境数字贸易与电子商务的发展。2019 年中国跨境电子商务交易规模为 8.03 万亿元(见图 10-5)，同比增长 13.10%，继续保持高速增长态势，发展情况良好。

5. 数字贸易发展环境不断改善

随着数字贸易重要性的不断提升、国家政策支持力度的不断加强，数字贸易在我国的发展环境得到了持续的改善。政府出台相应政策，探索相关规章制度，积极推动数字贸易领域的发展；企业积极响应政府号召，加大先进互联网技术的研发力度，并将传统产业与互联网技术深度有机融合，拉动数字贸易规模的快速增长；相关领域技术、专业人员的数量不断提升、质量不断提高，保障了数字贸易迅速发展过程中所需的人力资本供给。

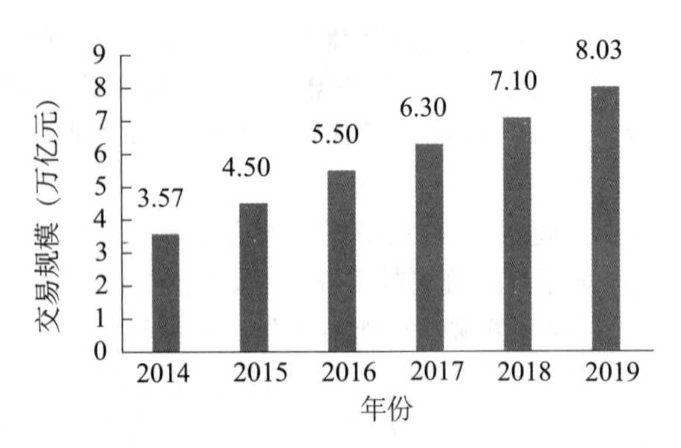

图 10-5　2014—2019 年中国跨境电子商务交易规模

资料来源:商务部电子商务和信息化司. 中国电子商务报告 2019[R/OL]. (2020-07-02)[2021-07-02]. http://za.mofcom.gov.cn/article/h/202007/20200702978951.shtml.

三、中国数字贸易政策与发展对策

(一)中国数字贸易相关政策

为了更好地支持数字贸易的发展、规范数字贸易领域相关企业的运营及加强地方政府和企业对数字贸易的重视程度,各相关部门积极展开协调工作,推出了一系列相关政策。

国务院是数字贸易相关政策指导性意见的制定方,自 2013 年起,国务院已相继颁布政策文件批准设立跨境电子商务综合试验区,要求各部门落实跨境电子商务基础设施建设、监管设施,优化完善支付、税收、收结汇、检验、通关等过程。同时,商务部、国家发展和改革委员会、海关总署等职能部委根据指导意见分别制定了相应政策。2013—2020 年,国务院及各部委发布的关于或涉及数字贸易的主要政策如表 10-1 所示。

表 10-1　数字贸易领域相关国家政策

发布时间	主要内容	政策文件全名
2013.8	对各部门的要求	《关于实施支持跨境电子商务零售出口有关政策意见的通知》
2014.5	基础设施建设	《国务院办公厅关于支持外贸稳定增长的若干意见》
2015.3	试验区	《国务院关于同意设立中国(杭州)跨境电子商务综合试验区的批复》
2015.5	政策支持	《国务院关于大力发展电子商务 加快培育经济新动力的意见》
2015.6	基础设施建设	《国务院办公厅关于促进跨境电子商务健康快速发展的指导意见》
2016.1	试验区	《国务院关于同意在天津等 12 个城市设立跨境电子商务综合试验区的批复》
2016.5	新业态支持	《国务院关于促进外贸回稳向好的若干意见》
2016.12	发展规划	《电子商务“十三五”发展规划》
2017.10	政策支持	《关于复制推广跨境电子商务综合试验区探索形成的成熟经验做法的函》
2018.7	试验区	《关于同意在北京等 22 个城市设立跨境电子商务综合试验区的批复》

（续表）

发布时间	主要内容	政策文件全名
2018.8	对各部门的要求	《知识产权局关于深化电子商务领域知识产权保护专项整治工作的通知》
2018.9	政策支持	《关于跨境电子商务综合试验区零售出口货物税收政策的通知》
2018.11	政策支持	《国务院常务会议决定延续和完善跨境电子商务零售进口政策并扩大适用范围》
2019.1	政策支持	《国务院关于促进综合保税区高水平开放高质量发展的若干意见》
2019.1	政策支持	《财政部　海关总署　税务总局关于完善跨境电子商务零售进口税收政策的通知》
2019.12	试验区	《国务院关于同意在石家庄等24个城市设立跨境电子商务综合试验区的批复》
2020.1	政策支持	《关于扩大跨境电商零售进口试点的通知》
2020.5	试验区	《国务院关于同意在雄安新区等46个城市和地区设立跨境电子商务综合试验区的批复》

资料来源：国务院网站、商务部网站、海关总署网站。

从表10-1中可以看出，截至2020年5月，国务院及各部委发布的数字贸易领域相关政策多集中于跨境电子商务领域，在这些政策的作用下，我国跨境电子商务迅猛发展，有力地推动了我国数字贸易行业整体的快速发展。

与此同时，2019年7月上海市作为首个省级行政单位印发了针对数字贸易领域的行动方案——《上海市数字贸易发展行动方案（2019—2021年）》，该方案围绕加快建设数字贸易国际枢纽港、加快建设数字贸易创新创业中心、加快建设数字贸易跨境交易促进中心及加快建设数字贸易全球合作共享中心4大建设目标提出了12项主要任务，旨在进一步激活上海数字贸易的发展潜力，加快形成数字贸易的核心竞争力和全球影响力。

可以预见，不论是在国家层面还是在地区层面，我国都将持续出台更多针对数字贸易领域的相关政策，从而更好地推动整个数字贸易领域的健康协调发展。

（二）二十大与中国数字贸易发展

党的二十大报告就发展数字贸易、加快建设贸易强国作出重要部署，并提出打造具有国际竞争力的数字产业集群等具体要求。在二十大的新背景下，数字贸易作为全球数字经济发展的新趋势，已经成为拉动经济复苏的强劲引擎。大力推进我国数字贸易发展，既要注重数字贸易开放发展、积极参与数字经济国际合作，又要加快推进数字贸易升级、增强数字经济内生动力。

数字贸易高质量发展，是以建设贸易强国为目标，实现数字贸易更加高效、更为平衡和更可持续的发展。目前无论国内国外，推动数字贸易实现升级发展，主要通过以下几方面的路径：

1. 进一步推动数字技术进步，加强数字基础设施建设

数字贸易的持续健康发展离不开强大的数字技术与完善的数字基础设施的支持。

在数字技术方面，我国应进一步提升扶持本土数字技术公司的力度，通过政策倾斜等措施推动其开展技术研发与技术创新，为数字贸易以更低的成本覆盖更大的范围、更多的受众创造可能；在数字基础设施方面，我国应进一步提升宽带网络的质量和覆盖范围，加快数据存储中心、云计算基础设施等数据基础设施的布局和建设，同时优化数字基础设施领域的行业准入门槛，吸引更多优质企业进入相关行业，为数字贸易的快速发展提供有力保障。

2. 完善国内数字贸易法律法规，积极参与全球数字贸易规则制定

当前我国数字贸易领域的相关法律法规仍不够成熟，在互联网使用规则、知识产权保护、个人隐私保护等数字贸易规则的核心领域还没有形成完善的法律体系，我国应加快国内数字贸易规则的构建，尽快形成符合我国利益的数字贸易相关法律法规。同时，我国应积极参与各类多边及诸边数字贸易规则谈判，发出中国声音，展现中国立场，在全球数字贸易规则的制定过程中争取主动权，为我国数字贸易领域的发展创造有利条件。

3. 借力“一带一路”倡议实践数字贸易规则“中式模版”①

通过 TTIP、TISA、USMCA 等多边或区域贸易协定，美国率先将国内数字贸易规则模版应用到国际层面，试图抢先在多边数字贸易规则制定方面建立优势。与以美国为代表的发达国家相比，“一带一路”沿线国家与我国对数字贸易规则的诉求更相似，在数字贸易规则谈判中也更容易达成一致意见。一方面，我国应积极与沿线国家开展双边数字贸易规则洽谈，建立相关纠纷解决机制和数字贸易合作机制，率先将数字贸易规则在沿线国家中推行开来。另一方面，大部分沿线国家数字基础设施仍较为落后，与我国存在不小的数字鸿沟。我国应坚持发展导向，利用丰富的数字经济发展经验，帮助沿线国家改进和完善大数据、云计算、金融支付等数字经济基础设施；同时，应大力发展“丝路电商”，以国内重要城市为节点辐射沿线国家和地区，协助“一带一路”沿线国家培养电子商务与数字技术领域人才，释放沿线国家数字贸易发展潜力。

本章小结

数字贸易的发展给国际贸易领域带来的影响是革命性的，它推动了国际贸易的进一步发展，并展现了与传统贸易不同的特点。目前中国经济发展进入新常态，全球数字贸易迅速发展，如何抓住机遇，克服挑战，利用数字贸易这一崭新的商业模式进一步提高国际贸易竞争力是中国面临的问题。因此，我们必须高度重视中国数字贸易的发展，要把发展数字贸易提升到战略高度。同时，政府和企业应共同努力推动相关领域的法律法规尽快落地，并积极推动全球数字贸易规则的制定，力图在数字贸易规则领域构建具有中国特色的模板，从而更好地推动我国数字贸易领域的持续健康发展，为中国由贸易大国向贸易强国的转变提供有力支撑。

---

① 李钢，张琦. 对我国发展数字贸易的思考[J]. 国际经济合作，2020(1)：58 - 67.

思考题

1. 简述数字贸易的概念和特点。
2. 全球数字贸易发展面临的问题有哪些？
3. 全球数字贸易规则多边谈判的现存分歧有哪些？
4. 简述数字贸易规则"美式模板"与"欧式模板"的特点。
5. 简述中国数字贸易的政策方向与发展对策。

政 策 篇

第十一章　中国对外贸易管理法规
第十二章　中国外汇管理与外贸金融政策
第十三章　海关管理与外贸税收政策
第十四章　中国对外贸易救济
第十五章　中国对外贸易促进

第十一章　中国对外贸易管理法规

【学习目标】

通过本章的学习，学生应了解我国对外贸易法规的演变历程、《对外贸易法》的修编情况，以及相关的配套法规及其历史演变。

【素养目标】

本章介绍了新中国成立以来中国对外贸易管理法律法规的发展脉络，帮助学生全面掌握中国对外开放贸易管理法规体系，促使学生充分理解法治的重要性，强调法治社会是我国的基本国策。

引导案例

似是而非的“301调查”，中国在对外贸易中如何加强知识产权保护法规建设

2017年8月14日，美国总统特朗普签署了一项行政备忘录，授权美国贸易代表罗伯特·莱特希泽(Robert Lighthizer)针对“中国不公平贸易行为”发起调查，重点调查中国是否在技术转让领域涉嫌违反美国的知识产权。2017年8月18日，美国贸易代表莱特希泽宣布，将根据美国《1974年贸易法》第301条款，在技术转让、知识产权和创新领域正式对中国启动“301调查”。“301调查”主要聚焦四个问题：一是调查中国是否涉嫌使用政策工具来控制或干预美国企业在中国的运作，要求或对美国企业施压将其技术和知识产权转移给中国企业；二是调查中国的法律、政策和实践是否涉嫌剥夺了美国企业与中国企业在许可和其他技术相关的谈判中以市场为基础进行谈判的能力，削弱美国企业在中国对其自身技术的控制力；三是调查中国是否涉嫌直接和/或不正当推动中国企业进行“系统性”投资和/或并购美国企业及资产，以获得前沿的技术、知识产权，以及在中国认定的重要产业内实现相对大范围的技术转移；四是调查中国是否涉嫌通过网络窃取知识产权、商业秘密或机密商务信息，这些行为是否损害了美国企业的利益，而为中国的企业或商务机构提供了竞争优势。

实际上，不同于美国的不断指控，中国已在全面地强化知识产权保护。最高人民法院于1996年10月建立了知识产权特别审判庭来处理知识产权问题。北京、上海、天津、广东等地相继建立了知识产权审判庭。2008年6月5日，国务院发布了《国家知识产权战略纲要》。2010年，为全面推进国家知识产权战略实施，中国实施了《2010年中国保护知识产权行动计划》《2010年国家知识产权战略实施推进计划》等。2014年8月31日,第十二届全国人民代表大会常务委员会第十次会议通过了《关于在北京、上海、广州设立知识产权法院的决定》,截至2014年12月28日,北京、广州、上海三地知识产权法院成立。至2016年7月7日,知识产权审判“三合一”工作在全国法院全面推开。

资料来源:似是而非的“301调查”,中国是如何加强知识产权保护的[EB/OL].(2018-04-17)[2021-03-30]. http://news.sina.com.cn/o/2018-04-17/doc-ifzfkmth5195328.shtml.

第一节 中国对外贸易法规的演变

对外贸易管理法规,是指一国(地区)对其对外贸易活动进行行政管理和服务的所有法律规范的总称。对外贸易管理法规是一国对外贸易总政策的集中体现。改革开放四十多年来,我国对外贸易管理法规经历了从初步建立到逐步健全和完善的发展历程,在贯彻对外开放政策、规范对外贸易活动、调节对外贸易关系方面发挥了积极作用。

一、改革开放前的中国对外贸易法规建设

新中国成立后,我国政府首先废除了各种不平等条约和国民党政府的旧法律法规。与此同时,以《中国人民政治协商会议共同纲领》和《中华人民共和国宪法》为基础,着手制定新中国的对外贸易法律法规。从1949年12月至1956年,中央人民政府政务院先后颁布了包括《对外贸易管理暂行条例》(1950)、《暂行海关法》(1951)、《海关进出口税则暂行实施条例》(1951)、《输出输入商品检验暂行条例》(1954)、《外汇管理暂行办法》(1956)等在内的三十多部对外贸易法律法规,初步建立起了新中国的对外贸易法律制度框架。

《对外贸易管理暂行条例》是这一阶段最重要的一部对外贸易法规,于1950年颁布,共有13条。该条例主要从五个方面规定了我国对外贸易基本制度:①我国实行对外贸易管制并采用保护贸易政策;②所有公私营商号及外国洋行必须重新申领登记,在重新登记基础上建立对各类经营进出口企业的审核批准制度;③将出口商品按准许类、统购统销类、禁止类和特许类进行分类管理;④规定了一般贸易、易货贸易、联销贸易、寄售贸易等不同的贸易方式;⑤确定了外汇结汇制度。

二、改革开放以来的中国对外贸易法规建设

改革开放以来,有两大标志性事件影响了我国对外贸易法规的建设:一是建立社会主义市场经济体制改革目标的确立,二是加入WTO。以此为界,可以将改革开放以来我国的对外贸易法规建设分成三个阶段:1979—1991年的市场化改革初始阶段、1992—2001年的市场化改革深化阶段、2002年至今的与WTO全面接轨阶段。

(一)市场化改革初始阶段(1979—1991年)

1979年实行改革开放政策后,根据邓小平同志提出的“一手抓建设,一手抓法制”的指导思想,我国加快了对外贸易法规建设的步伐。这一阶段我国颁布和修订的对外贸易法律法规主要有:《中外合资经营企业法》(1979)、《国务院关于改革海关管理体制的决定》(1980)、《关于出口许可制度暂行办法》(1980)、《进口货物许可制度暂行条例》

(1984)、《涉外经济合同法》(1985)、《进出口关税条例》(1985)、《海关进出口税则》(1984)、《技术引进合同管理条例》(1984)、《外资企业法》(1986)、《海关法》(1987)、《进出口关税条例》(1987)、《进出口商品检验法》(1989)、《海关审定进出口货物完税价格办法》(1989)、《关于对外贸易代理制的暂行规定》(1991)和《关于进出口货物实行海关估价的规定》(1991)等。

(二)市场化改革深化阶段(1992—2001年)

1992年确立的建立社会主义市场经济体制的改革目标,使得我国对外贸易法规建设随之进入深化改革阶段。1994年下发的《关于进一步深化对外贸易体制改革的决定》确立了我国对外贸易体制改革的目标。1994年通过并实施的《对外贸易法》成为我国第一部对外贸易基本法,标志着我国的对外贸易发展开始进入规范化、法制化的轨道。

1995年1月1日,WTO正式成立。中国"复关"谈判随之转为"入世"谈判。为适应加入WTO的要求,我国加快推进对外贸易法规的建设,先后颁布实施和修订了包括《知识产权海关保护条例》(1995)、《反倾销和反补贴条例》(1997)、《关于限制出口技术的管理办法》(1998)、《合同法》(1999)、《海关法》(2000)、《中外合资经营企业法》(2000)、《中外合作经营企业法》(2000)、《外资企业法》(2000)、《反倾销条例》(2001)、《反补贴条例》(2001)和《保障措施条例》(2001)等在内的多部对外贸易法律法规,基本形成了既适应国情又符合国际多边贸易规则的对外贸易法律法规体系。2001年12月11日,我国正式成为WTO成员,这标志着我国的对外贸易法规建设进入与国际规则全面接轨的阶段。

(三)与WTO全面接轨阶段(2002年至今)

自2002年开始,中国进入全面履行入世承诺的新时期。根据有关承诺,中国全面加强对外贸易法规的"立、改、废"工作。据统计,自1999年年底到2003年年底,我国共清理各种法律法规和部门规章2 300多件,制定修改及废止的部门规章1 000多件,清理行政审批项目3 948项。2003年,中国新制定了《行政许可法》;2004年,中国实施了新修订的《对外贸易法》《进出口关税条例》《反倾销条例》《反补贴条例》《保障措施条例》《对外贸易经营者备案登记办法》,新制定了《进出口货物原产地条例》;2005年,新制定了《对外贸易壁垒调查规则》。

十七大以来,围绕"加快转变外贸增长方式"的目标,中国相继修订和实施了《进出口商品检验法》《进出口管理条例》《对外贸易壁垒调查暂行规则》《技术进出口管理条例》《知识产权海关保护条例》《专利标识标注办法》《商务领域标准化管理办法(试行)》《出境入境管理法》《国内水路运输管理条例》《海洋环境保护法》《环境保护法》等法律,并根据国内外发展环境的变化不断调整出口退税率。

第二节 《中华人民共和国对外贸易法》

《中华人民共和国对外贸易法》(以下简称《对外贸易法》)是我国对外贸易的基本法,包括1994年5月12日第八届全国人民代表大会常务委员会第七次会议审议通过并于1994年7月1日正式实施的《对外贸易法》(以下简称1994年外贸法)和2004年4月6

日表决通过并于 2004 年 7 月 1 日起施行的《对外贸易法》(以下简称 2004 年外贸法)。继 2004 年修订后，2016 年 11 月 7 日第十二届全国人民代表大会常务委员会第二十四次会议对《对外贸易法》个别条款作出修改，将第十条第二款修改为："从事对外劳务合作的单位，应当具备相应的资质。具体办法由国务院规定。"

一、《对外贸易法》的地位与作用

(一)《对外贸易法》的地位

《对外贸易法》是我国第一部对外贸易法，也是我国管理国际货物贸易、服务贸易和技术贸易等外贸领域的基本法，是我国各级对外贸易管理部门和对外贸易经营单位最基本、最重要的法律准则。《对外贸易法》表明我国对外贸易立法体系日趋成熟，标志着我国对外贸易开始全面进入法制管理的轨道。

(二)《对外贸易法》的作用

《对外贸易法》的颁布、修订与实施具有里程碑意义。它结束了我国长期以来没有对外贸易法调整对外贸易的局面，为依法管理对外贸易活动提供了可靠的法律基础。1994 年外贸法对于确立中国社会主义市场经济条件下的对外贸易体制，为我国加入 WTO 奠定了坚实的基础，对维护我国对外贸易秩序、促进对外贸易发展发挥了重要作用。但随着我国对外贸易的快速发展和加入 WTO 面临的新形势，1994 年外贸法已不能适应对外贸易管理出现的新情况和新问题，必须及时进行修订、补充和完善。

二、《对外贸易法》的修改与完善

(一) 1994 年外贸法的主要内容与遵循的原则

1994 年外贸法主要规定了我国对外贸易的基本方针、基本政策、基本制度和基本贸易行为，由 8 章 44 条构成：第一章总则，第二章对外贸易经营者，第三章货物进出口与技术进出口，第四章国际服务贸易，第五章对外贸易秩序，第六章对外贸易促进，第七章法律责任，第八章附则。其主要内容和遵循的原则主要体现在以下几个方面：

1. 国家实行统一的对外贸易制度

1994 年外贸法第 4 条规定："国家实行统一的对外贸易制度。"这是指由中央政府统一制定、在全国范围内统一实施的制度，主要表现为国家对外贸易法律、法规的统一和国家对外贸易管理制度的统一。

2. 实行对外贸易经营许可制度

1994 年外贸法第 9 条规定："从事货物进出口与技术进出口的对外贸易经营，必须具备下列条件，经国务院对外经济贸易主管部门许可：①有自己的名称和组织机构；②有明确的对外贸易经营范围；③具有其经营的对外贸易业务所必需的场所、资金和专业人员；④委托他人办理进出口业务达到规定的实绩或者具有必需的进出口货源；⑤法律、行政法规规定的其他条件。"这就明确规定了我国对外贸易实行经营许可制度。

3. 货物与技术实行有管理的自由进出口制度

1994 年外贸法第 15 条规定："国家准许货物与技术的自由进出口。但是，法律、行政法规另有规定的除外。”这与GATT规定的“进出口货物取消数量限制”的原则一致。然而，当我国法律规定的某些不良倾向出现时，国家可以对货物与技术的进出口实施必要的限制或禁止，即“对限制进口或出口的货物和技术实行配额和许可证管理”。

4. 逐步发展国际服务贸易

1994年外贸法第22条规定：“国家促进国际服务贸易的逐步发展。”第23条进一步规定：“中华人民共和国在国际服务贸易方面根据所缔结或参加的国际条约、协定中所作的承诺，给予其他缔约方、参加方市场准入和国民待遇。”

5. 维护对外贸易秩序

1994年外贸法第五章对从事对外贸易经营活动的主要行为规范做了明确规定。同时为防止外国企业向我国低价倾销或外国政府以不正当的补贴向我国出口以及由于进口外国产品数量激增，对我国相关产业造成实质损害或威胁、严重损害或威胁，规定中国可以采取反倾销、反补贴措施和保障措施保护国内的相关产业。

6. 平等互利、互惠对等的多边、双边贸易关系

1994年外贸法第5条规定：“中华人民共和国根据平等互利的原则，促进和发展同其他国家和地区的贸易关系。”第6条规定：“中华人民共和国在对外贸易方面根据所缔结或者参加的国际条约、协定，给予其他缔约方、参加方或者根据互惠、对等原则给予对方最惠国待遇、国民待遇。”第7条规定：“任何国家或者地区在贸易方面对中华人民共和国采取歧视性的禁止、限制或者其他类似措施的，中华人民共和国可以根据实际情况对该国家或者该地区采取相应的措施。”

7. 对外贸易促进措施

1994年外贸法第33条规定：“国家根据对外贸易发展的需要，建立和完善对外贸易服务的金融机构，设立对外贸易发展基金、风险基金。”第34条规定：“国家采取进出口信贷、出口退税及其他对外贸易促进措施，发展对外贸易。”国家可通过设立或批准成立并赋予相应职责的民间性对外贸易促进机构，主要是进出口商会和中国国际贸易促进委员会，来开展对外贸易促进活动。此外，“国家扶持和促进民族自治地方和经济不发达地区发展对外贸易”。

（二）2004外贸法的主要修订内容

2004年外贸法由总则、对外贸易经营者、货物与技术进出口、国际服务贸易、与对外贸易有关的知识产权保护、对外贸易秩序、对外贸易调查、对外贸易救济、对外贸易促进、法律责任和附则共11章70条组成。

总体来看，2004年外贸法对1994外贸法进行了大幅修改，其修订围绕以下几个方面展开：

1. 允许自然人从事对外贸易经营活动

2004年外贸法第8条规定：“本法所称对外贸易经营者，是指依法办理工商登记或者其他执业手续，依照本法和其他有关法律、行政法规的规定从事对外贸易经营活动的法人、其他组织或者个人。”由此将对外贸易经营者的范围扩大到依法从事对外贸易经营活动的个人。

2. 取消对货物和技术进出口经营权的审批，实行备案登记制

2004年外贸法第9条规定：“从事货物进出口或者技术进出口的对外贸易经营者，应

当向国务院对外贸易主管部门或者其委托的机构办理备案登记。”由此，我国货物和技术的进出口经营权由原来的审批制变为备案登记制。

3. 对部分货物的进出口实行国营贸易管理

2004年外贸法增加了国家可以对部分货物的进出口实行国营贸易管理的内容。2004年外贸法第11条规定：“国家可以对部分货物的进出口实行国营贸易管理。实行国营贸易管理货物的进出口业务只能由经授权的企业经营。”

4. 对部分自由进出口的货物实行进出口自动许可管理

2004年外贸法增加了对部分自由进出口货物实行进出口自动许可管理的内容，其第15条规定：“国务院对外贸易主管部门基于监测进出口情况的需要，可以对部分自由进出口的货物实行进出口自动许可并公布其目录。”

5. 与贸易有关的知识产权保护

2004年外贸法新增加了“与贸易有关的知识产权保护”的内容，在第五章具体规定了通过实施贸易措施，防止侵犯知识产权的货物进出口和知识产权权利人滥用权利等内容。

6. 加大对违法行为及侵犯知识产权行为的处罚力度

2004年外贸法补充、修改、完善了有关法律责任的规定，通过刑事处罚、行政处罚和从业禁止等多种手段，加大了对对外贸易违法行为以及侵犯与贸易有关的知识产权行为的处罚力度。

7. 对外贸易调查

2004年外贸法新增了“对外贸易调查”一章的内容，第37条明确规定国家可对货物进出口、技术进出口、国际服务贸易对国内产业及其竞争力的影响进行调查，并对调查的主管部门、方式、措施等进行了相应规定。

8. 对外贸易救济

作为“对外贸易调查”的延续和保障，2004外贸法新增了“对外贸易救济”一章的内容，规定了在对外贸易调查结束后，国家可以采取反倾销、反补贴、保障措施等若干具体的对外贸易救济措施。

此外，2004年外贸法还增加了维护进出口经营秩序、扶持和促进中小企业开展对外贸易、建立公共信息服务体系等内容。

第三节　中国对外贸易管理法规简介

一、货物进出口管理相关法规简介

货物进出口在我国外贸发展中占据十分重要的地位，有关货物进出口的法律法规较多，相对比较完善。

（一）货物进出口管理立法

《货物进出口管理条例》及其配套部门规章构成了我国货物进出口管理的主要法律依据。

1.《货物进出口管理条例》

根据《对外贸易法》的有关规定，2001 年 10 月 31 日国务院第四十六次常务会议通过《货物进出口管理条例》，自 2002 年 1 月 1 日起施行。《货物进出口管理条例》是《对外贸易法》关于货物进出口管理规定的实施细则，是《对外贸易法》的重要配套法规之一。《货物进出口管理条例》共 8 章 77 条，包括总则、货物进口管理、货物出口管理、国营贸易和指定经营、进出口监测和临时措施、对外贸易促进、法律责任、附则。

2.《货物进出口管理条例》的配套部门规章

为配合《货物进出口管理条例》的实施，国家先后颁布、修订和实施了相应的配套部门规章，主要包括《一般商品进口配额管理暂行办法实施细则》《非自动许可进口商品管理暂行办法》《货物出口许可证管理办法》《货物进口许可证管理办法》《货物自动进口许可管理办法》《两用物项和技术进出口许可证管理办法》《进出口许可证证书管理规定》《2018 年出口许可证管理货物目录》等。

（二）进出口商品检验管理立法

进出口商品检验制度是实行对外贸易管理的主要手段之一，我国颁布的有关进出口商品检验管理的法律、法规和规章主要有《进出口商品检验法》及其配套法律、法规和规章。

《进出口商品检验法》是规范进出口商品检验活动的基本法，是指导、规范进出口商品检验的法定的行为准则。《进出口商品检验法》于 1989 年颁布，2002 年首次修正，2013 年、2018 年和 2021 年分别再次修正。现行的《进出口商品检验法》共有 6 章 38 条，包括总则、进口商品的检验、出口商品的检验、监督管理、法律责任和附则。《进出口商品检验法》对其立法宗旨、进出口商检体制、商检主体及其行为规范、商检原则、商检分类、商检内容、商检依据、商检监管制度、进口商品检验和出口商品检验管理、商检工作人员的法律责任、违法行为及其处罚等都作出了明确的规定。

（三）海关管理立法

海关管理是货物进出口管理的重要环节。根据 WTO 规则的要求，我国对海关法律法规进行了全面的清理和修订，已初步建立了以《海关法》为核心的比较完整、协调的海关法律框架体系。

1.《海关法》

《海关法》于 1987 年通过，2000 年首次修正，2013 年第二次修正，2016 年、2017 年和 2021 年分别再次修正。现行《海关法》共 9 章 102 条，包括总则、进出境运输工具、进出境货物、进出境物品、关税、海关事务担保、执法监督、法律责任和附则。《海关法》调整的是海关与从事进出口活动的运输工具负责人、货物、物品所有人之间的管理与被管理的社会关系，主要对海关的性质、任务、基本权力、监管对象，执法相对方的基本义务及权利，海关组织领导体制、职责权限、海关及其工作人员的行为，进出境运输工具、货物、物品的监管，关税征收的监管，海关统计，海关缉私，海关事务担保，海关行政复议、行政诉讼程序等内容作出规定。根据《海关法》的规定，中华人民共和国海关是国家的进出关境监督管理机关。海关具有监管、征收关税、查缉走私和海关统计四项基本职能。

国务院设立海关总署，统一管理全国海关。进出境运输工具、货物、物品，必须通过设立海关的地点进境或者出境。除另有规定之外，进出口货物及物品所有人必须办理报关纳税手续。

2.《海关法》的配套法规与规章

时效性与操作性更强的行政法规及规章成为《海关法》具体执行办法的补充和支撑。自《海关法》颁布实施以来，与之配套的行政法规主要包括《海关关于异地加工贸易的管理办法》《海关审定进出口货物完税价格办法》《海关进出口货物申报管理规定》《海关进出口货物优惠原产地管理规定》《海关保税核查办法》。此外，我国政府缔结或参加的国际海关组织及相关条约、协议也是海关立法体系的组成部分，如《关于简化和协调海关业务制度的国际公约修正案议定书》专项附约四第二章、专项附约六第一章，《联合国禁止非法贩运麻醉药品和精神药物公约》《关于货物暂准进口的 ATA 单证册海关公约》等。

（四）外汇管理立法

《外汇管理条例》是目前我国外汇管理最高层次的行政法规。《外汇管理条例》自 1996 年 4 月 1 日施行，并于 1997 年首次修订，2008 年再次修订。

2017 年以来，国家外汇管理局积极深入开展重点领域立法和文件清理工作。目前，国家外汇管理局更新了《现行有效外汇管理主要法规目录》，更新后的目录共收录截至 2022 年 6 月 30 日发布的外汇管理主要法规 196 件。按照综合、经常项目外汇管理、资本项目外汇管理、金融机构外汇业务监管、人民币汇率与外汇市场、国际收支与外汇统计、外汇检查与法规适用、外汇科技管理等八大项目分类，并根据具体业务类型分为若干子项。本次目录新增文件主要涉及境外机构投资者投资中国债券市场、高新技术和“专精特新”企业跨境融资便利化试点、外汇市场服务实体经济、行政处罚办法等。

（五）维护贸易秩序的立法

我国先后颁布并修订了维护贸易秩序的三部重要条例，分别是《反倾销条例》《反补贴条例》和《保障措施条例》。这三个条例不仅是我国自我保护体系的重要组成部分，更是国内经济与 WTO 规则全面接轨的重要里程碑。

1.《反倾销条例》

《反倾销条例》以 1997 年 3 月 25 日发布并实施的《反倾销和反补贴条例》为基础，于 2001 年发布、2004 年首次修订。现行的《反倾销条例》共 6 章 59 条，包括总则、倾销与损害、反倾销调查、反倾销措施、反倾销税和价格承诺的期限与复审、附则。与此同时，政府还颁布了相应的规章和规范性文件，共同构成了我国反倾销的法律体系，主要有《反倾销新出口商复审暂行规则》《反倾销价格承诺暂行规则》《反倾销调查立案暂行规则》《反倾销产业损害调查规定》《出口产品反倾销案件应诉规定》《浙江省出口产品反倾销应对办法》《反倾销和反补贴调查听证会规则》等。

2.《反补贴条例》

《反补贴条例》以 1997 年 3 月 25 日发布并实施的《反倾销和反补贴条例》为基础，于 2001 年发布、2004 年首次修订。现行的《反补贴条例》共 6 章 58 条，包括总则、补贴与损害、反补贴调查、反补贴措施、反补贴税和承诺的期限与复审、附则。《反补贴条例》的配套规章和规范性文件主要包括《反补贴调查实地核查暂行规则》《反补贴问卷调查暂行规则》《反补贴调查立案暂行规则》《反补贴产业损害调查规定》《反倾销和反补贴调查听证会规则》。

3.《保障措施条例》

《保障措施条例》于2001年颁布，2004年首次修订。《保障措施条例》包括总则、调查、保障措施、保障措施的期限与复审、附则，共5章34条，主要涉及立法目的和适用条件、调查机关及其职责分工、确定进口产品数量增加对国内产业造成损害时应审查的相关因素、采取保障措施调查申请和立案程序、进口产品数量增加和损害裁定程序、临时保障措施、保障措施、保障措施的期限与复审程序、反歧视措施等内容。但《保障措施条例》没有规定司法审议。《保障措施条例》的配套规章主要有《保障措施调查立案暂行规则》《保障措施调查听证会暂行规则》《保障措施产业损害调查与裁决规定》《关于保障措施产品范围调整程序的暂行规则》等。

（六）出口管制

出口管制是指对两用物项、军品、核以及其他与维护国家安全和利益、履行防扩散等与国际义务相关的货物、技术、服务等物项出口，采取禁止或者限制性措施，是国际上通行的做法。

商务部产业安全与进出口管制局承担着拟定并组织实施国家出口管制、最终用户和最终用途管理、产业与技术评估、国家出口管制体系建设等职能。运用国际通行规则，利用现代化出口管制手段，维护国家安全，履行防扩散国际义务。

《出口管制法》已由中华人民共和国第十三届全国人民代表大会常务委员会第二十二次会议于2020年10月17日通过、2020年12月1日起施行。2021年12月29日，中国首次发布《中国的出口管制》白皮书；12月30日，商务部正式开通上线“中国出口管制信息网”。

1. 中国的出口管制法律制度

中国借鉴国外有益经验，立足国情，不断健全出口管制法律制度，完善出口管制管理体制，为出口管制提供法制和体制保障。改革开放以来，中国经济发展的内外部环境发生了深刻变化，社会主义市场经济体制不断完善，出口管制工作的法治化水平不断提升。自20世纪90年代起，相关机构先后颁布《监控化学品管理条例》《核出口管制条例》《军品出口管理条例》《核两用品及相关技术出口管制条例》《导弹及相关物项和技术出口管制条例》和《生物两用品及相关设备和技术出口管制条例》等六部行政法规。商务部、工业和信息化部、海关总署、国家国防科技工业局、国家原子能机构、中央军事委员会装备发展部等相关部门配套出台数十项部门规章及相关规范性文件，细化出口管制事项规定，包括对特定物项的具体规定、许可管理及执法监督的具体规定、实施联合国安理会有关决议的相关文件等。

《出口管制法》对出口管制体制、管制措施以及国际合作等作出明确规定，统一确立出口管制政策、管制清单、临时管制、管控名单以及监督管理等方面的基本制度框架和规则。《出口管制法》是在总结中国出口管制实践经验的基础上，根据形势变化，借鉴国际通行做法，提升立法层级而制定的一部统领中国出口管制工作的法律，对中国出口管制

制度作出全面安排,确保管制物项、适用主体和管制环节全覆盖。《出口管制法》出台以来,为确保各项制度有效实施,国家出口管制管理部门积极开展相关配套法规、部门规章的"立改废"工作,确保出口管制法律制度各领域之间高效衔接。

除《出口管制法》外,《对外贸易法》《国家安全法》《数据安全法》《核安全法》《海关法》《行政许可法》《行政处罚法》《刑法》等法律也为出口管制措施执行等相关工作提供了有力的法律依据。目前,中国已基本形成法律、行政法规、部门规章相衔接,层次分明、结构协调的出口管制法律制度,为构建中国特色现代化出口管制体系奠定了坚实的法律基础。

2. 中国的出口管制管理体制

出口管制涉及国务院、中央军事委员会的多个部门。中国建立健全出口管制工作机制,明确各部门分工,为出口管制工作提供了坚实的体制保障。

(1) 两用物项出口管制管理体制。核两用物项出口,由商务部会同国家原子能机构进行管理;生物类两用物项出口,由商务部根据需要会同农业农村部、国家卫生健康委员会等部门进行管理;化学品类两用物项出口,由商务部进行管理;导弹类两用物项出口,由商务部根据需要会同国家国防科技工业局、中央军事委员会装备发展部等部门进行管理;商用密码出口,由商务部会同国家密码管理局进行管理,《密码法》规定商用密码出口管制清单由商务部会同国家密码管理局和海关总署制定并公布;监控化学品出口,由工业和信息化部会同商务部进行出口经营者资质管理,工业和信息化部负责具体出口审查。

(2) 军品出口管制管理体制。军品出口由国家国防科技工业局与中央军事委员会装备发展部根据分工进行管理,主要内容包括审批军品出口专营资格、军品出口立项、军品出口项目、军品出口合同,核发军品出口许可证,制定相关业务管理办法,对军品出口活动进行监督管理,对军品出口管制违法行为进行处罚等。

(3) 核出口管制管理体制。核出口由国家原子能机构、商务部会同其他部门进行管理。核出口由国务院指定的单位专营,并坚决贯彻核出口保证只用于和平目的、接受国际原子能机构保障监督、未经中国政府许可不得向第三国转让等三项原则。管理部门对核出口实施严格的审查制度,并对违法行为采取严厉的处罚措施。

海关总署与相关管理部门紧密合作,依法对管制物项的出口实施监管,参与相关违法出口案件的调查处理,开展风险防控、监督执法等相关工作。

二、知识产权保护与技术贸易法规简介

(一) 知识产权保护法规

中国于1995年颁布实施《知识产权海关保护条例》,2000年修改《海关法》时将知识产权海关保护正式纳入海关立法体系以及海关执法范围,2003年12月2日发布新的《知识产权海关保护条例》并于2004年3月1日起施行,后于2010年和2018年分别进行了两次修订。《知识产权海关保护条例》制定的目的是实施知识产权海关保护,促进对外经济贸易和科技文化交往,维护公共利益。现行的《知识产权海关保护条例》包括总则、知识产权的备案、扣留侵权嫌疑货物的申请及其处理、法律责任和附则共5章32条内容。

与2003年条例相比，2010年条例和2018年条例的变更主要体现在以下方面：①关于不依照规定办理变更或者注销手续的法律后果；②关于权利人撤回保护申请的规定；③关于拍卖侵权货物的规定；④关于个人携带或者邮寄进出境侵权物品的处理问题。

（二）技术进出口管理法规

我国对技术进出口管理的立法日益完善，逐渐形成了以《技术进出口管理条例》为核心的法律体系。

1.《技术进出口管理条例》

《技术进出口管理条例》是《对外贸易法》的配套法规之一。《技术进出口管理条例》以《技术引进合同管理条例》(1985)、《技术引进合同管理条例实施细则》(1988)和《技术出口管理暂行办法》(1990)为基础，融入我国技术贸易发展和入世承诺的影响因素，于2001年12月10日颁布并于2002年1月1日开始施行，后于2011年、2019年和2020年进行了三次修订。现行的《技术进出口管理条例》包括总则、技术进口管理、技术出口管理、法律责任和附则共5章52条内容。

2.《技术进出口管理条例》的配套法规与规章

国家相关部门先后颁布实施并修订了一系列配套法规与规章，主要有《软件出口管理和统计办法》《技术进出口合同登记管理办法》《禁止进口限制进口技术管理办法》《禁止出口限制出口技术管理办法》《两用物项和技术出口通用许可管理办法》《两用物项和技术进出口许可证管理目录》。

三、服务贸易管理相关法规简介

我国在2001年加入WTO时作出了服务贸易渐进开放的承诺，针对GATS 12大服务贸易部门中的9大部门作出了具体承诺，包括商业服务、通信服务、建筑及相关工程服务、分销服务、教育服务、环境服务、金融服务、运输服务、旅游及相关服务等；在160个服务业分部门中，针对其中100个分部门做了具体承诺。截至2007年，我国服务贸易领域开放承诺已全部履行完毕。[①] 我国现已与26个国家和地区达成了19个自由贸易协定，中国承诺服务部门数量在中国加入WTO承诺的基础上，新增开放22个部门，提高37个部门的承诺水平。为适应服务贸易的快速发展，我国在GATS框架下相继颁布实施了一系列有关服务贸易的法律法规。

服务行业的法律法规和部门规章是我国服务贸易立法的主体框架。由于各服务行业及其贸易发展水平不同，立法情况也各不相同。但总体来看，我国对外服务贸易立法工作相对滞后，相关立法仅原则性地体现在《对外贸易法》中，其他则散见于各服务行业法律法规及部门规章中，在一定程度上制约了我国对外服务贸易的发展。

（一）对外投资管理法规

党的二十大报告提出，加强重点领域、新兴领域、涉外领域立法，统筹推进国内法治

---

① 商务部. 中国服务进口报告2020[R/OL]. (2018-11-02)[2021-03-31]. http://www.mofcom.gov.cn/article/ae/ai/201811/20181102805397.shtml.

和涉外法治，以良法促进发展、保障善治。

目前，我国尚未就对外投资制定单独的法律，主要通过相关部委制定规章及其他规范性文件的形式对对外投资进行规范和引导。2014 年 9 月，商务部发布《境外投资管理办法》。国家发展改革委 2014—2018 年对境外投资项目管理主要依据《境外投资项目核准和备案管理办法》，2018 年 3 月后依据新生效的《企业境外投资管理办法》，并于 2018 年 2 月发布《境外投资敏感行业目录》。外汇监管方面主要有《外汇管理条例》《境内机构境外直接投资外汇管理规定》，以及国家外汇管理局 2015 年发布的《关于进一步简化和改进直接投资外汇管理政策的通知》。国务院国资委则于 2018 年 11 月发布《中央企业合规管理指引（试行）》。

总体而言，我国对外投资相关法律法规存在内容较少、系统性不足、协调性欠缺等问题，滞后于形势发展，与时俱进适应性有待提高。从国际国内形势发展来看，一方面，我国对外投资的规模与外商投资中国的规模基本相当，而针对后者我国已出台《外商投资法》；另一方面，作为世界贸易大国，我国已于 2016 年颁布《对外贸易法》。推进高水平对外开放需要一部专门、统一的对外投资法。未来，我国将进一步推进对外投资法的研究、制定与出台。

（二）外资管理法规

改革开放初期，中国分别于 1979 年、1986 年和 1988 年颁布实施了《中外合资经营企业法》《外资企业法》《中外合作经营企业法》（合称“外资三法”），奠定了国家吸引外资的法律基础。此后，为适应利用外资的发展需要，中国不断建立健全外商投资法律制度。《中外合资经营企业法》分别于 1990 年、2001 年、2016 年进行修订；《外资企业法》分别于 2000 年、2016 年进行修订；《中外合作经营企业法》分别于 2000 年、2016 年、2017 年进行修订。制度的不断完善，对稳定外国投资者信心、改善投资环境起到了十分重要的作用。

2019 年 3 月 15 日，第十三届全国人民代表大会二次会议表决通过的《外商投资法》，取代“外资三法”成为中国外商投资领域新的基础性法律。该法确立了中国新型外商投资法律制度的基本框架，明确了对外商投资实行“准入前国民待遇加负面清单”的管理制度，进一步强化了投资促进和投资保护。2019 年 12 月，国务院常务会议通过《外商投资法实施条例》，细化了《外商投资法》确定的主要法律制度。《外商投资法》及其实施条例已于 2020 年 1 月 1 日起施行，外商投资将拥有更加稳定、透明、可预期和公平竞争的市场环境。

《外商投资法》规定，国家对外商投资实行“准入前国民待遇加负面清单”的管理制度。准入前国民待遇，是指在投资准入阶段给予外国投资者及其投资不低于本国投资者及其投资的待遇。负面清单是指国家规定在特定领域对外商投资实施的准入特别管理措施。外商投资准入负面清单规定禁止投资的领域，外国投资者不得投资。外商投资准入负面清单规定限制投资的领域，外国投资者进行投资应当符合负面清单规定的条件。外商投资准入负面清单以外的领域，按照内外资一致的原则实施管理。

《外商投资准入特别管理措施（负面清单）》统一列出股权要求、高管要求等外商投资准入方面的特别管理措施。《外商投资准入特别管理措施（负面清单）》之外的领域，按照内外资一致原则实施管理。国家发展和改革委员会和商务部每年发布《外商投资准入特别管理措施(负面清单)(年度版)》《自由贸易试验区外商投资准入特别管理措施(负面清单)(年度版)》[①]。从负面清单年度版本的变化可以看出,中国外资准入负面清单呈现逐年缩减的趋势:一是制造业每年逐步拓展开放领域,二是自由贸易试验区和自由贸易港探索放宽服务业准入,三是外资准入负面清单的制定更加精准,四是外资准入负面清单管理更加优化。

以跨境交付、境外消费和自然人移动的方式来提供服务统称为跨境服务贸易。2021 年 7 月,商务部发布中国首个跨境服务贸易负面清单——《海南自由贸易港跨境服务贸易特别管理措施(负面清单)(2021 年版)》。海南自由贸易港跨境服务贸易的实践,将为跨境服务贸易自由贸易试验区版负面清单和全国版负面清单探索路径、积累经验。

第四节　其他国内法规制度

除货物贸易、服务贸易、投资及知识产权法律体系外,中国还构建了符合 WTO 国际贸易多边贸易法律体系的其他领域法规和管理制度。

一、技术性贸易壁垒

技术性贸易壁垒日益成为国际贸易中限制市场准入的一个重要手段。相对于传统的关税而言,技术性贸易壁垒具有合理性、隐蔽性、复杂性等特点。入世以来,为应对技术性贸易壁垒并与国际认证体系接轨,中国逐步形成了与 WTO《TBT 协议》保持一致的质检法律法规和标准。

中国《认证认可条例》于 2003 年颁布实施,2016 年首次修订,2020 年再次修订,它统一了产品目录、产品标志、收费标准以及技术规范的强制性要求、标准和合格评定程序。《进出口商品检验法实施条例》于 2005 年颁布实施,2022 年进行第五次修订。为进一步规范强制性产品认证活动和监督管理工作,2020 年国家认证认可监督管理委员会修订了《强制性产品认证目录描述与界定表》,该目录共涵盖 17 个大类、103 个子类,包括电线电缆、电路开关及保护、低压电器等。此外,中国还相继完成了《特种设备安全监察条例》《棉花质量监督管理条例》等多部法律法规的修订工作。

其他与技术性贸易壁垒相关的国家政府部门包括商务部、公安部、工业和信息化部、国家卫生健康委员会、生态环境部以及国家市场监督管理总局。表 11-1 列出了中国与技术性贸易壁垒相关的主要法律、规章制度和相关政府部门。

---

① 上海自由贸易试验区 2013 年 9 月发布《中国(上海)自由贸易试验区外商投资企业备案管理办法》,经过两年的实践,为进一步发挥自由贸易试验区在外商投资管理体制改革方面的先行先试作用,2015 年 4 月 8 日,商务部印发 2015 年第 12 号公告,发布《自由贸易试验区外商投资备案管理办法(试行)》,致力于在自由贸易试验区营造公开、透明和国际化、市场化、法治化的投资环境。改进主要体现在:一是将外商投资企业合同章程备案与企业设立或变更的登记环节脱钩,即不以备案作为登记的前置条件;二是引入信息报告制度,区内所有外商投资企业均须履行年度报告义务;三是细化对外商投资的监督检查要求,明确检查机关、方式、内容,以及对监督检查中发现问题的处罚措施;四是建立外商投资诚信档案系统,在各部门之间实现备案、诚信信息的共享。

表 11-1　中国与技术性贸易壁垒相关的主要法律、规章制度和相关政府部门

法律和规章制度	相关政府部门
《进出口商品检验法》	国家海关总署
《进出口商品质量和食品安全专项整治实施细则》	
《进口商品安全质量许可制度实施细则》	
《标准化法》	国家标准化管理委员会
《标准化法实施条例》	
《认证认可条例》	国家海关总署
	国家认证认可监督管理委员会
《食品安全法》 《食品安全法实施条例》	国家市场监督管理总局
	国家卫生健康委员会
	国家海关总署
《产品质量法》	国家海关总署
《药品管理法》	国家药品监督管理局
《药品管理法实施细则》	
《医疗器械监督管理条例》	
《电信条例》	工业和信息化部
《固体废物污染环境防治法》	生态环境部

二、卫生与动植物检疫措施

中华人民共和国海关总署负责进出境动植物检疫和进出口食品安全。和卫生与动植物检疫措施相关的中国法律规章有:《进出境动植物检疫法》《进出境动植物检疫法实施条例》《食品安全法》《食品安全法实施条例》以及其他相关法律法规。

中国在 WTO《卫生与动植物检疫措施协议》框架下已经同许多贸易伙伴在相关领域开展了合作,到目前为止,中国已经签订的自由贸易协定都包含卫生与动植物检疫措施章节,具体规定包括目标、范围、WTO《卫生与动植物检疫措施协议》中权责的重申、相关机构、透明度、合作领域、权责对等、相互认可和技术援助等。

三、透明度政策

透明度在确保可预见性和对外经济活动的稳定方面发挥着至关重要的作用。2000 年 7 月 1 日生效的中国《立法法》规定,及时公开新的法律和行政法规必须作为立法程序的一部分。2015 年该法首次进行修正,修正内容主要围绕以下方面展开:①规范授权立法,使授权不再放任;②授予设区的市地方立法权;③明确细化“税收法定”原则;④界定部门规章和地方政府规章边界;⑤加强备案审查;⑥对司法机关制定的司法解释加以规范。2004 年 7 月 1 日《行政许可法》生效,对行政许可程序作出了详细的规定。

在加入 WTO 后,商务部成立了中国 WTO 通报咨询中心,专门负责 WTO 事务的咨询和通报。该机构的职责包括履行 WTO 规定的通报义务,对其他 WTO 成员提出的与

中国贸易政策和WTO国际贸易事务相关的问题作出答复。商务部办公厅还负责《中国对外经济贸易合作公报》的编辑和分发。

四、竞争政策

中国国内关于竞争政策的规定主要体现在《反垄断法》《反不正当竞争法》《消费者权益法》《最高人民法院关于审理不正当竞争民事案件应用法律若干问题的解释》等法律和司法解释中。此外,其他一些法律法规也设立了关于反不正当竞争的条款,例如《价格法》《广告法》《产品质量法》《商标法》《专利法》《公司法》《招投标法》《电信条例》《关于禁止在市场经济活动中实行地区封锁的规定》《关于外国投资者并购境内企业的规定》等。

《反不正当竞争法》于1993年9月2日颁布,同年12月1日正式生效,2017年进行首次修订,2019年又进行修正。《反垄断法》于2007年8月30日颁布,并于2008年8月1日正式生效,2022年进行首次修订。除了总则和补充规定之外,《反垄断法》还针对禁止垄断协议、禁止滥用市场支配地位行为、经营者集中、禁止滥用行政权力排除或限制竞争、对涉嫌垄断行为的调查、法律责任和其他问题作出了明确规定。该法不仅适用于中国境内经济活动中的垄断行为,同时还适用于中国境外的、但是对境内市场竞争产生排除和限制影响的垄断行为。需要指出的是,该法并不适用于农业生产者或者农村经济组织在经济活动中的联合或一致行为,比如生产、加工、销售、运输和储存农产品。此外,该法也不适用于经营者遵照知识产权保护相关法规行使知识产权的行为。

五、争端解决机制

争端解决机制是包括争端解决机构、解决规则、解决方法等在内的一整套法律制度。中国签署的多个自由贸易协定都包含争端解决条款,通常采用协商和仲裁相结合的争端解决方式。例如,《中国-东盟自由贸易协定》争端解决机制于2005年1月正式实施,其由18个条款和1个附件组成,其内容包括该机制的适用主体、适用范围、磋商、调停、仲裁程序、仲裁裁决的执行、补偿和中止减让等程序。《中国-智利自由贸易协定》争端解决机制和《中国-巴基斯坦自由贸易协定》争端解决机制极为相似,采用的都是政治与法律方法相结合的争端解决方式,强调成员国间的争端首先应尽一切努力通过合作和磋商来解决。其具体程序都为协商—斡旋、调解和调停—仲裁—执行。这两个争端解决机制都对一些程序(如仲裁的相关规则、专家和技术建设、专家组初步报告和最终报告通过的规则和时限)做了严格的规定,以使其具有可适用性和可操作性。

六、消费者安全政策

国家工商行政管理总局消费者权益保护局于1998年设立,主要负责相关法规的实施和消费者权益保护的监管。2018年国务院机构改革完成后,国家工商行政管理总局不再保留。

中国在消费者权益保护方面已经建立了比较完备的法律框架,其中,《消费者权益保护法》为核心,《产品质量法》《反不正当竞争法》《广告法》《食品安全法》《标准化法》《药品管理法》及其实施条例等为补充。

《消费者权益保护法》于1993年10月31日发布,1994年1月1日实施,2009年首次修正,2013年再次修正。2013年修正内容主要围绕以下几个方面:①明确消费者享有个人信息依法得到保护的权利;②明确经营者应对消费者尽到安全保障义务;③明确对耐用商品和服务存在的瑕疵实行举证责任倒置(由经营者承担举证责任);④明确经营者对有质量问题的商品服务应承担的“三包”责任;⑤明确消费者非现场购物后悔权(无理由退货权);⑥明确经营者使用格式条款应向消费者履行的提示说明义务;⑦调整消费者组织的机构属性;⑧明确网络交易平台提供者的责任;⑨加大广告经营者、发布者及广告荐证者对虚假广告应承担的法律责任。

七、政府采购政策

中国的政府采购活动遵循《政府采购法》,该法律于2002年6月29日公布,并于2003年1月1日起施行,2014年首次修正。该法律共包括9章88款,涉及与政府采购有关的主要问题,如基本原则和政府采购的模式、合同的格式和履行、供应商的质疑和投诉以及行政监督的职能等。

为保护政府采购市场的公平竞争,《招标投标法》于1999年8月30日公布,并于2000年1月1日起施行,2017年首次修正。该法规定,任何地区和产业不得妨碍供应商自由进出其市场。政府财政部门应承担采购活动的行政监管职责。财政部门不得设置集中采购机构,不得参与政府采购项目的采购活动。采购代理机构与行政机关不得存在隶属关系或者其他利益关系。公开招标应作为政府采购的主要采购方式,但经过财政部门的事先批准,采购人员也可以选择其他方式,包括邀请招标和竞争性谈判等。政府采购应当采购本国货物、工程和服务,除非需要采购的货物、工程或者服务在中国境内无法获取,或者是为了在中国境外使用。

2020年5月29日,财政部经由我国常驻WTO代表团向WTO提交了《中国政府采购国情报告》(2020年更新版)。《中国政府采购国情报告》主要是针对WTO政府采购委员会规定的“加入《政府采购协定》(GPA)有关信息的问题清单”,从法律框架、政府采购范围、非歧视政策、避免利益冲突和预防腐败的措施、采购程序、信息发布情况、国内审查程序等方面对我国政府采购情况作出全面答复。我国于2008年向WTO提交了《中国政府采购国情报告》。2020年更新版主要是根据WTO政府采购委员会对问题清单所做的调整,以及十多年来我国政府采购相关法律制度文件变化和政府采购改革进展等情况,对相关内容进行的更新和补充。参加方将据此了解我国政府采购的最新状况,并以此为依据审议我国政府采购法律与GPA规则的异同,对我国提出法律制度调整的要求。

GPA是WTO的一项诸边协定,目标是促进参加方开放政府采购市场,扩大国际贸易。我国于2007年启动加入GPA谈判。加入GPA谈判分为两方面:一是出价谈判,明确我国加入GPA的市场开放范围。二是法律调整谈判,明确我国有关政府采购法律如何与GPA规则协调一致。只有两个谈判都与参加方达成共识,我国才能加入GPA。提交《中国政府采购国情报告》(2020年更新版)是继2019年向WTO提交中国加入GPA第7份出价后我国采取的加快谈判进程的又一项重要举措,进一步体现了我国加入GPA

的诚意。我国加入 GPA 谈判也将进入出价谈判与法律调整谈判同步推进的新局面。

八、环境政策

改革开放四十多年来，中国相继制定或修订了一系列与水污染防治、海洋环境保护、大气污染防治、环境影响评价等有关的法律法规。

在多边层面，中国已被批准加入三十多项与生态环境有关的多边公约或议定书，并恪守相关义务。例如，1992 年 6 月 11 日，中国签署了《联合国气候变化框架公约》；2002 年 8 月，中国宣布核准旨在延缓全球变暖的《京都议定书》；2016 年 4 月 22 日，中国在《巴黎协定》开放签署首日就签署协定。

在双边层面，中国积极将环保条款纳入国际经贸规则。中国已签署的自由贸易协定全都涉及环境内容，主要以序言中的原则性表述、环境条款（章节）或附件等形式出现。其中，《中国-新西兰自由贸易协定》在技术合作章节涉及环境合作内容；《中国-瑞士自由贸易协定》有专门的环境章节，这是与环境相关的内容在中国签署的自由贸易协定中第一次以独立章节形式出现。

九、贸易政策合规[①]

贸易政策合规，是指国务院各部门、地方各级人民政府及其部门制定的有关或影响货物贸易、服务贸易以及与贸易有关的知识产权等方面的规章、规范性文件和其他政策措施，应当符合《WTO 协定》及其附件和后续协定、《中国加入 WTO 议定书》和《中国加入 WTO 工作组报告书》的相关规定。2014 年 6 月，国务院办公厅印发了《关于进一步加强贸易政策合规工作的通知》，同年 12 月，商务部发布了《贸易政策合规工作实施办法（试行）》，以增强贸易政策合规工作的规范性和可操作性，全国各省级政府根据《贸易政策合规工作实施办法（试行）》出台了具体的落实办法，实现了合规工作机制全覆盖。表 11-2 列出了可能影响贸易的政策措施。

表 11-2　可能影响贸易的政策措施

直接影响进口的政策措施	直接影响出口的政策措施	其他影响贸易的政策措施
海关程序、估价和原产地规则 关税 影响进口的间接税 进口禁令和许可 国营贸易 贸易救济 标准和其他技术要求 与进口有关的融资政策	出口税 出口退税 加工贸易税收减让 出口禁止、限制和许可 国营贸易 与出口有关的融资、保险和担保政策 促进和营销支持措施	税收优惠政策 补贴和其他政府支持 涉及贸易的产业政策 价格管制 竞争政策和消费者保护政策 与贸易有关的知识产权政策 与贸易有关的投资政策 与服务部门市场准入有关的政策 与服务部门国民待遇有关的政策 其他影响贸易的政策

① 商务部新闻办. 商务部世贸司负责人就《贸易政策合规工作实施办法（试行）》进行解读[R/OL]. (2014－12－30)[2021－03－31]. http://www.mofcom.gov.cn/article/ae/ai/201412/20141200852707.shtml.

本章小结

对外贸易管理法规，是指一国（地区）对其对外贸易活动进行行政管理和服务的所有法律规范的总称。我国已形成一个以《宪法》为基础，以《对外贸易法》为中心的结构合理、规范完备、内容丰富的比较庞大的对外贸易法律法规体系。《对外贸易法》是我国外贸基本法，是我国管理国际货物贸易、服务贸易和技术贸易的法律准则，在我国对外贸易发展中发挥了重要作用。2004 年外贸法更加适应全球多边贸易体系法律的要求，注重借鉴各国对外贸易立法的先进经验，确立了新时期我国对外贸易管理的基本理念和改革发展的基本框架。我国的对外贸易法规涵盖货物进出口、知识产权保护与技术贸易、服务贸易、对外投资与外资等方面，逐渐形成了内容比较完整、体系日益健全和完善的对外贸易管理法规体系和管理制度。未来一个阶段，中国将致力于国内经贸法律体系的合规及与 WTO 多边贸易法律体系的对接。

? 思考题

1. 概述我国的对外贸易管理法规体系。
2. 简述改革开放以来我国对外贸易法规的建设。
3. 与 1994 年外贸法相比，2004 年外贸法的主要内容做了哪些修订？
4. 我国知识产权保护与技术方面的法规有哪些？
5. 评价我国服务贸易管理法规的建设状况。
6. 我国外资管理法规有哪些？今后应如何进一步完善外资管理法规？

第十二章　中国外汇管理与外贸金融政策

【学习目标】

通过本章的学习，学生应简要了解我国外汇管理制度的演进，明确当前的人民币汇率政策，了解我国外汇市场的发展与现状。

【素养目标】

本章通过介绍人民币汇率形成机制、外汇管理体制的演化与人民币国际化，促使学生了解人民币国际化的内在机理、实现途径以及发展成效，强调金融管理与宏观经济协调的重要性。

引导案例

人民币国际化旨在解决三大问题

中国经历了几十年的经济发展，已成为全球经济发展中的一个活跃主体。中国已经不再是全球经济的局外人，而是名副其实的积极参与者。未来十年，中国金融将会是推动中国经济发展的重点。中国金融要在国际金融领域获得硕果，人民币国际化是必经之路。

在人民币国际化进程中，不可一步到位实现人民币完全自由兑换，在中国金融尚未成熟之际，逐步推进人民币国际化，有助于中国金融长期稳定的发展。而解决人民币国际化问题，其本质是解决人民币的国际支付、国际结算、国际储备三大问题。

问题一：国际支付。要成为国际支付货币，一国货币被其他国家广泛接纳应具备的要素有：完善的金融体系，稳定的政治局面，强劲的经济发展趋势，完全开放的金融、经济市场。就中国金融现状而言，中国金融不足以应对国际金融的冲击。因此，如果在人民币国际化过程中推行人民币完全自由兑换，将不利于现阶段中国金融的发展，更不利于中国经济的持续稳定发展；相反，人民币完全自由兑换将会引发海外资金席卷中国金融市场，进而带来中国经济倒退的恶果。在人民币国际化步伐中，实行缓慢推进、执行“不放松，不缩紧”的人民币宏观调控政策符合当下中国金融的发展现状。

问题二：国际结算。国际结算主要在国际贸易中发生，无论是单边贸易、双边贸易，还是多边贸易之间发生的国际贸易活动，只有在国际结算中尽量使用人民币，才能从根本上解决人民币国际化问题。使用人民币作为国际结算货币，有利于完善人民币汇率形成机制，有利于提高人民币在国际货币体系中的地位与影响，有利于加强中国对外经济、贸易和投资活动，有利于提高中国货币政策对全球经济的影响。

问题三：国际储备。随着人民币国际化进程的逐步推进，全球至少已有40个国家的央行把人民币作为储备货币。传统经济学理论认为，成为储备货币的前提是成为完全自由兑换货币。然而，人民币在成为完全自由兑换货币之前就成为全球各国央行的储备货币，实现了储备货币的功能，这有助于人民币实现完全自由兑换，从而抵御国际金融市场对中国金融市场造成的冲击。

资料来源：唐悉文. 浅谈人民币国际化中的三个问题[EB/OL]. (2017-09-19)[2021-03-31]. https://mp.weixin.qq.com/s/jCG-QBBYINwVIh8BXSLHpg.

第一节　外汇与外汇管理

一、外汇的概念与范围

外汇有动态、静态两方面的含义。外汇的动态含义是指把一国货币兑换成另一国货币，以清偿国际债务关系的一种专门性经营活动。外汇的静态含义是以外币表示的可以用于国际结算的支付手段和资产，它又有广义和狭义之分。狭义外汇是指外币和以外币表示的可以用作国际支付和清偿国际债务的金融资产，其主要形式是外币存款凭证、外币票据等。广义外汇包括一切以外国货币表示的金融资产，与狭义外汇的主要区别是它还包括外币有价证券（政府债券、公司债券、股票等）。我国采用的是广义外汇的概念。

并非所有的外国货币都是外汇，外币成为外汇要满足三个前提条件：一是自由兑换性，即该货币能自由兑换为本币；二是普遍接受性，即在经济往来中该货币可以被各国普遍接受；三是可偿性，即该货币表示的资产能保证得到偿付。

中国外汇的范畴由《外汇管理条例》第3条规定：“本条例所称外汇，是指下列以外币表示的可以用作国际清偿的支付手段和资产：①外币现钞，包括纸币、铸币；②外币支付凭证或者支付工具，包括票据、银行存款凭证、银行卡等；③外币有价证券，包括债券、股票等；④特别提款权；⑤其他外汇资产。”

二、汇率及汇率的表示

当进行国际贸易或非贸易性国际业务时，一般会涉及产品、服务的报价和支付数额的问题。双方使用的货币不同，自然会要求某国的产品以另一国货币标价，这时就需要一个货币转化的数量标准。汇率（又称外汇利率），就是一国货币以另一国货币表示的价格，或者说是两国货币的兑换比率。

根据基准货币的选择不同，汇率有不同的标价方法。一是直接标价法，即以一定单位的外国货币为基准来计算等价的本国货币的数量。例如，2018年12月17日中国人民银行公布的银行间外汇市场人民币汇率中间价为1美元对人民币6.890 8元，可表示为：USD 1＝RMB 6.890 8。人民币汇率在我国一般用直接标价法表示。

二是间接标价法，即以一定单位的本币为基准来计算等价的外币数量。例如，2008年6月25日，伦敦外汇行公布汇率：GBP 1＝USD 1.971 9，表示1英镑对美元汇率为1.971 9，对于英镑来说这就是间接标价。

三是美元标价法，这是以其他各国货币来表示美元价格的一种新的标价方法，即以一定单位的美元为标准，以其他各国货币来表示美元的价格。国际市场上各大银行的外汇标价多采用美元标价法。

假设 I 表示本国货币，F 表示等值的外国货币，e 表示汇率。那么可以用公式表示：

直接标价法：$e=I/F$

间接标价法：$e=F/I$

在直接标价法下，e 数值越大，每单位外币可以兑换的本币就越多，也就是外币价值越高，本币价值越低。间接标价法下则相反。

某国的货币价值相对提高，我们称之为升值；反之，则称为贬值。在直接标价法下，汇率 e 值上升表示本币相对贬值或外币相对升值。间接标价法下则相反。

例如，中国人民银行根据银行间外汇市场交易结果公布的三个日期的人民币对美元汇率：

2005年1月24日 100美元＝827.65人民币

2007年1月23日 100美元＝778.15人民币

2010年1月22日 100美元＝682.71人民币

上述汇率是以直接标价法表示，以每百美元可兑换的人民币标价。这三个时间下汇率标价顺次降低，说明100美元能兑的人民币越来越少，即人民币升值，美元贬值。图12-1表示了2000—2017年人民币对美元官方汇率的走势。

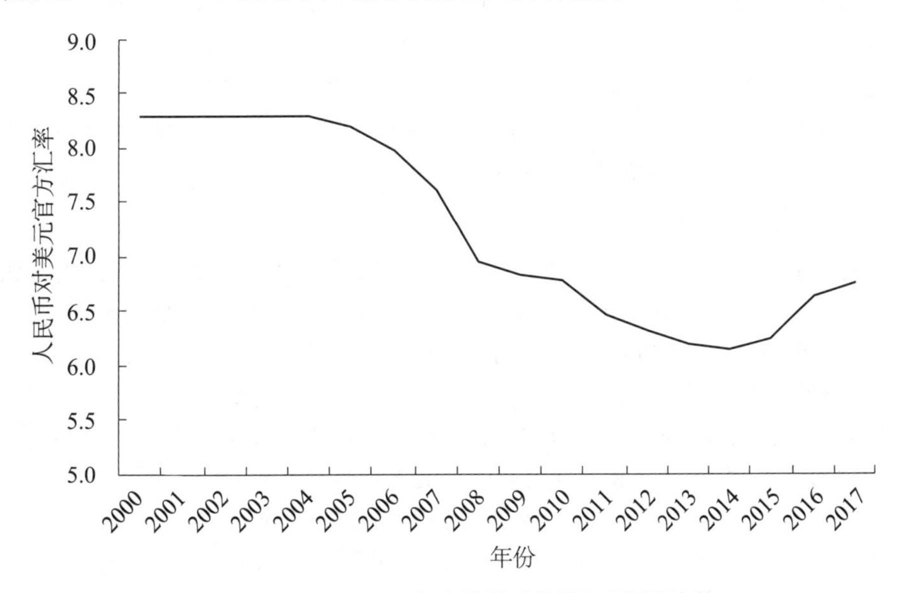

图12-1　2000—2017年人民币对美元官方汇率走势

资料来源：世界银行WDI数据库。

三、外汇管理

(一) 外汇管理的含义

外汇管理广义上是指一国政府授权国家的货币金融当局或其他机构,对外汇的收支、买卖、借贷和转移,以及国际结算、外汇汇率和外汇市场等实行的控制和管制行为;狭义上是指外汇管理机构对本国货币与外国货币的兑换实行的限制政策。

《外汇管理条例》是外汇管理的基本行政法规,主要规定了外汇管理的基本原则与制度。它由国务院于1996年1月29日发布,1996年4月1日起实施,1997年首次修订,2008年再次修订。

(二) 外汇管理的目标

在计划经济时期,外汇资源短缺是长期制约我国经济发展的瓶颈之一。当时外汇管理的主要目标是保障国家对外汇资源的计划和支配,在制度安排上遵循"宽进严出"原则。随着改革开放与经济发展,外汇管理的主要目标也发生了变化。

第一,促进国际收支平衡。外汇管理可以审核国际收支交易的真实性,防范以虚假交易为载体的外汇流入流出;调整资本项目中各业务的购付汇、收结汇政策,建设跨境资金流动监测体系,以防控非法或异常资金流动;控制资金流动均衡,促进国际收支平衡。

第二,防范金融风险。通过制定适当的法律法规政策,对经常项目和资本项目的开放程度进行管理,有利于在促进对外经济贸易发展的基础上,防范或减弱异常资金大规模流动和汇率大幅波动;减弱国际金融危机对我国经济可能造成的负面影响;调控民间与国家的外汇持有比例,适当做大国家外汇储备资金池,以威慑和防卫投机性资本攻击。

第三,服务经济发展。服务经济发展是外汇管理的出发点和归宿。外汇管理部门在满足监管要求的前提下,不断改进进出口核销手段,为外贸企业提供最大的便利,支持企业参与国际市场竞争;不断简化外资利用和对外投资的外汇管理手续,帮助企业充分利用两种资源、两个市场,提高资源配置效率。

(三) 外汇主管部门及其职责

国家外汇管理局是我国法定的外汇主管部门,属于中国人民银行管理的副部级国家局,内设综合司(政策法规司)、国际收支司、经常项目管理司、资本项目管理司、管理检查司、储备管理司、人事司(内审司)、科技司等八个职能司和机关党委,设置中央外汇业务中心、外汇业务数据监测中心、机关服务中心、外汇研究中心等四个事业单位。

外汇管理部门的基本职能主要如下:监督检查经常项目外汇收支的真实性、合法性;实施资本项目外汇管理,研究逐步推进人民币资本项目可兑换;负责国际收支、对外债权债务统计和监测;培育发展外汇市场,承担结售汇业务监管,提供制定人民币汇率政策的建议和依据;实施外汇监督检查,对违法行为进行处罚;承担国家外汇储备、黄金储备和其他外汇资产经营管理的责任等。

(四) 外汇管理的内容

外汇管理涉及多个方面的主体和业务,主要内容如下:

（1）经常项目外汇管理。我国已于1996年实现人民币经常项目可兑换。只要购付汇是真实的经常项目用途，国家均予以满足。经常项目外汇管理的核心原则是真实性，目的是防止无贸易背景或违法资金等的流出入。实现手段主要是通过核对资金流与物流对应情况、规范银行审核外汇收支单证、构建外汇流动非现场监测监管体系等。内容包括对货物贸易、服务贸易、个人结汇购汇和经常项目外汇账户等的管理。

（2）资本项目外汇管理。过去四十年，中国资本项目开放持续推进，人民币资本账户可兑换程度明显提高。外汇管理已由“宽进严出”向“双向均衡管理”转变，逐步减少行政管理，取消内资与外资之间、国有企业与民营企业之间、机构与个人之间的差别待遇。资本项目管理除了需要对真实性进行审核，还须考查所涉及的资本项目的风险，以及对我国金融市场和国内经济的影响。内容包括跨境直接投资、外债管理、对外担保、跨境证券投资等。

（3）金融机构外汇业务管理。《中国人民银行法》《商业银行法》《外汇管理条例》等规定，人民银行履行银行结售汇业务的市场准入管理职责，具体业务的管理则由外汇管理部门负责。外汇管理部门还负责保险机构、证券公司、财务公司等非银行金融机构外汇业务的资格审批。非银行金融机构外汇业务的范围包括外汇保险、发行或代理发行外币有价证券、买卖或代理买卖外币有价证券、即期结售汇业务等。

（4）外汇储备管理。外汇储备是各国的中央银行及其他政府机构集中掌握的、用以应对国际支付需要的外汇。外汇储备同黄金储备、特别提款权以及在国际货币基金组织中可随时动用的款项一起，构成一国官方储备总额。整体来看，中国的外汇储备规模发展经历了一个长期增长和近期缓慢回调的过程。为适应储备规模的快速增长和外汇储备规范化、专业化经营的需要，我国建立了以外汇投资基准为核心的外汇储备管理模式。投资基准确定了外汇投资的币种、资产、期限等的分布结构和比例。《中国人民银行法》第4条规定，中国人民银行履行持有、管理、经营国家外汇储备、黄金储备的职责。《外汇管理条例》第10条规定，国务院外汇管理部门依法持有、管理、经营国家外汇储备，遵循安全、流动、增值的原则。

（5）人民币汇率和外汇市场管理。1994年外汇体制改革后，我国形成了外汇零售市场与外汇批发市场。外汇零售市场和外汇批发市场中的外汇交易需要一个价格，这个价格或由政府规定，或由市场交易形成。这个价格的形成机制就是人民币汇率形成机制。外汇管理部门及中央银行等法定机构对外汇市场的管理、对人民币汇率形成机制的建设以及对汇率水平的控制是外汇管理的重要内容。

（6）国际收支统计与监测。国家对跨境交易资金流动进行统计，实行国际收支统计申报制度。目前企业和个人基本上由银行代申报完成，金融机构则是直接申报。对于较难通过交易主体申报采集的数据，我国还建立了国际收支统计专项调查制度，如贸易信贷、运输、保险项下调查制度等。根据国际收支统计情况，我国定期编制国际收支平衡表和中国国际投资头寸表等。

（7）外汇管理检查与处罚。依据《外汇管理条例》的规定，外汇查处的违规行为主要包括逃汇、非法套汇、资金非法流入或非法结汇、违反外债管理规定、非法经营外汇业务、非法买卖外汇等；金融机构违反收付汇、结售汇及外汇市场管理规定等；境内外机构或个人违反国际收支统计申报、报送报表、单证提交、外汇登记等规定。对这些违规行为处罚

的力度和程序等参照《行政处罚法》《外汇管理条例》等,以保障我国外汇相关事务顺利运行。

第二节　中国外汇管理制度的演进

外汇管理制度是指规定外汇相关主体的外汇收入、支出、买卖和使用流程的法律法规政策。外汇相关主体包括国内外的个人、国内金融机构、国内非金融企业和外资机构等。我国的外汇管理制度大致经历了以下五个发展阶段。

一、计划经济时期的中国外汇管理体制(1953—1978年)

我国外汇管理体制建立于计划经济时期。改革开放前,中国实行严格的外汇集中管理制度。为支持国家尽快恢复发展,政府通过沟通侨汇、以收定支、扶植出口等政策积累外汇。社会主义改造完成以前,外贸企业以私营企业为主,国内物价不稳,政府通过机动调整人民币汇率来调节外汇收支。1953年起,我国开始实行计划经济体制,进出口业务转由国营对外贸易公司统一管理,外汇业务则由中国银行专门经营。此时外汇管理体制的特点是高度集中、计划控制。所有外汇收入须出售给国家,若有外汇需求,则由国家按计划调配和批给。

二、经济转型时期的中国外汇管理体制(1979—1993年)

(一) 实行外汇留成制度,建立和发展外汇调剂市场

1978年,改革开放拉开了外汇管理体制改革的序幕。十一届三中全会胜利召开后,政府将工作重心转移到社会主义现代化建设上来,实行改革开放的政策,这就要求外汇管理体制进行相应的改革。为调动创汇的积极性,扩大外汇收入,改善外汇资源分配,政府决定从1979年开始实行外汇留成制度。在外汇由国家集中管理、统一平衡、保证重点的方针下,有区别地实行贸易和非贸易外汇留成,适当留给创汇的地方企业一定比例的外汇,逐步减少指令性、计划性的外汇并扩大留成对象的范围。许多单位出现了外汇有余或不足的情况,于是外汇调剂需求随之产生。1980年第四季度,中国银行开办外汇调剂业务,允许持有留成外汇的单位把多余的外汇额度转让给外汇短缺的单位,调剂对象范围也逐年扩大。

(二) 允许多种金融机构经营外汇业务

改革开放以后,国家逐步将竞争机制引入外汇业务领域。政府主持改革国家金融系统,批准设立了多家商业银行和一批非银行金融机构经营外汇业务;允许外资金融机构在国内设立分支机构,经营外汇业务。外汇业务经营单位逐渐多样化,机构数量快速增加。于是国家开始制定制度对资本输入输出进行管理。

(三) 改进对境内外居民的外汇管理

我国规定,国内个人存放的外汇禁止私自买卖和私自携带出境,但允许持有和存入银行;对个人收入的外汇,可视不同情况按一定比例或全额留存。从1985年起,境

外向境内居民的汇款或从境外携入的外汇，允许在相关银行开立外汇存款账户以全部保留。自1991年11月起，外汇调剂业务扩展到所有个人的外汇。个人有用汇需求，可以凭相关证件或证明向国家外汇管理局提出申请，经批准后可以兑换一定数量的外汇。

为了配合对外开放，促进国际交流与旅游市场的发展，同时防止外币的国内流通、套汇和物资套购，自1980年第二季度起国家批准中国银行发行以人民币为面额的外汇券。外国人、外国使领馆、代表团人员、华侨及港澳台同胞，可以把外币按外汇牌价兑换成外汇券，在国家指定单位购买商品或服务。相关单位若希望取得外汇券，须向外汇管理局提出申请。收入的外汇券须存入银行，账户管理按收支两条线进行。收券单位把外汇券兑换给银行的，可以按规定留成一定比例。

三、社会主义市场经济下的中国外汇管理制度(1994—2000年)

1993年，党的十四届三中全会通过了《中共中央关于建立社会主义市场经济体制若干问题的决定》，要求"改革外汇管理体制，建立以市场供求为基础的、有管理的浮动汇率制度和统一规范的外汇市场，逐步使人民币成为可兑换货币"，为我国外汇管理体制进一步改革明确了方向。在这一阶段，社会主义市场经济条件下的外汇管理体制框架初步确定。

(一) 1994年实行人民币经常项目有条件可兑换

1994年1月1日，国家取消外汇上缴和留成以及指令性的计划分配和审批制度，实行银行结售汇制度。境内机构可以将规定额度以内的经常项目外汇收入存入指定银行账户，其余须按照市场汇率卖给外汇指定银行。一般货物进口用汇、从属费用及非贸易经营性对外支付用汇，可凭合同及支付凭证到指定银行兑付。外商投资企业的外汇管理仍保持之前政策，允许其保留外汇。其外汇交易仍须委托外汇指定银行，以银行间外汇市场的汇率结算，通过所在地外汇调剂中心办理。国家重申取消境内外币计价结算，禁止外币境内流通和未经允许的买卖。从1994年1月1日起停止发行新的外汇券。这项重大改革使我国实现了人民币经常项目有条件可兑换。

(二) 1996年实现人民币经常项目完全可兑换

改革开放的基本国策实行近二十年后，我国的对外经济贸易与交流得到了长足发展。国家对外汇管理体制进行了更全面的改革，达到了国际货币基金组织第8条要求的经常项目完全可兑换的要求。1996年，国家取消了对非贸易经营性用汇的限制，规定境外来华人员及驻华机构，在境内购买的以自用为目的的商品出售后所得人民币可以兑回外汇汇往境外。国内居民因私换汇的范围得到扩大，用汇标准也大幅提高。自1996年7月1日起，外商投资企业被纳入银行结售汇体系，但经常项目和资本项目外汇区分不同账户进行结算和管理。经常项目下的外汇收入可以在规定的限额内保留，超过部分则须结汇。外商投资企业凭有效凭证可以到外汇指定银行办理经常项目下的对外支付。同时，保留外汇调剂中心为外商投资企业服务至1998年11月30日。1998年12月，外汇调剂中心关闭，外汇交易全部纳入银行结售汇体系。

1996 年 12 月 1 日，我国正式宣布实现人民币经常项目完全可兑换，至此中国建立了人民币经常项目可兑换、资本项目严格管理的外汇管理体制。之后几年，国内因私用汇居民的供汇标准再次提高，中资企业经常项目外汇收入被允许保留一定限额，银行远期结售汇试点工作开展。

1997 年，亚洲金融危机爆发，对我国经济发展与金融稳定造成严重冲击。为防止危机进一步蔓延，我国作出了人民币不贬值的承诺，并重点加强了对逃汇、骗汇等违法违规资本流动的管理和打击，成功抵御了亚洲金融危机的冲击。

四、以市场调节为主的中国外汇管理制度完善阶段（2001—2012 年）

（一）完善经常项目外汇管理

2001 年，中国成功加入 WTO，对外贸易迅速发展，国际收支持续双顺差，我国面临巨大的发展机遇和挑战。外汇管理顺应挑战，进一步深化改革，以市场调节为主的外汇管理体制进一步完善。

外汇管理主要做了以下改革：简化境内居民个人购汇手续，多次提高换汇指导性限额；允许中资企业开立经常项目外汇账户，延长超限额结汇时间，多次提高可保留现汇的比例，最终于 2007 年 8 月 12 日取消强制结售汇制度；2010 年 12 月 1 日，在全国范围内推广实施进口核销改革，实现进口付汇管理由逐笔核销向总量核查、由现场核销向非现场核查、由行为审核向主体监管的转变；简化进出口核销手续，推广使用贸易收付汇核查系统，提高了进出口核销效率和准确性；政策制定更加符合跨国公司经营特点，为境内外跨国公司资金全球化运作提供了方便。

（二）稳步推进资本项目开放

外汇管理提出国际收支平衡的管理目标和均衡管理的监管理念，包括人民币资本项目可兑换等重大改革探索有序推进。放宽境外投资外汇管理限制；改进融资性对外担保管理办法；提高地方分局审核权限和对外投资购汇额度；大力实施“走出去”战略；允许部分保险外汇资金投资境外证券市场；实行并改进合格境外机构投资者制度；引进国际机构在我国境内发行人民币债券；允许境内跨国公司在集团内部开展外汇资金运营，并出台外资并购的外汇管理政策；规范境内居民通过境外特殊目的公司开展股权融资和返程投资的行为；允许个人合法财产对外转移。

（三）加强外汇管理和监督

实行支付结汇政策，严格控制资本项目资金结汇；严格控制外商投资企业的短期外债余额和中长期外债累计发生额；对外资银行外债实行总量控制；按照境内外汇贷款标准管理外资银行向境内机构发放的外汇贷款；加强进口延期付款和出口预收货款的管理，强化真实性审核；加强对个人结汇的管理；加快国际收支统计监测预警体系建设；建立以事后监管和间接管理模式为主的信用体系；整顿外汇市场秩序，加强外汇违法查处力度；建立和完善外汇反洗钱机制，实施大额和可疑外汇资金交易报告制度。

2008 年，结合前期外汇管理体制改革取得的丰硕成果，我国修订了《外汇管理条例》，外汇管理法制化建设迈入新阶段。2009 年,我国提出外汇管理理念和方式的“五个转变”,全面推进简政放权。2012 年,实施货物贸易外汇管理制度改革,取消货物贸易外汇收支逐笔核销制度,贸易便利化程度大幅提升。

五、全面开放新格局下的中国外汇管理制度(2013—2022 年)

2013 年,改革服务贸易外汇管理制度,全面取消服务贸易事前审批,所有业务直接到银行办理;扩大金融市场双向开放,先后推出“沪港通”(2014 年)、内地与香港基金互认(2015 年)、“深港通”(2016 年)、“债券通”(2017 年)等跨境证券投资新机制。陆续设立丝路基金、中拉产能合作基金、中非产能合作基金,积极为“一带一路”搭建资金平台。2015 年,将资本金意愿结汇政策推广至全国,大幅简化外商直接投资外汇管理,实现外商直接投资基本可兑换。2016—2017 年,完善全口径跨境融资宏观审慎管理,推动银行间债券市场双向开放,建立健全开放有竞争力的境内外汇市场。2018 年,进一步增加合格境内机构投资者(QDII)额度,取消了合格境外机构投资者(QFII)资金汇出比例限制和人民币合格境外机构投资者(RQFII)锁定期要求,扩大合格境内有限合伙人(QDLP)和合格境内投资企业(QDIE)试点。

2015 年年底至 2017 年年初,我国外汇市场经历了两次高强度冲击,外汇管理部门在党中央、国务院的坚强领导下,综合施策、标本兼治,建立健全跨境资本流动宏观审慎管理,不断改善外汇市场微观监管,使得日益开放的外汇管理体制经受住了跨境资本流出冲击的考验,有效维护了国家经济金融安全。

党的十九大要求推动形成全面开放新格局,面对新格局下的跨境资本流动双向波动和外汇管理新常态,在总结应对外汇市场高强度冲击经验的基础上,外汇管理部门加快构建跨境资本流动“宏观审慎+微观监管”两位一体的管理框架。

六、高水平对外开放新格局下的中国外汇管理制度(2023 年以来)

党的二十大召开后,国家外汇管理局理解把握二十大对经济金融工作作出的战略部署、提出的目标任务,完整、准确、全面贯彻新发展理念,始终坚持金融工作的政治性、人民性,统筹发展和安全,建设开放多元、功能健全的外汇市场,促进跨境贸易和投融资便利化,健全“宏观审慎+微观监管”两位一体的管理框架,扎实做好外汇储备经营管理的各项工作。

为贯彻党的二十大精神,推进外汇管理改革,进一步提升跨境贸易和投融资便利化水平,国家外汇管理局加大对外汇管理法规的清理力度,发布《国家外汇管理局关于废止和失效 15 件外汇管理规范性文件及调整 14 件外汇管理规范性文件条款的通知》。其中,共废止 11 件外汇管理规范性文件,宣布失效 4 件外汇管理规范性文件,这些文件的主要内容或已被新文件替代,或与当前管理实际不符,或适用于过去某一阶段的政策,已不再执行;删除或修改 14 件外汇管理规范性文件的部分条款,贯彻落实上位法要求,进一步优化银行结售汇、内保外贷等外汇业务。

下一步,国家外汇管理局将全面贯彻落实党的二十大精神,长效推进法规清理,进一步提升外汇管理透明度和法治化水平,服务实体经济高质量发展。

第三节 中国人民币汇率政策及外汇市场

一、中国的人民币汇率政策演进

汇率制度是国家开展对外经济贸易和实施宏观调控的重要内容。汇率制度的选择既受到经济、政治等诸多因素的影响,也与一国开放程度、发展阶段等因素密切相关,同时汇率制度又直接影响经济增长、通货膨胀、经济结构变动甚至人民福祉。改革开放四十多年来,人民币汇率制度改革经历了一个很漫长的过程,大体上可以分为三次大的机制改革和八次小的调整。以三次大改革为节点,人民汇率政策演进可以分为以下几个阶段。

(一) 1949—1993 年汇率政策演变

新中国成立初期,我国致力于恢复经济发展,实行独立自主、自力更生的方针,不借外债,不接受外国来华投资。外汇短缺十分严重,侨汇成为重要的外汇来源。私营企业是进出口贸易的主力军。国家鼓励出口,奖励侨汇,兼顾进口。人民币汇率主要参考出口商品的国内外比价,兼顾进口商品国内外比价和侨汇购买力平价灵活确定。

1953—1972 年,我国建立了高度集中的计划经济体制。人民币汇率主要为编制经济计划、进行内部核算和非贸易外汇兑换结算服务,在国际结算中遵循“进出结算,以进贴出”的原则。人民币汇率通过对比国内外消费物价来计算,并采取单一汇率,20 年间一直保持 1 美元对 2.46 元人民币。其间我国对外贸易基本保持平衡。

1973—1979 年,我国根据“一篮子货币”的平均汇率变动情况确定汇率,采取单一浮动汇率制。其目的是维护人民币汇率稳定、保障出口收汇安全、应对国际汇率变化。这一时期美元不断贬值,人民币被高估,从而促进了进口,严重打击了出口积极性,造成连续的贸易逆差,外汇储备严重不足。

1980 年中国银行开展外汇调剂业务,标志着中国官方汇率与市场汇率开始并存。1980—1984 年,我国实行人民币双重汇率制度。一方面,实行贸易内部结算价格,适用于贸易外汇的收支结算,四年间保持 1 美元对 2.8 元人民币;另一方面,参照“一篮子”货币与国内外消费物价公布官方汇率。这一时期汇率形成机制的目标是“扶植出口,增加外汇储备”。

1985—1993 年,中国实行汇率双轨制。政府开始允许企业对所创外汇按比例留成,不足或多余者可以到外汇调剂市场交易,形成了人民币调剂汇率。双轨是指官方公布的汇率与市场调剂汇率共同运行。实行汇率双轨制是从国家整体的开放程度考虑,也是与整个市场机制改革的进程相适应。除了对留成比例、外汇调剂市场参与范围的逐步放开,国家在 1985—1991 年进行了五次大幅度的人民币贬值调整,从 1 美元对 2.8 元人民币调整到 1 美元对 5.3 元人民币,改善了人民币被高估的情况。从 1991 年 4 月 9 日起,我国开始实行有管理的浮动的人民币官方汇率机制。我国进出口额快速增长,外汇需求也随之增加,外汇调剂市场的交易额及其占外贸额的比重也大幅提高。外汇调剂业务的发展促进了对外贸易,改善了外商投资环境,便利了外汇业务参与者,为人民币汇率市场化建设奠定了基础。

（二）1994年人民币汇率并轨改革

1994年的汇率改革是在宏观经济过热环境下的“惊险一跃”。1992年，邓小平南方谈话一扫笼罩在改革上空的阴霾，开启了大踏步的改革进程。同时，十四届三中全会第一次全面深化以市场经济为导向的社会主义市场经济体系的改革，为汇率制度市场化改革奠定了基础。

从经济层面来说，当时的宏观经济出现了一个特殊情况：1993年，我国经济增速13.9%，宏观经济出现过热迹象，通货膨胀率达到14.7%，固定资产投资增长高达61.8%，拉动进口需求激增。1993年年底，中国贸易逆差达到121亿美元，同期中国外汇储备仅为212亿美元。美元对人民币的平均汇价为5.67。外汇调剂市场汇率贬值压力急剧上升，外汇调剂价格明显高于官方价格。

在此背景下，1994年1月1日，中国人民银行结束了实施8年的汇率双轨制，实行以市场供求为基础的、单一的、有管理的浮动汇率制度。这次汇率改革还建立了全国统一、规范的外汇交易市场，实现经常项目下人民币有条件的兑换。

1. 汇率并轨改革的特点

（1）汇率形成以外汇市场的供求状况为基础。我国由主要靠行政方法调节汇率，转变为以外汇的供求关系为汇率形成基础，发挥了市场的作用。1994年1月1日，中资企业退出外汇调剂中心，外汇指定银行成为外汇交易的主体。同年4月1日，银行间外汇市场——中国外汇交易中心在上海成立。外汇指定银行根据零售情况和中央银行对其周转头寸限额，在银行间外汇市场上平补头寸。人民币汇率通过银行间外汇市场上的交易形成。

（2）该汇率制度是单一汇率制。在此之前，我国同时存在官方公布的汇率和外汇调剂市场汇率。之后两种汇率合二为一，形成单一的汇率制度。中国人民银行根据前一营业日外汇批发市场上的交易情况，计算加权平均的美元对人民币基础汇率；并参照国际外汇市场变化，公布若干主要外币当日对人民币的基础汇率。各外汇指定银行参照基础汇率和国际外汇市场行情，套算人民币对其他货币的兑换比率。

（3）汇率是浮动的。外汇指定银行有权在中国人民银行公布的基础汇率水平上，对零售市场客户实行0.15%～1%的上下浮动，在批发市场上按0.3%～1%的浮动幅度交易。

（4）该浮动是有管理的浮动。中国人民银行与外汇主管部门随时监控外汇市场。虽然汇率可以在一定范围内浮动，但并不完全由市场决定。中央银行对外汇指定银行规定了周转头寸限额。如果外汇指定银行在零售市场上交易后的余额超过限额，必须通过银行间外汇市场抛出头寸。如果短期汇率波动幅度过大，中央银行可以在外汇市场上交易以维持汇率相对稳定。

2. 汇率并轨改革的影响

汇率并轨是我国汇率制度改革中最重大的措施之一。我国建立了统一的、规范化的、有效率的外汇市场；它与经常项目可兑换等制度相配合，推动了我国引进外资的工作，促进了对外货物和服务贸易；我国进一步加强了与世界各国的经济交流与合作；更好

地发挥了人民币的经济杠杆和宏观经济调节作用。

汇率并轨改革的作用主要有以下三点:第一,汇率并轨改革稳定了汇率水平,1994年年末,人民币对美元的平均汇率从年初的8.7降到了8.5。第二,汇率并轨改革缓解了资本外流的压力,增加了贸易竞争力。1993年外商直接投资为275亿美元,而1994年增至337亿美元,同时1994年出口增长31.9%,进口增长11.3%,当年就扭转了贸易逆差,实现53.9亿美元的贸易顺差。第三,汇率并轨改革使得中国外汇储备翻了一番,从1993年年底的212亿美元增加到1994年的516亿美元,此后的几年分别大幅增长,1995年、1997年外汇储备分别达到736亿美元、1 050亿美元。

3. 汇率并轨改革的不足

(1) 市场的基础作用没有得到充分发挥。1994年汇率并轨改革后至1997年,人民币汇率一直窄幅波动。东南亚金融危机爆发后,为防止危机在亚洲和更大范围内进一步扩散,中国政府承诺人民币不贬值,承担了大国责任,为世界金融稳定作出了巨大贡献。虽然市场的基础作用得到加强,但中央银行拥有庞大的外汇储备和货币发行权,因此对人民币汇率的控制能力依然很强。人民币对美元汇率在近十年的时间里基本被控制在8.27左右,事实上与美元保持了固定的兑换比率。

(2) 货币政策独立性受到影响。在当时的经济状况下,我国对内希望维持物价稳定和经济增长,这与维持汇率基本固定的目标存在较大的冲突。为使汇率稳定,中央银行需要大量买卖外汇,因此基础货币被迫随之放收,与国内货币政策的运行相冲突,导致政策功能弱化。

(3) 外汇市场参与者的范围和行为受到限制。当时我国外汇市场的主体是为数不多的外汇指定银行和中央银行,交易参与者范围狭小且结构单一。同时,零售市场客户不能按需持有外汇,必须结汇;银行不能随意持有外汇头寸,必须将超额部分提供给银行间外汇市场;资本项目被严格限制。更确切地说,此时银行间外汇市场的主要功能是调节银行的外汇余额,而无法体现真实的供求关系,于是其形成的汇率也并非真实的均衡汇率。

(三) 2005年人民币汇率形成机制改革

1997年后,我国事实上实行的是钉住美元的固定汇率制度,东南亚金融危机发生后,人民币存在一定程度的低估。2001年美国"9·11"事件发生后,美联储大幅降息,中国外汇形式发生了巨大变化。我国对外收支持续实现双顺差,外汇储备随之大幅增加,国际资本市场形成了比较强烈的人民币升值预期。2003年开始,我国与美国和日本等国的贸易摩擦加剧。为促使人民币升值,各国要求我国改革人民币汇率形成机制。综合考虑了市场供求、篮子货币和汇率稳定等多重因素之后,自2005年7月21日起,我国开始实行以市场供求为基础、参考一篮子货币进行调节的、有管理的浮动汇率制度。

1. 改革的内容

2005年7月21日,中国人民银行发布了《关于完善人民币汇率形成机制改革的公告》,明确改革内容具体包括以下四个方面:①我国按照实际情况,对若干种主要货币赋予一定的权重,形成一个可以参考的货币篮子,不再钉住单一美元。②中国人民银行在每个工作日银行间外汇市场闭市后,以收盘价作为下一工作日的银行间外汇交易中间价。银行间美元对人民币交易汇率浮动范围是该中间价的上下 0.3%，欧元、港币、日元等非美元货币汇率交易价在中间价基础上有 3%的浮动范围。银行对客户交易时，可在规定价差幅度内调整当日美元挂牌价格：现汇卖出买入价之差不能超过交易中间价的 1%，现钞交易价差不能超过交易中间价的 4%。③2005 年 7 月 21 日，美元对人民币汇率调整为 1 美元对 8.11 元人民币，人民币一次升值 2.1%。④中央银行可以根据国内外经济金融形势，参考一篮子货币的汇率变化，以市场供求为基础，适时对人民币汇率进行管理和调节，保持汇率在合理水平上基本稳定，形成有管理的浮动汇率。

之后我国又陆续推出了一系列政策与措施，推进人民币汇率形成机制进一步改革。2006 年 1 月 4 日，中国人民银行将询价交易和做市商制度引入银行间外汇市场。中国外汇交易中心于每日银行间外汇市场开盘前向所有做市商询价，得到当日人民币对美元汇率中间价。2007 年 5 月 21 日，银行间外汇市场美元对人民币交易浮动幅度从 0.3%上升至 0.5%；同年 8 月 12 日，取消国内机构经常项目强制结汇制度；2008 年 10 月 23 日，国家外汇管理局决定在银行间外汇市场引入货币经纪公司开展外汇经纪业务。

2. 改革的影响

此次改革从汇率制度、汇率形成机制和汇率水平三个方面开展，渐进平稳地使我国汇率形成更加市场化。首先，汇率改革有效应对了中国入世面临的挑战，同时促进中国对外开放和经济增长，增强了国际贸易竞争力。2005 年，中国经济规模排名全世界第五，2007 年超过德国排名第三，2010 年超过日本成为第二大经济体。

其次，汇率改革提升了人民币的国际地位，境外离岸市场开展人民币国际化业务，特别是香港离岸市场日益活跃，为人民币走出去打下了坚实的基础。

最后，2005 年以后，人民币基本保持升值趋势，一定程度上释放了人民币的低估压力，减少了国际贸易摩擦，使我国有一个相对宽松的国际经济环境。2008 年国际金融危机之后，经济增速开始下降。依赖金融刺激和政府刺激推动增长的模式开始改变。这一时期的汇率改革也卓有成效，外汇储备大幅增长，从 2005 年的 8 188 亿美元增至 2011 年的 31 811 亿美元。此次汇率改革帮助中国度过了国际金融危机，除 2009 年出现过进出口下降之外，中国进出口总体上保持较快的增长。

（四）2015 年以来汇率中间价报价机制改革

2015 年的“8·11”汇率改革是人民币汇率形成机制向浮动汇率制度转变的一次有益尝试。人民币汇率中间价偏离市场汇率的幅度持续扩大，这影响了中间价的市场基准地位和权威性，主要体现在日波幅限制不断扩大。在银行间即期外汇市场上，人民币对美元的交易价可在中国外汇交易中心对外公布的当日人民币对美元汇率中间价规定的幅度内波动，即所谓日波幅限制。最初日波幅为±0.3%，2007 年 5 月 18 日扩大至±0.5%，2012 年 4 月 16 日扩大至±1%，2014 年 3 月 15 日扩大至±2%。

同时，美元走强，欧元和日元趋弱，一些新兴经济体和大宗商品生产国的货币贬值，国际资本流动波动加大，这一复杂局面形成了新的挑战。中国货物贸易存在且将继续保持较大顺差，人民币实际有效汇率相对于全球多种货币表现较强，与市场预期出现一定偏离。因此，央行对人民币汇率中间价报价机制进行了一系列的改革，稳步推进利率和市场化改革，逐步实现人民币资本项目可兑换。

1. 改革的内容

2015 年 8 月 11 日，央行宣布实施人民币汇率形成机制改革，主要内容是参考上日银行间外汇市场收盘汇率，提供中间价报价；同时宣布人民币一次性贬值 2%。但是由于前期缺乏与市场的充分沟通，人民币在短期内急剧贬值，新的形成机制仅仅三天就被取代。随后，央行提出了新的中间价形成机制，在“参考前日收盘价决定当日中间价”的基础上，引入了“稳定 24 小时篮子货币”因素。

2015 年 12 月 11 日，为了保持人民币稳定，央行发布了人民币汇率指数，强调要加大参考一篮子货币的力度，以更好地应对人民币对一篮子货币汇率的基本问题。2016 年 2 月，央行明确宣布实行“收盘汇率＋篮子货币汇率变化”的定价机制。同年 12 月，中国外汇交易中心（CFETS）发布《CFETS 人民币汇率指数货币篮子调整规则》，将 CFETS 货币篮子新增 11 种 2016 年挂牌人民币对外汇交易币种，并将美元权重由 0.264 下调至 0.224。

2017 年 5 月，为了适度对冲市场情绪的顺周期波动，央行引进了“逆周期调节因子”，形成“收盘价＋一篮子货币汇率变化＋逆周期因子”的中间价报价模型，稳定了市场预期。

2. 改革的影响

人民币汇率形成机制改革的方向是市场化，“8·11”汇率改革是朝着这个方向迈出的重要一步。此次汇率改革，一方面是为了满足国际货币基金组织对人民币纳入特别提款权提出的市场化要求，增加人民币汇率的弹性，提升人民币中间价形成的规则性、透明度和市场化水平；另一方面是为了与美元汇率脱钩，使人民币波动不再单一受美元汇率的影响，由“单锚”机制转向“双锚”机制。

这种汇率制度的设计及方向是没有错的，但结果却并未推动境内外汇市场建设，也没有消除贬值预期，并产生了一些问题：一是外汇市场无法出清，篮子货币易贬难升；二是人民币持续单边趋势性贬值使得大量资金流出中国，中国的外汇储备在一年多的时间里下降 1 万多亿美元，人民币贬值预期不断加强；三是人民币持续贬值对中国出口利好并不明显，例如 2015 年及 2016 年，人民币均处于贬值状态，但中国出口总额不升反跌。这是因为中国经济已经开始转型，对价格敏感度高的劳动密集型商品逐步转移到其他东南亚国家。

面对这些问题，央行不得不重新厘定人民币汇率形成机制，在人民币中间价报价模型中引入“逆周期调节因子”。其核心就是要改变人民币单边趋势性贬值的现状，重新增强人民币与美元的联系，并通过这种汇率形成新机制让人民币汇率管理的主动权又回到央行手上。人民币汇率形成机制改革始终坚持市场化的方向，坚持自主性、渐进性、可控性的选择，与我国改革开放的总体进程是相匹配的。

二、中国的外汇市场现状

（一）外汇市场的含义和结构

外汇市场是指外汇需求者、供应者及买卖中介机构进行外汇买卖和货币兑换的市场或交易平台。

外汇市场结构(见图12-2)有两种:外汇批发市场(银行间外汇市场)和外汇零售市场。外汇零售市场是指银行与客户(包括进出口商、非贸易外汇供求者等)之间的外汇买卖市场。外汇批发市场是指有权经营外汇业务的金融机构和非金融机构,通过中国外汇交易中心的系统进行人民币对外币以及外币之间交易的市场。同时,中央银行通过外汇批发市场进行交易,增减商业银行外汇持有量来调节外汇市场供求,进而调节汇率。

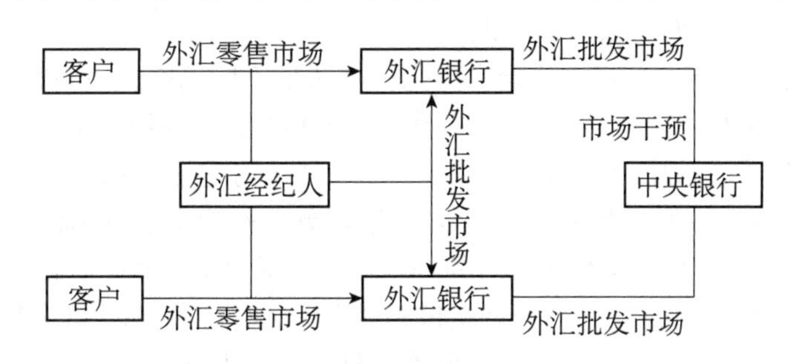

图12-2　外汇市场结构

(二)外汇市场的特点与功能

世界外汇市场是由各国际金融中心的外汇市场构成的。目前,世界上大约有30多个主要的外汇市场。伦敦是世界最大的外汇市场,东京是亚洲最大的外汇市场,纽约是北美洲最活跃的外汇市场。

外汇市场的特点有以下三个:①空间统一性。由于各国外汇市场都用现代化的通信技术(电话、电报、电传等)进行外汇交易,因此它们之间的联系非常紧密,形成一个统一的世界外汇市场。②时间连续性。世界上的各个外汇市场在营业时间上相互交替,形成一种循环作业格局。③汇率趋同性。空间的统一和时间的连续促使世界各地外汇市场的汇率趋于一致。

外汇市场是世界上最大的金融市场,它的市场职能有以下五个:①国际金融活动枢纽功能。国际金融活动只有通过在外汇市场上买卖外汇才能顺利进行。②形成外汇价格体系功能。外汇市场的一个重要功能是确定一国货币的汇率水平和各国货币的汇价体系。③调剂外汇余缺,调节外汇供求功能。④实现不同地区间的支付结算功能。⑤运用操作技术规避外汇风险功能。

(三)中国外汇市场的交易品种

中国外汇市场的交易品种主要包括即期外汇、远期外汇、外汇掉期、外币对和外汇期权等。

即期外汇交易是指交易双方以当天外汇市场价格成交,并在当日或第二个营业日进行交割的外汇业务。这是外汇交易的基本方式,银行与客户的外汇买卖及银行间的外汇买卖大多采取的是即期外汇交易。银行、非银行金融机构和非金融企业在此市场上平补交易头寸、管理汇率风险。目前有人民币对美元、港币、日元、欧元、英镑和马来西亚林吉特等交易。

远期外汇交易是指交易双方以约定的外汇币种、金额和汇率,在未来某一日期(距成交日两个工作日以上)交割的外汇对人民币的交易。经获准的金融机构或非金融企业用此交易管理汇率风险、锁定财务成本。例如,国内某个进口商签订了购货合同,需要在6个月后向国外支付100万美元货款。该企业可以与银行签订远期购汇合同,6个月后按照事先约定的汇率用人民币从银行购买100万美元。这样就避免了未来汇率波动给企业带来风险。同时,银行也可以在银行间外汇市场上再寻找一笔期限、金额和币种相同、方向相反的远期交易,将此风险转移出去。

外汇掉期交易是指交易双方约定在一先一后两个不同的交割日,进行方向相反的两次本外币交换的交易。在前一次货币交换中,一方用外汇按照约定汇率从另一方换入人民币,在后一次货币交换中,该方再用人民币按照另一约定汇率从另一方换回相同币种和数量的外汇。该交易可以帮助金融机构或非金融机构管理汇率风险,锁定财务成本。例如,国内某出口企业收到国外进口商的300万欧元货款,该企业需将货款结汇成人民币用于国内支出,但同时将于6个月后支付300万欧元的原材料进口货款。这时就可以与银行进行一笔即期对6个月远期的人民币与外币掉期业务,也就是即期卖出300万欧元,6个月后再以事先约定的汇率以人民币买入300万欧元。通过上述交易,该企业可以轧平其中的资金缺口,规避风险。银行同样可以在银行间外汇市场上进行一笔期限、金额和币种相同但方向相反的掉期交易,从而转移风险。

外币对交易是中国外汇交易中心提供的外币与外币间的交易业务。具有自营或代客买卖外汇业务的银行、非银行金融机构和非金融企业等可申请成为银行间外币对会员。

外汇期权交易是一种衍生的外汇交易方式,是买方与卖方签订协议,买方花费一定的保险费获得未来一定时期或某一固定日期按某一价格从卖方手中买进或卖出一定数量货币的权利。

(四)中国外汇市场的发展历程

我国现代外汇市场始于20世纪90年代初。1994年1月1日,我国开始实行银行结售汇制度,建立了全国统一规范的银行间外汇市场。同年4月4日,中国外汇交易系统正式启动运营,并在上海成立了银行间外汇交易中心。初期,银行间外汇市场仅有即期外汇交易业务。后来我国外汇市场不断完善交易品种,迄今为止,我国外汇市场已具有即期、远期、外汇掉期、货币掉期和期权等基础产品,基本满足了各类市场主体的汇率风险需求。

改革开放后的外汇市场发展历程可以分为以下四个阶段:

1. 外汇调剂阶段:1979—1993年

我国从1979年起实施外汇留成制度,当时银行结售汇头寸受监管部门管制,当日盈余或不足部分必须及时抛补,不能超限。为了实现头寸调剂,1980年起开办银行间外汇额度调剂,并陆续在全国建立了100多家外汇调剂中心。在这个阶段,外汇交易市场化程度相当有限,企业、银行的行为对外汇供求关系的影响不大,当时并不存在真正的外汇市场。

2. 银行间外汇市场初级阶段:1994—2004年

1994年,外汇留成制度取消,转而实行结售汇制度。外汇管理部门对银行结售汇周转头寸实行限额管理;超过或不足限额的部分,可通过银行间外汇市场售出或补充。银行间外汇市场正式建立,通过交易所集中竞价的交易方式,为各外汇指定银行相互调剂余缺和清算服务。

此后,我国关闭了外汇调剂中心,外商投资企业的外汇买卖全部纳入银行结售汇体系;同时,对境内居民个人因私用汇大幅提高供汇标准,扩大供汇用汇范围。

1994 年 4 月 5 日,我国银行间外汇市场开办港币交易;1995 年 3 月 1 日,增设日元交易;2002 年增加欧元交易;自 2003 年 2 月 8 日起,银行间外汇市场实行全天交易,同年 10 月允许交易主体当日进行双向交易。

3. 银行间外汇市场发展阶段:2005—2015 年

伴随着 2005 年汇率改革,我国外汇买卖的自由度进一步提升。2008 年 4 月,强制结售汇制度取消,企业账户限额和个人购汇额度扩大。

在银行间外汇市场上,询价交易模式诞生,并代替竞价交易成为市场主导。2006 年 1 月 4 日,引入了做市商询价交易制度,为市场提供流动性。此后银行间外汇市场参与主体不断扩大,外资银行逐步进入。

我国银行间外汇市场持续进行产品创新。2005 年 5 月 18 日开办了 8 种外币对交易;同年 8 月,银行间外汇市场正式推出了人民币外汇远期交易;2006 年 4 月,银行间外汇市场推出了人民币外汇掉期交易;2007 年 8 月,银行间外汇市场推出人民币外汇货币掉期交易;2010 年 6 月 7 日,新增美元对新加坡元外币对交易;同年 8 月 19 日,开办人民币对马来西亚林吉特交易;2011 年 4 月 1 日,我国银行间外汇市场正式开展人民币对外汇期权交易。

4. 人民币国际化背景下的新发展:2016 年至今

2016 年 10 月 1 日,人民币正式加入国际货币基金组织特别提款权货币篮子,成为继美元、欧元、日元和英镑之后的又一个国际储备货币,并成为其中唯一的新兴经济体货币。外汇市场发展要积极把握人民币汇率市场化、资本项目可兑换和人民币国际化带来的机遇与挑战。首先,面对人民币汇率双向波动,市场主体要主动管理汇率风险,促进外汇衍生品市场持续、稳步发展;其次,资本市场加快对外开放和融入全球市场,将为外汇市场发展增加新的参与主体并释放交易需求;最后,人民币国际化进程中,人民币的广泛使用将促进全球人民币外汇交易,推动离岸市场与在岸市场的融合发展。

第四节　人民币国际化进程

一、人民币国际化的内涵与政策历程

(一) 人民币国际化的内涵

货币的国际化是指一国的主权货币可以在国际上流通和使用,即可以在国际市场作为计价、结算、流通和储备工具被广泛接受,在国际贸易结算、国际金融交易以及官方外汇储备中占有显著比例和地位。[1]

---

① 江小涓. 中国开放 30 年:增长、结构与体制变迁[M]. 北京:人民出版社,2008.

中国作为一个发展中大国,在世界政治和经济中占据越来越重要的地位,因此人民币国际化的最终目标是在国际货币体系中拥有和美元、欧元并驾齐驱的地位。①

一是人民币可以在境内境外自由兑换,可以在境外银行开设人民币账户,在境外使用人民币为基础的信用卡和借记卡以及小金额的现金。

二是国际贸易中采用人民币作为计价和支付货币,包括涉及中国的进出口贸易和不涉及中国的国际贸易。

三是人民币可以作为国际投资和融资的货币,包括实体经济的对外直接投资、并购等活动,以及虚拟经济领域的各种金融资产及其衍生品。

四是人民币可以作为国际储备货币,成为各国政府或中央银行干预市场的手段,并且在特别提款权中占据较大的比例。

人民币国际化最终目标的实现需要中国金融体系和国际金融体系的相互作用及演化。中国人民大学国际货币研究所发布的《人民币国际化报告 2018》显示,截至 2017 年第四季度,人民币国际化指数为 3.13,而同期的美元国际化指数为 54.85,欧元国际化指数为 19.90。所以,人民币国际化任重而道远,面对挑战与机遇共存的国际经济形势,人民币国际化正在稳中求进。

(二) 人民币对外政策的演进历程

2009 年,中国政府正式推出人民币国际化政策,它昭示着人民币对外政策从封闭走向开放。人民币国际化是一个逐渐演化的过程,伴随着中国外部环境的变化、中国经济体制的变化以及中国经济实力的变化。从人民币诞生之日起,人民币对外政策主要经历了三个阶段:

1. 人民币"非国际化政策"实施期:1949—1992 年

1948 年 12 月 1 日,中国人民银行成立,人民币成为中国的法定货币。在人民币开始使用之初,中国人民银行就采取了"非国际化政策",其核心是:在资本项目和经常项目下,禁止使用人民币对外进行结算。此后,政府明确出台了相关管理办法,强化了该政策,即 1951 年 3 月出台的《禁止国家货币出入境办法》,全面禁止人民币在境外使用和流通。

截至 20 世纪 90 年代,中国人民银行对人民币"非国际化政策"进行过两次微调:一是 1957 年规定允许中国居民出入境携带 5 元人民币;二是 1987 年将 5 元的限额上调至 200 元。这些调整局限于个人携带现金金额,中国对外经济活动仍一律限制使用人民币。

新中国成立初期,中国封闭的对外经济体制和计划经济手段使得政府不得不采取"非国际化政策";而改革开放后,政府在一段时期内仍然延续使用人民币"非国际化政策"则是出于维护货币政策的独立性和稳定国内金融的需要。

2. 人民币"非国际化政策"松动期:1993—2007 年

20 世纪 90 年代中后期,随着中国经济的迅速发展,人民币开始出现周边化现象,即一部分周边国家和地区的居民、企业开始接受人民币现金的使用。境外人民币流通主要

① 成思危. 人民币国际化之路[M]. 北京:中信出版社,2014.

集中在蒙古、越南、老挝、缅甸等，这也预示着人民币已经出现了国际化的雏形，即人民币周边化趋势。这一时期的人民币“非国际化政策”开始松动，政府对人民币政策进行了一系列的调整（见表 12-1）。

表 12-1　人民币政策调整：1993—2007 年

要点	政策调整内容
第一，大幅提高了居民和非居民出入境可携带的人民币现金限额；	1993 年，出入境携带现金金额上调到 6 000 元
	1993 年 5 月，中越两国央行签署《中越关于结算与合作协定》，双方同意可以选择双边货币进行边境贸易结算
第二，允许边境贸易使用人民币现金和使用双边货币进行银行结算，人民币结算的合法化意味着人民币开始正式发挥国际支付货币的职能；	1994 年，云南省正式开通中越人民币边境贸易结算渠道
	2003 年 3 月，国家外汇管理局发布《关于境内机构对外贸易中以人民币作为计价货币有关问题的通知》
	2003 年 7 月，合格境外机构投资者（QFII）机制正式出台，非居民可以在规定额度内对人民币资产进行投资
	2004 年 2 月，香港地区开始试办人民币存款业务
第三，允许香港地区经营一部分人民币业务；	2004 年年末，财政部批准国际金融公司、亚洲开发银行和日本国际协力银行在中国境内发行总额为 40 亿元的人民币债券
	2005 年，将非居民和居民出入境可携带的人民币金额上调到 2 万元
第四，人民币出现周边化的发展趋势	2005 年 3 月，政府发布《国际开发机构人民币债券发行管理暂行办法》
	2007 年 6 月后，内地金融机构相继在香港发行 270 亿元人民币债券

资料来源：周宇，孙立行，等. 人民币国际化：理论依据、战略规划和营运中心[M]. 上海：上海社会科学院出版社，2014.

但是，这一时期的人民币对外政策调整比较被动，政府基本没有主动出台促进人民币国际化的政策，其主要调整局限于接受和认可已经出现的人民币跨境流动。另外，这一时期的政策调整也未涉及人民币“非国际化政策”的核心，人民币无法通过银行系统进入远离边境的国家和地区，所以人民币的跨境使用只能止步于周边国家和地区。

3. 人民币“国际化政策”出台期：2008 年至今

从 2008 年下半年开始，人民币开始了从“非国际化政策”到“国际化政策”的调整。2009 年，中国政府正式推出人民币国际化政策，拉开了人民币国际化的序幕。2008—2018 年，中国宏观经济和金融监管部门针对人民币国际化出台了一系列的政策方针，在跨境贸易人民币结算、境外人民币银行账户结算、境外直接投资人民币结算、合格境内投资者、股票债券市场跨境互通等方面进行规范和引导，支持人民币国际化（见表 12-2）。

表 12-2　人民币国际化重要政策

要点	政策调整内容
	2008 年 12 月，中国与韩国、印度尼西亚等 6 个国家签署了 6 500 亿元人民币的双边货币互换协议
	2008 年 12 月，对广东、长三角地区与港澳地区，广西、云南与东盟的货物贸易采用人民币结算试点措施
	2009 年 4 月 18 日，有关文件指出到 2020 年把上海基本建成与中国经济实力以及人民币国际化地位相适应的国际金融中心

(续表)

要点	政策调整内容
第一，受全球金融危机的影响，舆论界形成了中国应该推进人民币国际化的共识； 第二，中国政府推出跨境贸易人民币结算试点，人民币在一般贸易项目下正式发挥国际支付手段的职能； 第三，以主流金融机构未终结的人民币结算拉开了人民币区域化和国际化的序幕； 第四，人民币相关配套措施出台，人民币跨境使用从经常项目扩展到资本项目	2009年7月，出台《跨境贸易人民币结算试点管理办法》
	2009年9月，政府在香港发行60亿元的人民币国债
	2010年6月17日，出台《关于扩大跨境贸易人民币结算试点有关问题的通知》
	2011年1月，出台《境外直接投资人民币结算试点管理办法》，允许跨境贸易人民币结算试点地区的银行和企业开展境外直接投资人民币结算试点
	2011年12月，出台《基金管理公司、证券公司人民币合格境外机构投资者境内证券投资试点办法》
	2012年4月3日，香港地区人民币合格境外机构投资者(RQFII)试点额度扩大500亿元人民币
	2014年11月5日，中国人民银行出台《关于人民币合格境内机构投资者境外证券投资有关事项的通知》
	2015年10月8日，人民币跨境支付系统(一期)成功上线运行
	2015年11月25日，首批境外央行类机构在中国外汇交易中心完成备案，正式进入中国银行间外汇市场
	2016年11月22日，出台《关于内地与香港股票市场交易互联互通机制有关问题的通知》；12月5日“深港通”正式启动
	2016年10月1日，人民币正式纳入国际货币基金组织特别提款权货币篮子
	国际货币基金组织于2017年首次公布人民币储备信息，2017年第四季度，官方外汇储备货币构成中报送国持有人民币储备规模为1 128亿美元
	2018年1月，中国人民银行与中国银行台北分行续签《关于人民币业务的清算协议》；2月，中国人民银行授权美国摩根大通银行担任美国境内第二家人民币业务清算行

资料来源：周宇，孙立行，等. 人民币国际化：理论依据、战略规划和营运中心[M]. 上海：上海社会科学院出版社，2014；国家发展和改革委员会国际合作中心对外开放课题组. 中国对外开放40年[M]. 北京：人民出版社，2018.

二、人民币国际化的总体进展与成效

(一) 人民币国际化的总体进展

1978年，人民币仅仅是纯粹的本国货币。但随着改革开放四十多年来中国对外贸易、投资和居民境外使用需求的快速增长，人民币已经在全球货币体系中占有一席之地。2016年10月1日，人民币正式纳入国际货币基金组织特别提款权货币篮子，这是人民币国际化进程中的重要里程碑事件。据环球银行金融电信协会统计，2018年，人民币成为全球第五大支付货币，市场占有率为1.66%。

从人民币国际化指数来看，2010年年初人民币国际化指数只有0.02，人民币在国际市场上的使用几乎空白，但是到2015年年末，人民币国际化指数已经攀升至3.60。2017年，人民币国际化逐渐消化了前期负面冲击，在波动中显著回升，在全球货币体系中保持了稳定地位，人民币国际化指数为3.13。同时，资本项目下人民币使用也取得了突破性进展：人民币国际信贷全球占比同比增长1.01%；"债券通"进一步加快了我国资本市场的开放步伐；"熊猫债"市场稳步向前，"点心债"市场出现回暖，产品体系不断完善。人民币国际化的总体进展如表12-3所示。

表12-3　人民币国际化的总体进展

人民币稳居中国跨境收付第二大货币	2016年，跨境人民币收付金额合计9.85万亿元，占同期本外币跨境收付金额的25.2%，人民币连续六年成为中国第二大跨境收付货币。截至2018年年末，使用人民币进行跨境结算的境内企业已超过34.9万家
人民币国际使用稳步发展	截至2016年年末，中国境内银行的非居民人民币存款余额为9 154.7亿元，主要离岸市场人民币存款余额为1.12万亿元，人民币国际债券未偿余额为7 132.9亿元。截至2018年2月末，共有652家境外机构获准进入中国银行间债券市场，入市总投资备案规模约2.09万亿元；境外主体持有境内人民币股票、债券、贷款以及存款等金融资产余额合计4.47万亿元，同比增长39.6%。截至3月末，"熊猫债"累计注册或核准额度为6 240.1亿元，累计发行金额为2 457亿元。国际货币基金组织于2017年首次公布人民币储备信息，2017年第四季度，官方外汇储备货币构成中报送国持有人民币储备规模为1 128亿美元。据不完全统计，截至2018年，共有60多个国家和地区将人民币纳入外汇储备
人民币资本项目可兑换稳步推进	2016年，将全口径跨境融资宏观审慎管理试点范围扩大至全国；进一步开放和便利境外机构投资银行间债券市场，完善"沪港通"机制，取消总额度限制
人民币国际合作成效显著	截至2018年年末，中国人民银行与38个国家和地区的中央银行或货币当局签署了双边本币互换协议，协议总规模超过3.3万亿元人民币；在23个国家和地区建立了人民币清算安排，覆盖东南亚、欧洲、中东、美洲、大洋洲和非洲等地，便利境外主体持有和使用人民币

资料来源：国家发展和改革委员会国际合作中心对外开放课题组. 中国对外开放40年[M]. 北京：人民出版社，2018.

（二）人民币国际化的发展成效

2009年以来，人民币国际化的快速发展引起了国内外各界的广泛关注，作为人民币国际化的主要成果，人民币跨境收付业务、人民币作为外汇储备货币、人民币国际债券与货币市场工具、人民币外汇交易和中国资本账户开放等在短短几年内得到了显著的发展。

1. 人民币跨境收付业务

人民币跨境收付业务整体呈现稳定增长态势。自2009年以来，跨境贸易人民币结算迅速发展，人民币作为贸易结算货币地位快速上升。2009—2014年，跨境贸易人民币结算金额同比增长速度一直保持在30%以上。2015年第三季度后增长速度略有下降，并在 2016—2017 年连续两年持续下降。

同期,人民币对外直接投资额和人民币外商直接投资额迅猛发展;直至 2017 年首次出现人民币对外投资规模的下降,而自 2016 年起人民币外商直接投资连续两年下降。

从以上数据可以看出,人民币跨境收付业务维持了较快增长的势头,但是幅度明显有所放缓且出现调整性下降。

2. 人民币作为外汇储备货币

根据国际货币基金组织官方外汇储备货币构成的季度数据可知,截至 2017 年年末,人民币储备约为 1 228 亿美元,占标明币种构成外汇储备金额的 1.23%。据不完全统计,至今已经有超过 60 个境外央行或货币当局将人民币纳入官方外汇储备,全球有超过 25 万家企业和 340 家银行开展了跨境人民币业务,195 个国家和地区支持跨境人民币支付业务。

2018 年 5 月,东部和南部非洲宏观经济和金融管理研究所(MEFMI)的一份声明称,来自该地区 14 个国家的央行和政府官员将在津巴布韦首都哈拉雷的一次论坛上开会讨论将人民币作为储备货币的可行性。

截至 2018 年年末,中国人民银行已与 38 个国家和地区的中央银行或货币当局签署了双边本币互换协议,协议总金额超过 3.3 万亿元人民币。

3. 人民币国际债券与货币市场工具

人民币国际债券与货币市场工具一直保持着良好的发展态势。2010 年后,人民币国际债券和票据未偿余额始终保持较快的增长速度。

人民币国际债券最早以“熊猫债”形式面世。它是指境外机构在我国境内发行的人民币债券。因这类债券通常以发行地最具特色的吉祥物命名,故被称为“熊猫债”。随着利率市场化、汇率市场化改革以及资本账户开放,“熊猫债”发展速度有所提升,助力境外机构境内融资。同时,“点心债”拓展迅速,离岸市场百花齐放,境外人民币投资需求得以满足。

4. 人民币外汇交易

2018 年,人民币即期外汇交易成交金额为 11.06 万亿美元,同比增长 16.6%;人民币外汇和货币掉期交易成交金额为 16.6 万亿美元,同比增长 22.5%;人民币远期外汇交易成交金额为 5 419 亿美元;人民币外汇期权交易成交金额为 8 474 亿美元。图 12-3 显示了 2015—2018 年中国外汇市场的交易概况。

5. 中国资本账户开放

随着中国金融改革的深化,近年来,中国资本项目开放步伐明显加快。2002—2012 年,中国出台资本项目改革措施 50 余项。与此同时,新加坡等地的人民币离岸市场建设也逐步深化。资本项目逐步开放是人民币国际化的必要条件。

在《2017 年汇兑安排与汇兑限制年报》对中国 2016 年资本账户管制的描述中,不可兑换项目有两大项,主要集中于非居民参与国内货币市场和衍生工具的出售与发行;部分可兑换的项目主要集中在债券市场交易、股票市场交易、房地产交易和个人资本交易等;《人民币国际化报告 2018》计算得出 2016 年中国的资本开放度为 0.690,同比提高了 27.4%。

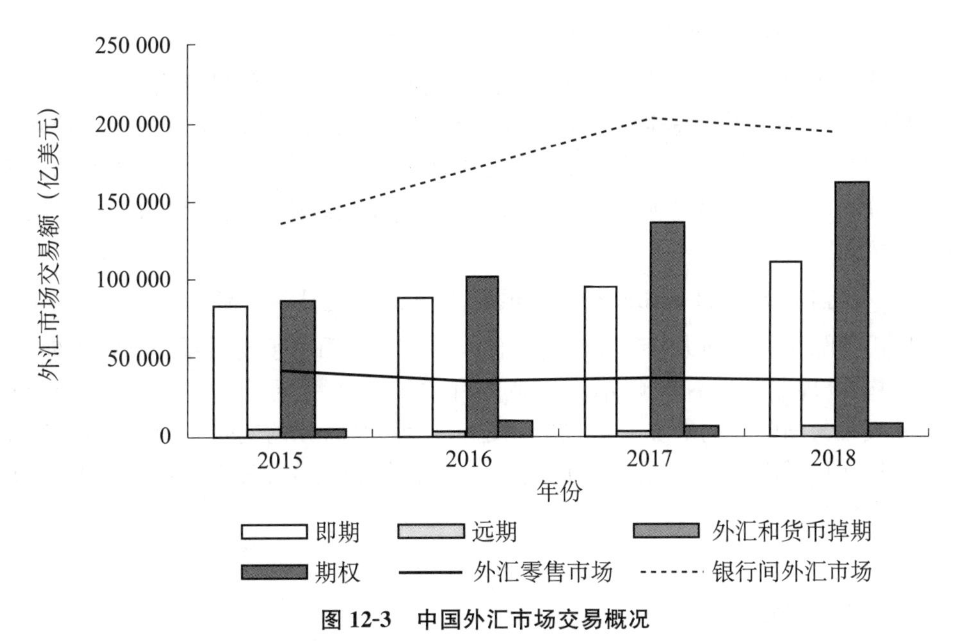

图 12-3 中国外汇市场交易概况

资料来源：国家外汇管理局网站。

三、人民币国际化的主要障碍

2009 年以来，人民币国际化迅速发展，尤其是人民币纳入特别提款权，初步奠定了人民币国际储备货币的地位。但是，在当前"一超多元"的国际货币格局下，人民币想要打破国际市场对美元、欧元的使用惯性、路径依赖，获得广泛使用的网络效应，还需要很长一段时间的努力，人民币国际化仍然面临许多障碍。①

（一）全球货币政策酝酿变局，金融市场流动性与溢出效应上升

全球主要经济体的货币政策面临转向，美联储开启加息和缩表进程，欧洲央行、日本央行等退出极度宽松货币政策的预期上升，将对汇率、利率以及资产价格产生较大影响，短期资金流动的不确定性上升。特别是在当前全球金融资产分布相对单一的情况下，货币"竞争"加剧，汇率波动扩大，使得风险传染性和溢出效应增大，发展中国家金融脆弱性显著上升，对人民币跨境与离岸使用形成一定阻碍。

（二）人民币金融产品不够丰富，市场体系有待健全

尽管离岸人民币市场建设进入成长阶段，产品多样化、规模和交易活跃性有所改善。然而，受到宏观审慎监管、创新能力、市场结构等因素的影响，境内人民币金融产品体系较美元、欧元等仍存在一定差距，2017 年离岸人民币资金池仍处于萎缩状态。"点心债"发行低迷，缺乏丰富的产品，市场不够活跃。特别是汇率风险管理手段难以满足国际社会的需要，非居民缺乏充足便捷的人民币使用渠道和使用方式，对人民币跨境使用产生负面效应。

---

① 中国人民大学国际货币研究所. 人民币国际化报告 2018[R/OL]. (2018－07－20)[2021－03－31]. http://www.199it.com/archives/750776.html.

(三) 合规审查,人民币跨境流动通畅度有待提高

在全球金融形势复杂多变的背景下,为了守住不发生金融危机的底线,中国加强了资本项目的管理,完善资本跨境流动的真实、合规性审核,有效遏制了前些年比较盛行的没有真实贸易背景的套利和投机性资本跨境流动,减少了一部分人民币跨境流动。资金进出境手续增多,便利性有所减弱,人民币跨境流动通畅度下降,对人民币跨境与离岸使用造成了负面影响。

(四) 人民币跨境支付系统业务不及预期,基础设施建设相对滞后

人民币国际化需要强大基础设施的支撑。尽管人民币跨境支付系统已投入使用,但是参与机构、处理业务量不及预期,存在业务种类相对单一、证券清算结算系统割裂、交易流程和政策与国际惯例未统一对接等问题。与美元、欧元的支付系统相比,人民币跨境支付系统在货币政策传导、资金周转优化、金融监管和经济预测等方面存在明显短板,亟待进一步完善。

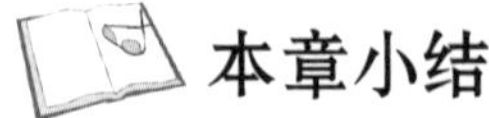

本章小结

本章主要介绍了我国外汇管理与外贸金融政策的有关内容。外汇是我国对外经济贸易的桥梁。外汇管理包括经常项目外汇管理、资本项目外汇管理、金融机构外汇业务管理、人民币汇率与外汇市场管理及国际收支统计与监测等内容。我国的外汇体系发展从计划经济时期高度集中、计划控制,到经济转型时期的外汇留成、市场调剂,再到适应社会主义市场经济发展的以市场调节为主的外汇管理制度,其体制建设取得了很大的成绩,同时也面临新的挑战。

与此同时进行的是人民币汇率政策的改革。经过 1949—1993 年汇率政策演变后,我国于 1994 年实现了人民币汇率并轨,实行以市场供求为基础的、单一的、有管理的浮动汇率制度。自 2005 年起,我国开始实行以市场供求为基础、参考一篮子货币进行调节、有管理的浮动汇率制度。2015 年至今,我国一直在进行汇率中间价报价机制改革。改革开放四十多年,我国的外汇市场正稳步向市场化方向迈进。

人民币国际化是指人民币能够在境外流通,成为国际上普遍认可的计价、结算及储备货币的过程。最近几年,我国出台了一系列政策加快人民币国际化的步伐,推动人民币朝着世界货币的方向发展。

? 思考题

1. 我国外汇管理的内容主要有哪些?
2. 我国外汇管理的目标是什么?
3. 1994 年我国外汇管理体制方面有哪些改革措施?
4. 2015 年以来我国对人民币汇率形成机制实行了怎样的改革?
5. 我国人民币国际化的总体进展与成效如何?

第十三章　海关管理与外贸税收政策

【学习目标】

通过本章的学习，学生应了解中国海关管理体制和职责，掌握中国现行的关税政策、原产地规则和贸易便利化等知识。

【素养目标】

本章通过介绍海关基本职责与管理制度、关税税则与我国关税结构调整以及原产地规则实施的情况，帮助学生了解国家海关管理的基本方法、协定税率变化的政治经济原因与原产地规则的重要意义，促使学生深入理解海关与关税在对外贸易中的独特地位。

引导案例

海关总署开展禁止洋垃圾入境"蓝天2020"专项第一轮集中打击

2020年6月10日6时，在海关总署的统一指挥下，广东分署以及天津、大连、南京、宁波、青岛、广州、深圳、汕头、黄埔、江门、湛江、昆明等12个直属海关出动警力874名，在天津、山东、广东、云南等9个省市同步开展集中收网行动，一举打掉涉嫌走私犯罪团伙38个，抓获犯罪嫌疑人80名，查证废矿渣、污油水等涉案货物104.14万吨(其中，现场查扣废矿渣等涉案货物59.88万吨)。

据介绍，全国海关坚决贯彻落实习近平总书记重要指示批示精神，针对新情况新问题，坚持打防并举、内外协同，锲而不舍、一以贯之，切实切断"洋垃圾"走私供需利益链。2020年1—5月，我国进口固体废物322.5万吨，同比下降45.2%；其间，海关总署克服疫情影响，持续发力，立案侦办走私固体废物刑事案件81起，同比下降58.1%。

下一步，海关总署将坚决贯彻习近平生态文明思想，全面落实禁止"洋垃圾"入境工作，加强联防联控和国际执法合作，严密海关正面监管，坚持集中打击和常态化打击相结合，持续加大打击走私力度，提升综合治理效能，全力打好蓝天、碧水、净土保卫战。

资料来源：中华人民共和国海关总署. 海关总署开展禁止洋垃圾入境"蓝天2020"专项第一轮集中打击[EB/OL]. (2020-06-10)[2021-03-31]. http://www.customs.gov.cn/customs/ztzl86/302414/302417/3022491/3022496/3122357/index.html.

第一节　海关制度与海关管理

海关是依据本国的法律、行政法规行使进出口监督管理职权的国家行政机关，有权对不符合国家法律规定的进出口货物、物品不予放行，并进行罚款、没收或销毁。海关一般设在边境、沿海地区，有些国家也在首都及重要城市设立海关。根据《海关法》的规定，国务院设立海关总署，统一管理全国海关。国家在对外开放的口岸和海关监督业务集中的地点设立海关。海关的隶属关系不受行政区划的限制。海关依法独立行使职权，向海关总署负责。

一、海关概述

《海关法》规定，海关是代表国家在进出境活动中行使监管职能的行政管理和执法机关，肩负着依法对进出境的运输工具、货物、行李物品、邮递物品和其他物品进行监督管理，征收关税和其他税、费，查缉走私，并编制海关统计和办理其他海关业务等神圣职责。

海关是国家的进出关境监督管理机关，其权力来自国家，是代表国家在进出关境环节实施监督管理的机关。中国海关机构的设置一般分为海关总署、直属海关和隶属海关三级。海关实行垂直领导的体制，即隶属海关由直属海关领导，向直属海关负责；直属海关由海关总署领导，向海关总署负责。海关按照《海关法》和国家有关法律、法规，在国家赋予的职权范围内自主、全权地行使海关监督管理权，不受地方政府（包括同级党政机构）和有关部门的干预。

中国海关总署是中华人民共和国国务院下属的正部级直属机构，负责全国海关工作。海关总署现有 21 个署内部门、10 个在京直属企事业单位，管理 2 个社会团体（中国海关学会、中国进出境生物安全研究会），并在欧盟、俄罗斯、美国等地设立驻外机构。全国目前共有 47 个直属海关单位，包括广东分署，天津、上海特派办，42 个直属海关，2 所海关院校。中央纪委国家监委在海关总署派驻纪检监察组。

中国海关实行关衔制度。关衔设五等十三级。具体如下，一等：海关总监、海关副总监；二等：关务监督（一级、二级、三级）；三等：关务督察（一级、二级、三级）；四等：关务督办（一级、二级、三级）；五等：关务员（一级、二级）。

二、中国海关的基本职责

依照中国《海关法》等有关法律、法规，中国海关主要承担以下四项基本职责：

（一）监管进出境运输工具、货物、物品

中国海关总署依照《海关法》的规定，对进出境运输工具、货物、行李物品、邮递物品和其他物品进行监管。海关运用国家赋予的权力，通过接受申报、审核单证、查验放行、后续管理、查处违法行为等管理制度与管理程序，依法对进出境货物及人员实施行政管理，以保证一切进出境活动符合国家政策及法律规范，维护国家主权和利益。

（二）征收关税和其他税费

海关税收是国家财政收入的重要来源，也是国家实施宏观调控的重要工具。根据法律规定,中国海关总署除担负征收关税的任务外,还负责在进出口环节征收增值税、消费税等有关税费。正确贯彻关税政策,对一切应税货物及其他物品征收关税,是对外贸易管理中的重要手段,也是海关的基本职责之一。

（三）查缉走私

法律规定,海关是查缉走私的主管部门。中国海关总署为维护国民经济安全和对外贸易秩序,对走私犯罪行为给予坚决打击。中国实行“联合缉私、统一处理、综合治理”的缉私体制,海关在公安、工商等其他执法部门的配合下,负责组织、协调和管理缉私工作,对查获的走私案件统一处理。1999年组建的海关缉私警察队伍,是国家打击走私违法犯罪活动的主力军,其按照海关对缉私工作的统一部署和指挥,负责走私犯罪案件的侦查、拘留、执行逮捕、预审等工作,综合运用刑事执法与行政执法两种手段严厉打击走私。近年来,全国海关坚决查缉贩卖毒品、文物、武器弹药、濒危动植物以及传播反动、淫秽、盗版等走私违法犯罪活动,积极配合有关部门开展打击骗汇、骗退税、制售假冒伪劣等经济犯罪的行动,为维护国家经济安全和社会稳定作出了积极贡献。

（四）编制海关统计

根据《海关法》的规定,编制海关统计是中国海关的一项基本职能。海关统计是指对进出口货物贸易进行统计。通过对进出中国关境的货物进行统计调查和分析,海关总署可以科学、准确地把握中国对外贸易的运行态势,从而对贸易活动实施有效的监督与管理。自1980年起,海关总署先后与欧共体统计局、联合国统计局、国际货币基金组织等近二十个贸易统计机构建立了密切的合作关系。中国海关总署按月向社会发布中国对外贸易基本统计数据,其编辑出版的《中国海关统计》(月刊)、《中国海关统计年鉴》等统计刊物,为社会各界提供了详细的统计信息资料。

除以上四项基本职能外,随着当今世界经济一体化和区域经济集团化的发展,国际贸易、资金、科技以及人才交流日益频繁,海关职能也在不断扩展,目前已经涉及环保、社会安全、知识产权保护、反倾销和反补贴调查等方面。随着改革开放的不断深化、对外贸易的迅速发展,海关职能将不断衍生出新的内容。

三、中国海关管理制度改革

以党的十八届三中全会和海关总署全面深化改革领导小组的成立为标志,中国海关拉开了全面深化改革的大幕。2014年11月,海关总署正式出台《海关全面深化改革总体方案》,确定了海关未来改革的方向和路线,努力建设符合经济发展要求的现代化海关。从2014年开始,中国海关着力推行通关一体化改革。最初是在京津冀地区,2014年年底增加了长江经济带,2015年又在广东省内包括丝绸之路经济带和东北地区一共5个片区进行区域通关一体化改革,并实现了全国42个直属海关关区的全覆盖、5个关区之间区区联动的一体化。随后,通过打造“两个中心,三个制度”,全国通关一体化改革有序进行。“两个中心”指设立全国海关的风险防控中心和税收征管中心。通过实现集中的风险防控和税收的集中统一作业,让同一个企业在不同的海关面对统一的海关监管政策和要求,享受统一的通关便利待遇。“三个制度”主要是指:第一,建立“一次申报、分步处置”的申报制度，以降低企业货物存留在港口、码头、场站的时间，提高通关效率；第二，改革现行税收征管方式，由原来企业报关报税每一个票都要审价、归类、计征税收，改为主要靠企业自报、自缴税款，海关实行批量审核和税收稽查方式，监督税收入库；第三，改变以往以关区为区块的监管模式，由原来每一个直属海关自成体系，所有业务都是一个海关完成的模式，改为按照全国不同的类型，建立若干功能型海关的模式。

2018 年，全国通关一体化改革深入推进，“两个中心，三个制度”运转更加高效顺畅。2018 年 3 月 21 日，中共中央印发《深化党和国家机构改革方案》，规定“将出入境检验检疫管理职责和队伍划入海关总署”，2018 年 4 月 20 日起，出入境检验检疫统一以海关名义对外开展工作，一线旅检、查验和窗口岗位实现统一上岗、统一着海关制服、统一佩戴关衔，统一使用海关标识。经过这次改革，海关在原有安全准入（出）、税收征管等职能之外，新增了卫生检疫、动植物检疫、商品检验、进出口食品安全监管等职责。此后，入境由原来 9 个环节合并为 5 个环节，出境由原来 8 个环节合并为 5 个环节。同时，海关与检验检疫的原旅客通道进行合并，监管检查设备统一使用，行李物品只接受一次查验。

2019 年 3 月，海关总署发布《海关全面深化业务改革 2020 框架方案》，体现出海关在深入推进全国通关一体化和保证“两个中心，三个制度”高效运转的基础上，持续深化重点领域和关键环节改革；加快建立健全科学随机抽查与精准布控协同分工、优势互补的风险统控机制；完善一体化作业流程，实施进口“两步申报”的通关模式，实行进境安全风险防范“两段准入”和口岸分类提离；改革完善邮寄、快递渠道通关监管；深化加工贸易监管改革等。

2023 年 5 月 15 日，《海关总署关于修改部分规章的决定》公布，并自 2023 年 7 月 1 日起施行。具体内容涉及《中华人民共和国海关对保税仓库及所存货物的管理规定》（以下简称《保税仓库管理规定》）、《中华人民共和国海关对出口监管仓库及所存货物的管理办法》（以下简称《出口监管仓库管理办法》）和《进出口商品抽查检验管理办法》。对于《保税仓库管理规定》和《出口监管仓库管理办法》的修改包括：①简化保税仓库、出口监管仓库货物入仓流程；②优化行政审批流程；③删除保税仓库、出口监管仓库经营企业负责人和仓库管理人员培训的相关规定；④新增保税仓库、出口监管仓库货物限期提离规定及相应罚则等；⑤其他需要说明的条款，如新增海关对保税仓库、出口监管仓库“依法实施监管不影响地方政府和其他部门依法履行其相应职责”的表述等。对于《进出口商品抽查检验管理办法》的修改包括：①优化抽查检验计划制订及执行；②厘清海关职责边界；③其他需要说明的条款，如将第五条“预警通告”修改为“风险预警”等。

第二节　关税政策

关税是由一国海关代表国家，按照税法、税则的规定，对进出关境的货物和物品征收的一种国家税收。关税制度是一国对外贸易制度中的重要内容，主要通过关税法律法规来实施，涉及范围广泛。本节主要介绍关税概况、关税税则与协调编码制度以及关税结构调整等内容。

一、关税概况

关税的概念有广义和狭义之分。广义关税，不仅包括进出口环节的关税，还包括海关在进出口环节代征的其他国内税费，如增值税、消费税等；狭义关税仅指进出口环节的关税。关税是国家税收体系中的主要税种，属于国家税收，其征税主体是国家，海关只是代表国家执行征税。关税是国家主权的体现，是为了维护国家的主权利益、推动国家经济建设而存在的。

按照不同分类标准，关税有很多种分类方法。根据计征商品类别的不同，关税可分为正税和特别关税，其中特别关税包括反倾销税、反补贴税、保障措施关税、报复性关税、紧急关税、惩罚关税。根据征收目的的不同，关税可分为财政关税和保护关税。根据征税计征标准的不同，关税可分为从价税、从量税、复合税和滑准税。根据商品流向的不同，关税可分为进口关税、出口关税和过境关税。

关税在各国一般属于国家最高行政单位指定税率的高级税种，对于对外贸易发达的国家而言，关税往往是国家税收乃至国家财政收入的主要来源。关税的征税基础是关税完税价格。进口货物以海关审定的成交价值为基础的到岸价格为关税完税价格；出口货物以该货物销售到境外的离岸价格减去出口税后，经过海关审查确定的价格为完税价格。

关税的职能是指关税固有的、内在的、其本质所决定的功能，关税的传统职能主要体现在财政职能、保护职能和调节职能三个方面。国家设立税收的重要目的是增加国家的财政收入，因此财政职能是关税的一项基本职能。关税的保护职能是指通过对进口商品征收高关税来保护本国产业发展。此外，由于征收关税会对本国和其他国家经济利益产生影响，因此征收关税还可以起到调节本国和国际市场贸易平衡及经济发展的作用，具体体现在以下几个方面：第一，对不同国家采用不同的关税政策，可以调节国际贸易关系，缓解关税歧视和关税报复等问题；第二，对不同进口货物征收不同关税，可以调节本国产业发展，促进各行业资源合理分配，生产领域合理布局；第三，可以调节全球生产要素和资源的流动。关税的职能不是一成不变的，随着经济的发展，关税的财政职能不断弱化，保护职能出现一些不容忽视的负面效应，调节职能日益增强。

改革开放以来，我国不断提高对外开放水平，积极与其他国家和地区进行经贸往来。1990 年，我国开放了个人和民营企业下海经商的政策，不再将对外贸易活动垄断在商务部和国有企业手中，极大促进了我国进出口贸易的发展。图 13-1 显示，1978 年以来，我国关税收入呈逐年增加的趋势，虽然个别年份有所下滑，但总体保持稳定上升的趋势，1978 年我国关税收入仅有 28.76 亿元，2019 年达到 2 889.11 亿元。图 13-2 显示，我国关税收入占税收总额的比重大致呈现先上升后下降的趋势，关税收入占税收总额的比重下降在一定程度上表明我国财政收入对关税收入的依赖性在降低，关税的财政职能不断弱化。

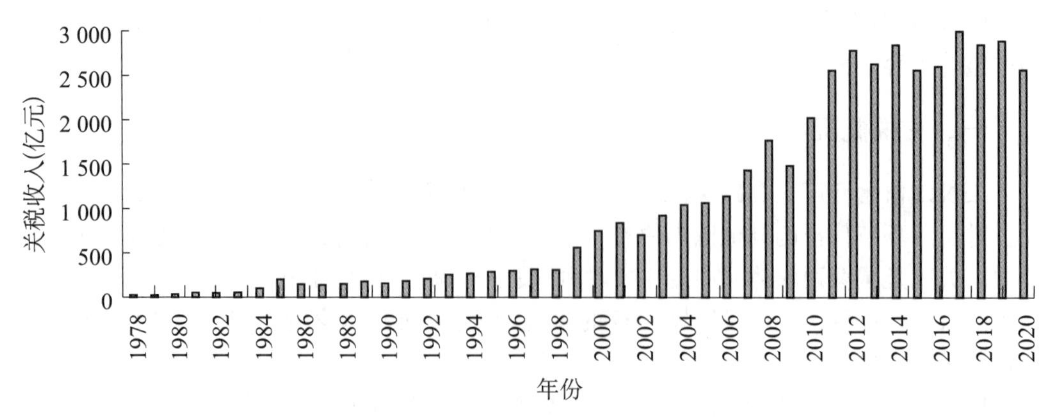

图 13-1　1978—2020 年中国关税收入

资料来源:《中国统计年鉴》。

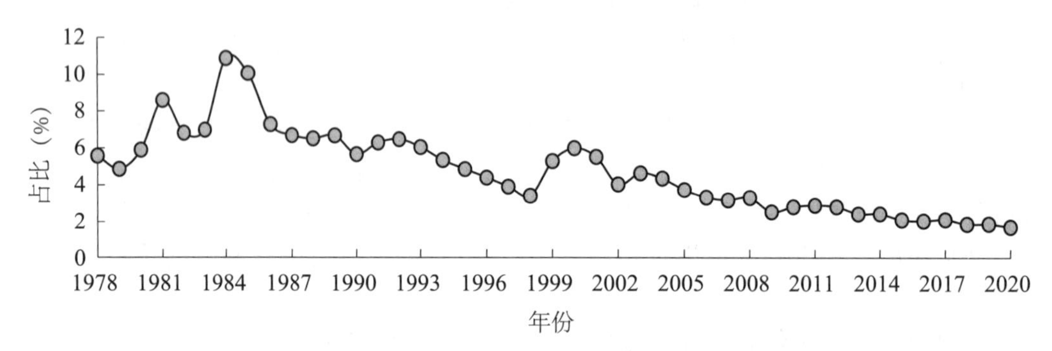

图 13-2　1978—2020 年中国关税收入占税收总额的比重

资料来源:《中国统计年鉴》。

二、关税税则与协调编码制度

(一) 关税税则

关税税则也称海关税则、关税税率表,是指一国制定和公布的据以对进出其关境的货物计征关税的条例和税率的分类表,其中,有海关征收关税的规章条例及说明,也有海关的关税税率表。关税税率表包括各项征税或免税货物的详细名称、征税标准(从价或从量)、计税单位等信息。税则中的商品分类,有的按商品加工程度划分,有的按商品性质划分,也有的按两者结合划分,先按商品性质分成大类,再按加工程度分成小类。世界上多数国家采用欧洲关税同盟研究小组拟定的《布鲁塞尔税则目录》。

关税税则的分类包括自主税则和协定税则,进口税则、出口税则和进出口税则,单式税则和复式税则。其中,单式税则也叫一栏税则,即一个税目只有一个税率,适用于来自任何国家的商品,没有差别待遇。而主要发达国家为了在关税上实施差别和歧视待遇,或争取关税上的互惠,都放弃单式税则转为采用复式税则。复式税则也叫多栏税则,即对一个税目设置多个税率,对来自不同国家或地区的进口商品,给予不同的关税税率待遇。复式税则有二栏、三栏和四栏不等。

国务院关税税则委员会编纂并发布的中国《进出口税则》，是中国《进出口关税条例》的重要组成部分，包括根据国家关税政策以及有关国际协定确定的进出口关税税目、税率及归类规则等，是海关计征关税的依据。现行的中国《进出口税则(2021)》包括进出口税目、最惠国税率、进口暂定税率、协定税率，除已公布的税目税率外，法律、行政法规等对进出口关税税目、税率调整另有规定的，仍依照法律、行政法规等实行。

(二) 世界海关组织的协调编码制度

1948年，联合国统计委员会制定了《国际贸易标准分类》(Standard International Trade Classification，SITC)。欧洲经济委员会(欧洲海关同盟)于1950年12月15日在布鲁塞尔签订了《海关税则商品分类目录公约》，1975年正式更名为《海关合作理事会税则商品分类目录》(Customs Co-operation Council Nomenclature，CCCN)。SITC和CCCN的产生，对简化国际贸易程序、提高工作效率起到了积极的推动作用。但两套编码同时存在，不可避免地使商品在国际贸易往来中因分类方法不同而需重新对应分类、命名和编码，这些都阻碍了信息的传递，降低了贸易效率，增加了贸易成本。因此，从1973年5月开始，海关合作理事会成立了协调制度临时委员会，着手编制一套国际通用的协调统一商品分类目录。

在1983年6月海关合作理事会第61届会议上，《商品名称及编码协调制度的国际公约》(以下简称《协调制度公约》)及其附件《商品名称及编码协调制度》(Harmonized System，HS，简称《协调制度》)正式通过，《协调制度》涵盖了CCCN和SITC两大分类编码体系，于1988年1月1日正式实施。世界各国在国际贸易领域中所采用的商品分类和编码体系有史以来第一次得到了统一。《协调制度》是目前世界上使用最多的编码制度，适合于与国际贸易有关的各方面需要，是国际贸易商品分类的"标准语言"。《协调制度》的主要内容是品目和子目，即代表各种各样商品名称及其规格的列目，《协调制度》将国际贸易涉及的各种商品按照生产部类、自然属性和不同功能用途等分为21类、97章(其中第77章为空章)，章下再分为品目和子目，即4位数品目和6位数子目。其中，"类"基本上按社会生产部类分类，将属于同一生产部类的产品归在同一类中。"章"的分类有两种情况：一是按商品原材料的属性分类，相同原材料的产品一般归入同一章，在章内按产品加工程度从原料到成品顺序排列；二是按商品的用途或性能分类。并且各章都有一个"其他"子目，使任何国际贸易商品都能在这个分类体系中找到适当位置。加入《协调制度公约》的成员均使用《协调制度》作为编制本国税则及统计目录的基础，即这些国家的进出口税则及海关统计商品目录的前六位数都与《协调制度》目录相同。《协调制度》中的HS国际标准编码为6位，部分国家根据本国的实际，已分出第7、8、9、10位数码。

为适应国际贸易形式的变化及科技发展、保护环境等的需要，世界海关组织每4～6年对《协调制度》进行一次全面修订(称为一个"审议循环")，目前已经进行了六次修订，形成了7个版本，分别是HS 2022、HS 2017、HS 2012、HS 2007、HS 2002 、HS 1996和HS 1988。《协调制度》每一审议循环的修订都有侧重，如第三审议循环(2002－2007年)的修订重点为信息技术产品方面；第四审议循环(2007—2012年)的修订重点在社会及环境事务方面；第五审议循环(2012—2017年)的修订重点为全球关注的环境及社会相关事务，主要关注环境保护、生态可持续发展、科学技术的新变化、国际贸易新业态的发展等方面,进一步明确了商品分类;第六审议循环(2014—2022年)则关注新技术发展和新产品,顺应产业和贸易发展变化,简化贸易量低的品目和子目,修订相关类和章的注释及条文以明确商品范围。[①]

2022年版《协调制度》通过对贸易中形成主要趋势的新产品以及与全球关注的环境和社会问题相关的产品进行列目,调整原有列目结构使《协调制度》适应当前贸易发展。2022年版《协调制度》共有351组修订,仅有三类未修订,它们是第八类(皮革制品)、第十二类(鞋帽等)、第十九类(武器弹药);修订较多的为:第十六类(机电产品)52组(占全部修订组数的14.8%),第六类(化工品)47组(占比为13.4%),第一类(动物产品)、第九类(木及木制品)均为31组(占比为8.8%)。2022年版《协调制度》共有6位数子目5 609个,比2017年版《协调制度》增加了222个。

(三)中国现行的《商品名称及编码协调制度》

中国于1992年正式加入《协调制度公约》,并采用《协调制度》作为编制中国《进出口税则》和《海关统计商品目录》的基础。1993年1月1日,我国海关正式采用《协调制度》编制海关商品编码。我国现行税则采用10位编码,前6位等效采用HS编码,第7、8位为我国根据进出口商品的实际情况,在HS编码基础上延伸的两位编码,也称增列税目。同时,我国还根据代征税、暂定税率和贸易管制的需要对部分税号增设了第9、10位附加代码。随着进出口贸易的不断发展和商品种类的日益繁多,我国商品编码的数量也有所增加。

入世前,中国被动地接受修订内容并推动《协调制度》在国内的实施应用。入世后,随着中国深度融入世界经济循环,中国海关越来越多的提案被世界海关组织采纳并纳入新版《协调制度》中。在2014年开始的第六轮修订中,中国海关向世界海关组织协调制度委员会总计提交的45组提案及修订意见均获采纳,其中玻璃车窗、通信天线、无人机、不锈钢真空保温容器等被列入新版《协调制度》,有力地解决了相关产品归类争议,助力中国优势产品走出去;为明确微生物油脂、3D打印机、集成电路检测设备等产品归类提供的"中国方案"获得通过,并将北斗导航系统等中国元素及单板层积材国家标准纳入《商品名称及编码协调制度注释》。

《协调制度》是我国制定及实施进出口税则、贸易管制、统计以及其他各项进出口管理措施的基础目录。国务院关税税则委员根据世界海关组织修订的《协调制度》内容及WTO有关规则,对税则税目税率进行技术性转换,同时为适应国内产业发展及便利贸易监管需要,调整部分税则税目。目前实行的是根据2022年版《协调制度》调整后的方案,

---

① 增列品目,如新型烟草产品(品目24.04)、平板显示模组(品目85.24)、无人机(品目88.06)等。修订章注释及条文,如半导体换能器(品目85.41)等。因应产业和贸易发展变化需求作出的修订包括调整品目结构,如玻璃纤维及其制品(品目70.19)、加工金属的锻造冲压机床(品目84.62)等;因应国际社会对安全、环保、健康问题的关注作出的修订,包括根据《巴塞尔公约》,为明确某些废物的范围新增品目(品目85.49);为《禁止化学武器公约》控制的特定化学品、《鹿特丹公约》控制的某些危险化学品、《蒙特利尔议定书》管制的臭氧层消耗物质修订《协调制度》(第二十九章、第三十八章及第三十九章相关品目);为安慰剂和盲法(或双盲法)临床试验试剂盒(子目3 006.93)、寨卡病毒及由伊蚊属蚊子传播的其他疾病用诊断或实验用试剂(子目3 822.12)增列子目等;因应简化优化《协调制度》目录结构需求作出的修订,如镉及其制品(品目81.07)、地球仪和天体仪(子目4 905.10)、镍铁蓄电池(子目8 507.40)、电话应答机(子目8 519.30)、钟表发条(子目9114.10)等。

税则税目总数为 8 930 个。

三、中国关税结构调整

改革开放四十多年来，我国关税总水平不断降低，税则税目设置更加注重科学化、精细化，关税结构不断优化，基本实现了从“高税率、窄税基”向“低税率、宽税基”的转变。

（一）改革开放初期税率适当调整

1979—1992 年的关税调整充分体现了促进对外经济技术交流的目标，调整范围广，税率开始有所下降。

在 1985 年开始全面对税则进行修改前，我国主要进行了四次税率调整。1980 年的两次调整先后提高了电视机、收录音机和电子计算器的关税税率，以保护国内生产企业。1982 年 1 月 1 日，我国进行了新中国成立以来最大范围的税率调整，共调整了 149 个税号的税率，占当时海关税则税号总数的 16%。当时确定的调整原则是降低国内不能生产和供应不足的原材料，以及机器、仪表的零部件的税率，提高某些耐用消费品和国内已能生产供应的机器设备的税率。1982 年 6 月，我国进行了全面修订税则前的最后一次税率调整，主要有两项内容：一是适当提高汽车、彩电等商品的进口税率；二是对 34 种商品新开征出口关税。

1985 年之后，关税税率的调整规模和调整频率愈加规范，适应了经济发展的需要。从 1987 年到 1991 年 3 月，国务院关税税则委员会共调整进口关税税率 18 次，涉及 248 种商品，对关系国计民生的上百种重要的原材料临时降低关税，有效地发挥了关税的宏观调节作用。1991 年，国务院关税税则委员会共调整了 69 个税目的商品税率，其中进口税目 55 个，出口税目 14 个；调低税率的进口商品大部分是化肥、农药和农药中间体，以及当时国内急需的纸浆、合成橡胶和部分高技术产品；同时还对 116 种商品临时调低关税。到 1992 年年底，我国关税的平均税率为 43.2%。

（二）改革开放后关税总水平大幅降低

自 1992 年以来，我国先后几次对关税进行较大幅度的自主降税，使关税总水平由 1992 年年底的 43.2%降低到 2001 年年初的 15.3%，降幅高达 65%。

1. 1992 年取消进口调节税

1985 年 7 月，国务院决定对小汽车等 14 个国内外差价大的商品，开征 20%～80%的进口调节税，之后又进行了七次调整。进口调节税实际上是进口关税的附加税种。至 1991 年，征收进口调节税的税目达 26 个，包括甜蜜素、化妆品、肥皂、涤纶加工丝、化学纤维纺织物（包括长丝和短纤）、变色镜及其镜片、电子计算器、微机及其外围设备、吸尘器、收音机、录像机、摄像机、中小规模集成电路、汽车、摩托车、复印机、电子游戏机等。考虑到六年来国内生产和价格情况已发生很大变化，进口中的一些混乱现象已有很大改变，同时，为促进对外贸易的发展，推动我国早日恢复 GATT 缔约国地位及中美市场准入谈判，我国决定除将小汽车和摄像机的进口调节税适当并入关税外，其余进口调节税于 1992 年 3 月 1 日全部取消。其中，发动机排量 2 000 毫升及以下的小汽车关税由 120%调整为 220%，摄像机关税由 80%调为 100%。

2. 自主降税

20 世纪 90 年代初,国家经济建设从治理整顿时期转入正常发展阶段,国民经济形势进一步好转,国内工业生产能力显著增强。为深化外贸体制改革,扩大对外贸易,保护我国经济利益,1992 年 3 月,国家提出在 3～5 年内将我国关税总水平降低 50%。

(1) 1992 年 12 月 31 日,实施第一步自主降税

本次降税的重点商品是,国内不能生产供应的先进技术产品,国内需要长期进口的原材料,中美市场准入谈判中承诺不迟于 1992 年年底降低税率的口香糖、含可可的糖食、一次成像照相机及一次成像胶片等四种商品,以及其他我国已有较强竞争能力或大量出口的商品。上述降税商品中,除少数需要进口的先进技术产品和生产原材料,以及四种承诺降税的商品外,其他商品一般减税 5%～15%。经过调整,我国关税总水平由 43.2%下降到 39.9%,总体降幅 7.3%。降税涉及 3 371 个税目,占进口税则税目总数的比例超过 50%。其中,建筑材料、农产品、纺织原料和纺织物、木材及纸张的降税幅度超过总体降幅,矿产品、机电仪器设备、金属及其制品、化工品的关税水平都有不同程度的降低。

(2) 1993 年 12 月 31 日,实施第二步自主降税

在"进一步降低关税总水平,进一步清理减免税政策"的工作方针指导下,第二步自主降税使我国关税总水平下降到 36.4%,降税幅度为 8.8%,降税范围涉及 2 898 个税目商品,具体情况如下:为履行中美市场准入谈判达成的协议,对若干水果、植物油、化妆品、感光材料、农药、压缩机、空调器、冰箱、纺织机械、数控机床、电动机、录音带、电视机等 217 项商品降低进口税率,平均降幅 50.1%;对国内短缺的木材、纸张、甲酚等适当降税;对我国某些税率过高的大宗出口商品,如纺织品、甲酸、草酸、柠檬酸等,大幅降低进口税率;对即将取消进口许可证管理、税率较低、我国正在引进先进技术的汽车发动机适当提高税率。1994 年,我国又调整了部分小轿车、录像带、烟、酒的关税税率,使关税总水平进一步下调到 35.6%。

(3) 1996 年 4 月,实施第三步自主降税

1995 年,江泽民主席在 APEC 大阪会议上宣布,中国在 1996 年将进一步降低进口关税,降税幅度不低于 30%,以作为中国为实现贸易与投资自由化的首期措施。为此,1996 年 4 月,国务院决定对我国进口税收政策进行重大改革,按照清理减免税规定与降低关税总水平在力度、步骤上协调一致和"统一税政、公平税负、扩大税基"的总原则,分两年将我国关税总水平降低到 15%左右,达到一般发展中国家关税平均水平,主要涉及机械、电子、化工、轻工、纺织、农业等部门。降税后,关税总水平由 35.6%调整为 23%,降税幅度达 35.9%,涉及 4 964 个税目,占 1996 年税目总数的 75.8%。

从降税结果看,本次自主降税有以下几个特点:一是除部分非大量进口的农产品、水产品适当降税外,主要农产品税率没有调整,以防止进口农产品冲击国内生产;二是基础性原材料、原材料、半制成品、制成品税率,由低向高拉开税率档次,形成合理的梯形税率结构,基本上解决了税率倒挂问题;三是对国内供需矛盾突出、缺口较大的商品,特别是加工贸易方式进口量迅速增加、而一般贸易方式进口量大幅减少的商品,降税幅度较大,配合清理减免税政策和海关加强监管的工作,达到扩大税基的目的;四是对重点商品降

税予以重点安排；五是为尽量减少降税对国家财政税收的影响，选择国内缺口和需求量较大，但因税率高而不利于正常进口的一些商品，如烟、酒、纺织原料等，采用在一定程度上偏离现行税率结构的税率管理措施，以增加进口税收。

(4) 1997 年年初，实施第四步自主降税

1996 年 11 月，江泽民主席在 APEC 第四次领导人非正式会议上宣布“中国将在 2000 年把关税总水平降低到 15%左右”。为实现这一总体目标，按照“降低关税水平，理顺税率结构，扩大征税税基，削减税率峰值，稳定进口税收，实行适度保护”的降税原则，我国对 2000 年前的降税工作作出了“均衡分步降税”的部署，并于 1997—1998 年先将我国关税总水平降低了 6 个百分点，于 1997 年 10 月 1 日起正式实施。调整后的关税总水平为 17%，平均降幅为 26%，4 890 个税目商品的税率有了不同程度的降低。

这次降税有以下几个特点：一是按照资源性产品、原材料、零部件、半制成品、制成品由低至高构成梯形税级的原则，进一步理顺税率结构，减少过度保护，突出保护重点，削减税率高峰，使税级之间的差距明显缩小。二是妥善处理降税与稳定进口税收的关系。把降税与扩大税基结合起来，既降低了税率，又稳定了税收。三是加大高新技术产品降税力度，运用关税手段鼓励高新技术产品进口，促进产业结构调整。对国内尚不能生产制造的高新技术产品，通过降低税率、细化税目等办法，较大幅度减少了这类产品的进口税赋。四是较好地把握了降低关税与保护国内工业发展的关系。对确需保护的产品，降税较为谨慎；对有发展前途、国家大量投资、暂时处于发展初期阶段的产品，保持了相对较高的税率。

1999 年，我国进一步调整部分商品的税率，使关税总水平降为 16.7%，降税商品主要是在 APEC 承诺的玩具产品和林产品，以及中美纺织品协议涉及的商品。自 2001 年 1 月 1 日起，我国关税总水平降为 15.3%。这一次降税基本没有涉及加入 WTO 谈判中的主要商品，重点是中美纺织品协议涉及的商品。

(三) 加入 WTO 后严格履行关税减让义务

我国于 2001 年 12 月 11 日正式加入 WTO。加入 WTO 以来，我国认真履行承诺，关税总水平逐年降低。在 2002—2005 年，我国进行了 4 次较大幅度的降税，关税总水平以每年一个百分点的速度从 15.3%降至 9.9%，降幅高达 35%；其中，农产品关税税率由 23.2%降至 15.3%，降幅超过 34%；非农产品(包括工业品和渔产品)关税税率由 14.8%降至 9.0%，降幅超过 39%。2005 年以后，绝大部分产品已履行完降税承诺，只剩个别产品仍需逐年降税，关税总水平的降幅较小。2020 年，中国进口商品最惠国关税平均税率降至 7.5%，非农产品最惠国关税平均税率降至 6.5%，同时农产品最惠国关税平均税率降至 13.8%，如表 13-1 所示。

表 13-1　中国加入 WTO 后关税税率水平　　单位：%

关税税率类别	2006			2007			2019			2020		
	总计	农产品	非农产品	总计	农产品	非农产品	总计	农产品	非农产品	总计	农产品	非农产品
简单平均最终约束税率	10.0	15.8	9.1	10.0	15.8	9.1	10.0	15.8	9.1	10.0	15.7	9.1

(续表)

关税税率类别	2006			2007			2019			2020		
	总计	农产品	非农产品	总计	农产品	非农产品	总计	农产品	非农产品	总计	农产品	非农产品
简单平均最惠国税率	9.9	15.7	9.0	9.9	15.8	9.0	7.6	13.9	6.5	7.5	13.8	6.5
贸易加权平均进口税率	5.0	16.0	4.6	4.5	12.0	4.2	3.4	12.0	2.8	3.2	12.0	2.5

数据来源:WTO World Tariff Profiles 历年数据。

2010 年 1 月 1 日,在降低鲜草莓等 6 个税目商品的进口关税后,我国加入 WTO 时承诺的关税减让义务全部履行完毕。2013 年以后,为进一步提高关税调节的前瞻性、准确性、科学性,促进经济结构调整,支持企业自主创新和战略性新兴产业发展,推动对外贸易平衡增长,我国每年都对进出口关税进行部分调整。2018 年中美贸易摩擦发生之后,中国连续三年修订《进出口税则》,目前中国关税总水平维持 7.4%。同时,根据《中国加入 WTO 关税减让表修正案》附表所列对信息技术产品最惠国税率进行调整:2017 年 1 月 1 日实施首次降税;2017 年 7 月 1 日起实施第二次降税,2018 年 7 月 1 日起实施第三次降税,2019 年 1 月 1 日起 706 项商品实施进口暂定税率;2019 年 7 月 1 日起实施第四次降税,取消 14 项信息技术产品进口暂定税率,缩小 1 项进口暂定税率适用范围;2020 年 7 月 1 日起实施第五次降税,涉及 176 项信息技术产品的最惠国税率,相应调整其中部分信息技术产品的进口暂定税率;2021 年 7 月 1 日起实施第六次降税,涉及 176 项信息技术产品的最惠国税率,调整其中部分信息技术产品的进口暂定税率;2022 年 7 月 1 日起,对 62 项信息技术产品的最惠国税率实施第七次降税。

第三节　原产地规则

一、原产地规则概述

原产地规则又称货物原产地规则,指一国和地区为确定生产或制造货物原产地而采取的普遍适用的法律、规章和行政决定。原产地规则起源于国际贸易对国别贸易统计的需要。然而,伴随着国际贸易中关税壁垒与非关税壁垒的产生与发展,原产地规则的应用范围也随之扩展,涉及关税计征、最惠国待遇、贸易统计、国别配额、反倾销、手工制品、纺织品、政府采购甚至濒危动植物的保护等诸多领域。

根据分类标准的不同,原产地规则可以划分为不同种类。主要的分类方法有以下几种:按货物的流向分为进口原产地规则和出口原产地规则,也有些国家把进出口原产地规则合二为一;按适用区域分为单一国家原产地规则和区域性原产地规则,大部分为单一国家原产地规则,区域性原产地规则存在于自由贸易区或关税同盟各成员国之间;按适用范畴分为优惠性原产地规则和非优惠性原产地规则,优惠性原产地规则一般通过国与国之间签订一系列双边和多边协定获得,用来认定产品能否享受比最惠国待遇更优厚的关税待遇,而非优惠性原产地规则适用范围较为广泛,包括最惠国待遇、反倾销和反补贴税、政府采购等;按货物的组成成分分为完全原产地规则和部分原产地规则,完全原产产品一般是指在一国生长、开采、收获或利用该国自然出产的原料在该国加工制成的产品,而含有进口原料的产品则视为部分原产产品。

世界上大多数国家对不同来源的进口产品分别给予不同的待遇,在实行差别关税的国家,进口货物的原产地是决定其能否享受关税优惠待遇的重要依据之一。在采取禁运、反倾销、数量限制、许可证管理、贸易制裁、卫生防疫管制、外汇管制等贸易措施时,只有对进口货物的原产地作出准确判定,其贸易措施才能真正发挥作用。因此,原产地规则是国家贸易政策的重要组成部分,具有广泛的作用。

二、中国原产地规则的实施情况

中国原产地制度起步于新中国成立初期,当时国家进出口商品检验局(以下简称国家商检局)和中国国际贸易促进委员会(简称中国贸促会)是中国对外签发原产地证书的两个专门机构,由于这一历史时期贸易规模较小,原产地证书没有引起重视。改革开放以来,中国与世界的经贸往来日益密切,为适应发展的需要,1984 年,原对外贸易部、中国贸促会联合发出通知,对我国签发原产地证书的机构进行明确分工:国家商检局是对外签证的国家官方机构,中国贸促会是全国性的民间商会组织,承担出具中国出口货物原产地证书的任务,两者皆为独立的对外签证机构。在跟单信用证统一惯例 400(UCP 400)实施后,若信用证未明确指定原产地证书的签证机构,则上述两个机构均可签发;若已明确指定签证机构,则应由该机构签发原产地证书,其他单位不得对外签发原产地证书。1989 年,中国贸促会制定了《中国国际贸易促进委员会出口货物原产地标准》,以此标准,产品在中国国内增值只要达到 25%,就可以获得中国原产地身份。

2005 年之前,我国实行的是进口货物和出口货物原产地规则相分离的形式,进口适用 1986 年海关总署发布的《海关关于进口货物原产地的暂行规定》,出口适用 1992 年国务院发布的《出口货物原产地规则》(这是我国第一部有关出口货物原产地的法规)。

(一) 非优惠原产地规则

《进出口货物原产地条例》(以下简称《原产地条例》)是中国规范非优惠原产地规则的主要法律文件。加入 WTO 后,中国政府根据 WTO《原产地规则协议》的有关原则和本国需要,于 2004 年 9 月 3 日公布了《原产地条例》。该《原产地条例》于 2005 年 1 月 1 日起正式实施,后于 2019 年 3 月 2 日修订。《原产地条例》统一了我国进口和出口货物原产地的确定规则,把完全获得标准和实质性改变标准作为判定进出口货物原产地的两个标准。《原产地条例》规定“实质性改变标准”以税则归类改变为基本标准;税则归类改变不能反映实质性改变的,以从价百分比、制造或者加工工序等为补充标准。《原产地条例》的出台,使中国原产地工作进入法制化、规范化的轨道,促进了中国对外贸易的发展。

2004 年 12 月,海关总署在《原产地条例》基础上出台了《关于非优惠原产地规则中实质性改变标准的规定》(以下简称《原产地规定》)。《原产地规定》于 2005 年 1 月 1 日生效,后于 2018 年 4 月修订。

《原产地规定》对于“实质性改变”的三类具体标准——税则归类改变、制造或者加工工序和从价百分比进行了解释,并给出了从价百分比标准的数值(超过 30%)和计算公式。《原产地规定》的附件《适用制造或者加工工序及从价百分比标准的货物清单》对具体税目下的产品的实质性改变标准作出了具体的规定，使《原产地条例》更具有实际操作性。主要内容包括：进出口货物实质性改变的确定标准，以税则归类改变为基本标准，税则归类改变不能反映实质性改变的，以从价百分比、制造或者加工工序等为补充标准。税则归类改变标准，是指在某一国家（地区）对非该国（地区）原产材料进行制造、加工后，所得货物在《进出口税则》中的四位数级税目归类发生了变化。制造、加工工序标准，是指在某一国家（地区）进行的赋予制造、加工后所得货物基本特征的主要工序。从价百分比标准，是指在某一国家（地区）对非该国（地区）原产材料进行制造、加工后的增值部分超过了所得货物价值的30％。以制造、加工工序和从价百分比为标准判定实质性改变的货物在附件《适用制造或者加工工序及从价百分比标准的货物清单》中具体列明，并按列明的标准判定是否发生实质性改变。未列入《适用制造或者加工工序及从价百分比标准的货物清单》中的货物的实质性改变，应当适用税则归类改变标准。

非优惠原产地规则对运输环节没有要求。非优惠原产地规则中，收发货人仅在海关要求的情况下提交原产地证书，其余情况下均无须提交。在目前的管理措施中，非优惠原产地规则下需要提交原产地证书的情形主要为“两反一保”，即实施反倾销、反补贴及保障措施的进出口货物需要提交原产地证书。

非优惠原产地规则适用于实施最惠国待遇、反倾销和反补贴、保障措施、原产地标记管理、国别数量限制、关税配额等非优惠措施以及进行政府采购、贸易统计等活动对进出口原产地的确定。

（二）优惠原产地规则

优惠原产地规则是自由贸易协定的主要内容之一。作为谈判双方博弈的结果，优惠原产地规则既要使本国利益最大化，又要与谈判各方实现共赢，因此，与非优惠原产地规则有很大区别。优惠原产地规则是为了实施国别优惠（关税）政策而制定的原产地规则，如自由贸易协定成员间适用的即属于此类。中国现行优惠性贸易措施的进出口货物原产地的确定方法，主要依照中国缔结或者参加的国际条约、协定的有关规定，其国内法体现为海关规章。

1. 原产地标准的具体内容

优惠原产地规则和非优惠原产地规则在原产地标准方面都可以分为完全获得标准和非完全获得标准，但这两种标准的具体内容是不一样的。

完全获得标准的一般性要求是指产品在出口国完全获得或者生产。非优惠原产地规则与优惠原产地规则关于这一标准的表述方式均为分类列举，大的类别一般都包括植物（或者农产品）及其制品、动物及其制品、矿物、水产品或者海产品、其他天然生成的物品、废旧物品或者回收物品等，但每一类均存在细微差别，这些细微差别背后的经济利益可能是巨大的。比如在特定国领海以外获得的鱼产品，非优惠原产地规则的要求是由合法悬挂该国旗帜的船舶从其领海以外海域获得的海洋捕捞物和其他物品以及在合法悬挂该国旗帜的加工船上加工前述物品获得的产品。优惠原产地规则的要求则会更多一些，如主体方面，一般会限制为在成员国注册或者登记，并悬挂或者有权悬挂其国旗的船只、成员国的自然人或者法人等；在地理范围方面，一般会要求为成员国领水以外的水域、海床或者海床底土，以及成员国根据符合其缔结的相关国际协定可适用的国内法确定的领水、领海外的专属经济区或者公海等，如果成员国是沿海国家，渔业发达，这一方面的要求会更为细致。

非完全获得标准适用于在出口国完成部分或者主要加工、生产过程，或者完成主要增值部分的货物。目前中国法律规定的优惠原产地规则关于非完全获得或者生产的标准一般分为四类，即特定原产地标准、税则归类改变标准、区域价值成分标准和工序标准。

特定原产地标准目前尚没有统一的法律概念。中国早期签订的自由贸易协定将特定原产地标准与税则归类改变标准、区域价值成分标准、工序标准等标准并列，如中国-东盟自由贸易原产地规则、《中国-巴基斯坦自由贸易协定》项下原产地规则、《中国-智利自由贸易协定》项下原产地规则、《亚太贸易协定》项下原产地规则等。在我国新签订的自由贸易协定中，特定原产地标准包括税则归类改变标准、区域价值成分标准和工序标准等内容。这种特定原产地标准体系已经成为优惠原产地规则项下原产地标准的主要模式，这与WTO在规范非优惠原产地规则方面的努力是一致的。税则归类改变标准和区域价值成分标准的具体内容如下：税则归类改变标准目前主要有章改变标准、4位级税号改变标准（即品目改变）和6位级税号改变标准（即子目改变）等几种形式。《中国-智利自由贸易协定》项下原产地规则既规定了章改变标准，也规定了4位级税号改变标准。《中国-新西兰自由贸易协定》项下原产地规则规定的是4位级税号改变标准、6位级税号改变标准。在《中国-新西兰自由贸易协定》签订之前，区域价值成分标准是各项自由贸易协定中适用的基本标准，也是优惠原产地规则中相对多变的标准。几乎每一个自由贸易协定关于区域价值成分的要求均不相同，比如中国-东盟自由贸易区有关区域价值成分的要求是，原产于中国-东盟自由贸易区的产品的成分占其总价值的比例不少于40%；原产于非自由贸易区的材料、零件或者产物的总价值不超过所生产或者获得产品离岸价格的60%，并且最后生产工序在东盟国家境内完成。《亚太贸易协定》关于区域价值成分的要求是非原产成分占比不超过55%，且最后生产工序在该国境内完成；该成员国为最不发达国家的，非原产成分占比可以放宽10个百分点，即不超过65%。《中国-巴基斯坦自由贸易协定》关于区域价值成分的要求是原产成分占比不低于40%；《中国-智利自由贸易协定》关于区域价值成分的要求是原产成分占比不少于50%。《中国-新西兰自由贸易协定》关于区域价值成分的要求分为几种，有些货物需符合原产成分占比不低于40%的标准，有些则为原产成分占比不低于50%，这些不同的要求通常在规章之后以附件形式列明。

2. 运输要求

优惠原产地规则一般均要求由出口成员国直接运输至进口成员国，同时对可以视为直接运输的情形也有明确的限定。

直接运输一般包括两种情况：第一种是未经过成员国以外国家或者地区的运输，这是直接运输的基本形式；第二种是视为直接运输，主要指运输途中经过了成员国以外的国家或者地区的情形。可以视为直接运输的情形必须满足规定条件，即仅出于地理原因或者运输需要、未做任何增值性处理、未进入途经国消费或者贸易领域等。有的自由贸易协定还要求在视为直接运输情形下，进口货物收货人应当按照进口国海关的要求提交途经国家或者地区海关出具的证明文件，如《中国-智利自由贸易协定》《中国-巴基斯坦自由贸易协定》《中国-新西兰自由贸易协定》。

3. 申报要求

在优惠原产地规则中，收发货人提交原产地证明是申报的基本要求，即进出口货物必须提交指定机构签发的原产地证明，并申报适用相应协定项下的优惠税率，否则不能享受相应的税收优惠。

在优惠原产地规则中，也存在免于提交原产地证书的情形。例如，《中国-智利自由贸易协定》项下原产地规则规定："原产于智利的货物，价格不超过600美元的，免予提交原产地证书"；《中国-巴基斯坦自由贸易协定》项下原产地规则规定："原产于巴基斯坦的进口货物，每批船上交货价格(FOB)不超过200美元的，免予提交原产地证书"，等等。这些规定都属于优惠原产地规则中的特殊优惠措施。

（三）特别优惠关税待遇原产地规则

为帮助最不发达国家增强贸易能力，我国对有关最不发达国家实施特别优惠关税，对从这些国家进口商品的原产地问题出台了专门的管理办法。

《中华人民共和国海关最不发达国家特别优惠关税待遇进口货物原产地管理办法》于2017年3月1日发布，自2017年4月1日起施行。对于自与我国建交的最不发达国家进口的货物，符合本办法规定的原产地标准的，可按规定向海关办理申报进口手续，申请享受特别优惠关税待遇。

目前，我国原产地规则存在一些问题：首先，我国自由贸易协定下货物原产地认定标准存在不一致，并且随着自由贸易区数量的增加而日益复杂，不利于进出口商对规则的理解。原产地认定标准的差异主要体现在对含有非原产材料的货物原产地认定标准的不同。我国已签署的自由贸易协定中对含有非原产材料的货物原产地认定标准有三类：第一类是内地与港澳关于建立更紧密经贸关系的安排，以加工工序标准作为货物原产地认定的主要依据；第二类主要以区域价值成分标准为主认定货物的原产地，同时对少部分产品附加特定规则清单来确定产品来源地；第三类则主要以税目归类改变标准为主来判断货物的原产地，如我国与新西兰、新加坡、秘鲁等国缔结的协定。为享受优惠待遇，企业需熟悉每个自由贸易协定中对原产地规则的有关规定，这不但会增加企业的成本，也会加大管理难度。其次，规则在部分地区利用率不高。原产地规则可以给进出口企业带来优惠，但由于大部分中小型企业对优惠原产地规则的了解程度不够，缺乏利用优惠原产地证书进行关税减免的经验和技巧，部分省市对原产地规则的利用率不高。最后，个别规则不够细化。以微小含量规则为例进行说明，微小含量规则可以使含有非原产材料成分的货物获得原产地身份，从这个角度看，微小含量规则具有软化税则归类改变标准的作用，而规则规定比例的高低也可以体现出自由贸易协定中对原产地身份要求的严格程度。但在具体实践中，我国所签订的自由贸易协定对非原产材料产品来源地的判断标准却较为宽松。例如，作为纺织品生产加工大国，我国在实践中并没有对微小含量规则作出特殊规定，仅仅规定了非原产材料不能高于某一比例。如此一来，自由贸易区内国家可以从优惠大的国家进口纺织品原材料，加工后以较高价格出口到中国，给我国纺织业带来不利的影响。

第四节　海关程序与贸易便利化

一、海关程序与贸易便利化概述

海关程序，即进口货物通过海关的程序，通常包括结关、分类、估价和征税。结关程序是指国际航行船舶于出港前按照海关规定，办完海关手续，结清应付税、罚款，经海关同意准许离港。分类程序是指将进口货物列入税目。进口国可以通过将货物列入高税率税目的方式达到限制进口的目的。估价程序是最重要的海关程序。1950 年 12 月 15 日在布鲁塞尔签订的《海关商品估价公约》是协调成员国关税完税价格审定办法的国际公约，是国际海关估价制度的法典。征税程序是指海关根据相关法律法规对进出口商品征收税费。

贸易便利化是指通过简化程序和手续、协调适用法律和规定、改善基础设施并使之标准化，为国际贸易交易创造一个协调的、透明的、可预见的环境。贸易便利化的核心是简化国际贸易的相关程序，使贸易朝更自由、更便利的方向发展。不同国际组织对贸易便利化进行了不同的界定，有学者认为贸易便利化应包含以下四个要素：对适用的规则和程序的简化和协调；现代化的贸易合规体系，尤其是企业与政府之间信息共享；贸易和海关手续的行政管理；保障有效实施贸易便利化原则的制度机制和正在进行的改革承诺。从目的上看，贸易便利化主要关注如何在维护合法监管目标的同时，降低货物在跨境过程中的成本及最大限度地提高效率；从内容上看，主要通过对海关手续的简化和协调，促进货物的跨境流动；从采取的措施上看，主要通过增加透明度、提高信息共享及利用新技术来实施。

海关程序和贸易便利化是世界各国自由贸易区谈判中的另一个重要议题。自由贸易区存在的主要目标之一是消除贸易壁垒，允许产品和服务在国家间自由流动。海关程序和贸易便利化议题谈判的目的是承诺简化海关手续，为自由贸易区的货物进出口提供高效便捷、公正透明的通关环境。一般来说，海关程序和贸易便利化涉及的内容主要有：法规公开透明、货物通关放行、应用自动化信息技术、实施风险管理、加强海关合作等。

二、多边体系中的贸易便利化

（一）WTO 与贸易便利化

贸易便利化的提出至今已超过 20 年。早在 1996 年，在新加坡召开的 WTO 第一届部长级会议就提出了贸易便利化这一议题，但该议题没有授权设立具体委员会，仅仅是简单地加到货物贸易理事会谈判议程中。1999 年，西雅图部长级会议将新加坡会议的“适度授权”升级为“完全的谈判授权”。2001 年，多哈部长级会议使贸易便利化问题更接近于谈判舞台。2005 年，香港部长级会议讨论了贸易便利化文本草案的问题。2013 年 12 月，经过长期艰苦的谈判，WTO 总理事会第九届部长级会议通过了《贸易便利化协定》，这是 WTO 近年来取得的重大突破，打破了多哈回合多年来的谈判僵局。2015 年 9

月，中国向 WTO 递交接受书，成为第 16 个接受《贸易便利化协定》的成员。2017 年 2 月，由于有超过 2/3 的成员批准《贸易便利化协定》，该协定正式生效并对已批准的成员实施，这在全球贸易便利化发展进程中具有里程碑的意义。

WTO 有关贸易便利化的条款分散在诸多协定中，如 GATT1994，贸易便利化包含第 5 条自由过境、第 8 条进出口规费和手续、第 10 条贸易法规的公布和实施三个条款，这三个条款被《贸易便利化协定》所阐明和改进。目前，世界各国和国际组织越来越关注如何推动国际贸易机制的简化和协调，避免因设施、技术、机制等障碍导致的贸易冲突，并建立良好的协商、沟通和共享机制，达到加快要素跨境流通、降低交易成本的目的。

（二）世界海关组织与贸易便利化

世界海关组织的前身是 1952 年成立的海关合作理事会，世界海关组织是唯一世界范围内的专门研究海关事务的国际政府间组织，其使命为：加强各成员海关工作效益和提高海关工作效率，促进各成员在海关执法领域的合作。1973 年，世界海关组织在日本京都制定了世界上唯一一个全面阐述海关制度的国际公约——《京都公约》。1994 年，为适应国际贸易高速增长、全球经济一体化发展的需要，世界海关组织开始对《京都公约》进行全面修改，修订的《京都公约》于 1999 年 6 月通过，2006 年 3 月生效。

《京都公约》是国际公认的海关领域的基础性条约，其体现的基本原则有：透明度及海关措施的可预测性，标准化和简化货物的申报，最大限度地利用信息技术，在遵守法律法规的基础上满足最低海关监管要求，利用风险管理和审核进行控制，与其他边境机构合作等。

（三）中国的贸易便利化

在过去几年里，中国持续推进清关和过境货物海关制度改革。通过利用信息技术，整合内陆海关资源与港口海关资源，简化过境通关，贸易便利化取得了很大发展。

为推进“一带一路”建设，我国于 2016 年 7 月正式加入联合国《国际公路运输公约》（简称《TIR 公约》），应用此公约的跨境公路运输称为 TIR 运输，2018 年 5 月《TIR 公约》正式在中国落地实施。TIR 系统是建立在《TIR 公约》基础上的国际跨境货物运输领域的全球性海关便利通关系统，目前全球有 73 个缔约方，其中大多数位于丝绸之路经济带沿线重要地区。2019 年 5 月，海关总署宣布将全面实施《TIR 公约》。获得 TIR 运输资质的企业，仅凭一张单据就可以在同样实施《TIR 公约》的 60 多个国家间畅通无阻，只需接受始发地和目的地国家的海关检查，途经国一般情况下不再开箱查验。基于《TIR 公约》框架下的 TIR 系统是目前唯一的全球性跨境货物运输通关系统，涵盖公路、铁路、内陆河流、海运等多式联运。经联合国授权，由国际道路运输联盟管理 TIR 系统在全球的运作。其中，对陆路运输的促进作用更为明显，尤其是对时效要求高的跨境电子商务企业。

2018 年 4 月，出入境检验检疫正式划入海关。海关除原有安全准入（出）、税收征管等职能之外，新增了卫生检疫、动植物检疫、商品检验、进出口食品安全监管等职责。由于检验检疫作业融入全国海关通关一体化整体框架，减少了非必要的作业环节和手续，从而显著降低了通关成本，提高了通关效率，促进了贸易便利化。出入境检验检疫部门并入中国海关后，入境由原来的9个环节合并为5个环节。具体为：入境，海关原有申报、现场调研、查验、处置4个环节，检验检疫原有卫生检疫、申报、现场调研、查验、处置5个环节，共计9个环节，合并其中4个环节，保留卫生检疫、申报、现场调研、查验、处置5个环节。出境，海关原有申报、现场调研、查验、处置4个作业环节，检验检疫原有卫生检疫、现场调研、查验、处置4个作业环节，共计8个环节，合并其中3个环节，保留卫生检疫、申报、现场调研、查验、处置5个环节。同时，海关与检验检疫的原旅客通道合并，监管检查设备统一使用，行李物品只接受一次查验。

2019年10月25日，中国与巴西海关正式签署了《中国海关总署和巴西经济部联邦税务总局关于中国海关企业信用管理制度与巴西海关"经认证的经营者"制度互认的安排》。经认证的经营者，即authorized economic operator，通常简称为AEO。按照国际通行规则，海关对信用状况、守法程度和安全管理良好的企业进行认证认可，对通过认证的企业给予通关优惠便利。实现互认后，AEO企业的货物在互认国家和地区通关可以享受便利化待遇，能有效降低企业港口、保险、物流等贸易成本，提升国际竞争力。巴西是中国在拉美的重要贸易伙伴，近年来，两国经贸往来十分密切，双边经贸发展迅速。根据互认安排，中巴海关将向对方互认的AEO企业提供以下便利措施：适用较低的单证审核率；降低进出口货物的查验率；对需要实货检查的货物给予优先查验；指定海关联络员，负责沟通解决项目成员在通关中遇到的问题；由于安全警戒级别提高、边境关闭、自然灾害、危险突发事件或是其他重大事故等造成国际贸易中断，在贸易恢复后优先通关。截至2019年年底，中国内地已经与新加坡、韩国、中国香港、欧盟、瑞士、新西兰、以色列、澳大利亚、日本、白俄罗斯、蒙古、哈萨克斯坦、乌拉圭、阿联酋、巴西等15个经济体的42个国家和地区海关实现AEO互认。中国内地的AEO企业对上述国家和地区的出口额已经占到其出口总额的38.01%。

为贯彻落实国务院"放管服"改革要求，进一步优化营商环境，促进贸易便利化，提升通关效能，海关总署于2019年决定开展进口货物"两步申报"改革试点。"两步申报"是指企业在进口货物运抵且获得舱单信息的前提下，可凭提单概要申报提货，经海关同意即可提离货物，随后在规定时间内向海关完成完整申报的模式。这种申报模式实现了货物查验放行和审核征税的分离。我国在实施"两步申报"的同时，继续保留"一次申报"模式，企业可自主选择。选择"两步申报"模式需要满足以下条件：①境内收货人信用等级是一般信用及以上；②经由试点海关实际进境货物；③涉及的监管证件已实现互联网核查。

2019年11月15日，全国海关"两段准入"改革正式启用。"两段准入"是指海关以进境货物准予提离口岸海关监管作业场所（场地）为界，分段实施"是否允许货物入境"和"是否允许货物进入国内市场销售或使用"两类准入监管的监管作业方式。"两段准入"改革是以"统一执法、分类施策、精准监管、协同高效"为原则，按照总署试点工作要求，在全国通关一体化框架下，建立进口以口岸放行为界，分段实施"准许入境"和"合格入市"的监管作业制度改革，统筹安全与便利，严控重大紧急安全风险，提升整体通关效能，最大限度实现"管得住"与"通得快"，实现强化监管与优化服务的有机统一。

按照联合国贸易便利化和电子业务中心33号建议书作出的解释，单一窗口是指参

与国际贸易和运输的各方,通过单一的平台提交标准化的信息和单证以满足相关法律法规及管理的要求。为进一步提升跨境贸易便利化水平,改善口岸营商环境,海关总署、交通运输部、国家移民管理局决定自2019年12月16日起,进出口货物申报、舱单申报和运输工具申报业务统一通过国际贸易“单一窗口”办理,其他申报通道仅作为应急保障使用。自2020年4月1日起,“单一窗口”标准版运输工具(船舶)申报系统上线运行船舶转港数据复用功能,该功能目前在全国三个城市试点,张家港成为江苏省唯一试点地区。

本章小结

海关是代表国家在进出境活动中行使监管职能的行政管理和执法机关,肩负着依法对进出关境的运输工具、货物、行李物品、邮递物品和其他物品进行监督管理,征收关税和其他税费,查缉走私,并编制海关统计和办理其他海关业务等神圣职责。依照《海关法》等有关法律、法规,中国海关主要承担四项基本职责:监管进出境运输工具、货物、物品;征收关税和其他税费;查缉走私;编制海关统计和办理其他海关业务。

关税是国家主权的体现,是为了维护国家的主权利益、推动国家经济建设而存在的。关税职能主要体现在三个方面:财政职能、保护职能和调节职能。关税制度是国家关于关税法律法规的总称,包括税收法律、行政法规、行政规章以及部门规范性文件。关税税则又称海关税则,《商品名称及编码协调制度》是目前世界上使用最多的编码制度。1949年以来,我国的关税政策处于不断调整变化之中。改革开放以来,为适应发展需要,我国关税结构经历了多次调整,税则税目设置更加科学化、精细化,关税结构不断优化,

原产地规则是指成员方为确定商品原产地而采取的普遍适用的法律、规章和行政决定。原产地规则是自由贸易区谈判的重要议题。我国原产地规则的主要内容有原产地确定标准、其他规则及程序化规则。

海关程序,即进口货物通过海关的程序,通常包括结关、分类、估价和征税。贸易便利化的核心是简化国际贸易的相关程序。海关程序和贸易便利化是世界各国自由贸易区谈判的重要议题,近年来我国为促进贸易便利化作出了很多努力。

思考题

1. 什么是海关?
2. 我国海关的基本职能有哪些?
3. 改革开放以来,我国关税结构主要经历了哪些调整?
4. 简述我国原产地规则的实施情况。
5. 举例说明我国为促进贸易便利化做了哪些努力。

第十四章　中国对外贸易救济

【学习目标】

通过本章的学习，学生应了解有关贸易救济的基本知识、中国当前所面临的贸易救济情形和中国对外贸易救济的实践情况，对贸易救济在中国对外贸易发展中的作用有深入的认识。

【素养目标】

本章概述了中国改革开放四十多年来的各类产业政策及其对我国经济的促进作用，侧重介绍了反倾销、反补贴、保障措施的理论与实践内涵，帮助学生了解我国贸易救济的主要方式，并启发学生思考应当如何维护我国对外贸易中的合法权益。

引导案例

对原产于美国、欧盟、日本的进口间甲酚进行反倾销立案调查的公告

商务部于2019年6月20日收到安徽海华科技股份有限公司(以下称申请人)代表国内间甲酚产业正式提交的反倾销调查申请，申请人请求对原产于美国、欧盟、日本的进口间甲酚进行反倾销调查。商务部依据《反倾销条例》的有关规定，对申请人的资格、申请调查产品的有关情况、中国同类产品的有关情况、申请调查产品对国内产业的影响、申请调查国家(地区)的有关情况等进行了审查。

根据申请人提供的证据和商务部的初步审查，申请人间甲酚的合计产量在2016年、2017年、2018年均占同期中国同类产品总产量的50%以上，符合《反倾销条例》第十一条和第十三条有关国内产业提出反倾销调查申请的规定。同时，申请书中包含了《反倾销条例》第十四条、第十五条规定的反倾销调查立案所要求的内容及有关证据。

根据上述审查结果，依据《反倾销条例》第十六条的规定，商务部决定自2019年7月29日起对原产于美国、欧盟、日本的进口间甲酚进行反倾销立案调查。本次调查确定的倾销调查期为2018年1月1日至2018年12月31日，产业损害调查期为2016年1月1日至2018年12月31日。

根据《反倾销条例》第二十条的规定，商务部可以采用问卷、抽样、听证会、现场核查等方式向有关利害关系方了解情况并进行调查。为了获得本案调查所需要的信息，商务部在本公告规定的登记参加调查截止之日起10个工作日内向涉案的国外出口商或生产商、国内生产者和国内进口商发放了调查问卷。登记参加调查的利害关系方也可以从相

关网站下载调查问卷。《间甲酚反倾销案国外出口商或生产商调查问卷》询问信息包括公司的结构和运作、被调查产品、对中国的出口销售、国内销售、经营和财务等相关信息、生产成本和相关费用、估算的倾销幅度及核对单等内容。《间甲酚反倾销案国内生产者调查问卷》询问信息包括公司基本情况、国内同类产品情况、经营和相关信息、财务和相关信息、其他需要说明的问题等内容。《间甲酚反倾销案国内进口商调查问卷》询问信息包括公司基本情况、被调查产品贸易和相关信息等内容。所有公司应在规定时间内提交完整、准确的答卷。答卷应当包括调查问卷所要求的全部信息。

本次调查自 2019 年 7 月 29 日起开始，通常应在 2020 年 7 月 29 日前结束调查，特殊情况下可延长至 2021 年 1 月 29 日。

资料来源：商务部贸易救济调查局. 商务部公告 2021 年第 2 号商务部关于原产于美国、欧盟及英国、日本的进口间甲酚反倾销调查最终裁定[EB/OL]. (2021 - 01 - 14)[2021 - 03 - 31]. http://cacs.mofcom.gov.cn/cacscms/case/jkdc? caseId=53d8a6e26c26ef63016c3c2a089f02ba.

第一节　贸易救济

贸易救济是世界上大多数国家维护国家经济安全和进行产业保护的基本政策。贸易救济是指一个国家由于发展对外贸易和实行开放政策，在特定情况下可能造成某类本国不具备竞争优势的外国产品大量进入本国市场，给国内同类产业造成严重损害或严重损害威胁；进口国政府为了保护国内同类产业的安全，采取必要、适度和有限的限制进口的措施。贸易救济条款是 WTO 多边贸易协定和区域贸易协定的重要组成部分，为美国、欧盟、日本等主要贸易成员所广泛使用。

在党的二十大背景下，为贯彻二十大精神，落实好党中央各项决策部署和部党组工作要求，加强对重点国别地区、重点产业、经贸规则的研究，做好贸易救济调查、贸易摩擦应对、规则谈判等是我国贸易救济开展的重点工作。

贸易救济措施包括反倾销、反补贴和保障措施，即通常所称的“两反一保”。贸易救济制度的主要目标是纠正倾销和补贴等不公平的贸易行为，或向进口国相关产业所遭受的损害或威胁提供补偿救助。在多边贸易体制下，贸易救济措施是规则导向的，并得到了 WTO 的许可。因此，启动和实施贸易救济措施应严格遵守 WTO 有关协议的规则和精神。严格遵守 WTO 的相关协议，可以防止贸易救济措施被滥用，从而有效维护公平的贸易体系，使其免受贸易保护主义的危害。

一、反倾销

倾销是指在国际贸易中出口国产品以低于正常价值的价格大规模进入进口国市场，给进口国国内工业带来严重损害和威胁的一种不正当的竞争行为。倾销不仅会严重损害进口国与之竞争的厂商与产业，还会严重扰乱正常的贸易秩序。按照 WTO 的相关协议，倾销是不公平贸易，这是成员进行反倾销的依据。因此，反倾销是一个国家用来抵御进口产品不公平竞争、保护国内产业的重要手段，是当代国际贸易中引人关注的问题。

反倾销作为一种被普遍认可、广泛接受的限制进口的手段，是 GATT1994 所确立的原则。

WTO 的《反倾销协议》规定，成员若要实施反倾销措施，必须遵守三个条件：第一，确定存在倾销的事实；第二，确定对国内产业造成了实质性损害或实质性损害威胁，或对建立国内相关产业造成了实质阻碍；第三，确定倾销和损害之间存在因果关系。反倾销措施一般有两种：一是征收反倾销税，但是其税率不得超过经过调查后得出的倾销幅度；二是与出口国政府进行协商达成价格承诺，即出口商主动承诺提高其出口产品的价格，或者停止以倾销价格向进口国出口产品，以此消除倾销所造成的损害。反倾销措施原本是一种维护公平贸易的重要手段，但由于种种原因经常成为许多西方大国进行贸易保护的工具。反倾销的滥用会阻碍正常国际贸易的发展，损害出口国的利益，因此反倾销必须通过法律、法规予以规范。

二、反补贴

补贴作为国际贸易与竞争的产物，已有几个世纪的历史。补贴是指一国政府或者任何公共机构向本国的生产者或者出口经营者提供的资金或财政上的优惠措施，目的是使其产品在国际市场上相比未享受补贴的同类产品处于有利的竞争地位。这种优惠的措施和待遇主要包括以下四个方面：第一，出口国（地区）政府以拨款、贷款、资本注入等形式直接提供资金，或者以贷款担保等形式潜在地直接转让资金或者债务；第二，出口国（地区）政府放弃或者不收缴应收收入；第三，出口国（地区）政府提供除一般基础设施以外的货物、服务，或者由出口国（地区）政府购买货物；第四，出口国（地区）政府通过各类筹资机构付款，或者委托、指令私营机构履行上述职能。

反补贴是进口国政府面对国外得到补贴的产品所带来的严重冲击，为了保护国内工业，而对得到补贴的进口产品征收反补贴税的行为，其目的在于增加进口产品的成本，抵消出口国对该项产品所做补贴的鼓励作用。与倾销一样，补贴也被 WTO 认为是国际贸易中不公平的贸易行为，各成员均有权采取必要措施抵制和消除这种不正当行为对本国有关产业的不利影响。

在具体操作中，反补贴政策不得随意使用。在向进口国征收反补贴税之前，进口国政府必须提供足够的证据证明：①补贴确实存在；②国内相同或类似产业已受到实质性损害；③补贴与这种损害之间存在因果关系。在满足上述三个条件的基础上，进口国政府才能对出口补贴采取反补贴措施，向受到补贴的进口产品征收反补贴税。

倾销与补贴的后果是相同的，即两者都是通过低价竞争，对他国产业造成实质性损害或损害威胁。因此，反倾销和反补贴的调查程序和措施基本相同。一般来说，法律意义上的倾销与补贴有如下几个共同特点：①倾销与补贴的方式均为一国以超出正常范围的低价向另一国出售某种产品，通常表现为不同市场上的价格差异；②倾销与补贴的目的在于扩大出口，抢占国外市场；③倾销与补贴的后果均表现为对进口国的国内产业造成实质性损害；④倾销与补贴的实质都是一种不公平的贸易。而倾销与补贴的区别在于，倾销针对的是企业或出口商个人的行为，而补贴所针对的是政府的行为，直接反映了一国鼓励出口的政策。

三、保障措施

保障措施又称紧急措施,目前各国和各种国际贸易协定对此没有统一的定义,一般是指当进口产品数量激增并对生产同类产品或者直接竞争产品的国内产业造成严重损害或严重损害威胁时,进口方政府对进口产品所采取的限制措施。根据WTO《保障措施协议》第2条的规定,成员只要确定正在进口至其领土的一种产品的数量与国内生产的数量相比绝对或相对增加,且对生产同类或直接竞争产品的国内产业造成严重损害或严重损害威胁,就可对该产品实施保障措施。乌拉圭回合达成的《保障措施协议》规定,缔约方在进口商品数量增加,对国内产业造成严重损害时,可通过增加关税、数量限制等措施来限制进口,以达到使本国经济部门或产业免受外国产品冲击的目的。保障措施不同于一般的贸易保护措施,它是一种与贸易自由化的体制和格局相伴而生的政策工具。它一方面通过对一国弱势产业进行紧急保护来减轻贸易自由化所带来的冲击,另一方面通过规避贸易自由化的风险,来维护和推动贸易自由化的进程。

在实施保障措施时,必须具备如下条件:①进口产品大量增加;②进口增加是由不可预见的情况造成的;③进口增加是各方贸易谈判所带来的贸易自由化的结果;④大量进口对国内生产者造成了严重损害或严重损害威胁。在满足上述条件的情况下,进口国可以对相关商品实施保障措施。其具体措施主要包括:全部或部分停止正常情况所承诺的关税减让或其他优惠,或者进口国政府设置数量限制。

保障措施具有以下三个特点:①保障措施应是无歧视性的,适用于某一进口产品,而不考虑其来源地,依照最惠国待遇原则,在非歧视基础上适用于所有进出口国的同类产品,而不能带有选择性;②保障措施不是永久性的,而是临时性的,有一定期限的约束,保障措施的期限一般不超过4年,最长不超过10年;③保障措施限制的进口商品不一定存在出口补贴或倾销行为,同时所造成的损害必须是严重损害或严重损害威胁。

保障措施具有安全阀的作用。保障措施为各国适应经济一体化的浪潮提供了一种灵活的保险机制,有助于强化各国政府实现经济一体化的决心和信心,从而最大限度地作出贸易自由化的承诺。

第二节　贸易救济与公平贸易

一、公平贸易概述

公平贸易是指公平竞争的自由贸易。公平贸易政策是指为了维护公平竞争的自由贸易秩序而制定的贸易政策。概括起来,公平贸易政策就是指世界各国在国际贸易活动中共同遵守有关的国际规定,相互提供对等的、优惠的贸易待遇。这要求世界各国摒弃传统的保护贸易政策,相互开放市场,实行自由贸易政策。一国若是实行保护贸易政策,则被认定是不公平贸易行为,将引起其他国家的报复和制裁,最终导致失去他国市场。

真正的公平贸易是站在世界自由贸易的立场上，为了防范国内政府封锁市场、设置贸易壁垒而要求其不得歧视外国产品而提出的。WTO认可的公平贸易是从其积极倡导自由贸易和公平竞争原则出发的，WTO认为各成员发展对外贸易不应采取不公正的贸易手段进行竞争，尤其不能以倾销和补贴的方式销售本国(地区)商品。

二、贸易救济与公平贸易的关系

反倾销、反补贴、保障措施等贸易救济措施是否符合公平贸易的要求，是人们经常讨论的问题。有人认为贸易救济与自由贸易和公平贸易的目标具有一致性，也有人将贸易救济归为贸易保护主义。因为贸易救济和贸易保护在形式上都表现为限制外国商品进口，且贸易救济客观上保护了国内产业，所以有人指出，贸易救济实质是贸易保护，从根本上违背了公平贸易的理念。

贸易保护政策是指在对外贸易中实行限制进口以保护本国商品在国内市场免受外国商品威胁，并向本国商品提供各种优惠以增强其国际竞争力的主张和政策。各国遇到的贸易争端大多是由贸易保护政策引起的，如果没有形形色色的国际贸易壁垒，商品就可以在世界范围内流动，就很难发生国际贸易争端。当今世界各国贸易政策的总体趋势是贸易自由化，WTO的成立和约束使其成为可能。但是，贸易保护主义在很多领域依旧存在。无论是发展中国家还是发达国家，都在依据各种贸易保护理论，采取一些限制进口或鼓励出口以及规避国际贸易规则的措施，如滥用反倾销措施和保障措施、设置技术性贸易壁垒等。这种贸易保护政策不仅会引发相应的国际贸易争端，还会损害公平贸易原则。

在国际贸易自由化背景下，贸易救济之所以能够作为一项贸易法律制度存在并日趋完善，是因为其顺应了国际贸易自由化和国际公平贸易的要求，否则该制度的合法性将难以得到世界各国的承认。贸易救济与贸易保护是两个不同的概念，贸易保护违反了公平贸易的理念，而贸易救济与维护公平贸易的理念一致。

实际上，公平贸易的基本内涵有两层意义：其一，公平贸易就是要纠正不公平贸易竞争所带来的贸易扭曲；其二，一国的正常国际贸易对另一国的产业和经济发展造成损害时，如何消除这种影响。

当一个国家的国内产业受到倾销、补贴等不公平竞争行为的损害时，由于此种损害构成了对国内产业生存和发展的威胁，并可能危及该国正常的经济和社会秩序，该国政府就不得不采取贸易救济措施对这种损害进行救济，以保护国内产业的安全。为维护世界贸易公平和正常竞争秩序，WTO允许成员在遭遇进口产品的倾销、其价格构成中含有出口国(地区)的补贴，以及在公平贸易条件下进口产品过度增加且此种进口量的增加对其国(地区)内相关产业造成有害影响时，择机使用反倾销、反补贴和保障措施等贸易救济措施，以维护进口国(地区)相关产业和经济运行的安全。在“两反一保”中，“两反”措施所针对的是价格歧视的不公平贸易，而“一保”措施所针对的是进口产品过度增加对国(地区)内产业的危害。因此，反倾销和反补贴实际上是体现了公平贸易的第一种内涵，而保障措施则体现了公平贸易的第二种内涵。

（一）反倾销、反补贴与公平贸易

从贸易救济制度的历史发展来看，最早的贸易救济制度主要是针对倾销和补贴两种不公平竞争行为。例如，美国1897年《关税法》规定了反补贴税的内容，对接受补贴的外国产品的进口，除征收正常关税外，还要征收等同于补贴数额的额外税。1921年美国又制定了《反倾销法》，规定外国倾销商品给美国产业造成损害、损害威胁或使美国产业的建立受到阻碍时，应对该倾销商品征收反倾销税。WTO倡导的是公平、自由的市场竞争，而倾销和补贴作为大多数国家频繁使用的贸易救济手段，均为违反公平贸易原则的不公平竞争行为。倾销和补贴不但会给进口国的生产带来损害，也会影响出口国自身的出口秩序和不存在倾销行为的出口商的利益，同时还会对在进口国销售同类产品的第三国出口商产生不利的影响。

反倾销最早源于20世纪初期的一些欧美国家，目的是抵制国际贸易中的不公平价格歧视，推进国际贸易的健康发展。反倾销的实践也表明，它可以消除或抵消不公平价格的差异，在一定程度上起到制止倾销、保护国内产业的作用。正当的反倾销措施对外国进口商来说，并不是一种惩罚，而仅仅是一种维护本国市场公平竞争的"救济"措施。反倾销措施通过对进口倾销产品征收额外的关税或价格承诺等措施，改变进口倾销产品低于市场正常价格的局面，使其被迫在本国市场上以公平的正常价格来竞争。

对出口产品进行补贴，同样会阻碍公平贸易的发展，导致贸易扭曲。补贴作为政府行为的结果，危害极大。出口补贴和生产补贴可能会使得到财政补贴的产品在国际市场上享有不公平的竞争优势。补贴被认为是世界贸易中最可怕、最有力的竞争武器，其实质是通过财政手段和某个公共机构集合大众的经济力量支持某一产品获得超低价格的竞争优势。一国政府的补贴能够使某一产品以超低价格轻松、迅速地击败对手，因而是各国最忌讳的不公平竞争措施之一。因此，WTO对补贴作出了严格的规定。

总而言之，反倾销和反补贴的目的相同，都是为了平衡已经存在或是潜在的利益冲突，使进口商品的价格从不公平走向公平，纠正不公平贸易导致的贸易扭曲，从而使国际贸易活动符合公平贸易的理念。因此，各国比较一致地认为反倾销和反补贴的贸易救济措施是符合公平贸易理念的。

（二）保障措施与公平贸易

保障措施不同于反倾销和反补贴，它不是针对不公平贸易的救济措施，因而其目的也不在于纠正不公平贸易竞争所带来的贸易扭曲。虽然如此，保障措施与维护国际公平贸易的理念仍然是一致的，因为允许进口国在特定条件下实施保障措施还是为了维护国与国之间的公平贸易。经济学理论认为，世界各国开展国际贸易的直接目的是获得利益，只有双方都能获利，即通常所说的"双赢"，国与国之间的贸易才能正常进行。在国际贸易中，一直受损失的国家，由于无利可图，也就不会参加国际贸易。因此，国家间的公平贸易也就体现为双方的整体利益都要得到维护，一方获利一方受损则为不公平贸易。

因此，在进口国进口产品数量激增而使进口国的相关产业受到威胁时，允许进口国采取保障措施挽救可能或已经造成的损失，能够维护国家间的公平贸易。况且，在国际贸易中，如果因进口产品大量增加而受到严重损害的国内产业得不到必要的救济，该产业内的企业便可能面临倒闭的危险。这些企业的倒闭将会导致进口国的该产业面临危机，减少该产业内的竞争者数量，从而可能导致垄断的产生，不利于促进公平竞争。因此，进口国采取保障措施对遭受国际贸易损害的国内相关产业进行救济，以协助该产业内的企业积极进行调整，增强其竞争力，实际是促进公平竞争的需要。从这一点来看，保障措施确实能够起到消除一国的正常国际贸易对另一国的产业和经济发展造成损害的作用，体现了公平贸易的第二种内涵。

因此，贸易救济的主要措施——反倾销、反补贴和保障措施均没有背离公平贸易的理念。从贸易救济的制度设计来看，其诸多规则都具有防止贸易扭曲和保障国际公平贸易的作用。但是，贸易救济只是救济国内产业损害的一种手段，其最终将产生什么样的结果，还取决于实行贸易救济的国家受到何种观念的支配。在现实生活中贸易救济也可能被有关国家用作贸易保护的手段。一些国家为了排斥进口产品的竞争以保护其国内产业，对进口产品采取歧视性的贸易救济措施，不但未能保障公平贸易，反而对公平贸易秩序造成破坏。因此，贸易救济措施要发挥其保障国际公平贸易的作用，还需有关国家摈弃贸易保护主义观念，强化公平贸易观念。

第三节　市场环境、贸易秩序与贸易摩擦

随着经济全球化的加剧，各国各地区在经贸领域的联系不断加深。与此同时，各国各地区之间的贸易摩擦愈演愈烈，表现形式逐渐由关税和配额转变为反倾销、反补贴、保障措施、技术性贸易壁垒、知识产权等符合 WTO 规则的形式。其中，反倾销、反补贴和保障措施等贸易救济措施成为 WTO 成员近年来运用较广泛的贸易救济手段。

一、世界各国贸易救济概况

为维护公平贸易和正常的竞争秩序，WTO 允许成员在进口产品倾销、补贴和过激增长等给其国内产业造成损害的情况下，使用反倾销、反补贴和保障措施等贸易救济措施，保护国内产业不受损害。其中，反倾销一直是世界各国最主要的贸易救济形式。倾销和补贴的主要表现都是出口产品的价格过低，所以，从进口方来讲，在发起调查时可以在反倾销和反补贴之间进行选择。反倾销措施具有形式合法、易于实施、能有效排斥国外产品的进口以及不易引起他国报复等特点。对于进口国来说，反补贴的条件和程序相对来说更为严格和烦琐，所以大多数情况下发起的都是反倾销调查。由于保障措施是在出口方没有违反 WTO 相关协议的情况下发起的，容易引起贸易摩擦，进口方使用的较少。如图 14－1 所示，1995—2020 年，全球发起的贸易救济案件中，反倾销 5 781 起，占比 83.55％；反补贴 611 起，占比 8.83％；保障措施 438 起，占比 6.33％；特别保障措施 89 起，占比 1.29％。

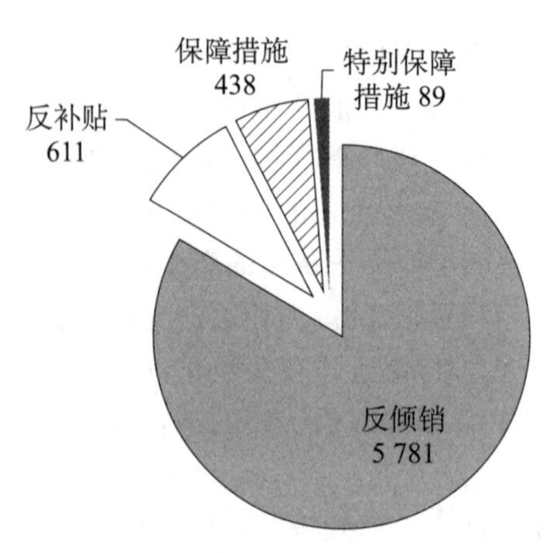

图 14-1 1995—2020 年贸易救济措施分布情况

资料来源:根据中国贸易救济信息网资料整理。

表 14-1 是 2015—2018 年发起反倾销调查最多的前 10 位国家的统计情况,其中,美国和印度是发起反倾销调查数量最多的国家,2018 年两国发起的反倾销调查占到世界反倾销调查总数的 32.67%。1995—2018 年,印度共发起 920 起反倾销调查,占世界反倾销调查总数的 15.77%,总排名第二的是美国,紧跟美国之后的为巴西、欧盟、阿根廷等。2015—2018 年,连续位居发起反倾销调查数量前 10 的国家有美国、印度、澳大利亚和欧盟。

表 14-1 2015—2018 年发起反倾销调查最多的前 10 位国家和地区

2015 年		2016 年		2017 年		2018 年	
美国	42	印度	69	美国	55	美国	34
印度	30	美国	37	印度	49	印度	32
巴西	23	巴基斯坦	24	中国	24	阿根廷	19
土耳其	16	阿根廷	23	澳大利亚	16	中国	16
马来西亚	14	土耳其	17	加拿大	14	加拿大	14
巴基斯坦	12	澳大利亚	17	欧盟	9	澳大利亚	12
中国	11	欧盟	14	阿根廷	8	乌克兰	10
欧盟	11	埃及	14	土耳其	8	欧盟	8
澳大利亚	10	加拿大	14	墨西哥	8	巴基斯坦	8
墨西哥	9	巴西	11	哥伦比亚	8	巴西	7
世界	229	世界	298	世界	249	世界	202

资料来源:根据 WTO 数据库数据整理而得。

在反补贴措施方面,美国发起的反补贴数量排名第一。1995—2018 年,美国发起的反补贴案件总数达 243 起,占世界反补贴案件总数的 43.71%。仅次于美国的是欧盟,其发起的反补贴案件总数为 81 起。与反倾销措施相比,采用反补贴措施的国家相对较少,世界反补贴案件总水平也相对较低(见表 14-2)。

表 14-2　2015—2018 年发起反补贴措施最多的前 5 位国家和地区

2015 年		2016 年		2017 年		2018 年	
美国	23	美国	16	美国	24	美国	24
加拿大	3	澳大利亚	8	加拿大	11	印度	10
澳大利亚	2	加拿大	2	欧盟	2	中国台湾	5
欧盟	2	埃及	2	巴西	1	加拿大	4
土耳其	1	欧盟	1	中国	1	澳大利亚	3
世界	31	世界	34	世界	41	世界	55

资料来源:根据 WTO 数据库数据整理而得。

保障措施方面,发展中国家是最主要的发起者。1995—2019 年,印度共发起 46 起保障措施,占世界保障措施总量的 12.20%;其次是印度尼西亚,为 34 起,占世界保障措施总量的 9.02%。2009 年印度发起的保障措施高达 10 起,占全年世界保障措施总量的 40.00%;2014 年印度发起的保障措施为 7 起,占全年世界保障措施总量的 30.43%。2019 年发起保障措施总数排名前 5 的国家分别为印度尼西亚(5 起)、马达加斯加(4 起)、印度(3 起)、乌克兰(3 起)和摩洛哥(2 起),以上国家发起的保障措施总数占全年世界保障措施总量的 56.67%。

从发起贸易救济措施国家的南北分布来看,过去运用贸易救济措施的国家绝大部分为发达国家和地区,美国、欧盟、加拿大和澳大利亚是贸易救济措施的主要实施者,占总数的 90%以上。然而,自 1995 年起,发展中国家在实践中逐步学习和掌握运用贸易救济措施,目前在全球案件年度数据中所占比例已超过发达国家。就反倾销措施而言,从表 14-1 可以看出,发展中国家已经逐渐成为发起反倾销调查的主体,在反倾销调查中的作用不断增强。就保障措施而言,发展中国家一直以来都是最主要的发起者,发起保障措施最多的两个国家——印度和印度尼西亚均为发展中国家。就反补贴措施而言,目前发达国家仍是发起反补贴措施的主体,美国和欧盟两个经济体每年发起的反补贴案件数量之和占每年世界总水平的半壁江山,近年来加拿大发起的反补贴案件已逐渐超过欧盟。

二、国外对华贸易救济概况

中国作为一个新兴市场,在加入 WTO 以后对外贸易持续快速增长。在我国与世界各国关系日益密切的同时,针对我国的贸易摩擦也日益突出、不断演变,呈现出持续升温的态势,其中反倾销、反补贴等贸易救济措施依然是引发贸易摩擦的最主要形式。根据 WTO 统计,从 1995 年至 2021 年 8 月底,全球对华发起贸易救济原审立案累计 2 173 起,我国始终都是遭遇贸易救济调查最多的国家之一,2020 年更是高达 130 起之多,其中反倾销 87 起,反补贴 20 起,保障措施 23 起;中国是全球贸易救济调查的最大目标国,面临复杂严峻的贸易摩擦形势。中国产品成为国外贸易救济调查的重点,中国企业蒙受巨大损失。

根据商务部以及中国贸易救济信息网发布的数据,2019 年我国产品共遭遇来自 30 个国家和地区发起的 102 起贸易救济调查,其中反倾销 63 起、反补贴 9 起、保障措施 30

起，与2018年相比，案件数量总量下降了3.77%。自我国2001年加入WTO以来，世界各国对我国发起的贸易救济案件数量虽然略有波动，但每年总量都保持在70起以上，并且呈增长态势。对华贸易救济调查类型分布情况如图14-2所示。2008年金融危机后，全球经济发展乏力，贸易保护主义抬头，2009年国外对华贸易救济案件总量达到峰值124起。近年来世界经济疲软态势反复，同时伴随着经济全球化与逆全球化浪潮的博弈，我国遭遇的贸易救济调查数量也起起伏伏，并于2016年再次达到124起，2020年疫情全球蔓延，贸易救济成为贸易保护的主要工具，我国遭遇的贸易救济调查达到新高130起。此外，从贸易救济的形式分析，反倾销调查是各国对我国发起贸易救济的主要形式，其次为保障措施，特别保障措施在入世前几年数量较多，但自2005年之后不断缩减，2013年以来持续为0，与之相对应的是反补贴调查案件的增长(见图14-3)。

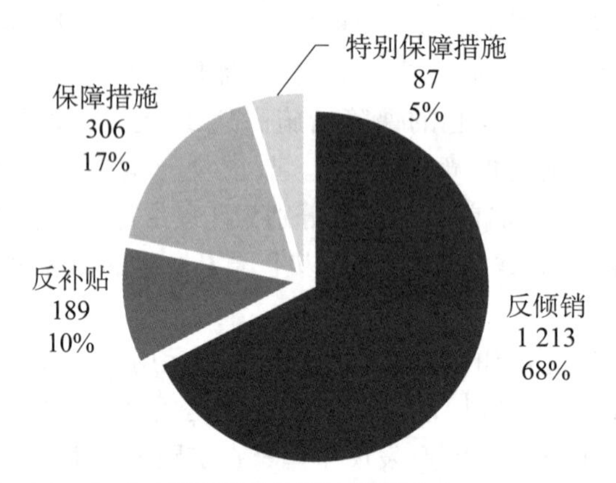

图14-2 全球对华贸易救济调查类型分布:2002—2020年

资料来源:根据中国贸易救济信息网资料整理。

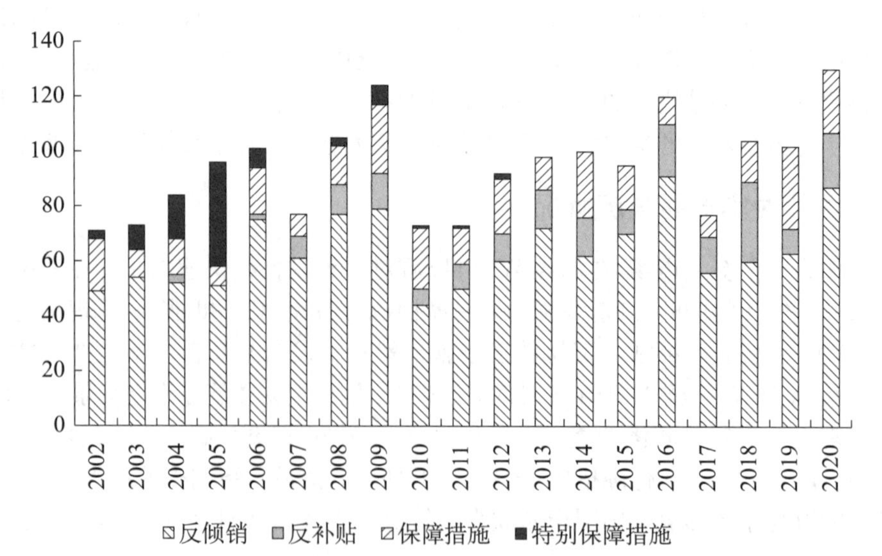

图14-3 全球对华贸易救济调查类型变化趋势:2002—2020年

资料来源:根据中国贸易救济信息网资料整理。

从贸易救济的涉案行业来看，2002—2020 年，全球对我国贸易救济案件总计 1 795 起，其中金属制品工业、化学原料和制品工业、钢铁工业成为对华贸易救济调查的重点行业，分别有 306 起、295 起、239 起贸易救济案件（见图 14-4）。在 2015 年之前，纺织工业的累计立案数量一直位居前三，但自 2016 年以来我国大幅增加的贸易摩擦主要集中在钢铁领域，2016—2019 年共遭遇 26 个国家和地区发起的钢铁贸易救济调查案件 95 起，其中反倾销案件 58 起，反补贴案件 16 起，保障措施案件 21 起，占同期全部贸易救济调查案件数量的 23.46%，其他贸易摩擦较多的领域主要是化学原料和制品工业。2020 年，化学原料和制品工业立案 27 起，为立案数量最多的行业；其次为钢铁工业，立案 23 起；纺织工业 9 起，位列第五。国外对华贸易救济调查的重点已经从纺织品、轻工产品等传统低附加值产品向机电产品、化工产品等高附加值产品转移。

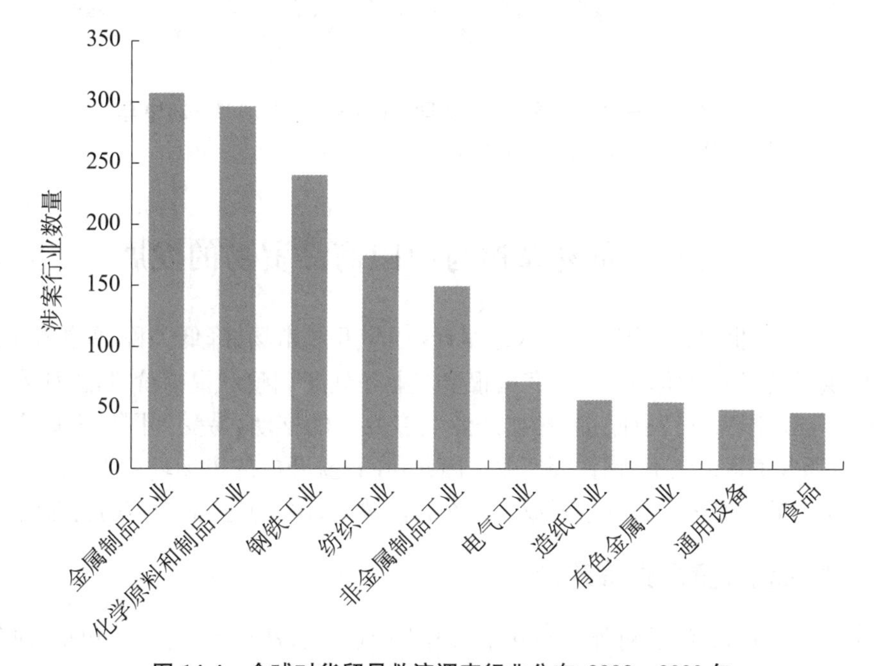

图 14-4　全球对华贸易救济调查行业分布：2002—2020 年

资料来源：根据中国贸易救济信息网资料整理。

2002—2020 年，全球对我国发起贸易救济调查数量排名前三的申诉国家（地区）分别为美国 293 起、印度 259 起、欧盟 141 起。分析贸易救济调查发起类型可知，2002—2020 年，全球对华发起的反倾销调查总计 1 213 起，印度独占鳌头，总共发起 207 起，其后为美国 148 起、欧盟 110 起；全球对华发起 189 起反补贴调查，美国排名第一，共发起 100 起，其后为加拿大 28 起、澳大利亚 21 起；2019 年，全球对华发起保障措施调查合计 306 起，印度尼西亚对华发起保障措施数量最多，为 38 起，其后为印度 33 起、土耳其 29 起；对华特别保障措施调查总计 87 起，美国发起最多为 42 起，其后为印度 10 起、欧盟 10 起。值得注意的是印度、土耳其、巴西等发展中国家，其对发达国家贸易救济判例的跟踪效仿使其成为对华贸易纠纷发起最多的国家之一。入世以来，中国遭遇贸易救济立案申诉国家（地区）分布情况如图 14-5 所示。

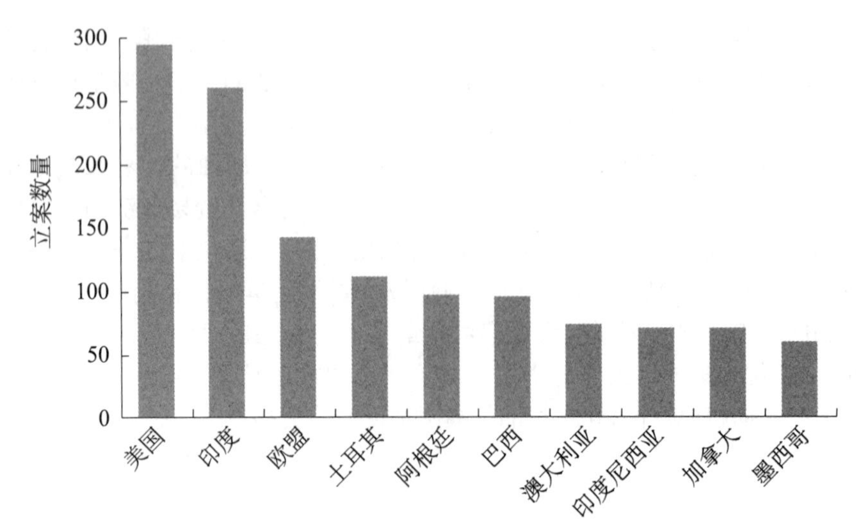

图 14-5　全球对华贸易救济调查国家（地区）分布：2002—2020 年

资料来源：根据中国贸易救济信息网资料整理。

第四节　贸易摩擦与中国商品贸易的发展

自 2001 年入世以来，中国依据入世承诺，逐步开放市场、降低关税、保护知识产权，为企业提供了良好的竞争环境。但我国很多产业还处于调整和提高阶段，例如农业基础薄弱、经营分散、国家支持有限；高科技产业大多处于幼稚期，易受到国外进口产品不公平贸易的竞争，尤其是化工、钢铁等产业。因此，在日益开放的市场环境下，如何合理、合法地运用相关措施保护自身利益就成为摆在我国政府、协会和企业面前的新课题。

一、中国现行贸易救济政策

中国入世之际，为维护对外贸易秩序和国内产业的合法权益，建立了包括《对外贸易法》《反倾销条例》《反补贴条例》和《保障措施条例》在内的贸易救济法律制度。商务部为保障公平、公正、透明地实施贸易救济法律法规，还制定了涉及反倾销、反补贴、保障措施立案、调查等程序的一系列部门规章。这些贸易救济措施抑制了倾销产品的进口及进口激增，维护了贸易秩序，国内产业通过调整走出困境，提高了产业的整体实力。此外，我国还发起各类反倾销复审调查，保障了国内产业及国外应诉企业的正当权利。

目前我国已基本形成由法律、法规及部门规章组成的贸易救济法律体系和框架，使贸易救济工作走上法制化和规范化的轨道。

1. 反倾销

1997 年，中国颁布了《反倾销和反补贴条例》，规定了中国开展反倾销调查和采取相应措施的适用规则。加入 WTO 之后，中国依照 WTO 的相关协定，重新制定了《反倾销条例》《反补贴条例》和《保障措施条例》。为了提高上述条例的可操作性，并确保透明度和程序适当，中国颁布了涵盖 20 余个领域的具体规则，例如实施、调查、问卷、现场调查、产品范围调整、产业伤害调查、中期评估等。根据上述条例和具体规则，商务部负责贸易救济措施的相关调查。如果已确定实施反倾销、反补贴、保障措施等贸易救济措施，商务部可以向国务院关税税则委员会提出建议，并由国务院关税税则委员会负责审批。商务部将最终决定公示后，中国海关负责实施贸易救济措施。

中国签署的自由贸易协定已涉及反倾销问题，相关签署方通常承诺应当首先通过协商和谈判来处理可能存在的反倾销问题，不得同时采取双边和多边的反倾销措施。

2. 反补贴

中国根据《对外贸易法》和《反补贴条例》的规定实施反补贴措施。中国签署的自由贸易协定也涉及反补贴问题，相关签署方通常承诺应当首先通过协商和谈判来处理可能存在的反补贴问题，不得同时采取双边和多边的反补贴措施。

3. 保障措施

中国根据《对外贸易法》和《保障措施条例》的规定实施保障措施。中国签署的自由贸易协定已涉及保障措施问题，相关签署方通常承诺应当首先通过协商和谈判来处理可能存在的保障措施问题，不得同时采取双边和多边的反补贴措施。

二、中国进口反倾销调查情况

随着经济一体化和贸易自由化程度的不断加深以及中国对外开放的逐步扩大，许多外国企业被中国广阔的市场容量吸引，纷纷将其产品投入中国市场。在此过程中，外国产品在中国建材、造纸、家电、化工等行业中的倾销事件时有发生，我国的反倾销调查也逐渐增多。

1997 年 12 月 10 日，我国对原产于美国、加拿大和韩国的新闻纸进行反倾销立案调查，并以这三国对中国出口的新闻纸存在倾销、给国内产业造成严重损害以及二者具有因果关系为理由，对三国的新闻纸进口征收不同的反倾销税，有效地保护了受到倾销冲击的国内新闻纸生产行业，这是我国首例反倾销案。此后，随着我国市场的进一步开放和反倾销力度的加强，我国又陆续在化工、钢铁、轻工、通信等重要领域开展贸易救济调查工作，对受损害的产业予以保护，已取得良好的效果。

从 1998 年到 2019 年上半年，我国共发起反倾销调查 284 起(按照 WTO 统计方法)，占世界总水平的 4.87%，其中 2019 年 1—6 月立案调查 10 起。从 1998—2018 年我国企业反倾销申诉案件立案情况(见图 14-6)来看，自 1998 年起，我国企业反倾销申诉案件立案总体上呈不稳定分布状态，2002 年达到最高，为 30 起。1998—2000 年，我国反倾销立案总数为 16 起，年均立案数为 5.3 起。但自 2001 年起，我国反倾销申诉案件明显上升，5 年内立案总数达到 117 起，年均立案数为 23.4 起。从更长期的角度来看，2001—2018 年我国反倾销立案总数为 258 起，年均立案数为 14.33 起。这些都说明我国在加入 WTO 以后积极运作贸易救济体系，保障国内产业利益，促进公平贸易。

中国商务部和中国贸易救济信息网的数据显示，1998—2020 年，我国对全球发起的贸易救济调查案件中，反倾销 296 起，占比 93.97%，反补贴 17 起，保障措施 2 起，未发起过特别保障措施调查。贸易救济调查涉及 14 个行业：化学原料和制品工业、钢铁工业、电气工业、化纤工业、光伏产品、金属制品工业、汽车工业、农产品、通用设备、医药工业、茶酒饮料业、仪器仪表工业、专用设备、造纸工业，其中，化学原料和制品工业的反倾销调

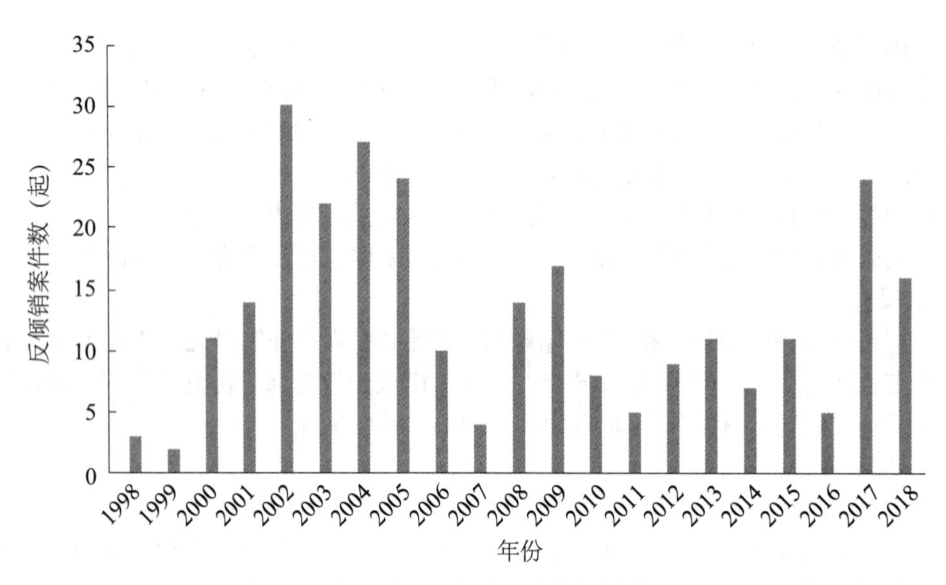

图 14-6　1998—2018 年中国发起反倾销案件数

资料来源:根据 WTO 数据库数据整理而得。

查数量独占鳌头,有 218 起,远远超过排名第二的造纸工业的 24 起,占我国发起反倾销调查总量的 73.6%,钢铁工业则以 19 起排名第三。行业分布情况具体如图 14-7 所示。

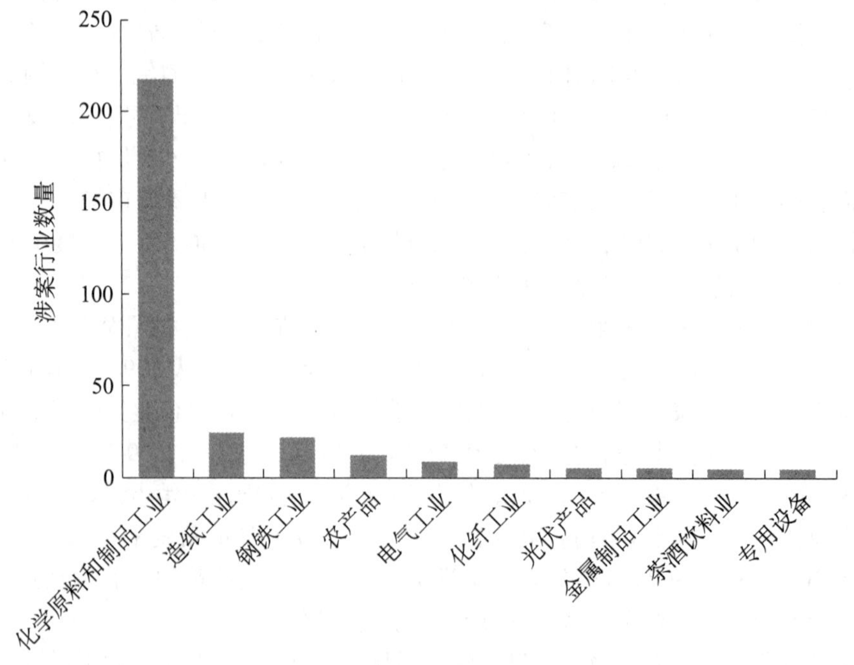

图 14-7　中国对全球发起贸易救济原审立案行业分布:1998—2020 年

资料来源:根据中国贸易救济信息网资料整理。

在具体涉案产品方面,主要涉及新闻纸、冷轧硅钢片、聚酯薄膜、不锈钢冷轧薄板、丙烯酸酯、聚苯乙烯、二氯甲烷、饲料级 L-赖氨酸盐酸盐、聚酯切片、涤纶短纤维、己内酰胺、铜版纸、邻苯二酚、苯酐、丁苯橡胶、冷轧板卷、苯酚、TDI(甲苯二异氰酸酯)、非色散位移单模光纤、锦纶民用长丝、氯丁橡胶、双酚 A、初级形态二甲基环体硅氧烷、三元乙丙橡胶、呋喃酚、核苷酸类食品添加剂、环氧氯丙烷、丙酮等。2013 年 7 月 1 日,中国对欧盟葡萄酒启动反倾销调查,这是我国首次将茶酒饮料业纳入反倾销调查范围。2021 年 3 月,商务部发布对澳大利亚葡萄酒反倾销和反补贴调查最终裁定,澳大利亚就此向 WTO 提起上诉,这标志着中国贸易管理部门和企业对于贸易救济调查的应用已经成熟。

从我国发起的反倾销调查来看,我国反倾销所针对的国家和地区相对集中。我国反倾销案件涉及 29 个国家和地区,多为主要的贸易伙伴和周边国家。截至 2019 年,在我国启动的 288 起反倾销案件被诉国家和地区中,日本位列第一(54 起),美国紧随其后(53 起),韩国排名第三(42 起)。中国对这三个国家发起的反倾销措施案件占总数的 51.74%。此外,欧盟和印度也是中国发起反倾销措施较为集中的国家和地区。中国反倾销措施集中于日、韩、欧、美的主要原因是我国对日韩贸易逆差较大,产业间竞争激烈;对欧美虽然存在顺差,但绝对进口量大。在此期间,对华反倾销最多的五个国家和地区是印度、美国、欧盟、阿根廷和巴西,其中,除了美国和欧盟成为我国反倾销的第二号与第四号目标之外,其他几个国家被我国发起反倾销的比例都很低,其中阿根廷 0 起,巴西 2 起,这说明反倾销报复并非我国进行反倾销的动机,在宏观经济长期稳定增长的背景下,我国的反倾销更多地服从于政府产业发展目标和入世以后的贸易救济目的。此外,在我国的反倾销实践中,单个反倾销案件的涉案国家和地区数目较多,主要集中于发达国家和地区。除了少数产品涉及个别国家和地区以外,大部分产品的反倾销立案所涉及的出口国家和地区都达到 3～4 个,甚至还有涉及 5 个或 5 个以上的情况。

从反倾销裁决结果来看,我国征收的反倾销税率与国际上一些国家对华征收的反倾销税率相比是偏小的。在 2003 年 12 月的水合肼案件中,初裁对美国企业征收了高达 184% 的反倾销税率,终裁则同时对日本、美国、韩国、法国企业征收了最高 184%的反倾销税率,这是我国征收的最高反倾销税率。除了在对原产于日本、韩国、美国等几个国家的少数进口商品征收的反倾销税率高于 100%外,其余各案反倾销税率都没有超过 100%,反倾销终裁税率平均不到 40%,低于国际平均反倾销税率水平。例如,美国于 1994 年对我国的癸二酸征收的反倾销终裁税率最高为 243.4%,1994 年对大蒜征收的反倾销终裁税率为 365%。此外,印度于 2003 年 9 月 1 日对我国测量卷尺征收的反倾销终裁税率高达 1 069%。

从调查时间来看,反倾销案件从立案到终裁的时间偏长。根据我国反倾销法规的规定,我国的反倾销案件短的可在 14 个月(420 天)内作出终裁,长的可在 20 个月(600 天)内作出终裁。例如,1995—2005 年,从我国已经作出反倾销终裁的 25 种具体产品(共计 77 起最终反倾销措施)上考察,有 20 种产品从立案到终裁的时间是 18 个月,说明绝大多数产品的反倾销案件从立案到终裁的时间偏长。只有对原产于俄罗斯和日本的三氯乙烯的反倾销案件仅持续了约 15 个月,成为我国作出终裁时间最短的反倾销案件。此外,对原产于英国、美国、荷兰、法国、德国和韩国的二氯甲烷的反倾销案件持续了约 16 个月。自 2006 年起,这一情况有所好转,对原产于印度的磺胺甲噁唑,原产于日本、韩国、新加坡的双酚 A,原产于日本、新加坡的甲乙酮的反倾销案件仅仅持续了 12 个月的时间,创下了新的纪录。而美国规定,反倾销案件结案短的可在 280 天内作出终裁,长的可在 390 天内作出终裁。可见，与美国相比，我国反倾销案件从立案到终裁的时间过长，有待提高其调查效率。

三、中国进口反补贴和保障措施实施情况

2008 年以前，中国未对进口产品发起过反补贴调查；2009 年，中国成功发起了 3 起反补贴调查，开创了中国对进口产品进行反补贴立案调查的先河。根据中国贸易救济信息网数据，截至 2019 年，中国共发起反补贴案件 13 起，其中 4 起已终止措施，5 起仍在实施措施，3 起终止调查，1 起正在调查。

（一）中国进口反补贴措施实施情况

2009 年 6 月 1 日，应武汉钢铁（集团）公司和宝钢集团有限公司代表国内取向电工钢产业的申请，商务部发布 2009 年第 41 号公告，决定自 2009 年 6 月 1 日起对原产于美国的进口取向电工钢进行反补贴调查。2010 年 4 月 10 日，商务部发布终裁公告，认为原产于美国的进口取向硅钢存在补贴，中国国内取向硅钢产业受到了实质损害，而且补贴与实质损害之间存在因果关系。根据《反补贴条例》第三十九条的规定，商务部向国务院关税税则委员会提出对原产于美国的进口取向硅钢征收反补贴税的建议。国务院关税税则委员会根据商务部的建议作出决定，自 2010 年 4 月 11 日起，对原产于美国的进口取向硅钢征收反补贴税，实施期限自 2010 年 4 月 11 日起 5 年。2015 年 4 月 10 日措施终止。

2009 年 9 月 27 日，应中国畜牧业协会代表国内白羽肉鸡产业的申请，商务部发布 2009 年第 75 号公告，决定自 2009 年 9 月 27 日起对原产于美国的进口白羽肉鸡产品进行反补贴调查。2010 年 8 月 29 日和 9 月 26 日，商务部分别发布第 52 号和第 51 号公告，决定对原产于美国的进口白羽肉鸡产品征收反补贴税和反倾销税。2013 年 8 月，商务部发布第 56 号公告，依法认定相关公司更名事宜。2014 年，商务部发布 2014 年第 44 号公告，调整了反倾销和反补贴税率。2016 年 8 月 22 日和 9 月 26 日，商务部发布第 41 号和第 40 号公告，决定将该反补贴措施和反倾销措施延长至 2021 年。2017 年 12 月 26 日，原反倾销和反补贴案申请人代表国内产业向商务部提出撤销反倾销和反补贴措施的申请。经审查，调查机关认为没有必要维持该反倾销和反补贴措施。经国务院关税税则委员会同意，根据《反倾销条例》第五十七条和《反补贴条例》第五十六条，决定自 2018 年 2 月 27 日起终止对原产于美国的进口白羽肉鸡产品征收反倾销税和反补贴税。

2017 年 2 月 13 日，应苏州市罗森助剂有限公司代表国内邻氯对硝基苯胺产业正式提交的反补贴调查申请，商务部发布 2017 年第 5 号公告，对原产于印度的进口邻氯对硝基苯胺进行反补贴立案调查。根据调查结果和《反补贴条例》第二十五条的规定，2017 年 10 月 20 日，商务部发布第 57 号公告，初步认定原产于印度的邻氯对硝基苯胺存在补贴，国内邻氯对硝基苯胺产业受到实质损害，并且补贴与实质损害之间存在因果关系。2018 年 2 月 12 日，商务部作出最终裁定，自 2018 年 2 月 13 日起，对原产于印度的进口邻氯对硝基苯胺征收反补贴税，实施期限 5 年。

（二）中国进口保障措施实施情况

2002 年 3 月，美国动用 201 条款，启动钢铁保障措施，引发全球性钢铁贸易纠纷。受此影响，世界钢铁产品的贸易方向发生重大转移，大量钢铁产品涌入中国，使国内钢铁企

业遭受严重损害。在这种严峻的形势下，2002 年 4 月 19 日，中国钢铁工业协会以及上海宝钢集团公司、鞍山钢铁集团公司、武汉钢铁(集团)公司、首钢总公司和邯郸钢铁集团有限公司(以下简称申请人)向对外贸易经济合作部(以下简称外经贸部，现整合为商务部)正式递交了《关于对钢铁产品进行保障措施调查的申请》。经审查，外经贸部于 2002 年 5 月 20 日发布第 29 号公告，决定对包括普通中厚板等 25 类 84 个税则号的进口钢铁产品进行保障措施立案调查。2002 年 5 月 21 日，外经贸部发布第 30 号公告，宣布对部分进口钢铁产品采取临时保障措施，适用临时保障措施的产品包括普通中厚板等 9 大类 17 小类共计 48 个税则号项下的进口钢铁产品。临时保障措施于 2002 年 5 月 24 日正式实施，实施期限为 180 天。临时保障措施采取关税配额的形式，为了给所有进口商以平等和持续的进口机会，关税配额采取“全球配额、先来先办”的方式。进口份额不超过该种产品进口总量 3%的原产于发展中国家或地区的产品不适用临时保障措施。

根据最终调查结果，外经贸部于 2002 年 11 月 19 日发布第 48 号公告，决定自 11 月 20 日起对进口热轧普薄板等 5 类进口钢铁产品实施为期 3 年的保障措施(包含临时保障措施的实施期限 180 天)。最终保障措施采取“关税配额，先来先办”的方式。在配额数量内进口产品仍执行现行适用关税税率，配额数量外进口产品在执行现行适用关税税率的基础上加征关税。最终保障措施在实施期间将逐步放宽。最终保障措施实施期间，主管机关可以根据有关情况的变化，依法审查最终保障措施的形式和水平。2003 年 12 月，美国和欧盟先后宣布撤销其钢铁保障措施。鉴于钢铁贸易形势的变化，2003 年 12 月 26 日，商务部发布第 76 号公告，宣布终止我国钢铁保障措施的实施。至此，我国钢铁保障措施在实施一年半后正式结束。这为国内钢铁产业免受大量钢铁产品进口的冲击、合理保护国内钢铁产业和市场、改善钢铁企业经营状况、实现产业结构调整创造了有利条件。

综上所述，我国在入世后的短短几年时间里，不仅初步完成了作为贸易救济体系基础的制度建设，还开始了较全面的实践，甚至在反倾销方面也开始积极行动。我国对外贸易救济的实践使我国受损害产业得以较快、较好地恢复和发展，维护了公平竞争的贸易秩序，对促进国内产业结构调整发挥了积极作用，也对维护我国产业经济安全发挥了重要作用。但同时，我国在贸易救济实践中还存在不少问题。在日后的实践中，我们应不断总结经验，进一步改善我国的贸易救济制度，使之在不损害公平贸易秩序的情况下更好地维护国内产业的利益，促进对外贸易的健康发展。

第五节 对外贸易救济案例[①]

一、欧盟手推车反倾销案件

2004 年 4 月 29 日，欧盟委员会对我国手推车及其部件进行反倾销调查。起诉方分

---

① 案例一和案例二根据商务部进出口公平贸易局. 进出口公平贸易案例选集[EB/OL]. (2006-07-31)[2021-04-01]. https://max.book118.com/html/2017/1226/146033983.shtm 整理；案例三根据亲历美国对华 301 调查听证会：中国需准备应对不利局面[EB/OL]. (2018-01-20)[2021-04-01]. http://www.chinanews.com/cj/2018/01-20/8428939.shtml 整理。

别为瑞典、德国和意大利的四家企业，代表欧盟原15国60%以上的生产量。据机电商会统计，我国涉案产品出口金额为2 525万欧元。此案的调查期为2003年4月1日到2004年3月31日，替代国为加拿大。我国共有四家企业积极应诉并提出了市场经济地位申请，其中规模较大的两家企业为宁波如意股份有限公司、浙江诺力机械有限公司。2004年10月22日，欧盟委员会正式决定拒绝我国所有企业市场经济地位的申请。其中，浙江诺力机械有限公司被拒绝的理由只有一个，即公司外汇交易采用年初汇率记账的做法与国际会计准则不符。此案于2005年1月27日初裁，宁波如意股份有限公司的税率为29.7%，宁波钛龙机械有限公司的税率为40.3%，宁波达力手动搬运车厂的税率为37.6%，浙江诺力机械有限公司的税率为35.9%，其他企业的税率为49.6%，中国所有手推车企业出口欧盟面临的形势较为严峻。经过多方努力交涉，主要应诉企业浙江诺力机械有限公司获得了市场经济地位，欧盟委员会在2005年7月21日终裁时修改了初裁结果，相关税率为：浙江诺力机械有限公司7.6%、宁波如意股份有限公司28.5%、宁波钛龙机械有限公司39.9%、宁波达力手动搬运车厂32.2%，其他未应诉企业46.7%。

在欧盟正式立案前，公平贸易局指导机电商会在北京召开了预警会议，“五一”假日期间，公平贸易局代表参加了在浙江宁波召开的应诉协调会议，指导并组织应诉工作，并与机电商会协商制定了总体应诉策略。在欧盟作出市场经济初步裁决后，公平贸易局协同机电商会，联系财政部，就国际会计准则及我国会计制度等问题进行调研并形成调研材料，多次发函进行交涉并指导律师和商会就此向欧盟委员会提出抗辩。2004年12月9日，公平贸易局负责人致信欧盟委员会贸易总司维尼格司长，就该案进行交涉。2005年4月，在中欧市场经济工作组预备会议上，公平贸易局再次就该案中公司的市场经济地位裁决进行了交涉。在案中，浙江诺力机械有限公司最初不理解公平贸易局的工作，将地方商务主管部门派来鼓励应诉的人员拒之门外，随着应诉过程的深入，该公司逐渐了解到公平贸易局在应诉中的职能和作用，转而积极接受公平贸易局的应诉指导，最终获得市场经济地位，保住了欧盟市场。在终裁后，该公司还特地向公平贸易局赠送锦旗，上书“国家利益奋力相争、企业生存视为己任”以示感谢。

该案是欧盟对华反倾销有史以来首次在拒绝企业市场经济地位申请后，重新承认企业的市场经济地位，给予企业较低的税率，创造了一个良好的开端。这是四位一体应诉机制发挥作用的结果，为中国其他企业应诉欧盟反倾销案件提供了范例，坚定了企业应诉欧盟反倾销案件的信心和决心。

二、铜版纸反倾销案件

铜版纸反倾销案件是我国加入WTO后发起的第一起反倾销调查，也是我国《反倾销条例》生效实施后依据该条例立案调查的第一起反倾销案件。本案涉案金额较大，应诉企业较多，调查期涉及金额近5亿美元，应诉企业14家，是我国反倾销以来较大的反倾销案。

铜版纸反倾销案于2002年2月6日由外经贸部（现改为商务部）立案，涉及原产于韩国、日本、美国和芬兰的进口铜版纸，涉案金额4.63亿美元。本案确定的倾销调查期为2001年1月1日至2001年12月31日，产业损害调查期为1999年1月1日至2001年

12月31日。本案的立案申请人是金东纸业(江苏)有限公司、山东万豪纸业集团股份有限公司、山东泉林纸业有限责任公司和江南造纸厂。韩国韩松制纸株式会社、日本王子制纸株式会社、美国美德维实伟克公司等14家企业和美国森林与纸业协会登记应诉,韩国启星制纸株式会社、日本制纸株式会社等10家应诉公司提交了答卷。2002年11月26日,外经贸部初步裁定原产于上述国家的进口铜版纸存在倾销,并对中国铜版纸产业造成了实质损害。初步裁定的税率美国公司为29.65%～63.45%,韩国公司为7.23%～51.09%,日本公司为23.89%～71.02%。2003年8月6日,商务部最终裁定进口铜版纸产品存在倾销并造成产业实质损害,决定自2003年8月6日起,对原产于韩国、日本进口到中国境内的铜版纸征收4%～71%的反倾销税。

铜版纸反倾销案件终裁赢得了申请人的好评,应诉企业反映也较平稳。铜版纸案作为我国入世以来的第一起反倾销案,无论在程序上还是在实体上均赢得了利害关系人的好评,也树立了对外调查的良好形象。作为申请人之一的金东纸业(江苏)有限公司也在铜版纸反倾销案件之后得以重振,走出亏损阴影,中国铜版纸产业也得到进一步提升。反倾销对应诉公司最具有影响的是反倾销税率,反倾销税率的高低直接决定了应诉公司被调查产品能否出口和在多大程度上出口到发起反倾销的国家和地区,并直接影响应诉公司的利益。反倾销的过程其实是一国的调查机关和国外应诉公司斗智斗勇的过程。调查机关追求的是国外应诉公司真实的倾销幅度,而应诉公司追求的是提供可追查的企业数据来获得调查机关认可的较低或零的倾销幅度。确定或逼近国外应诉公司真实倾销幅度的唯一手段就是证实公司所提供数据的真实性和完整性以及各种分摊标准的合理性。WTO为应诉公司和调查机关分别提供了提交答卷和实地核查两种手段,调查机关只有正确、充分运用这两种手段,才能在这种数据大战中处于主动地位。

三、美国301调查

2017年8月18日,美国贸易代表罗伯特·莱特希泽发表声明称,将根据美国《1974年贸易法》第301条,在涉及技术转让、知识产权和创新领域对中国正式启动贸易调查。此前的8月14日,时任美国总统特朗普在白宫签署行政备忘录,授权莱特希泽针对所谓的“中国不公平贸易行为”发起调查,调查的重点在中国企业是否“涉嫌侵犯美国知识产权和强制美国企业做技术转让,以及美国企业是否被迫与中方合作伙伴分享先进技术”等议题。对此,中国商务部8月21日表示,美国无视WTO规则,依据国内法对华发起贸易调查是不负责任的,对中国的指责是不客观的。中国将密切关注调查的进展,并将采取所有适当措施,坚决捍卫中国的合法权益。

2018年4月3日,美国贸易代表办公室公布基于“301调查”结果的中国商品拟征税清单,并决定对拟征税清单上的中国商品加征25%的关税,涉及的商品规模约为500亿美元,中国以同等规模的加征关税商品清单强势回应。

所谓的“301调查”源自美国《1974年贸易法》第301条。根据“301条款”,当美国贸易代表办公室确认贸易伙伴的某项政策违反贸易协定,或被美国单方认为不公平、不公正或不合理时,即可启动单边性、强制性的报复措施,报复手段包括中止贸易协定、实施报复性关税等进口限制、取消免税待遇和强迫签订协议等。按照该条款,总统能单方面实施关税

或其他贸易限制措施,用以保护本国产业免受其他国家"不公平"贸易做法的损害。后来"301 条款"几经修改,其具体应用进一步细化,产生了"超级 301 条款"和"特殊 301 条款"。20 世纪八九十年代,美国曾频繁使用该工具应对与日韩之间的贸易摩擦,近年来该条款主要在其特别修正案下应用于知识产权保护,尤其是 WTO 条款之外的部分。

发起"301 调查"是一种贸易救济的手段,也是一项单边贸易报复措施。"301 条款"实质上是 WTO 成立之前的美国贸易执法工具,自 1994 年 WTO 的前身 GATT 争端解决机制建立以来,全球贸易规则就对"301 调查"存在一定程度的限制,使美国不敢随意发起这种单方贸易报复条款。根据 WTO 规则,如果没有该组织批准,对另一个成员采取行动是违反规则的。美国单方面出台制裁措施,有违 WTO 规定,也与国际法相冲突,不利于全球经贸关系的合理健康发展。

本章小结

WTO 的多边贸易体制中,在自由贸易的基础上,为了维护各成员的产业利益和经济安全,WTO 允许各成员在一定条件下运用反倾销、反补贴、保障措施等贸易救济措施,防止进口产品带来的损害或损害威胁。当然,这并不等于允许成员采取贸易保护措施。为了防止贸易救济措施的滥用,遏制贸易保护主义的趋势,保护和救济要通过严格的多边贸易规则来约束。为此,WTO 不断修改和完善有关反倾销、反补贴和保障措施的法律和国际规则,各成员也根据 WTO 的国际规则相应制定了自己的法律。从贸易救济措施的产生和发展来看,贸易救济措施与公平贸易的理念是一致的。反倾销与反补贴纠正了不公平贸易竞争所带来的贸易扭曲,保障措施则旨在消除一国(或地区)的正常国际贸易对另一国(或地区)的产业和经济发展造成损害时带来的影响。贸易救济措施的合理运用还有助于维护成员之间的公平贸易,消除国际贸易中的扭曲行为,保障国际贸易的公平秩序。虽然贸易救济措施有时被一些国家用作保护国内产业的工具,但从总体上看,贸易救济措施仍然顺应了公平贸易的潮流。

中国从 1979 年开始就受到国外大量的反倾销调查与诉讼。目前,中国所遭受的贸易救济措施数量庞大,仍是贸易救济措施的重灾区。这对中国对外贸易以及国内产业的发展造成了很大的影响。中国遭受的贸易救济措施涉案金额大、涉案国家相对集中,涉案产品主要集中在金属制品工业、化学原料和制品工业、钢铁工业等行业。国外对华贸易救济调查有从低附加值产品迅速扩大到机电、医疗保健品、化工产品、微电子产品、食品土畜产品等高附加值产品的趋势,在这样严峻的形势下,中国应全力研究如何较好地解决"非市场经济国家"地位、如何使中国的补贴制度进一步和 WTO 的国际制度接轨、如何更好地应对国外对华的"两反一保"起诉等问题,从而转变中国在国际贸易救济措施中的不利地位,促进中国对外贸易的健康发展。与此同时,中国的贸易救济实践也有了一定的发展。如今,中国已基本形成由法律、法规及部门规章组成的贸易救济法律体系和框架,使贸易救济工作走上法制化和规范化的轨道。到目前为止,中国在反倾销和保障措施的运用上积累了一定的经验,成功地维护了中国国内产业的利益和安全。但与其他贸易大国相比,中国运用贸易救济措施的次数还较少。因此,中国应在实践中不断摸索有效利用贸易救济措施的道路，在不违反 WTO 规则的前提下，对冲击国内产业的外国产品进行适度的限制，切实维护国内产业的利益。

思考题

1. 什么是贸易救济措施？主要的贸易救济措施有哪些？
2. 什么是反倾销？反倾销的前提条件是什么？
3. 什么是补贴和反补贴？补贴有哪几种形式？反补贴的条件是什么？
4. 什么是保障措施？保障措施的特点和条件分别是什么？
5. 公平贸易的内涵是什么？
6. 贸易救济是否符合公平贸易的理念？
7. 请分析我国成为贸易救济重灾区的原因。

第十五章　中国对外贸易促进

【学习目标】

通过本章的学习，学生应了解促进贸易的特定区域，掌握中国对外贸易促进的政策措施，熟悉一些促进中国对外贸易的机构。

【素养目标】

本章介绍了功能性产业政策、经济特区、自由贸易试验区、海关特殊监管区域以及新兴产业政策的发展趋势，强调了不同国家的利益诉求存在差异，国家之间的贸易促进可能导致冲突与对抗，启发学生辩证思考，理性看待。

引导案例

海南自由贸易港建设未来可期

作为我国最大的经济特区，海南省是重要的改革开放试验田，具有实施全面深化改革和试验最高水平开放政策的独特优势。2020 年 6 月 1 日，备受关注的《海南自由贸易港建设总体方案》正式公布，明确在海南岛全岛实施海南自由贸易港建设，提出贸易自由便利、投资自由便利、跨境资金流动自由便利等 11 个方面共 39 条具体政策。

当前全球新冠肺炎疫情仍处于上升期，单边主义和保护主义为疫情肆虐提供了最佳土壤，经济全球化遭遇逆风。国际形势复杂多变，世界正经历新一轮大发展大变革大调整。我国经济已由高速增长阶段转向高质量发展阶段，经济体制改革进入攻坚期和深水区，与时俱进地扩大开放乃现实所需。总体方案明确了海南自由贸易港建设的制度设计和分步骤分阶段安排，既是“路线图”，也是“施工图”，是我国开启新一轮高水平对外开放、支持和推动经济全球化的重要一步。从这一角度来讲，总体方案是具有全局性、战略性和前瞻性特点的行动指南。

两年多自由贸易试验区的建设，为逐步推进自由贸易港的建设积蓄了能量。2018 年 4 月，在庆祝海南建省办经济特区 30 周年大会上，习近平总书记郑重宣布，党中央决定支持海南全岛建设自由贸易试验区，支持海南逐步探索、稳步推进中国特色自由贸易港建设，分步骤、分阶段建立自由贸易港政策和制度体系。此后，海南省充分学习借鉴了国际自由贸易港的先进经营方式、管理方法和制度安排，包括试行零关税、简税制、低税率，放权审批，更开放的市场化运行等政策，在实践中加快探索构建自由贸易港制度体系，力争在由自由贸易试验区到自由贸易港的过渡中做好衔接。

总体方案涉及自由贸易港建设的方方面面。值得注意的是，旅游业在海南未来的建设和发展中占有非常重要的地位。此前，海南的旅游主要集中在三亚周围，海南省东西南北很多地方的旅游资源还未被充分开发。总体方案公布后，“离岛免税”政策将成为海南发展壮大旅游业的“金字招牌”。疫情过后全球旅游业尚待复苏，离岛免税购物额度的提升、商品种类的扩大，无疑将为海南旅游业注入“新动能”。在此基础上，智能物联、数字贸易、区块链、金融科技等依托实体经济发展的现代服务业将逐渐崛起，甚至健康产业、教育行业等也将获得大量的发展机会。同时，受益于总体方案的出台，海南本地居民的“米袋子”“菜篮子”会更加有保障，居民将享受到更便宜的优质进口商品，长期以来物价偏高的问题将会得到缓解。

毫无疑问，以制度性开放为主要标志的自由贸易港，是当今世界上开放程度最高的形态。海南自由贸易港的建设不仅将增强海南的活力，也将给全国乃至世界带来一系列的投资机会。海南自由贸易港的制度设计提到了五个方面的自由便利，分别是贸易、投资、跨境资金流动、人员进出、运输来往。其中，贸易和投资自由化便利化是建设的重点。

自由贸易港的建设，使得各类生产要素可以跨境自由、有序、安全、便捷地流动。需要强调的是，吸引外商企业投资，核心竞争力还是在于优化营商环境。前往包括海南在内的中国各自由贸易试验区进行投资，不仅将成为“一带一路”沿线国家的企业未来发展的重要机遇，也会是相关国家经济增长的稳定动力源。

总体方案的出台使得政策红利持续释放，海南自由贸易港建设将加速推进。海南将成为我国辐射亚太地区新的增长极和创新极，并将被打造成为引领我国新时代对外开放的鲜明旗帜和重要门户。自由贸易港发展未来可期。

海南自由贸易港建设更大的作用和意义在于，它是中国探索全面深化改革、扩大开放的重要制度尝试。一旦成功，相关经验将全面应用于中国经济，从而产生更大范围的“制度红利”。它也将为我国加快政府职能转变、践行服务业深度对外开放、推动政府经贸和投资管理模式创新、推进人民币国际化发展等方面的改革提供宝贵的实践经验。

资料来源：海南自由贸易港建设未来可期[EB/OL].(2020-06-15)[2021-04-01]. http://www.chinanews.com/cj/2020/06-15/9212964.shtml.

第一节　营商环境便利化与投资促进服务体系

一、营商环境便利化

《优化营商环境条例》于 2019 年 10 月 22 日公布，自 2020 年 1 月 1 日起施行。《优化营商环境条例》认真总结近年来中国优化营商环境的试点经验和成功做法，将实践证明行之有效、人民群众满意、市场主体支持的改革举措用法规制度固定下来，重点针对中国营商环境的突出短板和市场主体反映强烈的痛点难点堵点问题，对标国际先进水平，从完善体制机制的层面作出相应规定。

（一）优化营商环境

1. 进一步简政放权

(1)放宽市场准入门槛。从 2018 年 12 月正式发布全国统一的市场准入负面清单以来,通过几年来的落地实施,我国已在全国范围确立了市场准入环节的负面清单管理模式,清单之外的行业、领域、业务等,市场主体可以依法平等进入,实现了"非禁即入"。《市场准入负面清单(2020年版)》共列入事项123项,相比2019年版减少了8项,放开了"森林资源资产评估项目核准""矿业权评估机构资质认定""碳排放权交易核查机构资格认定"3条措施。根据"放管服"改革进展,删除了"进出口商品检验鉴定业务的检验许可""报关企业注册登记许可""资产评估机构从事证券服务业务资格审批""证券公司董事、监事、高级管理人员任职资格核准"等14条管理措施,及时移出了已整合或不符合清单定位的事项措施。

(2)降低企业准营门槛。自2019年12月1日起,各个自由贸易试验区开展"证照分离"改革全覆盖试点,中央层面设定的523项涉企经营许可事项全部纳入改革范围。"证照分离"为企业、创业者取得参与市场经营的资格提供便利,进一步降低企业准营门槛。2021年7月1日起,中国在全国范围深化"证照分离"改革,对所有涉企经营许可事项按照直接取消审批、审批改为备案、实行告知承诺、优化审批服务四种方式分类推进审批制度改革,同时在自由贸易试验区进一步加大改革试点力度。

(3)深化投资便利化改革。一是提高来华工作便利度。支持各地区根据本地经济发展需要,对急需的创新创业人才、专业技术人才、技能人才,适当放宽年龄、学历或工作经历等限制。优化外资项目规划用地审批程序。持续深化规划用地"放管服"改革,加快外资项目落地进度,合并规划选址和用地预审,合并建设用地规划许可和用地批准,优化审批流程,推进多规合一、多验合一,推进信息共享,简化报件审批材料。二是降低资金跨境使用成本。支持外商投资企业扩大人民币跨境使用。扩大资本项目收入支付便利化改革试点范围。推进企业发行外债登记制度改革,支持外商投资企业自主选择借用外债模式,降低融资成本。允许非投资性外商投资企业在不违反现行外商投资准入特别管理措施(负面清单)且境内所投项目真实、合规的前提下,依法以资本金进行境内股权投资。

2. 健全监管规则

强化监管政策执行规范性,优化监管方式,科学合理设定环境保护、安全生产等监管执法检查频次,降低外商投资企业合规成本。推行信用监管、"双随机、一公开"监管、包容审慎监管、"互联网+监管",落实行政执法公示、行政执法全程记录、重大行政执法决定法制审核制度等。"双随机、一公开"要求随机抽取检查对象、随机选派执法检查人员,及时向社会公开抽查检查结果。抽查项目基本涵盖市场监管领域相关部门日常监管涉及的主要事项。包容审慎监管对新技术、新产业、新业态、新模式,按照鼓励创新原则,留足发展空间,同时坚守质量和安全底线;对共享经济、数字经济、人工智能等新产业、新业态实施包容审慎监管,促进新兴产业持续健康发展。政府及其有关部门将充分运用互联网、大数据等技术手段,依托国家统一建立的在线监管系统,加强监管信息归集共享和关联整合,推行以远程监管、移动监管、预警防控为特征的非现场监管,提升监管的精准化、智能化水平。

3. 提升政务服务效率

根据《优化营商环境条例》,中国将推进全国一体化在线政务服务平台建设、精简行政许可和优化审批服务、优化工程建设项目审批流程、规范行政审批中介服务、促进跨境贸易便利化、建立政企沟通机制等。相关措施包括：

（1）推进政务服务标准化，按照减环节、减材料、减时限的要求，编制并向社会公开政务服务事项标准化工作流程和办事指南。

（2）根据实际情况，推行当场办结、一次办结、限时办结等制度，实现集中办理、就近办理、网上办理、异地可办。

（3）加快建设全国一体化在线政务服务平台，推动政务服务事项在全国范围内实现“一网通办”。除法律、法规另有规定或者涉及国家秘密等情形外，政务服务事项将按照国务院确定的步骤，纳入一体化在线平台办理。

（4）促进跨境贸易便利化，依法削减进出口环节审批事项，取消不必要的监管要求，优化简化通关流程，提高通关效率，清理规范口岸收费，降低通关成本，推动口岸和国际贸易领域相关业务统一通过国际贸易“单一窗口”办理。

（5）持续减少和规范证明事项，全面推广证明事项告知承诺制。

4. 全面推广实施国际贸易“单一窗口”

2019 年 8 月 7 日，WTO 根据《贸易便利化协定》的规定，正式公布中国“单一窗口”措施已于 2019 年 7 月 19 日提前实施，贸易便利化措施实施比率从 94.5%提高到 96.2%。中国国际贸易“单一窗口”已实现与商务部、市场监督管理总局、税务总局等 25 个部门的系统对接，建成上线货物申报、舱单申报、运输工具申报、检验检疫、许可证件、原产地证、企业资质办理、税费办理、出口退税、加工贸易、跨境电商、物品通关、口岸物流、金融服务、贸易服务、查询统计、移动应用、收费公示 18 大类基本服务功能，提供服务事项 700 余项，服务覆盖全国所有口岸以及自由贸易试验区、跨境电商综合试验区等各类区域，惠及生产、贸易、仓储、物流、电商、金融等各类企业，基本满足国际贸易“一站式”“全链路”业务办理需求。“单一窗口”累计注册用户 400 余万家，日申报业务量 1 200 余万票，成为企业面对口岸管理相关部门的主要接入服务平台。“单一窗口”供企业自主选择、自愿使用，企业使用“单一窗口”申报全免费，普惠服务程度不断提高。

5. 规范各类收费行为

大力推进减税降费，落实国家各项减税降费政策，确保减税降费政策全面、及时惠及市场主体，进一步降低企业运营成本。2013 年以来，中央设立的行政事业性收费项目减少幅度约为 72%，政府性基金项目减少幅度约为 33%。2019 年，大规模减税降费措施落地，进一步降低了制造业、交通运输业等行业增值税税率，放宽小微企业所得税优惠政策条件并加大优惠力度，进一步清理政府部门下属单位、商业银行、行业协会商会、中介机构等涉企收费，减轻企业负担。

（二）试点营商环境创新

2021 年 9 月 8 日，国务院常务会议决定，在实施好《优化营商环境条例》，推动在全国打造市场化、法治化、国际化营商环境的同时，选择北京、上海、重庆、杭州、广州、深圳六个市场主体数量较多的城市，聚焦市场主体和群众关切，对标国际先进水平，进一步深化“放管服”改革，开展营商环境创新试点。

一是进一步破除区域分割和地方保护，推动建设统一开放、竞争有序的市场体系。取消对企业跨区域经营的不合理限制，破除政府采购等领域对外地企业的隐性壁垒，推进七类客货运输电子证照跨区域互认与核验。

二是进一步方便市场主体准入和退出。在发放实体证照的同时，同步发放电子营业执照等，便利企业网上办事。精简银行开户程序，压缩开户时间。推进市场监管、社保、税务等年报“多报合一”。探索适应新业态新模式发展的准入准营标准。破产案件受理后，允许破产管理人依法查询有关机构掌握的破产企业信息，在处置被查封财产时无须办理解封手续。

三是提升投资和建设便利度。在土地供应前由政府部门开展地质灾害、水土保持等一揽子评估，强化责任。企业拿地后即可开工，不搞重复论证。对水电气暖等市政接入工程施工许可，实施告知承诺管理和在线并联办理。

四是提升对外开放水平。推动与部分重要贸易伙伴口岸间相关单证联网核查，简化港澳投资者商事登记手续，支持开展国际航行船舶保税加油业务。

五是创新和完善监管。在食品、药品、疫苗、安全等关系人民群众生命健康领域，实行惩罚性赔偿制度；健全遏制乱收费、乱罚款、乱摊派的长效机制；纠正中介机构垄断经营、强制服务等行为，清理取消企业在资质资格获取、招投标、权益保护等方面的差别化待遇，维护公平竞争。

六是优化涉企服务。建立因政策变化、规划调整等造成企业合法利益受损的补偿救济机制；完善动产和权利担保统一登记制度；加快打破信息孤岛，扩大部门和地方间系统互联互通和数据共享范围，推动解决市场主体反复多处提交材料问题，促进更多事项网上办、一次办。

二、外商投资促进服务体系

改革开放以来，中国逐步建立了较为系统的外商投资促进服务体系，基本形成了政府部门指导、投资促进机构执行、社会各方共同参与的投资促进服务模式。根据中国政府部门的分工，商务部作为商务主管部门，统筹和指导全国外商投资促进工作。在吸纳国际先进经验的基础上，商务部努力打造具有中国特色的外商投资促进体系，建设全国性服务网络，鼓励和指导各地区建设外商投资促进机构，形成了多层次的外商投资促进格局。

在国家层面，商务部投资促进事务局作为国家级投资促进机构，负责执行国家对外开放政策，宣传中国投资环境，开展全国性投资促进相关工作。中国外商投资企业协会、中国国际投资促进会等社会团体，中国国际贸易促进委员会等组织也积极参与外商投资促进的相关工作。

中国各省、自治区、直辖市和各主要城市，大部分设立了专门的投资促进机构。各地投资促进机构在名称上有一定差异，但普遍具有宣传地方形象、组织协调活动、引进跟踪项目等职能。各地投资促进机构注重结合地区优势，以各具特色的方式开展投资促进工作。

三、具有影响力的展会平台

全国各类型外商投资促进活动日益丰富多样。国家和地方政府都在积极搭建展会平台，拓展外商投资促进工作渠道。在国家层面，商务部积极推进中国国际进口博览会、中国国际投资贸易洽谈会和中国中部投资贸易博览会等投资贸易展会建设，充分发挥展会的综合效应，广泛聚集政府、机构、企业等资源，为外商了解中国各地投资环境、开展洽谈合作提供平台。

中国国际进口博览会(简称进博会)是世界上第一个以进口为主题的大型国家级展会。举办进博会是中国着眼于推进新一轮高水平对外开放作出的重大决策，是中国主动向世界开放市场的重大举措，有利于促进世界各国加强经贸交流合作，促进全球贸易和世界经济增长，推动开放型世界经济发展。进博会包括展会和论坛两个部分，即国家综合展、企业商业展和虹桥国际经济论坛。进博会在中国上海举办，已成为国际采购、投资促进、人文交流、开放合作的平台。

中国进出口商品交易会，又称广交会，创办于 1957 年春，每年春秋两季在广州举办，是中国目前历史最长、规模最大、商品种类最全、到会采购商最多且分布国别地区最广、成交效果最好、信誉最佳的综合性国际贸易盛会。广交会加强了中国与世界的贸易往来，展示了中国形象和发展成就，是中国企业开拓国际市场的优质平台，是贯彻实施我国外贸发展战略的引导示范基地。经过多年发展，广交会已成为中国外贸第一促进平台，被誉为中国外贸的晴雨表和风向标，是中国对外开放的窗口、缩影和标志。

为增强服务业和服务贸易国际竞争力，充分发挥服务业和服务贸易在加快转变经济发展方式中的作用，2012 年由商务部、北京市人民政府共同主办中国(北京)国际服务贸易交易会(简称京交会)，2019 年更名为中国国际服务贸易交易会(简称服贸会)。服贸会已成为国际服务贸易领域传播理念、衔接供需、共享商机、共促发展的重要平台，是全球服务贸易领域规模最大的综合性展会和中国服务贸易领域的龙头展会。

中国国际投资贸易洽谈会(简称投洽会)始于 1997 年福建投资贸易洽谈会，之后升级为国家投资贸易洽谈会，于每年 9 月 8 日至 11 日在中国厦门举办。投洽会以“引进来”和“走出去”为主题，是中国目前唯一以促进双向投资为目的的国际投资促进活动，也是通过国际展览业协会认证的全球规模最大的投资性展览会，已成为具有全球影响力的国际投资盛会。近年来，投洽会着力建设双向投资促进、权威信息发布和投资趋势研讨三大平台，致力于打造国际化、专业化、品牌化的精品，办成中国高水平对外开放的重要平台。平均每届投洽会吸引全球 50 多个国家和地区的机构和企业参展，120 多个国家和地区的 10 万多客商参会。

首届中国国际消费品博览会于 2021 年 5 月在海南举办，展会以“开放中国，海南先行”为主题，围绕建设海南国际旅游消费中心定位，集聚全球消费领域资源，打造国际消费精品全球展示交易平台。博览会面积达 8 万平方米，分为时尚生活展区、珠宝钻石展区、旅居生活展区、高端食品保健品展区、综合服务展区、各省市自治区展区，邀请全球知名消费品品牌参与博览会，打造多业态、多品类、高端的交易平台。

第二节　中国高水平平台建设与贸易促进

特区经济指的是主权国家或地区在对内对外的经济活动中，为了实现特定的经济目

标而开辟的实施特殊经济管理体制和特殊经济政策的特殊区域的经济。改革开放以来，中国陆续建立各种特殊经济区域，用政策优势大力发展本国对外经济贸易，特别是扩大加工贸易和转口贸易。

世界上最早的特殊经济区域出现在1574年意大利的热那亚港。第二次世界大战以后，特殊经济区域在全世界得到了迅速发展，现在世界上特殊经济区域的总数超过600个。特殊经济区域的共同特点是"境内关外，自由免税"。本节具体介绍中国的特殊经济区域中与贸易促进关系较直接的经济开发区、海关特殊监管区域和自由贸易试验区/自由贸易港。

一、各类经济开发区

（一）经济开发区

经济开发区是中国为实行改革开放政策而设立的现代化工业、产业园区，主要解决中国长期存在的审批手续繁杂、机构重叠等制约经济社会发展的体制问题。

经济开发区泛指经济技术开发区、高科技工业园、高新技术开发区、各类产业工业园（如农业开发区、化学工业园、汽车工业园等），简称开发区。开发区根据规模可以分为国家级开发区、省级开发区、市级开发区等。

开发区由地方政府规划专门的区域，成立开发区管理委员会和开发区投资有限公司，投入资金进行开发区的载体建设。开发区也具有政府职能部门的性质，其主要管理人员经常由当地政府行政管理的高层人员兼任或专任。

1981年，经国务院批准在沿海开放城市建立经济技术开发区。1984年5月，中共中央、国务院批转了《沿海部分城市座谈会纪要》，正式决定开放大连、秦皇岛、天津、烟台、青岛、连云港、南通、上海、宁波、温州、福州、广州、湛江、北海等14个沿海港口城市，并提出逐步兴办经济技术开发区。

积累了一定的发展经验后，1986年8月和1988年8月，国务院又先后批准将上海市的闵行、虹桥和漕河泾开发区列为经济技术开发区。1993年年初，全国已有13个开放城市建立了经济技术开发区，即沈阳、大连、秦皇岛、天津、烟台、青岛、连云港、南通、宁波、福州、广州、湛江、上海。随后，又相继决定将珠江三角洲，闽南厦（门）、漳（州）、泉（州）三角地带，长江三角洲以及胶东半岛、辽东半岛开辟为沿海经济开放区，并着手在这些地区组建一系列经济技术开发区。

中国经济开发区的建设在国家的宏观调控下，经过二十多年的发展，已经由点及面，由沿海逐步推向内地，在各省、自治区、直辖市形成了合理布局。经济开发区已经成为中国全方位、多层次对外开放格局中影响最大、最富活力和投资环境最好的地区，有力推动了地区经济的协调发展。

（二）国家级经济技术开发区

国家级经济技术开发区（简称国家级经开区）是由国务院批准成立的经济技术开发区，在我国现存经济技术开发区中居于最高地位。自1984年国务院批准在沿海设立首批14个国家级经开区以来，至2021年年底全国31个省（自治区、直辖市）共计设立国家级经开区 230 个(其中,东部地区 112 个,中部地区 68 个,西部地区 50 个)。国家级经开区是中国对外开放的重要载体,通过划定专门区域,集中力量建设完善的基础设施,创建符合国际水准的投资环境。通过吸收利用外资,形成以先进制造业、现代服务业为主的产业体系,国家级经开区已形成汽车、电子信息、智能制造等主导产业,成为所在城市及周边地区经济发展的重点区域。

国家级经开区的发展可以划分为以下四个阶段:

第一阶段(1984—1991 年):艰难创业和摸索发展时期。在此期间,国务院批准在沿海 12 个城市建立了 14 个国家级经开区。起步阶段,开发区白手起家,发展基础薄弱,建设资金短缺。

第二阶段(1992—1998 年):高速发展时期。在这一阶段,由经济特区、经济技术开发区、保税区、高新技术产业开发区、边境自由贸易区、沿江沿边开放地带、省会城市等构成的多层次、全方位开放格局基本形成。

第三阶段(1999—2002 年):稳定发展时期。在这一阶段,国家批准了中西部地区省会、首府城市设立国家级经开区。

第四阶段(2003 年至今):科学发展时期。截至 2021 年 6 月,国家共设立了 230 个国家级经开区,内地每个省区均有分布。其中,江苏省最多,其次是浙江省,再次是山东省。

国家级经开区为所在地(直辖)设区的市以上人民政府的派出机构,拥有同级人民政府的审批权限,以提高服务效率,目的是打造更加优越的投资软环境,吸引更多的投资者关注开发区,聚集投资。

国家级经开区吸引了越来越多的跨国公司驻足落户,区内外商投资企业产业结构明显改善,研发中心迅速增加,高新技术产业集聚,区内企业科技含量明显提高,引进的新技术在各地经济发展中发挥了重要作用,培养了一批有胆识、有能力、有素质、能够独当一面的现代化商人,推动了招商引资新进程,形成了完善的产业链。

2019 年 5 月 18 日,国务院发布《关于推进国家级经济技术开发区创新提升打造改革开放新高地的意见》,从提升开放型经济质量、赋予更大改革自主权、打造现代产业体系、完善对内对外合作平台功能、加强要素保障和资源集约利用五方面提出 22 条支持举措,通过推进国家级经开区开放创新、科技创新、制度创新,提升对外合作水平,提升经济发展质量,打造改革开放新高地。①

(三) 国家高新技术产业开发区

国家高新技术产业开发区(简称国家高新区)是为发展高新技术产业、调整产业结构、推动传统产业改造、增强国际竞争力而建设的。国家高新区以创新为动力,以改革促发展,已经成为中国高新技术产业化成果丰硕、高新技术企业集中、民营科技企业活跃、创新创业氛围浓厚、金融资源关注并进入的区域。中国现有 169 个国家高新区。

2019 年,国家高新区园区生产总值达到 12.1 万亿元,年增长 9.7%,园区生产总值相当于全国 GDP 的 12.3%。高新区集聚了全国 70%以上的国家工程研究中心、国

---

① 据统计,2020 年国家级经开区实现地区生产总值 11.6 万亿元,较 2019 年增长 6.4%,增速高于全国平均增速 4.1 个百分点,占 GDP 的 11.5%。

家重点实验室、国家工程实验室;拥有省级及以上新型产业技术研发机构 1 085 家,国家级科技企业孵化器 639 家,科技部备案的众创空间 912 家,经认定的国家高新技术企业 8.1 万家。

2020 年 7 月,国务院发布《关于促进国家高新技术产业开发区高质量发展的若干意见》,提出着力提升自主创新能力、进一步激发企业创新发展活力、推进产业迈向中高端、加大开放创新力度、营造高质量发展环境、加强分类指导和组织管理等六个方面任务举措。

(四) 国家级新区

国家级新区是在相关行政区、特殊功能区设立的,承担国家重大发展和改革开放战略任务的综合功能区。自 20 世纪 90 年代初上海浦东新区设立,到 2017 年 4 月中共中央、国务院决定设立河北雄安新区,截至 2021 年年底,国家级新区共有 19 个(东部地区 8 个,中部地区 2 个,西部地区 6 个,东北地区 3 个)。经过近三十年的建设发展,新区数量逐步增加、规模不断扩大,创造了新区速度,激发了新区活力,塑造了新区形象。

2020 年 1 月,国务院办公厅发布《关于支持国家级新区深化改革创新加快推动高质量发展的指导意见》,从着力提升关键领域科技创新能力、加快推动实体经济高质量发展、持续增创体制机制新优势、推动全方位高水平对外开放、高标准推进建设管理五方面提出支持措施,促进国家级新区努力成为高质量发展引领区、改革开放新高地、城市建设新标杆。

(五) 边境(跨境)经济合作区

沿边开放是我国中西部和东北部地区对外开放的重要一翼。对发展我国与周边国家(地区)的经济贸易和睦邻友好关系、繁荣少数民族地区经济发挥了积极作用。

边境(跨境)经济合作区是集边境贸易、加工制造、生产服务、物流采购于一体的高水平沿边开放平台,是发展沿边特色优势产业、深化中国与周边国家和地区合作的重要载体。其中,边境经济合作区设立在中方边境一侧。目前,中国共有 17 个边境经济合作区,分布在 7 个沿边省区,2020 年工业总产值 589 亿元,进出口 1 302 亿元,吸纳就业 18 万人。跨境经济合作区是中国与毗邻国家在边境区域各自划出一片区域,相互协作、联动发展的园区。目前,中国已与毗邻国家共建了中国-哈萨克斯坦霍尔果斯国际边境合作中心、中国老挝磨憨-磨丁经济合作区 2 个跨境经济合作区。

二、海关特殊监管区域

海关特殊监管区域是指经国务院批准,设立在中国关境内、赋予特殊功能和政策、由海关实施封闭监管的特定区域。截至 2021 年 7 月,全国共设立海关特殊监管区域 165 个。其中,综合保税区 152 个,保税区 9 个,保税港区 2 个,出口加工区 1 个,珠澳跨境工业区(珠海园区)1 个。全国海关特殊监管区域总规划面积约 450 平方公里。随着中国改革开放的逐步深入,海关特殊监管区域已发展成为中国开放型经济发展的先行区、加工贸易转型升级的集聚区,为承接国际产业转移、推进区域经济协调发展、促进对外贸易和扩大就业等发挥了重要作用。2020 年全国海关特殊监管区域共实现进出口总值 6.26 万亿元,同比增长 13.4%。

整合海关特殊监管区域的原则如下:

(1) 增强特殊监管区域发展的内生动力,推动区域内企业技术创新和绿色发展,优化产业结构,提升整体效益,发挥辐射作用,带动周边地区经济发展。

(2) 特殊监管区域要严格按照国务院批准的四至范围和规划用地性质进行规划建设,由海关总署及相关部门实施联合验收。严禁擅自增加或改变联合验收过的相关设施。

(3) 制定特殊监管区域入区项目指引,引导符合海关特殊监管区域发展目标和政策功能定位的企业入区发展,避免盲目招商。

(4) 稳步整合现有类型。在基本不突破原规划面积的前提下,逐步将现有出口加工区、保税物流园区、跨境工业区、保税港区及符合条件的保税区整合为综合保税区。整合工作要从实际出发,在充分听取省、自治区、直辖市人民政府意见的基础上实施。目前不具备整合条件的特殊监管区域,可暂予保留。

(5) 在严格执行进出口税收政策和有效控制风险的前提下,支持特殊监管区域内企业选择高技术含量、高附加值的项目开展境内外检测维修业务;鼓励在有条件的特殊监管区域开展研发、设计、创立品牌、核心元器件制造、物流等业务,促进特殊监管区域向保税加工、保税物流、保税服务等多元化方向发展。

(一) 保税区

保税制度是指经海关批准的境内企业所进口的货物,在海关监管下在境内指定的场所储存、加工、装配,并暂缓缴纳各种进口税费的一种国际通行的海关监管业务制度。我国现行保税制度的主要形式有:为国际商品贸易服务的保税仓库、保税区、寄售代销和免税品商店;为加工制造服务的进来料加工、保税工厂、保税集团。

保税区又称保税仓库区,是海关设置的或经海关批准注册、受海关监督和管理的可以较长时间存储商品的区域,是经国务院批准设立的、海关实施特殊监管的经济区域,是我国目前开放度和自由度最大的经济区域。由于保税区按照国际惯例运作,实行比其他开放地区更为灵活优惠的政策,因此它已成为中国与国际市场接轨的"桥头堡"。

1990 年 6 月,中国第一个保税区——上海浦东外高桥保税区在上海浦东新区设立。其后,经国务院批准,天津港保税区、深圳沙头角保税区、深圳福田保税区、大连保税区、宁波保税区、张家界保税区、广州保税区、福州保税区、厦门象屿保税区、青岛保税区、汕头保税区、海口保税区、深圳盐田港保税区和珠海保税区等相继建立起来。

经过多年的探索和实践,全国各个地区的保税区已经逐步发展成为当地经济的重要组成部分。全国保税区逐步形成区域性格局,南有以广州、深圳为主的珠江三角洲区域,中有以上海、宁波为主的长江三角洲区域,北有以天津、大连、青岛为主的渤海湾区域,三个区域的保税区成为中国与世界进行交流的重要口岸,并形成独特的物流运作模式。

保税区具有进出口加工、国际贸易、保税仓储商品展示等功能,享有"免征、免税、保税"政策,实行"境内关外"的运作方式,是中国对外开放程度最高、运作机制最便捷、政策最优惠的经济区域之一。进入保税区的货物可以进行储存、改装、分类、混合、展览以及加工制造,但必须处于海关监管范围内。外国商品存入保税区,不必缴纳进口关税,可自由出口,只需交纳存储费和少量费用,但如果要进入关境则需交纳关税。根据现行有关政策,海关对保税区实行封闭管理,境外货物进入保税区,实行保税管理,境内其他地区货物进入保税区,视同出境;同时,外经贸、外汇管理等部门对保税区也实行相对优惠的政策。①

(二) 出口加工区

出口加工区又称加工出口区。狭义的出口加工区是指某一个国家或地区为利用外资、发展出口导向工业、扩大对外贸易,以实现开拓国际市场、发展外向型经济的目标,专为制造、加工、装配出口商品而开辟的特殊区域,其产品全部或大部分供出口。广义的出口加工区还包括自由贸易区、工业自由区、投资促成区和对外开放区等。出口加工区有单一产品出口加工区和多类产品出口加工区之分。后者除加工轻纺工业品外,还加工生产电子、钢铁、机械、化工等产品。

在出口加工区内,鼓励和允许外商对产品具有国际市场竞争能力的加工企业进行投资,并提供多种方便和给予关税等优惠待遇。

出口加工区一般选在经济相对发达、交通运输和对外贸易方便、劳动力资源充足、城市发展基础较好的地区,多设于沿海港口或国家边境附近。世界上第一个出口加工区是1956年建于爱尔兰的香农国际机场。中国台湾高雄在20世纪60年代建立出口加工区。中国大陆在80年代实行改革开放政策后,在沿海一些城市开始兴建出口加工区。

世界出口加工区始于20世纪50年代初,60年代以来在亚洲、南美洲的发展中国家中迅速兴起,截至80年代中期,全世界约有40个国家和地区建立了170多个出口加工区,其中马来西亚22个,菲律宾16个,印度尼西亚9个,中国台湾3个,绝大部分都取得了显著成果。中国大陆设立出口加工区的初衷,主要是改革加工贸易的监管模式,遏制走私现象。自2000年4月国务院批准首批出口加工区试点至今,中国大陆共批准设立了昆山、无锡、苏州(高新)、南京、镇江、常州、扬州等60个出口加工区。

出口加工区的作用可归结为:一是吸引大量外资,为促进技术引进和产品产量、质量的提高,加速产品的升级换代创造条件;二是扩大出口,增加外汇收入;三是增加就业机会,缓解失业问题;四是提高生产技术水平和经营管理水平;五是通过内联式技术、人才的扩散,带动和促进国内其他地区经济的发展。

1. 出口加工区享有的优惠政策②

在税收政策方面,主要的优惠政策包括:① 加工区内生产性基础设施建设项目所需的机器设备、模具、维修用零配件和建设生产厂房、仓储设施所需的基建物资,以及企业自用的合理数量的办公用品,免征进口关税和进口环节税;② 加工后出口的产品免征增值税;③ 在中国境内的区外企业货物进入加工区内,可享受国家有关增值税出口退税的优惠,从区外入区的国产机器、设备、原材料、元器件、包装物料、合理数量的建筑材料等,按出口办理退税;④ 加工出口产品所需的原材料、原部件、元器件、包装材料及消耗性材

---

① 谢国娥.中国对外贸易概论新编[M].上海:华东理工大学出版社,2007:147-148.
② 谢国娥.中国对外贸易概论新编[M].上海:华东理工大学出版社,2007:149-150.

料全额保税。

在加工贸易政策方面，主要的优惠政策包括：① 加工区与境外之间进出的货物，除实行出口被动配额管理的之外，不实行进出口配额、许可证管理；② 非国家禁止进出口的货物及物品均可进入加工区，经生产加工后出口；③ 在因技术、工艺达不到产品要求的特殊情况下，区内企业可经海关批准委托区外企业进行产品的工序性加工；④ 加工区内的原料件或半成品，可以在区内企业之间转让、转移；⑤ 区内企业可以在区内进行产品的测试、检验和展示活动；⑥ 对加工区销往区外的货物，海关按制成品征税。

2. 保税区与出口加工区的比较

保税区和出口加工区虽然都是中国为促进贸易发展而设立的特殊经济区域，但两者的政策着重点不同，表 15-1 具体展示了保税区与出口加工区的异同点。随着经济全球化和国内市场的进一步开放，中国巨大的潜在市场吸引了不少跨国公司的关注，出口加工区对它们来说吸引力不是很大，而保税区作为一个进入中国市场的“缓冲区”，将是跨国公司商品流通的主渠道。所以，出口加工区利于“出”，而保税区利于“进”。

表 15-1　保税区与出口加工区的比较

特殊经济区域		保税区	出口加工区
相同点		① 都经国务院批准；② 不实行银行保证金制度，不收保证金；③ 与境外进出口，除易制毒化学品、监控化学品、消耗臭氧层物质外，免于交验许可证；④ 进区报出口，出区报进口	
不同点	经营范围	出口加工、转口贸易、保税仓储	出口加工及为区内企业提供仓储服务
	管理制度	报关制和备案制相结合	备案制（设立电子账册）
	境内区外退税	货物实际出口后才能办理退税	视同出口办理退税
	加工出口产品的出口退税	不享受	享受

（三）综合保税区

综合保税区是设立在内陆地区并具有保税港区功能的海关特殊监管区域，实行封闭管理，是我国目前开放层次最高、政策最优惠、功能最齐全的海关特殊监管区域，是国家开放金融、贸易、投资、服务、运输等领域的试验区和先行区。其功能和税收、外汇政策按照《国务院关于设立洋山保税港区的批复》的有关规定执行，即国外货物入区保税，货物出区进入国内销售按货物进口的有关规定办理报关手续，并按货物实际状态征税；国内货物入区视同出口，实行退税；保税区内企业之间的货物交易不征增值税和消费税。综合保税区以国际中转、国际采购、国际配送、国际转口贸易和保税加工等功能为主，以商品服务交易、投资融资保险等功能为辅，以法律政务、进出口展示等服务功能为配套，具备生产要素聚散、重要物资中转等功能。

三、自由贸易试验区/自由贸易港

（一）自由贸易试验区

自由贸易区是指在国境内关境外设立的，以优惠税收和海关特殊监管政策为主要手

段，以贸易自由化、便利化为主要目的的多功能经济性特区，原则上是指在没有海关“干预”的情况下允许货物进口、制造、再出口。世界海关组织制定的《京都公约》中指出：“自由贸易区是缔约方境内的一部分，进入这部分的任何货物，就进口关税而言，通常视为关境之外。”自由贸易区是一个关境内的一小块区域，是单个主权国家（地区）的行为，一般需要进行围网隔离，且对境外入区货物的关税实施免税或保税，而不是降低关税。目前许多国家在境内单独建立的自由贸易港、自由贸易区都属于这种类型，如德国汉堡自由港、巴拿马科隆自由贸易区等。

中国自由贸易试验区是政府全力打造中国经济升级版最重要的举动，其力度和意义堪比20世纪80年代建立深圳特区和90年代开发浦东两大事件，其核心是营造一个符合国际惯例的、对国内外资金都具有吸引力的国际商业环境。

自2013年9月中国（上海）自由贸易试验区正式挂牌以来，到2020年第六批自由贸易试验区批准设立，中国自由贸易试验区已经形成了“1＋3＋7＋1＋6＋3”的梯度发展格局（见表15-2）。

表15-2　我国自由贸易试验区设立时间线和定位

时间线	自由贸易试验区	定位
2013年	上海	国际金融中心
2015年	天津	京津冀协同发展支点
	广东	粤港澳合作示范区
	福建	海峡两岸经济合作示范区
2017年	辽宁	东北工业基地新引擎
	浙江	国际大宗商品交易中心
	河南	现代综合交通枢纽
	湖北	中部产业转移示范区
	重庆	西部大开发战略支点
	四川	西部开放引领区
	陕西	“一带一路”合作支点
2018年	海南	自由贸易港
2019年	山东	海洋经济支点
	江苏	产业升级转型示范区
	广西	国际陆海贸易新通道
	河北	新型工业化基地
	云南	长江经济带联结点
	黑龙江	东北亚合作枢纽
2020年	北京	科技创新中心
	湖南	长江经济带和粤港澳大湾区联通枢纽
	安徽	长江经济带发展的重要节点

建设自由贸易试验区是中国在新时代推进改革开放的重要战略举措。主要目的是以制度创新为核心，以可复制可推广为基本要求，在加快政府职能转变、探索体制机制创新、促进投资贸易便利化等方面先行先试，为全面深化改革和扩大开放探索新途径、积累新经验。2013 年 8 月，我国设立上海自由贸易试验区，截至目前，已逐步扩大到广东、天津、福建、辽宁、浙江、河南、湖北、重庆、四川、陕西、海南、山东、江苏、广西、河北、云南、黑龙江、北京、湖南、安徽共 21 个自由贸易试验区，增设上海自由贸易试验区临港新片区，拓展浙江自由贸易试验区区域，形成了覆盖东、西、南、北、中的试点格局，推出了一大批高水平制度创新成果，建成了一批世界领先的产业集群。

截至 2021 年年底，国务院共印发了 28 个关于自由贸易试验区的总体方案、深化方案及扩展区域方案，赋予 21 个自由贸易试验区 3 000 多项试点任务，在投资贸易便利化、金融开放创新、事中事后监管等方面形成了各具特色、各有侧重的试点格局。各自由贸易试验区坚持以制度创新为核心，率先探索了一批突破性、引领性改革，包括推出了全国第一张外商投资准入负面清单，建立了全国第一个自由贸易账户，启动了全国第一次“证照分离”改革等，有效地引领和带动了全国范围的改革开放进程。截至 2021 年 6 月底，自由贸易试验区已累计向全国复制推广 278 项制度创新成果，改革红利共享，开放成果普惠。

自由贸易试验区作为对外开放高地，开放度一直居全国最高水平，自由贸易试验区外商投资准入负面清单从最初的 190 条缩短到 2020 年版的 30 条，在全国开放措施的基础上，进一步取消了中药材、职业教育等领域对外资的限制，增强了对外开放的压力测试力度。各自由贸易试验区均立足各自资源禀赋和要素条件，对产业发展进行了整体规划。各自由贸易试验区的目标产业集聚度提高，围绕产业链上下游创新成果较多，对周边辐射带动效果明显。下一步将深入推进高水平制度型开放，赋予自由贸易试验区更大的改革自主权，加强改革创新系统集成，统筹开放和安全，及时总结经验并复制推广，努力建成具有国际影响力和竞争力的自由贸易园区。

自由贸易试验区更加便利化的制度环境有效激发了市场主体活力，不断加速外向型经济集聚。2020 年，前 18 个自由贸易试验区共新设企业 39.3 万家，实际使用外资 1 763.8 亿元，实现进出口总额 4.7 万亿元，以不到全国 0.4％的国土面积实现了占全国 17.6％的外商投资和 14.7％的进出口。

自由贸易试验区特殊政策包括 2021 年 8 月发布的《关于推进自由贸易试验区贸易投资便利化改革创新的若干措施》、2021 年 5 月发布的《关于加强自由贸易试验区生态环境保护推动高质量发展的指导意见》等。

（二）海南自由贸易港

2018 年 4 月 13 日，习近平总书记在海南建省办经济特区 30 周年大会上宣布：“支持海南全岛建设自由贸易试验区，支持海南逐步探索、稳步推进中国特色自由贸易港建设，分步骤、分阶段建立自由贸易港政策和制度体系。”

2020 年 6 月 1 日，《海南自由贸易港建设总体方案》正式公布，明确了海南自由贸易港建设的制度设计和分步骤分阶段安排。

2021 年 6 月 10 日，第十三届全国人民代表大会常务委员会第二十九次会议表决通过了《海南自由贸易港法》,自公布之日起施行。贸易投资自由化便利化是《海南自由贸易港法》的重要内容。

(1) 贸易自由化便利化。海南确立了“一线放开、二线管住”的货物贸易监管模式,除海南禁止限制进口目录以外的货物,可以自由地进出海南。在服务贸易方面,对负面清单之外的跨境服务贸易,按照内外一致的原则管理。海南自由贸易港禁止、限制进出口货物、物品清单和海南自由贸易港跨境服务贸易负面清单由国务院商务主管部门会同国务院有关部门和海南省制定。

(2) 投资自由化便利化。海南全面推行极简审批投资制度,完善投资促进和投资保护制度,强化产权保护,适用专门的外商投资准入负面清单和放宽市场准入特别清单,逐步实施市场准入承诺即入制。特别适用于海南自由贸易港的外商投资准入负面清单由国务院有关部门会同海南省制定,报国务院批准后发布。海南自由贸易港放宽市场准入特别清单(特别措施)由国务院有关部门会同海南省制定。

(3) 实施跨境资金流动自由便利。资金自由便利进出是国际自由贸易港的重要特征,也是实现贸易投资自由化便利化的重要条件。要以国内现有本外币账户和自由贸易账户为基础,构建多功能自由贸易账户体系,建设海南金融对外开放的基础平台。要坚持金融服务实体经济,分阶段开放资本项目,试点改革跨境证券投融资政策,优化跨境投融资汇兑管理,支持金融业对外开放政策在海南自由贸易港率先实施。

(4) 实施人员进出自由便利。自由便利的人员进出政策是吸引国际各类人才的重要手段。要根据海南自由贸易港的发展需要,针对高端产业人才,实行更加开放的人才和停居留政策,打造人才集聚高地。要在安全可控的前提下,进一步放宽人员自由进出限制,实施更加便利的免签入境措施。全面提升人才服务水平,营造良好的人才发展环境。

(5) 实施运输来往自由便利。高效开放的运输政策是高水平自由贸易港建设的重要支撑。建设“中国洋浦港”,推动建设西部陆海新通道国际航运枢纽。进一步放宽空域管制与航路航权限制,试点开放第七航权,鼓励国内外航空公司增加运力投放。加强海南自由贸易港与内地其他地区间运输、通关便利化相关设施设备建设,提升运输来往自由便利水平。

(6) 实施数据安全有序流动。数字经济已经成为引领经济增长的先导力量,实现数据充分汇聚和跨境安全有序流动是海南自由贸易港稳步发展的战略需要。要有序扩大通信资源和业务开放,探索开展国际互联网数据交互试点,积极培育发展数字经济。加强创新制度设计,在国家数据跨境传输安全管理制度框架下,探索形成既能便利数据流动又能保障安全的有效机制。

(7) 实施具有国际竞争力的税收政策。建立与高水平自由贸易港相适应的税收制度,是更好地吸引全球贸易和投资、增强海南自由贸易港国际竞争力的客观要求。积极创造条件,分步骤实施进口商品“零关税”政策,优化税收政策安排。结合中国税制改革方向,探索推进简化税制。强化偷漏税风险识别,严格税收征管,防范税基侵蚀和利润转移,避免成为“避税天堂”。

(8) 实施有力有效的制度保障。为确保《海南自由贸易港建设总体方案》的顺利实施,必须进一步提高社会治理水平,健全完善法治制度,为海南自由贸易港建设提供有力支撑。深入推进政府机构改革和政府职能转变,加强和创新社会治理,创新生态文明体制机制,构建系统完备、科学规范、运行有效的治理体系。建立以自由贸易港法为基础,以地方性法规和商事纠纷解决机制为重要组成的自由贸易港法治体系,营造国际一流的法治环境。

海南自由贸易港建设获得了国家法律制度层面的支持:2021 年 6 月 10 日第十三届全国人民代表大会常务委员会第二十九次会议通过了《海南自由贸易港法》,支持 2020 年发布的《海南自由贸易港建设总体方案》。制度创新方面的主要专项政策包括《海南自由贸易港外商投资准入特别管理措施(负面清单)年度版》(2018 年始)、《海南自由贸易港跨境服务贸易特别管理措施(负面清单)年度版》(2021 年始)、《关于推进海南自由贸易港贸易自由化便利化若干措施的通知》(2021 年)、《关于在中国(海南)自由贸易试验区暂时调整实施有关行政法规规定的通知》(2020 年)、《关于授权国务院在中国(海南)自由贸易试验区暂时调整适用有关法律规定的决定》(2021 年)。

第三节　中国出口退税政策

一、出口退税的含义

出口货物退税,简称出口退税,是各国普遍实施的有关出口贸易的政策。按照 WTO 的规则,出口退税是指一个国家或地区对已报关离境的出口货物,由税务机关根据本国税法规定,针对出口企业已经在国内生产和流通环节实际缴纳的产品税、增值税、营业税和特别消费税等间接税款予以退还的一项税收制度。

以税负是否可以转嫁为标准,税收分为直接税和间接税。税负可以转嫁的税种是间接税;反之,则为直接税。间接税的征收不管是在最终产品环节还是在中间产品环节,在产品出口时都要予以退还。

实行出口退税制度的目的主要包括以下三点:第一,符合间接税属地原则,避免国际交易中对货物的重复征税,以保护进口国消费者利益;第二,由于各国税制紊乱,通过实施出口退税实现出口商品的零税率,以确保国家间的公平竞争;第三,通过出口退税实现零税率出口以避免一国内部对出口生产部门的歧视,有利于合理配置资源。因此,出口退税是一项非歧视性的税收制度,是中性的贸易政策工具。

二、出口退税的特点

我国的出口退税制度是参考国际上的通行做法,在多年实践基础上形成的、自成体系的专项税收制度。这项税收制度与其他税收制度相比,有以下几个主要特点:

(1) 出口退税是一种收入退付行为。税收是国家为实现其职能,凭借政治权力,按照法律规定,通过税收工具强制地、无偿地参与国民收入和社会产品的分配和再分配从而取得财政收入的一种形式。出口退税作为一项特殊的税收制度,与税收的一般特性不同。它是指货物出口后,国家将出口货物已在国内征收的间接税退还给企业的一种收入

退付行为,这与其他税收制度筹集财政资金的目的是相反的。

(2) 出口退税具有调节职能的单一性。我国对出口货物实行退税政策,主要目的是使企业的出口货物以不含税的价格参与国际市场竞争,是提高企业产品国际竞争力的一项政策性措施。与其他税收制度鼓励与限制并存、收入与减免并存的双向调节职能相比,出口退税政策只具有鼓励和减免的单一调节职能。

(3) 出口退税属于间接税范畴。世界上实行间接税制度的国家,虽然具体的政策各不相同,但奉行"零税率"的原则是一致的。为此,有的国家采用免税制度,有的国家采用退税制度,有的国家两者并存,但是其目的是一致的,即对出口货物退还间接税,促进国际市场公平竞争。出口货物退(免)税政策与各国的征税制度是密切相关的,脱离了征税制度,出口货物退(免)税将失去具体的依据。

三、中国出口退税制度的完善

国务院2003年10月13日发布了《国务院关于改革现行出口退税机制的决定》,按照"新账不欠,老账要还,完善机制,共同负担,推动改革,促进发展"的原则,对历史上的欠退税款由中央财政负责偿还,确保改革后不再发生新欠,同时建立中央、地方共同负担的出口退税新机制。该决定明确了改革的具体内容:一是适当降低出口退税率;二是加大中央财政对出口退税的支持力度;三是建立中央和地方共同负担出口退税的新机制;四是推进外贸体制改革,调整出口产品结构;五是累计欠退税由中央财政负担。

新的出口退税机制可以有效缓解退税不及时的难题,截至2004年11月20日,全国累计办理2004年出口货物退(免)税1 669亿元,2003年12月31日以前的出口退税老账已全部还清,2004年已经办理出口退税申报的企业基本都可以在年底前拿到退税款。新政策比较好地解决了长期大量的历史遗留欠退税问题,实现了短期政策调整目标。

出口退税新机制在运行中出现了一些新情况和新问题,主要是地方负担不均衡,部分地区负担较重,个别地方甚至限制外购产品出口、限制引进出口型外资项目等。为此,2005年8月,国务院发布了《关于完善中央与地方出口退税负担机制的通知》。通知指出,在坚持中央与地方共同负担出口退税的前提下完善现有机制,并自2005年1月1日起执行。第一,调整中央与地方出口退税分担比例。国务院批准核定的各地出口退税基数不变,超出基数部分中央与地方按照92.5∶7.5的比例共同负担。第二,规范地方出口退税分担办法。各省(自治区、直辖市)根据实际情况,自行制定省以下出口退税分担办法,但不得将出口退税负担分解到乡镇和企业;不得采取限制外购产品出口等干预外贸正常发展的措施。所属市县出口退税负担不均衡等问题,由省级财政统筹解决。第三,改进出口退税退库方式。出口退税改由中央统一退库,相应取消中央对地方的出口退税基数返还。

四、出口退税对出口贸易的促进作用

出口退税对出口的作用机制主要是影响出口商品的成本,进而影响企业的利润,最终影响出口贸易规模。

从图 15-1 可以看出，出口退税额的变化与出口贸易额的变化基本一致，出口退税对出口贸易增长的直接效应是明显的。

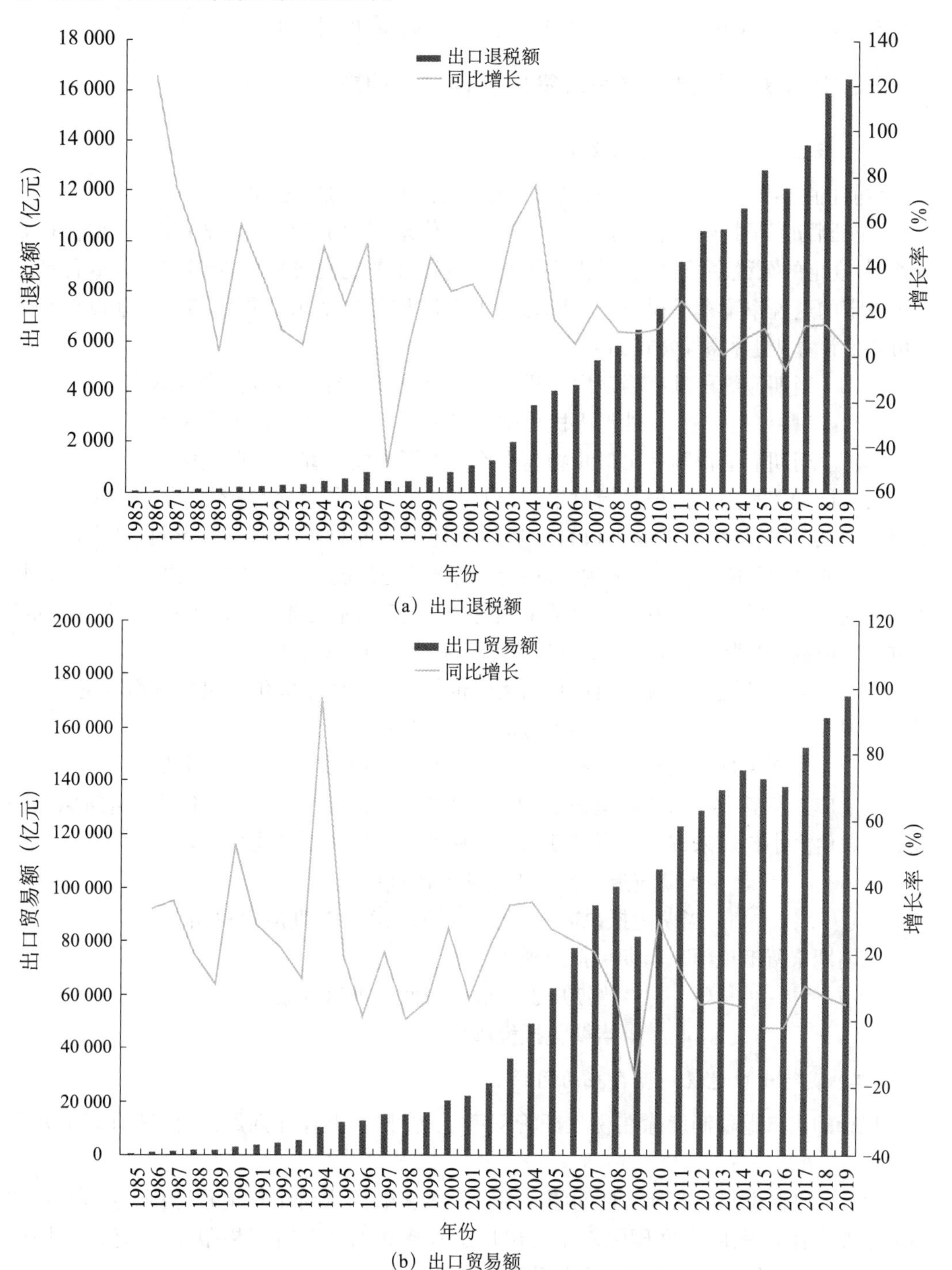

(a) 出口退税额

(b) 出口贸易额

图 15-1　1985—2019 年中国的出口退税额与出口贸易额

资料来源：根据中华人民共和国商务部、财政部网站资料整理。

事实上，从整个国民经济运行的角度考察，出口退税的直接效应是推动了出口商品的增长，连锁效应是出口贸易的增长，而出口贸易的增长既扩大了本国产品在世界市场上的容量，也大大缓解了国内有效需求的不足，从而拉动了国内经济的增长。

五、中国现行的出口退税政策以及存在的问题

（一）中国现行的出口退税政策

目前，企业出口货物退税办法包括“先征后退”和“免、抵、退”税。

“先征后退”是指生产企业自营出口或委托代理出口的货物，一律先按照《增值税暂行条例》规定的征税率征税，然后由主管出口退税业务的税务机关在国家出口退税计划内按规定的退税率审批退税。“先征后退”的办法按照当期出口货物离岸价乘以外汇人民币牌价计算应退税额，公式如下：

当期应纳税额＝当期内销货物的销项税额＋当期出口货物离岸价×外汇人民币牌价×征税率－当期全部进项税额

当期应退税额＝出口货物离岸价×外汇人民币牌价×退税率

“免、抵、退”税中“免”税是指对生产企业出口的自产货物，免征本企业生产销售环节增值税；“抵”税是指生产企业出口自产货物所耗用的原材料、零部件、燃料、动力等所含应予退还的进项税额，抵减内销货物的应纳税额；“退”税是指生产企业出口的自产货物在当月内应抵减的进项税额大于应纳税额时，对未抵减完成部分予以退税。“免、抵、退”税方法应根据出口货物离岸价、出口货物退税率计算，计算公式为：

当期免抵退税额＝出口货物离岸价×外汇人民币牌价×出口货物退税率－当期免抵退税额抵减额

当期免抵退税额抵减额＝免税购进原材料价格×出口货物退税率

当期应退税额和当期免抵退税额的计算需要根据当期期末留抵税额和当期免抵退税额的数值大小比较来进行。当期期末留抵税额≤当期免抵退税额时，

当期应退税额＝当期期末留抵税额

当期免抵税额＝当期免抵退税额－当期应退税额

当期期末留抵税额＞当期免抵退税额时，

当期应退税额＝当期免抵退税额

当期免抵税额＝0

（二）现行出口退税制度存在的问题

现行的出口退税制度除在税收征管程序、征管技术上存在问题之外，还有以下两个问题：

（1）出口退税制度的统一性问题。国际上大多数国家对出口退税范围、享受退税政策的企业存在贸易限制，我国除对享有出口退税待遇的企业有资格限制外，还对不同商品、不同经营方式的企业规定了差别退税政策。

（2）出口退税制度的定位问题。我国在出口退税制度实施初期将其作为调节出口贸易的杠杆之一，导致其随出口贸易形势变化而摇摆，给企业带来经营上的不确定性，引发

企业的大量短期行为，不利于贸易的健康发展。

第四节　出口信贷和出口信用保险

一、出口信贷

（一）出口信贷的含义和特点

出口信贷作为贸易融资中出口融资的主要组成部分之一，是随着国际贸易的发展而产生的。它是指出口国为了支持和扩大本国产品的出口，增强其国际竞争力，通过出口信贷机构对本国出口商给予利息补贴并提供担保或保险，鼓励本国专业银行或商业银行向本国出口商或外国进口商（或银行）提供利率较为优惠的贷款，以解决本国出口商资金周转困难，或满足国外进口商对本国出口商完成支付货款需要的一种国际信贷方式。之所以称为出口信贷，是因为此贷款由出口国提供，而且是以鼓励出口为目的的。

出口信贷属于限制性贷款，它有贷款最低点的限制，而且贷款必须要与出口项目联系起来；出口信贷是一种官方资助的贷款，贷款利率优惠，一般低于相同条件资金贷放的市场利率，利差由出口国政府予以补贴，同时具有信用贷款的特点，一般期限相对较长，最高可达 10 年。出口信贷以出口信贷保险为基础，往往与政府支持的出口信用担保相结合，因此该贷款不仅融资条件优惠，而且有规避风险的效果。

（二）出口信贷的分类

按照借贷对象的不同，出口信贷可以分为卖方信贷和买方信贷。

1. 卖方信贷

卖方信贷是指出口商所在国的银行对出口商提供的融资支持，以方便出口商在交易中采用延期收款或赊销的方式向外国进口商出售产品，从而解决出口商资金周转的困难。卖方信贷通常用于金额大、期限长的项目。出口商一般将贷款利息等资金成本费用计入出口货价中，从而将贷款成本转嫁给进口商。我国的金融机构也对国内出口商做卖方信贷业务，一般是人民币中长期放贷业务。

卖方信贷的一般做法是在签订出口合同后，进口方支付 5%～10%的订金，在分批交货、验收和保证期满时再分期支付 10%～15%的货款，其余的 75%～85%的货款则由出口商在设备制造或交货期间向出口方银行取得中长期贷款，以便周转。在进口商按合同规定的延期付款时间付讫余款和利息时，出口商再向出口方银行偿还所借款项和应付的利息。所以，卖方信贷实际上是出口商从出口方银行取得中长期贷款后，再向进口方提供的一种商业信用。

2. 买方信贷

买方信贷是指出口国政府支持出口方银行直接向进口商或进口方银行提供信贷支持，以供进口商购买技术和设备，并支付有关费用。买方信贷主要有两种形式：一是出口方银行将贷款发放给进口方银行，再由进口方银行转贷给进口商；二是由出口方银行直接贷款给进口商，由进口方银行出具担保。贷款币种为美元或经银行同意的其他货币。贷款金额不超过贸易合同金额的 80%～85%。贷款期限根据实际情况而定，一般不超过

10年。贷款利率参照经济合作与发展组织确定的利率水平而定。

出口方银行直接向进口商提供贷款,出口商与进口商所签订的合同中规定付款方式为即期付款。出口方银行根据合同规定,凭出口商提供的交货单据,将货款付给出口商。同时记入进口商偿款账户内,然后进口商按照与银行订立的交款时间,陆续将所借款项偿还给出口方银行,并支付利息。所以,买方信贷实际上是一种银行信用。

在实践中,与出口信贷相关联的往往还有混合信贷。混合信贷是出口方银行发放卖方信贷或买方信贷的同时,从政府预算中提出一笔资金,作为政府贷款或给予部分赠款,连同卖方信贷或买方信贷一并发放。由于政府贷款收取的利率比一般出口信贷要低,因此这更有利于出口国设备的出口。卖方信贷或买方信贷与政府贷款或赠款混合贷放构成了混合信贷。西方发达国家提供的混合信贷的形式大致有两种:一是对一个项目的融资,同时提供一定比例的政府贷款(或赠款)和一定比例的买方信贷(或卖方信贷);二是对一个项目的融资,将一定比例的政府贷款(或赠款)和一定比例的买方信贷(或卖方信贷)混合在一起,然后根据政府贷款(或赠款)的比例计算出一个混合利率,如英国的ATP方式。

按时间来分,出口信贷可以分为短期(1年以内)、中期(1～5年)、长期(5～10年)三种。

(三)我国出口信贷的发展

改革开放以后,为了改善我国的出口商品结构,促进机电仪器类产品的出口,中国银行于1980年开办了出口卖方信贷业务,对我国机电产品的出口单位发放政策性低息贷款,并曾于1983年试办出口买方信贷业务,即对购买我国机电产品的国外进口商发放贷款。截至1994年,中国银行办理了出口卖方信贷项目389个,累计发放贷款163.5亿元人民币,贷款余额为93.4亿元人民币。

1994年,中国成立了办理出口信贷业务的政策性银行——中国进出口银行,它直属于国务院领导,为政府全资拥有,其国际信用评级与国家主权评级一致。中国进出口银行建立后,由于办理政策性出口信贷业务,它成为外国政府贷款的主要转贷行和中国政府对外优惠贷款的承贷行,这也标志着我国初步形成了一个出口信贷机制,为逐步调整中国的对外贸易结构奠定了金融基础。自中国进出口银行开业以来,出口信贷业务得到了较大发展。1994—2003年,累计批准出口卖方信贷3 079亿元人民币,发放贷款2 702亿元人民币,并以年均46.3%的速度逐步增长。近年来,中国进出口银行发放贷款的增长速度有所减缓。2019年,中国进出口银行发放对外贸易贷款12 000.07亿元人民币,比上一年增长11.47%。2020年,中国进出口银行发放对外贸易贷款13 895.13亿元人民币,比上一年增长15.79%。截至2021年年底,中国进出口银行在国内设有32家营业性分支机构和香港代表处,在国外设有巴黎分行、东南非代表处、西北非代表处、圣彼得堡代表处、波兰代表处和智利代表处。

出口卖方信贷是指中国进出口银行为出口商制造或采购出口机电产品、成套设备和高新技术产品提供的信贷,主要解决出口商制造或采购出口产品或提供相关劳务的资金需求。贷款具有官方性质,不以营利为目的。贷款种类包括设备出口卖方信贷、高新技术产品(含软件产品)出口卖方信贷、一般机电产品出口卖方信贷、对外承包工程贷款、境外投资贷款、农产品出口卖方信贷、文化产品和服务(含动漫)出口卖方信贷。

出口买方信贷是中国进出口银行办理的向境外借款人发放的中长期信贷,用于进口商即期支付中国出口商商务合同款。出口买方信贷主要用于支持中国产品、技术和服务的出口以及带动中国设备、施工机具、材料、工程施工、技术、管理出口和劳务输出的对外工程承包项目。出口买方信贷的境外借款人为中国进出口银行认可的进口商或境外业主,以及境外金融机构、进口国财政部或进口国政府授权的机构。

申请出口买方信贷应提交以下材料:借款申请书;商务合同草本、意向书或招投标文件;项目可行性分析报告;必要的国家有权审批机关及项目所在国批准文件;借款人、保证人、进口商、出口商的资信材料及有关证明文件,借款人、保证人(政府机构除外)的财务报表;申请人民币出口买方信贷的,需提供开立银行结算账户申请书及相关证明文件;采取抵押方式的,需提交权属证明文件和必要的价值评估报告;中国进出口银行认为必要的其他材料。中国进出口银行按规定程序审查借款申请材料,议定信贷条件,完成贷款审批程序。对于大型工程承包项目、生产型项目或结构较为复杂的项目,必要时可外聘人员或机构进行咨询论证和尽职调查。

申请出口买方信贷应具备以下条件:一是借款人所在国经济、政治状况相对稳定;二是借款人资信状况良好,具备偿还贷款本息的能力;三是商务合同金额在200万美元以上,出口项目符合出口买方信贷的支持范围;四是出口产品的中国成分一般不低于合同金额的50%,对外工程承包项目带动的中国设备、施工机具、材料、工程施工、技术、管理出口和劳务输出一般不低于合同金额的15%;五是借款人提供中国进出口银行认可的还款担保;六是必要时投保出口信用保险;七是中国进出口银行认为必要的其他条件。

二、出口信用保险

(一)出口信用保险的含义及特点

出口信用保险是国家为适应国际贸易管理、灵活贸易做法而制定的一项由国家财政提供保险准备金的非营利性的政策性保险业务,其主要功能是推动出口贸易、减少出口企业收汇风险。出口信用保险是政策性金融支持的又一重要业务,由保险人(经营出口信用保险业务的保险公司)与被保险人(向国外买方提供信用的出口商)签订的一种保险协议。根据该保险协议,被保险人向保险人缴纳保险费,保险人赔偿保险协议项下被保险人向国外买方赊销商品、贷放货币后因买方信用或者买方无法控制的政治性风险以及相关因素引起的经济损失的一种政策性经济行为。

出口信用保险具有下列特点:①出口信用保险离不开政府的参与,属于政策性的保险业务;②出口信用保险必须全额投保;③出口信用保险必须实行风险评估;④出口信用保险承保的对象和风险与国际贸易中的商业性保险不同。

(二)出口信用保险的种类

(1)按保险责任起讫的时间分类,出口信用保险可分为出运前保险和出运后保险。

(2)按出口合同的信用期分类,出口信用保险可分为短期出口信用保险和中长期出口信用保险。短期出口信用保险的信用期一般在180天以内,经扩展也可延长,但最长不超过两年。短期出口信用保险适用于一般性商品的出口，包括所有消费性制成品、初级产品和工业用原材料的出口，以及汽车、农用机械、机床工具等半资本性货物的出口。中长期出口信用保险适用于资本性货物的出口，如电站、大型生产线等成套设备项目，飞机、船舶等大型运输工具，等等。信用期为 2～5 年的，一般称为中期出口信用保险；信用期为 5 年以上的，一般称为长期出口信用保险。短期出口信用保险一般采取统保的承保方式，即要求出口商承诺投保其保险适用范围内的全部出口业务，而中长期出口信用保险一般采取逐个出口合同协商承保的办法。

(3) 按出口信用保险的承保风险分类，出口信用保险分为商业风险的出口信用保险和政治风险的出口信用保险。商业风险包括进口商资信或信誉方面的风险。政治风险是指买方国家的法律、政策或政局改变的风险。商业风险和政治风险都承保的出口信用保险称为综合出口信用保险。此外，国外有些出口信用保险机构还提供汇率风险的出口信用保险。

(4) 按出口合同的性质分类，出口信用保险分为货物出口的出口信用保险、劳务输出的出口信用保险和建筑工程承包的出口信用保险等。

（三）出口信用保险的发展

出口信用保险诞生于 19 世纪末的欧洲，最早在英国和德国等地萌芽。第二次世界大战后，世界各国政府普遍把扩大出口和资本输出作为本国经济发展的主要战略，并且大力扶持支持出口和海外投资的出口信用保险。1950 年，日本政府在通产省设立贸易保险课，经营出口信用保险业务。1960 年以后，众多发展中国家纷纷建立自己的出口信用保险机构。

中国的出口信用保险是在 20 世纪 80 年代末发展起来的。1988 年，中国创办信用保险制度，国家责成中国人民保险公司设立出口信用保险部，专门负责出口信用保险的推广和管理。1989 年，中国人民保险公司在广西、宁波、上海、天津的四家分公司试办以机电产品为主的短期出口信用保险。1992 年 7 月 3 日，国务院下发文件，要求建立出口风险保险制度，扩大出口信用保险范围，从此，中国人民保险公司在短期出口信用保险业务的基础上，开办了中长期出口信用保险业务。1994 年，中国进出口银行成立，其业务也包含出口信用保险。2001 年，在中国加入 WTO 的大背景下，国务院批准成立了专门的国家信用保险机构——中国出口信用保险公司，由中国人民保险公司和中国进出口银行各自代办的信用保险业务合并而成，2001 年 12 月正式揭牌运营，标志着中国出口信用保险体系的初步建立。

出口信用保险业务从开办到现在已走过三十多年历程。出口信用保险有力地支持了中国机电产品、成套设备等商品的出口，在保证企业安全收汇方面发挥了重要作用。

《中国出口信用保险公司政策性职能履行评估报告（2018 年版）》显示，2017 年，中国出口信用保险拉动我国出口金额超 6 000 亿美元，占同期出口总额的 26.6%，对 GDP 的贡献率为 4.9%；对“一带一路”建设支持作用突出，对企业面向沿线国家的出口和投资的承保金额达 1 298.5 亿美元；中国出口信用保险覆盖面进一步扩大，出口渗透率同比提高 0.34 个百分点，首次超过 19%；小微企业覆盖率达 25.38%，同比提高 4.12 个百分点，连续两年超过 20%。

第五节　进出口商会和贸易促进机构

一、进出口商会

（一）商会的起源与发展

商会是指由独立的经营单位、事业单位或由自由商人、企业职员等自愿组成，保护和增进全体成员既定利益的非营利性组织。商会萌芽于欧洲封建社会的商人行会，即商人基尔特(guild)。法国是世界上最早成立商会的国家，是近代商会的发源地。此后，英国、荷兰、德国、意大利、加拿大、美国、日本等商品经济发达的资本主义国家都相继创立了与各国国情相适应的商会或商会组织。到了19世纪末20世纪初，商会及其他形式的市场中介组织日趋成熟。

商会可以分为两大类：一类是行业协会，由同一行业的企业法人、相关的事业法人和其他组织依法自愿组成，不以营利为目的。其宗旨是加强同行业企业间的联系，沟通本行业企业与政府间的关系，协调同行业利益，维护会员企业的合法权益，促进行业发展。另一类是地域性的商会，通常由某地区企业公司、公务人员、自由职业者和热心公益的公民自愿组成。

在现代社会，商会是联系政府与企业、企业与企业以及企业与社会的重要纽带，它在发展本国对外贸易、协调工商业者与政府的关系、保护自身利益、促进以自由竞争为基础的市场经济体制的建立以及促进本国经济的发展等方面发挥了其他任何中介组织都无法替代的作用。

（二）中国主要的进出口商会

随着对外贸易体制改革的深化，中国在1988年后陆续成立了各类商品的进出口商会。中国七大进出口商会包括中国纺织品进出口商会、中国机电产品进出口商会、中国五矿化工进出口商会、中国食品土畜进出口商会、中国医药保健品进出口商会、中国轻工工艺品进出口商会和中国对外承包工程商会。

(1) 中国纺织品进出口商会成立于1988年10月，拥有会员企业12 000余家，会员企业的纺织品服装进出口额占中国纺织品服装进出口总额的近70%。中国纺织品进出口商会是中国纺织品服装对外贸易领域最具行业代表性的中介组织，其宗旨为“协调、指导、咨询、服务”，并一直致力于中国纺织品服装的对外贸易事业。

(2) 中国机电产品进出口商会成立于1988年7月，是由在中国境内依法注册、从事机电产品进出口贸易及相关活动的各种经济类型组织自愿联合成立的自律性、全国性行业组织，现有会员企业近万家。

(3) 中国五矿化工进出口商会成立于1988年9月。中国五矿化工进出口商会集中了本行业经营规模最大和最具代表性的企业。现有会员企业6 000余家，包括专业外贸公司、工贸公司、外资企业、民营企业和科研院所等。会员的经营范围涵盖黑色金属、有色金属、非金属矿产及制品、煤炭及制品、建材制品、五金制品、石油及制品、化工原料、塑料及制品、精细化工品、农用化工品和橡胶及制品等五矿化工商品。

(4) 中国食品土畜进出口商会成立于1988年9月。商会目前共有7 000余家会员企业。商会会员遍布全国各地,集中了本行业经营规模最大和最具代表性的企业以及大批中小企业,设立了43个专业商品分会,每个分会都是全国性的行业组织。会员企业经营范围覆盖粮食谷物、油脂油料、干鲜蔬菜水果、畜禽肉食、水海产品、酒、罐头、糖果等加工食品、林产及林化产品、香精香料、茶叶、蜂产品、食药用菌及制品、花卉、蜡烛、烟花、羽绒羽毛及制品、羊绒兔毛及制品、猪鬃肠衣、裘革皮及制品、地毯等各类农林食品土畜产品。

(5) 中国医药保健品进出口商会成立于1989年5月,现有会员企业2 500多家,遍布全国各地,国内大部分有影响的医药保健品生产企业和进出口贸易企业都已加入商会。商会的业务协调范围涵盖中药、西药原料和制剂、医疗器械、保健器材、医用敷料、生物药、保健品、功能性化妆品等产品。

(6) 中国轻工工艺品进出口商会成立于1988年,是经国务院主管部门批准,由从事进出口贸易的企业依法成立的行使行业协调、为企业服务的自律性组织。中国轻工工艺品进出口商会成立之初只有161家会员,全部是国营外贸企业。截至2013年年底,会员总数达13 000余家,包含国有企业、外资企业、民营企业、其他企业等各类性质的企业及科研院所。

(7) 中国对外承包工程商会成立于1988年4月,是由在中国境内依法注册从事对外承包工程、劳务合作、工程类投资及提供相关服务的企业和单位依法自愿组成的全国性、行业性、非营利性的社会组织。商会会员数已由最初的76家上升到1 500余家。

二、对外贸易促进机构

(一) 对外贸易促进机构的发展历史

世界各国从事贸易促进工作的团体和机构一般都汇集了一批精通国际经济贸易、国际金融、市场、信息、咨询、展览、公关、经贸法律与仲裁等的人才,为本国企业与外国经济界、贸易界建立和扩大业务联系,为本国的商品、技术、资金、劳务更多地进入国际市场提供服务。

中国国际贸易促进委员会简称中国贸促会,是由中国经济贸易界有代表性的人士、企业和团体组成的中国民间对外经贸组织,成立于1952年5月。

中国贸促会于1988年6月组建了中国国际商会,各地方分会、支会也相继组建了中国国际商会的分会。中国贸促会面向会员,为企业会员、团体会员和个人会员以及各有关方面提供信息服务、咨询服务、法律服务,加强涉外专利代理、涉外商标代理、技术转让、涉外经贸和海事仲裁等工作,发挥连接政府与企业的纽带作用,把自身业务的拓展与为会员和其他经济实体提供服务结合起来。

目前,中国贸促会、中国国际商会已同世界上200多个国家和地区的400多家商会、工商联合会、外贸协会和其他经贸组织保持联系,与300多个对口组织签署了合作协议,并同一些国家的商会建立了联合商会;同时,中国贸促会还在15个国家和地区设有驻外代表处。在国内,中国贸促会、中国国际商会在各省、自治区、直辖市建立了48个地方分会、600多个支会和县级国际商会,还在机械、电子、轻工、纺织、农业、汽车、石化、商业、冶金、航空、航天、化工、建材、通用产业、供销合作、建设、粮食等部门建立了17个行业分会，全国会员企业近7万家。

中国贸促会、中国国际商会及其所属业务部门已经加入许多国际组织，其中包括世界知识产权组织、国际保护工业产权协会、国际许可贸易工作者协会、国际海事委员会、国际博览会联盟、国际商事仲裁机构联合会、太平洋盆地经济理事会、国际商会等。

（二）中国贸促会的主要职责

中国贸促会的主要职责包括：

（1）开展同世界各国、各地区经济贸易界、商协会组织和其他经贸团以及有关国际组织的联络工作，邀请和接待外国经济贸易界人士和代表团来访，组织中国经济贸易与技术代表团、企业家代表团出国访问和考察，参加有关国际组织和它们的活动；负责与外国对口组织在华设立的代表机构以及外国在华成立的商会进行联络；向国外派遣常驻代表或设立代表处；组织、参加或与外国相应机构联合召开有关经济贸易技术合作和法律方面的国际会议。

（2）代表国家参加国际展览会的活动，主办、参加世界博览会，赴国外主办中国贸易展览会和参加国际贸易博览会；负责中国赴国外举办经济贸易展览会或参加国际博览会的归口协调及相关的管理、监督工作。

（3）安排和接待国外来华举办的经济贸易与技术展览会，主办国际专业性或综合性展览会，组织并主办国际博览会。

（4）办理国际经济贸易和海事仲裁事务；出具中国出口商品原产地证明书；受理共同海损和单独海损理算案件；出具人力不可抗拒证明，签发和认证对外贸易和海上货运业务的文件和单证；为到国外从事临时出口活动的公司、企业或个人出具有关单证册，并对其提供担保。

（5）代理中国企业在国外或外国公司和个人在中国的商标注册与专利申请，办理有关工业产权和知识产权的咨询、争议及技术贸易等业务。

（6）开展国内外经济调查研究及经济贸易信息的搜集、整理、传递和发布工作，向国内外有关企业和机构提供经济技术合作与贸易方面的信息和咨询服务及国内外公司、企业的资信调查服务；联系、组织中外经贸界的技术交流活动；编辑出版发行对外经济贸易报刊以及其他出版物；组织对外经济贸易洽谈；承办中外经济技术合作项目的评估和可行性研究以及法律咨询、法律顾问工作。

（7）指导、协调中国贸促会各地方分会、行业分会、支会和各级国际商会的工作；负责对各分支机构及会员的服务及培训工作。

（8）负责国际商会中国国家委员会的日常工作，协调国际商会的对华业务和国际商会中国国家委员会会员与国际商会交往的有关事宜。

（9）办理其他促进对外经济贸易活动的有关事宜。

本章小结

为了促进本国对外贸易持续增长，引进外资、先进技术和管理经验，提高本国出口商

品的市场竞争力，增加本国产品的国际市场容量，各国纷纷采取了不同的贸易促进政策。本章主要从中国国家级经济开发区、综合保税区和自由贸易试验区的建立，出口退税、出口信贷、出口信用保险的实施，以及进出口商会和对外贸易促进机构的建立来阐述中国的对外贸易促进政策和措施，这将影响到中国在未来经济全球化进程中的前途和命运。

思考题

1. 简述中国保税区和出口加工区的区别。
2. 出口退税有哪些特点？
3. 中国现行的出口退税制度有哪些问题？应该如何解决？
4. 简述中国出口信用保险的种类。
5. 简述中国主要的进出口商会。
6. 中国国际贸易促进委员会的主要职责是什么？

参考文献

[1] 包小忠. WTO框架内的贸易救济措施研究[M]. 北京:经济科学出版社,2008.

[2] 岑维廉,钟昌元,王华. 关税理论与中国关税制度[M]. 2版. 上海:格致出版社,2010.

[3] 陈爱江,张鸣胜. 知识产权原理与制度新论[M]. 北京:法律出版社,2008.

[4] 陈争平,龙登高. 中国近代经济史教程[M]. 北京:清华大学出版社,2002.

[5] 程大中. 国际服务贸易学[M]. 上海:复旦大学出版社,2007.

[6] 戴建中. 国际银行业务[M]. 南京:南京大学出版社,2003.

[7] 邓力平,陈贺菁. 国际服务理论与实践[M]. 北京:高等教育出版社,2005.

[8] 邓小平. 建设有中国特色的社会主义:增订本[M]. 北京:人民出版社,1987.

[9] 丁长清. 中外经济关系史纲要[M]. 北京:科学出版社,2003.

[10] 丁溪. 中国对外贸易[M]. 北京:中国商务出版社,2006.

[11] 杜奇华. 国际技术贸易[M]. 上海:复旦大学出版社,2008.

[12] 冯巨章. 对华反倾销的趋势、国别分布与产品结构 1995—2008[J]. 国际经贸探索,2010(1):75-80.

[13] 符勇. 反倾销法与公平贸易研究[D]. 重庆:西南政法大学,2003.

[14] 谷成. 关税的效应分析与中国关税政策选择[M]. 大连:东北财经大学出版社,2007.

[15] 韩立余. 美国贸易法[M]. 北京:法律出版社,1999.

[16] 洪雷. 出入境检验检疫报检实用教程[M]. 上海:格致出版社,2009.

[17] 黄纯艳. 宋代海外贸易[M]. 北京:社会科学文献出版社,2003.

[18] 黄汉民. 中国对外贸易[M]. 北京:中国财政经济出版社,2006.

[19] 黄建忠,刘莉. 国际服务贸易教程[M]. 北京:对外经济贸易大学出版社,2008.

[20] 黄建忠. 中国对外贸易概论[M]. 北京:高等教育出版社,2007.

[21] 黄青燕,姜发根. 我国面临的反补贴形势及对策分析[J]. 改革与战略,2009(10):168-171.

[22] 黄天华. 中国关税制度[M]. 上海:上海财经大学出版社,2006.

[23] 黄晓玲. 中国对外贸易概论[M]. 北京:对外经济贸易大学出版社,2009.

[24] 贾国栋. 国际贸易中的反倾销问题研究[J]. 生产力研究,2009(7):74-75.

[25] 江小涓. 出口商品结构的决定因素和变化趋势[J]. 经济研究,2007(5):4-16.

[26] 江小娟,杨圣明,冯雷. 中国对外经贸理论前沿Ⅲ[M]. 北京:社会科学文献出版社,2003.

[27] 姜波克. 国际金融新编[M]. 上海:复旦大学出版社,2006.

[28] 黎孝先,石玉川. 国际贸易实务[M]. 北京:对外经济贸易大学出版社,2008.

[29] 李慧中. 国际服务贸易[M]. 北京:高等教育出版社,2007.

[30] 李坤望. 改革开放三十年来中国对外贸易发展评述[J]. 经济社会体制比较,2008(4):35-40.

[31] 李诗,李计广. 中国对外经济贸易概论[M]. 北京:北京师范大学出版社,2008.

[32] 李诗. 中国对外贸易概论[M]. 北京:中国商务出版社,2005.

[33] 李小年. 新中国60年外经贸法制建设的辉煌成就[J]. 国际经贸探索,2009(10):9-14.

[34] 李玉举. "十一五"以来我国对外开放成就及"十二五"时期的发展思路[J]. 宏观经济管理,

2010(4):17-19.

[35] 廖庆薪，廖力平. 现代中国对外贸易概论[M]. 广州：中山大学出版社，2007.

[36] 刘爱东，刘悦. 对华反倾销国别和案件的聚集统计分析[J]. 商业研究，2008(1):105-108.

[37] 刘爱东，王晰. 1997—2008 年中国对外反倾销成因及特征定量研究[J]. 华东经济管理，2006(6):53-56.

[38] 刘德标. 区域贸易协定的基本常识[N]. 国际商报，2009-11-17(8).

[39] 刘东升. 国际服务贸易概论[M]. 北京：北京大学出版社，2009.

[40] 刘立平. 世贸组织成立以来全球贸易救济措施的运用情况与启示[J]. 国际贸易问题，2005(12):5-10.

[41] 刘舒年. 国际信贷[M]. 成都：西南财经大学出版社，2006.

[42] 刘晓华，易颖. EDI 在我国应用的现状及其前景[J]. 商业现代化，2007(1):113-114.

[43] 刘晓鹏. 外商投资对外贸易领域之法律思考[J]. 中国商界，2009(8):265-266.

[44] 刘咏芳，毛加强，贺苗，等. 国际贸易电子商务[M]. 北京：清华大学出版社，2008.

[45] 陆建人. 亚太地区双边自由贸易协定及其影响[J]. 经济研究参考，2003(14):17-26.

[46] 路丽. 入世以来我国对外贸易结构的动态演化和升级路径选择[J]. 价格月刊，2014(1):64-69.

[47] 马凌. GATS 框架下浅析我国服务贸易立法现状及对法律体系的完善[J]. 甘肃政法成人教育学院学报，2007(5):67-69.

[48] 聂文慧，司思. 应对贸易摩擦 改善贸易环境[J]. 中国经贸，2006(4):32-34.

[49] 牛利民，徐洁昕. 浅谈新世纪我国的大经贸战略[J]. 经济论坛，2007(7):41-43.

[50] 潘宏，陈戈. 论中国对外贸易体制改革的 60 年历程[J]. 管理学刊，2009(6):21-24.

[51] 裴长洪. 中国对外经贸理论前沿[M]. 北京：社会科学文献出版社，2006.

[52] 裴长洪，彭磊. 对外贸易依存度与现阶段我国贸易战略调整[J]. 财贸经济，2006(4):3-8.

[53] 裴长洪，王万山. 共和国对外贸易 60 年[M]. 北京：人民出版社，2009.

[54] 齐晓华. 当代国际直接投资现状与趋势分析[J]. 投资研究，2004(3):5-7.

[55] 曲如晓. 中国对外贸易概论[M]. 北京：机械工业出版社，2009.

[56] 热孜燕·瓦卡斯. 中国农产品进口贸易的发展现状、趋势与对策[J]. 新疆社会科学，2010(4):31-34.

[57] 商务部. 2014 年商务部关于促进商贸物流发展的实施意见[R/OL]. (2014-09-22)[2021-03-19]. http://www.mofcom.gov.cn/article/b/fwzl/201409/20140900742047.shtml.

[58] 商务部. 中国-斯里兰卡自由贸易协定联合可行性研究报告[R/OL]. (2014-07-13)[2021-03-19]. http://fta.mofcom.gov.cn/article/chinasri/chinasrinews/201407/17314_1.html.

[59] 商务部. 中国对外贸易发展"十二五"规划[R/OL]. (2012-08-07)[2021-03-19]. http://www.mofcom.gov.cn/aarticle/b/g/201208/20120808272988.html.

[60] 商务部产业损害调查局. 我国贸易救济措施成效显著[J]. 中国经贸，2013(10):10-11.

[61] 商务部服务贸易和商贸服务业司. 中国服务贸易统计 2014[R]. 北京：中国商务出版社，2014.

[62] 商务部进出口公平贸易局. 进出口公平贸易案例选集[R/OL]. [2021-03-12]. https://doc.mbalib.com/view/9fc6089df0299b71e6997af9a3236c0e.html.

[63] 商务部研究院. 中国对外贸易 30 年[M]. 北京：中国商务出版社，2008.

[64] 沈大勇，金孝柏. 国际服务贸易：研究文献综述[M]. 北京：人民出版社，2010.

[65] 沈木珠. GATS 与中国服务贸易立法[J]. 行政与法，2001(1):27-29.

[66] 舒玉敏. 中国对外贸易[M]. 北京：对外经济贸易大学出版社，2005.

[67] 宋浩. 国际信贷[M]. 2 版. 北京：首都经济贸易大学出版社，2009.

[68] 孙艳君. 世界区域贸易协定(RTA)的发展及我国的战略调整[D]. 天津:天津财经大学,2007.

[69] 孙玉琴. 中国对外贸易史教程[M]. 北京:对外经济贸易大学出版社,2005.

[70] 唐任伍,马骥. 中国经济改革 30 年:1978—2008:对外开放卷[M]. 重庆:重庆大学出版社,2008.

[71] 佟家栋,刘程. 中国对外贸易导论[M]. 北京:高等教育出版社,2011.

[72] 王峰,肖光恩. WTO 新一轮多边贸易谈判中的非贸易议题[J]. 亚太经济,2004(4):23 - 26.

[73] 王功翠,林美娜,牛玉冰. EDI 在电子商务中的应用与发展[J]. 电脑知识与技术,2010(14):3832 - 3833.

[74] 王花. 我国涉外服务贸易立法的现状分析[J]. 甘肃政法学院学报,2004(2):68 - 72.

[75] 王绍熙,王寿椿. 中国对外贸易[M]. 北京:对外经济贸易大学出版社,1998.

[76] 王绍媛,姜文学. 中国对外贸易[M]. 大连:东北财经大学出版社,2002.

[77] 王文举,徐琳. 试论我国对外直接投资的主要问题和对策[J]. 财贸研究,2000(2):51 - 55.

[78] 温治明. 当前我国利用外资中存在的问题及对策[J]. 求实,2004(10):54 - 56.

[79] 翁国民. 贸易救济体系研究[M]. 北京:法律出版社,2007.

[80] 习近平:积极树立亚洲安全观 共创安全合作新局面[EB/OL]. (2014 -05 -21)[2021 - 03 - 19]. http://cpc. people. com. cn/n/2014/0521/c64094 - 25046413. html.

[81] 习近平出席 APEC 领导人非正式会议记者会并讲话(全文)[EB/OL]. (2014 - 11 - 11)[2020 - 03 - 19]. https://www. chinanews. com/gn/2014/11 - 11/6766963. shtml.

[82] 习近平在纳扎尔巴耶夫大学的演讲(全文)[EB/OL]. (2013 - 09 - 18)[2021 - 03 - 19]. http://www. xinhuanet. com/politics/2013 - 09/08/c_117273079. htm.

[83] 习近平主持中共中央政治局第十九次集体学习并发表重要讲话[EB/OL]. (2014 - 12 - 07)[2021 - 03 - 19]. http://cpc. people. com. cn/big5/n/2014/1207/c64094 - 26161930. html.

[84] 萧国亮,隋福民. 世界经济史[M]. 北京:北京大学出版社,2007.

[85] 谢必震. 明清中琉航海贸易研究[M]. 北京:海洋出版社,2004.

[86] 谢国娥. 中国对外贸易概论新编[M]. 上海:华东理工大学出版社,2007.

[87] 谢辉,李大武. 对华反补贴的发展趋势及对我国的启示[J]. 国际贸易问题,2007(12):73 - 78.

[88] 熊红芳. 论 EDI 技术对传统国际贸易方式的影响[J]. 广州市经济管理干部学院学报,1999(4):48 - 51.

[89] 徐复. 中国对外贸易[M]. 北京:清华大学出版社,2013.

[90] 徐丽斌. 浅析国外对华反补贴及我国应对策略[J]. 中国商论,2010(4):161 - 162.

[91] 许夙愿. 中国面临反补贴趋势及对策研究[D]. 天津:天津财经大学,2009.

[92] 严建苗. WTO 框架下保障措施的起源与演化[J]. 亚太经济,2006(6):36 - 40.

[93] 阎志军. 中国对外贸易概论[M]. 北京:科学出版社,2009.

[94] 杨坚争. 国际电子商务[M]. 北京:电子工业出版社,2009.

[95] 杨梅. 2009 年印度对华贸易救济新态势及中国的对策[J]. 南亚研究季刊,2009(3):75 - 78.

[96] 杨益. 全球贸易救济的现状、发展及我国面临的形势[J]. 国际贸易,2007(9):4 - 9.

[97] 杨长湧. 我国出口市场多元化战略的现状、影响及对策[J]. 宏观经济研究,2010(6):12 - 18.

[98] 姚梅琳. 中国海关史话[M]. 北京:中国海关出版社,2005.

[99] 余敏友,王追林. 改革开放 30 年来我国对外贸易法制的建设与发展[J]. 国际贸易,2008(11):9 - 14.

[100] 俞肇熊,王坤. CEPA 对香港和内地经济的影响与发展前景[J]. 世界经济研究,2007(16):80 -85.

[101] 袁新涛."一带一路"建设的国家战略分析[J]. 理论月刊,2014(11):5-9.

[102] 苑涛. WTO 贸易救济措施[M]. 北京:清华大学出版社,2007.

[103] 张国亭,赵敏. 当前我国利用外资应当注意的几个问题[J]. 山东财政学院学报,2001(2):35-37.

[104] 张家瑾. 我国化工产业对外反倾销问题研究[J]. 国际贸易,2006(8):23-28.

[105] 张蕾. 我国对外反倾销现状与思考[J]. 合作经济与科技,2010(4):101-103.

[106] 张彦. 人民币国际化的现状、障碍与相关对策[J]. 金融理论与实践,2011(2):62-66.

[107] 张燕生,毕吉耀."十一五"时期的国际经济环境和我国开放型经济发展战略[J]. 宏观经济研究,2005(11):29-32.

[108] 张宇. 中国模式:改革开放三十年以来的中国经济[M]. 北京:中国经济出版社,2008.

[109] 张泽咸. 唐代工商业[M]. 北京:中国社会科学出版社,1995.

[110] 张之骧. 中国和国际货币基金组织[EB/OL]. (2020-06-13)[2021-03-19]. http://www.jinguanwh.com/gj/61487.html.

[111] 赵春明,张晓苏. 中国对外贸易[M]. 北京:机械工业出版社,2007.

[112] 赵生祥. 贸易救济制度研究[M]. 北京:法律出版社,2007.

[113] 郑桂环,陈振锋,汪寿阳. 中国外贸及贸易税收政策研究[M]. 长沙:湖南大学出版社,2006.

[114] 郑建明,潘慧峰. 国际融资与结算[M]. 北京:北京师范大学出版社,2008.

[115] 郑学敏. 公平贸易体制下的国际贸易摩擦与政府行为研究[D]. 成都:西南财经大学,2007.

[116] 中共中央宣传部宣传教育局. 共和国 50 年:活页文选合订本[M]. 北京:学习出版社,1999.

[117] 中华人民共和国中央人民政府. 习近平在印度尼西亚国会的演讲(全文)[EB/OL]. (2013-10-13)[2021-03-19]. http://www.gov.cn/ldhd/2013-10/03/content_2500118.htm.

[118] 钟山. 中国外贸强国发展战略研究:国际金融危机后的新视角[M]. 北京:中国商务出版社,2012.

[119] 周灏. WTO 时代中国对外反倾销的特点及其思考[J]. 商业研究,2007(9):167-172.

[120] 周升起. 国际电子商务[M]. 北京:中国商务出版社,2006.

[121] 朱伟. 电子口岸十年[J]. 中国海关,2011(4):44-46.

[122] 邹忠全. 中国对外贸易概论[M]. 2 版. 大连:东北财经大学出版社,2009.